T0355596

Volvo 940
Gör-det-själv handbok

John S. Mead

(3208-192-1AP2/3249-5AL2)

Modeller som behandlas

Alla Volvo 940 Sedan och Kombi med 1986cc & 2316cc bensinmotorer inklusive vissa specialmodeller
Behandlar inte 1986cc (B204) och 2316cc (B234) 16-ventils bensinmotorer
Behandlar inte dieselmodeller

ABCDE
FGHIJ
KLMNO
P
2

© Haynes Publishing 2010

En bok i **Haynes Serie Gör-det-själv handböcker**

ISBN **978 0 85733 961 4**

Tryckt i Malaysia

Haynes Publishing
Sparkford, Yeovil, Somerset BA22 7JJ, England

Haynes North America, Inc
859 Lawrence Drive, Newbury Park, California 91320, USA

Printed using NORBRITE BOOK 48.8gsm (CODE: 40N6533) from NORPAC; procurement system certified under Sustainable Forestry Initiative standard. Paper produced is certified to the SFI Certified Fiber Sourcing Standard (CERT - 0094271)

Innehåll

Innehåll

REPARATIONER OCH RENOVERINGAR

Motor och tillhörande system

Transmission

Bromsar och fjädring

Kaross

Kopplingsscheman

REFERENS

Register

Modellerna Volvo 940 Sedan och Kombi kom ut 1991 som efterföljare till 740-serien.

Den motor som används i 940-serien är en bränsleinsprutad fyrcylindrig motor med slagvolymen 2,0 eller 2,3 liter. Versioner med och utan turboöverladdning finns. Motorerna är försedda med ett omfattande system för motorstyrning och avgasrening.

I hela modellutbudet kan växellådan vara manuell eller automatisk. Den manuella växellådan kan vara 5-växlad eller 4-växlad med överväxel. Automatväxellådan kan vara 4-stegad eller 3-stegad med överväxel. Drivningen sker med bakhjulen via en traditionell stel bakaxel.

Bromsarna är skivbromsar på alla fyra hjulen. Handbromsen påverkar separata trummor vid vardera bakhjulet. Låsningsfria bromsar (ABS) och servostyrning finns på samtliga modeller.

Ett brett utbud av standardutrustning och tillval finns för hela 940-serien, som bör passa de flesta smaker.

Under förutsättning att bilen får regelbunden service i enlighet med tillverkarens rekommendationer kommer Volvo 940 att ge den avundsvärda pålitlighet som detta märke med rätta är berömt för. Motorutrymmet är generöst tilltaget och de flesta saker som ofta behöver ses över är lätt tillgängliga.

Din handbok till Volvo 940

Målsättningen med denna handbok är att hjälpa dig att få ut det mesta möjliga av din bil. Den kan göra det på flera sätt. Den kan hjälpa dig att bestämma när det är dags att göra ett visst jobb (även om du lämnar in bilen på verkstad). Den ger information om rutinunderhåll och service och visar hur man logiskt felsöker eventuella defekter. Vår förhoppning är dock att du kommer att använda handboken vid eget reparationsarbete. När det gäller enklare arbeten kan detta mycket väl vara snabbare än att boka in bilen på verkstad och sedan ta dig dit två gånger, för inlämning och avhämtning. Kanske viktigast av allt, är de pengar som kan sparas genom att man undviker verkstadens arbets- och driftskostnader

Teckningar och beskrivningar visar hur olika delar fungerar så att deras layout kan förstås. Arbetsuppgifter beskrivs och fotograferas i en tydlig stegvis ordning.

Handboken är uppdelad i 12 kapitel som vart och ett tar upp en viss funktion i bilen. Kapitlen är uppdelade i avsnitt, numrerade med enkla siffror, och avsnitten i punkter som följer avsnittets siffra (t ex 5.1, 5.2, 5.3 o s v).

Boken är rikligt illustrerad, speciellt i sådana avsnitt där ett arbete måste utföras i flera steg. Illustrationerna har samma nummer (individuellt eller i sammanhörande grupper) som det avsnitt och den punkt de tillhör, d v s bild 3.2 hör till avsnitt 3 punkt 2.

Det finns ett alfabetiskt register sist i boken såväl som en förteckning över kapitlen i början av boken. Varje kapitel har också sin egen innehållsförteckning.

Anvisningar om höger (vänster) på bilen utgår från en person som sitter i förarsätet och tittar framåt.

Om inget annat anges lossas muttrar och skruvar genom vridning moturs och dras åt genom vridning medurs.

Bilfabrikanterna ändrar kontinuerligt specifikationer och rekommendationer. När sådant tillkännages tas de med i handboken vid första lämpliga tillfälle.

Med tack till följande

Vi tackar Loders of Yeovil som tillhandahållit flera av de projektbilar som användes vid framställandet av denna handbok. Vi tackar även Draper Tools Limited, som tillhandahöll viss verkstadsutrustning, samt alla vid Sparkford och Newbury Park som hjälpt till vid produktionen av denna handbok.

Vår ambition är att informationen i denna handbok skall vara riktig och så fullständig som möjligt. Biltillverkarna inför dock ibland ändringar i produktionen om vilka vi ej informeras. Förlaget eller författaren kan därför ej åtaga sig något ansvar för skada eller förlust beroende på felaktig eller ofullständig information i denna bok.

Volvo 940 Kombi

Att arbeta på din bil kan vara farligt. Den här sidan visar potentiella risker och faror och har som mål att göra dig uppmärksam på och medveten om vikten av säkerhet i ditt arbete.

Allmänna faror

Skållning

• Ta aldrig av kylarens eller expansionskärlets lock när motorn är het.
• Motorolja, automatväxellådsolja och styrservovätska kan också vara farligt varma om motorn just varit igång.

Brännskador

• Var försiktig så att du inte bränner dig på avgassystem och motor. Bromsskivor och -trummor kan också vara heta efter körning.

Lyftning av fordon

• Vid arbete nära eller under ett lyft fordon, använd alltid extra stöd i form av pallbockar eller använd ramper. *Arbeta aldrig under en bil som endast stöds av en domkraft.*

• När muttrar eller skruvar med högt åtdragningsmoment skall lossas eller dras, bör man lossa dem något innan bilen lyfts och göra den slutliga åtdragningen när bilens hjul åter står på marken.

Brand och brännskador

• Bränsle är mycket brandfarligt och bränsleångor är explosiva.
• Spill inte bränsle på en het motor.
• Rök inte och använd inte öppen låga i närheten av en bil under arbete. Undvik också gnistbildning (elektrisk eller från verktyg).
• Bensinångor är tyngre än luft och man bör därför inte arbeta med bränslesystemet med fordonet över en smörjgrop.
• En vanlig brandorsak är kortslutning i eller överbelastning av det elektriska systemet. Var försiktig vid reparationer eller ändringar.
• Ha alltid en brandsläckare till hands, av den typ som är lämplig för bränder i bränsle- och elsystem.

Elektriska stötar

• Högspänningen i tändsystemet kan vara farlig, i synnerhet för personer med hjärtbesvär eller pacemaker. Arbeta inte med eller i närheten av tändsystemet när motorn går, eller när tändningen är på.

• Nätspänning är också farlig. Se till att all nätansluten utrustning är jordad. Man bör skydda sig genom att använda jordfelsbrytare.

Giftiga gaser och ångor

• Avgaser är giftiga. De innehåller koloxid vilket kan vara ytterst farligt vid inandning. Låt aldrig motorn vara igång i ett trångt utrymme, t ex i ett garage, med stängda dörrar.

• Även bensin och vissa lösnings- och rengöringsmedel avger giftiga ångor.

Giftiga och irriterande ämnen

• Undvik hudkontakt med batterisyra, bränsle, smörjmedel och vätskor, speciellt frostskyddsvätska och bromsvätska. Sug aldrig upp dem med munnen. Om någon av dessa ämnen sväljs eller kommer in i ögonen, kontakta läkare.
• Långvarig kontakt med använd motorolja kan orsaka hudcancer. Bär alltid handskar eller använd en skyddande kräm. Byt oljeindränkta kläder och förvara inte oljiga trasor i fickorna.
• Luftkonditioneringens kylmedel omvandlas till giftig gas om den exponeras för öppen låga (inklusive cigaretter). Det kan också orsaka brännskador vid hudkontakt.

Asbest

• Asbestdamm kan ge upphov till cancer vid inandning, eller om man sväljer det. Asbest kan finnas i packningar och i kopplings- och bromsbelägg. Vid hantering av sådana detaljer är det säkrast att alltid behandla dem som om de innehöll asbest.

Speciella faror

Flourvätesyra

• Denna extremt frätande syra bildas när vissa typer av syntetiskt gummi i t ex O-ringar, tätningar och bränsleslangar utsätts för temperaturer över 400 ˚C. Gummit omvandlas till en sotig eller kladdig substans som innehåller syran. *När syran väl bildats är den farlig i flera år. Om den kommer i kontakt med huden kan det vara tvunget att amputera den utsatta kroppsdelen.*
• Vid arbete med ett fordon, eller delar från ett fordon, som varit utsatt för brand, bär alltid skyddshandskar och kassera dem på ett säkert sätt efteråt.

Batteriet

• Batterier innehåller svavelsyra som angriper kläder, ögon och hud. Var försiktig vid påfyllning eller transport av batteriet.
• Den vätgas som batteriet avger är mycket explosiv. Se till att inte orsaka gnistor eller använda öppen låga i närheten av batteriet. Var försiktig vid anslutning av batteriladdare eller startkablar.

Airbag/krockkudde

• Airbags kan orsaka skada om de utlöses av misstag. Var försiktig vid demontering av ratt och/eller instrumentbräda. Det kan finnas särskilda föreskrifter för förvaring av airbags.

Dieselinsprutning

• Insprutningspumpar för dieselmotorer arbetar med mycket högt tryck. Var försiktig vid arbeten på insprutningsmunstycken och bränsleledningar.

⚠️ *Varning: Exponera aldrig händer eller annan del av kroppen för insprutarstråle; bränslet kan tränga igenom huden med ödesdigra följder*

Kom ihåg...

ATT

• Använda skyddsglasögon vid arbete med borrmaskiner, slipmaskiner etc, samt vid arbete under bilen.

• Använda handskar eller skyddskräm för att skydda händerna.

• Om du arbetar ensam med bilen, se till att någon regelbundet kontrollerar att allt står väl till.

• Se till att inte löst sittande kläder eller långt hår kommer i vägen för rörliga delar.

• Ta av ringar, armbandsur etc innan du börjar arbeta på ett fordon - speciellt med elsystemet.

• Försäkra dig om att lyftanordningar och domkraft klarar av den tyngd de utsätts för.

ATT INTE

• Ensam försöka lyfta för tunga delar - ta hjälp av någon.

• Ha för bråttom eller ta osäkra genvägar.

• Använda dåliga verktyg eller verktyg som inte passar. De kan slinta och orsaka skador.

• Låta verktyg och delar ligga så att någon riskerar att snava över dem. Torka upp olje- och bränslespill omgående.

• Låta barn eller husdjur leka nära en bil under arbetets gång.

Följande sidor är avsedda som hjälp till att lösa vanligen förekommande problem. Mer detaljerad felsökningsinformation finns i slutet av handboken och beskrivningar för reparationer finns i huvudkapitlen.

Om bilen inte startar och startmotorn inte går runt

☐ Om bilen har automatväxellåda, kontrollera att växelväljaren står på "P" eller "N".

☐ Öppna huven och kontrollera att batterikablarna är rena och väl åtdragna vid polerna.

☐ Slå på strålkastarna och försök starta motorn. Om dessa försvagas mycket vid startförsöket är batteriet troligen mycket urladdat. Använd startkablar (se nästa sida).

Om bilen inte startar trots att startmotorn går runt som vanligt

☐ Finns det bensin i tanken?

☐ Finns det fukt i elsystemet under huven? Slå av tändningen, torka bort all tydlig fukt med en torr trasa. Spraya på en vattenavvisande aerosol (WD-40 eller likvärdigt) på elektriska kontakter i tänd- och bränslesystem som de som visas på bilderna.

Var extra uppmärksam på tändspolen, tändspolens kontakter och tändkablarna (dieselmotorer har normalt sett inte problem med fuktighet.)

A Kontrollera att tändstiftskablarna är ordentligt anslutna genom att trycka in dem.

B Gasspjällägeskontakten kan ge problem om den inte är ordentligt ansluten.

C Kontrollera luftflödessensorns anslutning med tändningen avslagen.

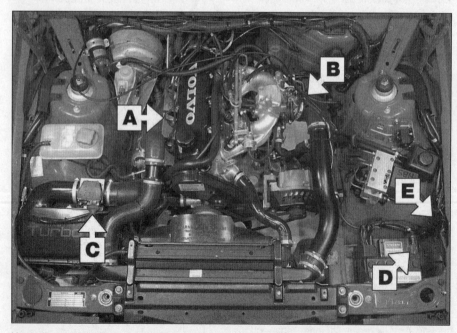

Kontrollera att elektriska anslutningar sitter fast (med avslagen tändning) och spruta på vatten-avvisande medel, exempelvis WD-40, om du misstänker att problemet beror på fukt.

D Kontrollera batterianslutningarnas skick.

E Kontrollera anslutningen av tändningens kraftsteg.

Starthjälp

TIPS Start med startkablar löser ditt problem för stunden, men det är viktigt att ta reda på vad som orsakar batteriets urladdning.

Det finns tre möjligheter:

1 Batteriet har laddats ur efter ett flertal startförsök, eller för att lysen har lämnats på.

2 Laddningssystemet fungerar inte tillfredsställande (generatorns drivrem slak eller av, generatorns länkage eller generatorn själv defekt).

3 Batteriet är defekt (utslitet eller låg elektrolytnivå).

När en bil startas med hjälp av ett laddningsbatteri, observera följande:

✔ Innan det fulladdade batteriet ansluts, slå av tändningen.

✔ Se till att all elektrisk utrustning (lysen, värme, vindrutetorkare etc.) är avslagen.

✔ Observera eventuella speciella föreskrifter som är tryckta på batteriet.

✔ Kontrollera att laddningsbatteriet har samma spänning som det urladdade batteriet i bilen.

✔ Om batteriet startas med startkablar från batteriet i en annan bil, får bilarna INTE VIDRÖRA varandra.

✔ Växellådan ska vara i neutralläge (PARK för automatväxellåda).

1 Anslut den ena änden av den röda startkabeln till den positiva (+) polen på det urladdade batteriet.

2 Anslut den andra änden av den röda startkabeln till den positiva (+) polen på det fulladdade batteriet.

3 Anslut den ena änden av den svarta startkabeln till den negativa (-) polen på det fulladdade batteriet.

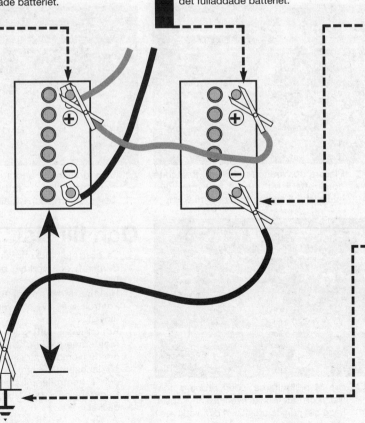

4 Anslut den andra änden av den svarta kabeln till en bult eller ett fäste på motorblocket, på ett visst avstånd från batteriet, på den bil som ska startas.

5 Se till att startkablarna inte kommer i kontakt med fläkten, drivremmarna eller andra rörliga delar av motorn.

6 Starta motorn med laddningsbatteriet och låt den gå på tomgång. Slå på lysen, bakruteuvärme och värmefläktsmotor och koppla sedan loss startkablarna i omvänd ordning mot anslutning. Slå sedan av lysen etc.

Hjulbyte

Vissa av detaljerna som beskrivs här varierar beroende på modell, exempelvis placeringen av domkraft och reservhjul. Grundprinciperna är dock gemensamma för alla bilar.

Varning: *Byt inte hjul i ett läge där du riskerar att bli överkörd av annan trafik. På högtrafikerade vägar är det klokt att uppsöka en parkeringsficka eller mindre avtagsväg för hjulbyte. Det är lätt att glömma bort resterande trafik när man koncentrerar sig på det arbete som ska utföras.*

Förberedelser

☐ När en punktering inträffar, stanna så snart säkerheten medger detta.

☐ Parkera på plan fast mark, om möjligt, och på betryggande avstånd från annan trafik.

☐ Använd varningsblinkers vid behov.

☐ Om du har en varningstriangel (obligatoriskt i Sverige), använd denna till att varna andra.

☐ Dra åt handbromsen och lägg in ettan eller backen.

☐ Blockera hjulet diagonalt motsatt det som ska tas bort - ett par medelstora stenar räcker.

☐ Om marken är mjuk, använd en plankstump till att sprida belastningen under domkraftens fot.

Byte av hjulet

1 Reservhjulet och verktygen förvaras i bagageutrymmet (lyft upp mattan för att komma åt dem).

2 Lossa på remmen och lyft ut reservhjulet.

3 Som säkerhetsåtgärd ifall domkraften skulle slinta, placera reservhjulet under tröskeln i närheten av domkraftsfästet.

4 Ta bort navkapseln (om monterad) och lossa vardera hjulmuttern ett halvt varv.

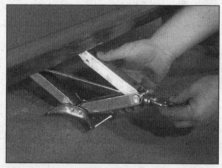

5 Placera domkraften under det förstärkta domkraftsfästet och på fast mark (lyft inte bilen på andra platser på tröskeln).

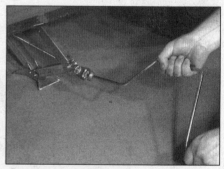

6 Vrid domkraftshandtaget medsols till dess att hjulet går fritt från marken, ta bort muttrarna och lyft av hjulet.

7 Lyft på hjulet på bultarna och dra åt någorlunda med fälgkors/hjulnyckel och sänk ned bilen på marken.

8 Dra åt hjulbultarna i den ordning som visas och sätt tillbaka eventuell navkapsel. Lägg det punkterade hjulet och verktygen i bagageutrymmet.

Och till sist...

☐ Ta bort hjulblockeringen. Lägg tillbaka domkraft och verktyg på sina platser i bilen.

☐ Hjulmuttrarnas momentåtdragning bör kontrolleras av en verkstad snarast möjligt.

☐ Kontrollera lufttrycket i det just monterade däcket. Om det är lågt eller om du glömde lufttrycksmätaren hemma, kör långsamt till närmaste bensinstation och kontrollera/justera lufttrycket. Reparera eller byt snarast det trasiga däcket.

Hitta läckor

Pölar på garagegolvet eller uppfarten, eller märkbar fukt under huven eller bilen antyder att det finns en läcka som behöver åtgärdas. Det kan ibland vara svårt att avgöra var läckan finns, speciellt om motorrummet redan är mycket smutsigt. Läckande olja eller annan vätska kan blåsas bakåt av luft som passerar under bilen, vilket ger en felaktig antydan om var läckan finns.

 Varning: De flesta oljor och vätskor som förekommer i en bil är giftiga. Byt nedsmutsad klädsel och tvätta av huden utan dröjsmål.

 Lukten av en läckande vätska kan ge en ledtråd till vad som läcker. Vissa vätskor har en distinkt färg. Det kan vara till hjälp att tvätta bilen ordentligt och parkera den på rent papper över natten som en hjälp att spåra läckan. Kom ihåg att vissa läckor kanske endast förekommer när motorn går.

Oljesumpen

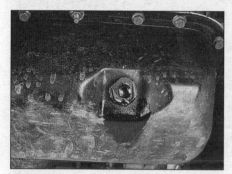

Motorolja kan läcka från avtappnings-pluggen...

Oljefiltret

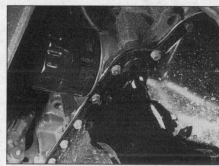

...eller från oljefiltrets infästning i motorn.

Växellådsolja

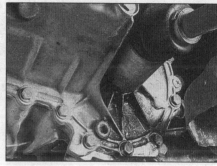

Olja kan läcka vid tätningarna i vardera änden på växellådan.

Frostskydd

Läckande frostskyddsvätska lämnar ofta kristalliserade avlagringar liknande dessa.

Bromsolja

Ett läckage vid ett hjul är nästan helt säkert bromsolja.

Servostyrningsolja

Olja till servostyrningen kan läcka från röranslutningarna till kuggstången.

Bogsering

När allt annat misslyckats kan du komma att behöva bogsering hem - eller det kan naturligtvis hända att du bogserar någon annan. Bogsering längre sträckor ska över-lämnas till verkstad eller bärgningsfirma. Bogsering är relativt enkelt, men kom ihåg följande:

☐ Använd en riktig bogserlina - de är inte dyra. Kontrollera vad lagen säger om bogsering.
☐ Tändningen ska vara påslagen när bilen bogseras så att rattlåset är öppet och

blinkers och bromsljus fungerar.
☐ Fäst bogserlinan endast i de monterade bogseringsöglorna.
☐ Innan bogseringen, lossa handbromsen och lägg i neutralläge på växellådan.
☐ Lägg märke till att det kommer att krävas större bromspedaltryck än normalt eftersom vakuumservon bara är aktiv när motorn är igång.
☐ På bilar med servostyrning krävs också större rattkraft.
☐ Föraren i den bogserade bilen måste hålla

bogserlinan spänd i alla lägen så att ryck undviks.
☐ Kontrollera att bägge förarna känner till den planerade färdvägen.
☐ Kom ihåg att laglig maxfart vid bogsering är 30 km/h och håll den bogserade distansen till ett minimum. Kör mjukt och sakta långsamt ned vid korsningar.
☐ För bilar med automatväxellåda gäller vissa speciella föreskrifter. Vid minsta tvekan, bogsera inte en bil med automatväxellåda eftersom detta kan skada växellådan.

Introduktion

Att hålla en bil i bra skick kräver två huvudsakliga arbeten: rengöring och underhåll. Vi vet alla hur en bil bäst hålls ren, men underhåll är ett annat kapitel. Långt ifrån alla har lust att smutsa ner händerna och utföra de mer komplicerade servicearbeten som beskrivs i de kommande kapitlen. Det finns dock ett antal mycket enkla kontroller som bara tar några minuter att utföra, men som kan spara dig en hel del besvär och kostnader. Vi kallar dessa "Veckokontroller" -

de kräver varken speciell skicklighet eller specialverktyg och den korta tid de tar kan vara mycket väl utnyttjad - se följande exempel.
☐ Ett öga på däckens skick och lufttryck inte bara hjälper till att förhindra att de slits ut i förtid - detta kan även rädda ditt liv.
☐ En stor andel av alla haverier orsakas av elektriska problem. Batterirelaterade fel är synnerligen vanliga. En stor del av dessa kan förhindras genom att en snabb kontroll utförs med regelbundna mellanrum. Det kräver dess-

utom ingen större erfarenhet att upptäcka en tydligt lös eller skadad kabel under motorhuven.
☐ Om din bil läcker bromsolja kanske du märker det först när du som bäst behöver bromsa. Regelbunden kontroll av bromsoljenivån förvarnar dig om denna typ av problem.
☐ Om din motor körs med för låg nivå av olja eller kylvätska kan detta leda till dyra motorskador - det är mindre kostsamt att reparera läckaget (exempelvis).

Kontrollpunkter under motorhuven

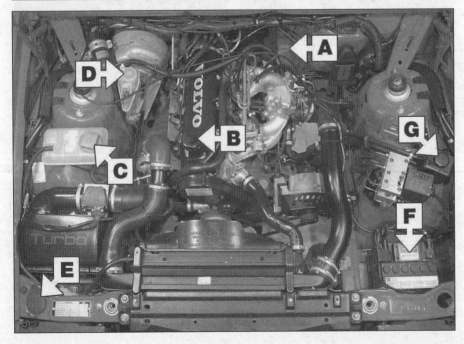

◀ **Kontrollpunkter under motorhuven**

A *Mätsticka för motorns oljenivå*
B *Påfyllningslock för motorolja*
C *Kylvätskans expansionskärl*
D *Hydrauloljebehållare till broms/koppling*
E *Spolvätskebehållare*
F *Batteri*
G *Hydrauloljebehållare till servostyrningen*

Motoroljenivå

Innan du börjar

✔ Kontrollera att bilen står på plan mark.
✔ Kontrollera oljenivån innan bilen körs, eller minst 5 minuter efter det att motorn stannat.

 HAYNES TiPS *Om oljenivån kontrolleras omedelbart efter körning kommer en del av oljan att finnas kvar i de högre belägna delarna av motorn vilket ger en felaktig avläsning på mätstickan.*

Rätt olja

Moderna motorer kräver mycket av den olja som hälls i dem. Det är ytterst viktigt att rätt olja till just din bil används (se "Smörjmedel och vätskor" på sidan 0•16).

Bilvård

● Om du måste fylla på olja ofta, kontrollera om bilen läcker olja. Placera rent papper under bilen på kvällen och se efter om det finns fläckar på morgonen. Om det inte finns fläckar kan det vara så att motorn bränner olja.

● Håll alltid oljenivån mellan strecken på mätstickan (se bild 3). Om nivån är för låg finns det risk för allvarliga motorskador. Packboxar och andra oljetätningar kan sprängas om för mycket olja fylls på.

1 Mätstickan är ofta distinkt färgad så att den är lätt att hitta (se *"Kontrollpunkter under motorhuven"* på sidan 0•10 för exakt placering). Dra upp mätstickan.

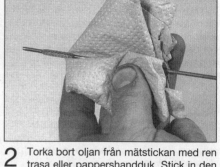

2 Torka bort oljan från mätstickan med ren trasa eller pappershandduk. Stick in den rena mätstickan så långt det går i röret och dra ut den igen.

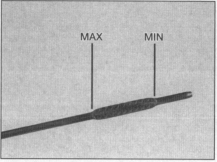

3 Studera oljenivån på stickans ände, den bör vara mellan markeringarna. Cirka 0,5 till 1,0 liter olja bör höja nivån från undre till övre delen av det markerade området.

4 Olja fylls på genom locket. Skruva upp detta och fyll på. En tratt kan hjälpa till att minska spillet. Fyll på långsamt och kontrollera på stickan. Undvik överfyllning (se *"Bilvård"*).

Kylvätskenivå

⚠ *Varning: FÖRSÖK INTE ta bort expansionskärlets trycklock när motorn är het eftersom detta innebär en mycket stor risk för skållning. Lämna inte öppna kärl med kylvätska stående eftersom denna vätska är giftig.*

Bilvård

● Med ett slutet kylsystem ska regelbunden påfyllning inte behövas. Om påfyllning behövs ofta indikerar det troligtvis en läcka. Kontrollera kylaren, samtliga slangar och kopplingar vad gäller tecken på fläckar eller fukt och åtgärda efter behov.

● Det är viktigt att frostskydd används året runt i kylsystemet, inte bara vintertid. Fyll aldrig på med enbart vatten eftersom frostskyddsmedlet då blir för utspätt.

1 Kylvätskenivån varierar med motortemperaturen. När motorn är kall ska nivån vara vid "MAX"-märket på expansionskärlets sida. När motorn är varm kan nivån vara över "MAX".

2 Om påfyllning är nödvändig, **vänta till dess att motorn är kall.** Vrid expansionskärlets lock motsols till första stoppet. När eventuellt övertryck släppts ut, tryck på locket och vrid det motsols till det andra stoppet och lyft upp locket.

3 Fyll på en blandning av vatten och frostskyddsmedel upp till MAX-markeringen och sätt tillbaka locket genom att vrida det maximalt medsols.

Spolvätskenivå

Tillsatsmedel i spolvätskan håller inte bara vindrutan ren vid dålig väderlek, de förhindrar även att spolvätskan fryser vid kyla - när du som bäst behöver den. Fyll inte på med bara rent vatten eftersom tillsatserna då blir för utspädda och därmed fryser vid kyla. Använd under inga omständigheter motorfrostskyddsmedel i spolvätskan eftersom detta missfärgar eller skadar lacken.

Spolvätskebehållaren för vindruta/bakruta/strålkastare finns placerad framtill i motorrummet, till höger på turbomodeller och till vänster på övriga.

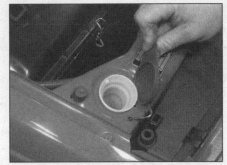 

1 Kontrollera vätskenivån genom att lossa på locket och titta ned i påfyllningsröret.

2 Vid påfyllning ska lämpligt tillsatsmedel blandas med vattnet enligt de anvisningar som finns på flaskan.

Kopplings-/ bromsoljenivå

⚠️ *Varning: Hydraulolja till bromsar kan skada dina ögon och förstöra målade ytor, var därför ytterst försiktig vid hanteringen. Använd inte bromsolja som förvarats i öppet kärl, då den absorberar luftens fuktighet vilket kan orsaka allvarlig förlust av bromseffekt.*

 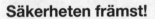 **HAYNES TiPS** *Kontrollera att bilen står på plan mark. Vätskenivån i huvudcylinderns behållaren sjunker något när bromsklossarna slits men vätskenivån får aldrig sjunka under "MIN"-märkningen.*

Säkerheten främst!

● Om behållaren behöver upprepade påfyllningar är detta ett tecken på en läcka i systemet - vilket är något som omedelbart måste undersökas.

● Om en läcka misstänks ska bilen inte köras förrän bromssystemet kontrollerats. Ta ALDRIG risker när det gäller bromsarna.

1 Märkena MAX och MIN finns på behållarens sida. Vätskenivån måste hållas mellan märkena. På bilar som har hydraulisk koppling försörjer bromsvätskebehållaren även kopplingens hydraulsystem.

2 Om påfyllning krävs, torka först rent runt locket med ren trasa innan locket tas bort.

3 Vid påfyllning är det en god idé att inspektera filtret och behållaren. Torka av filtret med ren luddfri trasa om synliga partiklar förekommer. Systemet ska tappas av och fyllas på med ny bromsolja om smuts letat sig in i behållare och är synlig i vätskan (se kapitel 9).

4 Fyll försiktigt på bromsoljan så att den inte spills på målade ytor. Använd endast angiven hydraulolja, blandning av olika typer kan skada systemet. Efter påfyllning till korrekt nivå ska locket skruvas på ordentligt så att lackage och smuts förhindras. Torka upp allt spill.

Servostyrningens oljenivå

Innan du börjar:
✔ Parkera bilen på plan mark.
✔ Ställ ratten rakt fram.
✔ Stäng av motorn.

 HAYNES TiPS *Kontrollen är endast giltig om ratten inte vrids efter det att motorn stannats.*

Säkerheten främst!
● Behovet av regelbunden påfyllning anger en läcka, vilken omedelbart måste undersökas och åtgärdas.

1 Torka rent det omgivande området så att smuts inte kan komma in i behållaren och skruva upp locket. Torka av lockets inbyggda mätsticka med ren trasa och sätt tillbaka locket och ta ut det igen. "MAX"-markeringen finns på ena sidan av stickan.

2 På stickans andra sida finns det en "MIN"-markering. Oljenivån måste vara mellan "MIN" och "MAX".

3 Om påfyllning behövs, fyll på en liten mängd av specificerad typ och kontrollera nivån igen. Var mycket försiktig så att det inte kommer smuts i behållaren och fyll inte på för mycket. När nivån är korrekt, skruva på locket.

Torkarblad

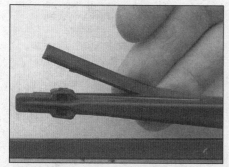

1 Kontrollera torkarbladens skick; om de är spruckna eller slitna, eller om den avtorkade glasytan är kladdig, byt torkarblad. För erhållande av maximal sikt bör torkarblad bytas varje år som en rutinåtgärd.

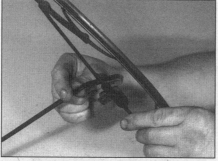

2 Ta bort ett torkarblad genom att dra armen från rutan till dess att det låser i utfällt läge. Vrid bladet 90°, tryck ned spärren på bladfästet och dra bort bladet från armen.

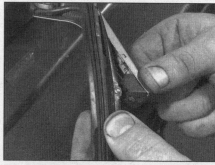

3 Ta bort strålkastartorkarblad genom att dra ut låsklacken på bladet ur hållaren och lyft undan bladet.

Däckens skick och lufttryck

Det är mycket viktigt att däcken är i bra skick och har korrekt lufttryck – däckhaverier är farliga i alla hastigheter.

Däckslitage påverkas av körstil – hårda inbromsningar och accelerationer eller snabb kurvtagning, samverkar till högt slitage. Generellt sett slits framdäcken ut snabbare än bakdäcken. Axelvis byte mellan fram och bak kan jämna ut slitaget, men om detta är för effektivt kan du komma att behöva byta alla fyra däcken samtidigt.

Ta bort spikar och stenar som bäddats in i mönstret innan dessa går igenom och orsakar punktering. Om borttagandet av en spik avslöjar en punktering, stick tillbaka spiken i hålet som markering, byt omedelbart hjul och låt reparera däcket (eller köp ett nytt).

Kontrollera regelbundet att däcken är fria från sprickor och blåsor, speciellt i sido-väggarna. Ta av hjulen med regelbundna mellanrum och rensa bort all smuts och lera från inre och yttre ytor. Kontrollera att inte fälgarna visar spår av rost, korrosion eller andra skador. Lättmetallfälgar skadas lätt av kontakt med trottoarkanter vid parkering, stålfälgar kan bucklas. En ny fälg är ofta det enda sättet att korrigera allvarliga skador.

Nya däck måste alltid balanseras vid monteringen, men det kan vara nödvändigt att balansera om dem i takt med slitage eller om balansvikterna på fälgkanten lossnar.

Obalanserade däck slits snabbare och de ökar även slitaget på fjädring och styrning. Obalans i hjulen märks normalt av vibrationer, speciellt vid vissa hastigheter, i regel kring 80 km/tim. Om dessa vibrationer bara känns i styrningen är det troligt att enbart framhjulen behöver balanseras. Om istället vibrationerna känns i hela bilen kan bakhjulen vara obalanserade. Hjulbalansering ska utföras av däckverkstad eller annan verkstad med lämplig utrustning.

1 Mönsterdjup - visuell kontroll

Originaldäcken har slitageklackar (B) som uppträder när mönsterdjupet slitits ned till ca 1,6 mm. Bandens lägen anges av trianglar på däcksidorna (A).

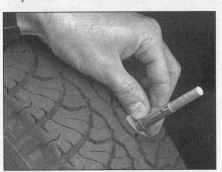

2 Mönsterdjup - manuell kontroll

Mönsterdjupet kan även avläsas med ett billigt verktyg kallat mönsterdjupsmätare.

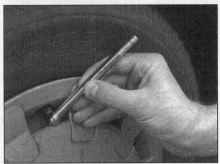

3 Lufttryckskontroll

Kontrollera regelbundet lufttrycket i däcken när dessa är kalla. Justera inte luft-trycket omedelbart efter det att bilen har körts, eftersom detta leder till felaktiga värden.

Däckslitage

Slitage på sidorna

Lågt däcktryck (slitage på båda sidorna)
Lågt däcktryck orsakar överhettning i däcket eftersom det ger efter för mycket, och slit-banan ligger inte rätt mot underlaget. Detta orsakar förlust av väggrepp och ökat slitage.
Kontrollera och justera däcktrycket
Felaktig cambervinkel (slitage på en sida)
Reparera eller byt ut fjädringsdetaljer
Hård kurvtagning
Sänk hastigheten!

Slitage i mitten

För högt däcktryck
För högt däcktryck orsakar snabbt slitage i mitten av däckmönstret, samt minskat väg-grepp, stötigare gång och fara för skador i korden.
Kontrollera och justera däcktrycket

Om du ibland måste ändra däcktrycket till högre tryck specificerade för max lastvikt eller ihållande hög hastighet, glöm inte att minska trycket efteråt.

Ojämnt slitage

Framdäcken kan slitas ojämnt som följd av felaktig hjulinställning. De flesta bilåterför-säljare och verkstäder kan kontrollera och justera hjulinställningen för en rimlig summa.
Felaktig camber- eller castervinkel
Reparera eller byt ut fjädringsdetaljer
Defekt fjädring
Reparera eller byt ut fjädringsdetaljer
Obalanserade hjul
Balansera hjulen
Felaktig toe-inställning
Justera framhjulsinställningen
Notera: *Den fransiga ytan i mönstret, ett typiskt tecken på toe-förslitning, kontrolleras bäst genom att man känner med handen över däcket.*

Elsystem

✔ Kontrollera samtliga yttre lampor och signalhornet. Se tillämpliga delar av kapitel 12 vad gäller detaljer om eventuella defekta kretsar.

✔ Inspektera alla åtkomliga kontakter, kabelhärvor och fästen vad gäller hur de sitter och om det finns tecken på skavningar eller skador.

HAYNES TiPS *Om du ensam ska kontrollera bromsljus och bakre blinkers kan du backa upp mot en vägg eller garagedörr och tända dessa. Återskenet visar om de fungerar.*

1 Om en enstaka blinkers, bromslampa eller strålkastare inte fungerar är det troligt att glödlampan bränts och måste bytas. Se kapitel 12.

Om alla tre bromsljusen är ur funktion är det möjligt att bromsljuskontakten ovanför bromspedalen kräver justering. Detta enkla arbete beskrivs i kapitel 12.

2 Om mer än en blinkers eller strålkastare inte fungerar beror detta troligen på att säkringen gått eller att det finns ett fel i kretsen (se *"Elektrisk felsökning"* i kapitel 12). Säkringarna finns placerade på en panel i centrumkonsolen, bakom askkoppen.

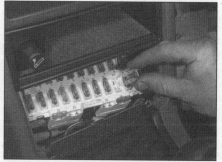

3 Om en säkring är bränd och måste bytas, dra ut den och montera en ny säkring med samma klassning. Dessa finns att köpa i biltillbehörsaffärer.

Det är viktigt att du tar reda på varför säkringen brunnit - komplett beskrivning av hur kontrollen utförs finns i kapitel 12.

Batteri

Varning: Innan arbete med batteriet påbörjas, läs säkerhetsföreskrifterna i "Säkerheten främst!" i början av boken.

✔ Kontrollera att batterilådan är i bra skick och att klammern är väl åtdragen. Korrosion på batterilådan, klammern och batteriet kan tas bort med natriumbikarbonat upplöst i vatten. Skölj noggrant av alla rengjorda delar med rent vatten. Metalldelar som skadats av korrosion ska målas över med zinkbaserad grundfärg och sedan lackas.

✔ Kontrollera periodvis (ca var tredje månad) batteriets skick enligt beskrivningen i kapitel 5A.

✔ Om batteriet är urladdat behövs startkablar, se *"Reparationer vid vägkanten"*.

1 Batteriet finns placerat i den främre delen av motorrummet, till vänster eller höger beroende på modell. Batteriets utsida bör granskas med regelbundna mellanrum vad gäller tecken på sprickor i höljet.

2 Kontrollera åtdragningen av polskorna så att den alltid är fast nog att ge bra elektrisk kontakt. Du ska inte kunna röra på dem utan verktyg. Kontrollera även att kablarna inte är spruckna eller att kabelskorna är slitna.

HAYNES TiPS

Batterikorrosion kan hållas minimal genom att ett lager vaselin läggs på polskor och kabelskor efter det att de monterats.

3 Om korrosion (vita luftiga avlagringar) finns, ta bort polskorna från polerna och rengör dem med en liten stålborste och sätt tillbaka dem. Biltillbehörsaffärer säljer ett bra verktyg för rengöring av batteripoler

4 ...och polskor.

Smörjmedel och vätskor

Motorolja	Multigrade engine oil, SAE 10W/30 till 15W/50, enligt API SG/CD
Kylvätska	50/50 blandning av vatten och etylenglykolbaserat frostskyddsmedel
Broms/kopplingsolja	Universal bromsolja klass DOT 4
Servostyrningsolja	Automatlådeolja typ Dexron IID
Manuell växellåda:	
M46 och M47	Volvo thermo oil, eller automatlådeolja typ F eller G
M90	Volvo syntetisk olja
Automatväxellåda	Automatlådeolja typ Dexron IID
Bakaxel:	
Till 10°C	EP 80 olje
Över 10°C	EP 90 olje
Alla temperaturer	EP 80w/90 olje

Lufttryck i däck (kalla)

	Fram	Bak
Sedan, upp till 3 personer	1,9 bar	1,9 bar
Sedan, full last	2,1 bar	2,6 bar
Kombi, upp till 3 personer	1,9 bar	2,1 bar
Kombi, full last	2,1 bar	2,8 bar
Långa perioder med hög hastighet (över 113 km/tim) lägg till	0,3 bar	0,3 bar
Utrymmesbesparande reservhjul		
155/R15	3,5 bar	3,5 bar
165/14	2,8 bar	2,8 bar

Notera: *Se den etikett med data för lufttryck som finns på förardörren för korrekt lufttryck för just din bil. Angivna tryck gäller endast för originaldäck och kan variera om däck av annan typ eller annat fabrikat monteras. Kontrollera med däckleverantören vilka värden som gäller ifall annat än originaldäck monteras.*

Kapitel 1:
Rutinunderhåll och service

Innehåll

Svårighetsgrader

| **Enkelt,** passar novisen med lite erfarenhet | | **Ganska enkelt,** passar nybörjaren med viss erfarenhet | | **Ganska svårt,** passar kompetent hemmamekaniker | | **Svårt,** passar hemmamekaniker med erfarenhet | | **Mycket svårt,** för professionell mekaniker | |

Volvo 940 - underhållsschema

Underhållsintervallerna i denna handbok är angivna med förutsättningen att du själv, inte återförsäljaren, utför arbetet. Dessa är de serviceintervaller som anges som minimum av tillverkaren, gällande för fordon i dagligt bruk.

Om du vill hålla fordonet i konstant toppskick kan du komma att vilja utföra vissa moment oftare. Vi uppmuntrar tätt och regelbundet underhåll eftersom detta förbättrar fordonets effektivitet, prestanda och andrahandsvärde.

Om fordonet används i dammiga områden, till att dra släp, ofta körs långsamt (tomgång i tät trafik) eller för korta resor, rekommenderas tätare serviceintervaller.

Varje vecka eller efter 400 km

☐ Se "Veckokontroller"

Varje år eller efter 16 000 km, det som kommer först

Utöver vad som anges ovan, gör även följande:

☐ Byt motorolja och filter (avsnitt 3).
☐ Kontrollera bromsklossarna (avsnitt 4).
☐ Inspektera motorn noggrant vad gäller läckage av vätskor (avsnitt 5).
☐ Kontrollera handbromsens justering (avsnitt 6).
☐ Kontrollera skicket och trafiksäkerheten på delarna i styrning och fjädring (avsnitt 7).
☐ Inspektera den hydrauliska kopplingens delar (där sådan finns) (avsnitt 8).
☐ Kontrollera kopplingsvajerns justering (där sådan finns) (avsnitt 8).
☐ Kontrollera oljenivån i den manuella växellådan (avsnitt 9).
☐ Inspektera underredet och bromsarnas hydraulrör och slangar (avsnitt 10).
☐ Kontrollera bränsleledningens skick (avsnitt 10)
☐ Inspektera kardanaxel, stödlager och universalknut (avsnitt 11).
☐ Kontrollera avgassystemets skick och trafiksäkerhet (avsnitt 12).
☐ Kontrollera oljenivån i bakaxeln (avsnitt 13).
☐ Kontrollera skicket på säkerhetsbälten (avsnitt 14).
☐ Smörj lås och gångjärn (avsnitt 15).
☐ Kontrollera skicket på rostskydd och lackering (avsnitt 16).
☐ Kontrollera justeringen av automatlådans växelväljare (avsnitt 17).
☐ Kontrollera kickdown-vajerns funktion (på modeller med automatisk växellåda) (avsnitt 17).
☐ Provkörning (avsnitt 18)
☐ Kontrollera bromsservons funktion (avsnitt 18).
☐ Kontrollera oljenivån i den automatiska växellådan (avsnitt 19).

Vartannat år eller efter 32 000 km, det som kommer först

Utöver vad som anges ovan, gör även följande:

☐ Kontrollera skick och spänning på drivremmar till extrautrustning (avsnitt 20).
☐ Byt kylvätska (avsnitt 21).
☐ Byt bromsolja (avsnitt 22).

Var tredje år eller efter 48 000 km, det som kommer först

Utöver vad som anges ovan, gör även följande:

☐ Inspektera fördelardosan, rotorarmen och tändstift-skablarna (avsnitt 23).
☐ Byt tändstiften (avsnitt 24).
☐ Kontrollera ventilspelen (avsnitt 25).

Var fjärde år eller efter 64 000 km, det som kommer först

Utöver vad som anges ovan, gör även följande

☐ Byt olja i den automatiska växellådan (avsnitt 26).
☐ Byt luftfilter (avsnitt 27).

Var femte år eller efter 80 000 km, det som kommer först

Utöver vad som anges ovan, gör även följande:

☐ Byt drivrem till kamaxeln (avsnitt 28).
☐ Byt bränslefilter (avsnitt 29).
☐ Kontrollera avgasreningen (avsnitt 30).

Servicespecifikationer

Smörjmedel och vätskor
Se *"Veckokontroller"*

Volymer

Motorolja
Avtappning och påfyllning inklusive byte av filter	3,85 liter (plus 0,6 liter för turbons oljekylare - om avtappad)
Kylsystem	8,5 liter

Växellådsolja
Manuell växellåda:
M46	2,3 liter
M47	1,6 liter
M90	1,75 liter

Automatväxellåda:
Avtappning och påfyllning:
AW70/71/72	3,9 liter
ZF4HP22	2,0 liter

Torr växellåda:
AW70/71/72	7,5 liter
ZF4HP22	7,7 liter
Bakaxel	1,6 till 1,75 liter
Bränsletank	60 liter

Motor
Ventilspel:
Kontrollmått:
Kall motor	0,30 till 0,40 mm
Varmkörd motor	0,35 till 0,45 mm

Inställningsmått:
Kall motor	0,35 till 0,40 mm
Varmkörd motor	0,40 till 0,45 mm
Tillgängliga justeringsshims	3,30 till 4,50 mm i steg om 0,05 mm

Kylsystem
Specifik frostskyddsblandning	50% frostskydd/50% vatten

Tändsystem

Tändstift:

	Typ	Elektrodavstånd
B200F	Bosch WR 7 D+	0,8 mm
B200FT	Bosch WR 6 D+	0,8 mm
B230F	Bosch WR 7 D+	0,8 mm
B230FB	Bosch WR 7 D+	0,8 mm
B230FD	Bosch WR 7 D+	0,8 mm
B230FK	Bosch WR 7 D+	0,8 mm
B230FT	Bosch WR 7 D+	0,8 mm

Koppling
Vajerns spel vid kopplingsarmen	1,0 till 3,0 mm

Bromsar
Främre bromsklossar minimum tjocklek på belägg	3,0 mm
Bakre bromsklossar minimum tjocklek på belägg	2,0 mm

Handbromsspakens rörelse:
Efter justering	3 till 5 klick
I användning	Maximalt 11 klick

Däck
Lufttryck	Se *"Veckokontroller"*

Åtdragningsmoment

	Nm
Hjulmuttrar	85
Tändstift (torra gängor)	25

Motorrum på en 2-liters Turbomodell

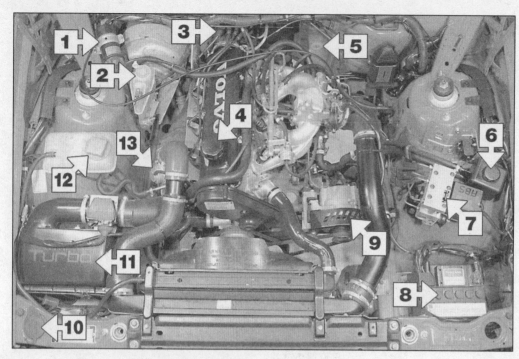

1 Tändspole
2 Hydrauloljebehållare till broms/koppling
3 Fördelarlock
4 Motoroljans påfyllningslock
5 Motoroljans mätsticka
6 Hydrauloljebehållare till servostyrningen
7 Hydraulmodulator till låsningsfria bromsar
8 Batteri
9 Generator
10 Spolvätskebehållare
11 Luftfilter
12 Locket till kylvätskans expansionskärl
13 Turboaggregat

Främre undersida på en 2-liters Turbomodell

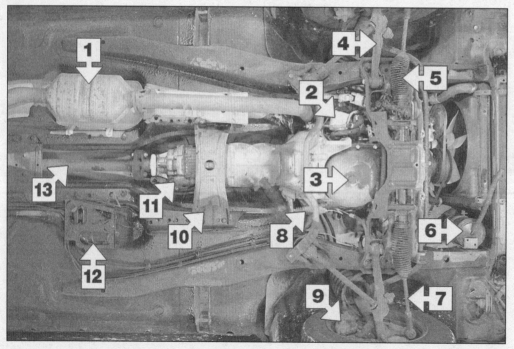

1 Katalysator
2 Oljefilter
3 Motoroljans avtappningsplugg
4 Bärarm
5 Kuggstångens bälgar
6 Kolkanister
7 Styrstag
8 Kopplingens slavcylinder
9 Bromsok
10 Växellådans tvärbalk
11 Överväxeln
12 Vagga till bränslepump/filter
13 Kardanaxel

Bakre undersida på en 2-liters Turbomodell

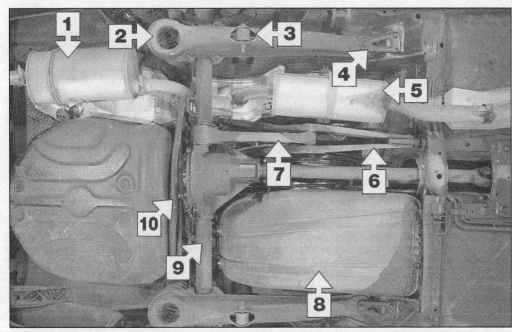

1 Bakre ljuddämpare
2 Fjäderskål
3 Undre stötdämparfäste
4 Bärarmsfäste
5 Mellanljuddämpare
6 Monteringsram
7 Momentstag
8 Bränsletank
9 Bakaxel
10 Panhardstag

Arbetsbeskrivningar för underhåll

1 Introduktion

Det här kapitlet är framtaget för att hjälpa hemmamekanikern att underhålla sitt fordon så att det ger trafiksäkerhet, driftsekonomi, lång livslängd och maximala prestanda.

Kapitlet innehåller ett huvudschema för service som följs av avsnitt som tar upp varje specifik uppgift i schemat. Visuella kontroller, justeringar, byte av delar och andra viktiga moment tas upp. Studera de medföljande illustrationerna av motorrummet och fordonets underrede där de olika delarnas placering visas upp.

Underhåll av fordonet i enlighet med detta schema för tid/distans och följande avsnitt ska resultera i en lång och pålitlig tjänstgöringstid för fordonet. Detta är ett heltäckande schema vilket innebär att service av vissa komponenter, men inte andra, inte kommer att ge ett lika bra resultat.

När du arbetar med fordonet kommer du att upptäcka att många av procedurerna kan - och bör - grupperas tillsammans tack vare det specifika arbete som utförs eller tack vare att två annars obesläktade arbeten är varandra fysiskt närbelägna. Om till exempel fordonet av någon orsak lyfts upp ska avgassystemet alltid kontrolleras samtidigt som fjädring och styrning inspekteras.

Första steget i underhållsprogrammet är att du förbereder dig själv innan arbetet påbörjas. Läs igenom samtliga avsnitt som tar upp det arbete som ska utföras, gör upp en lista över, och skaffa de delar och verktyg som behövs för arbetet i fråga. Om du stöter på problem ska du fråga efter råd från en reservdelsspecialist eller återförsäljarens serviceavdelning.

2 Intensivunderhåll

1 Om fordonet underhålls helt enligt schemat från det att det är nytt, och täta regelbundna kontroller av vätskenivåer och föremål som utsätts för stort slitage utförs, kommer motorn att hållas i relativt bra och arbetsdugligt skick vilket minimerar behovet av ytterligare arbete.
2 Det är möjligt att motorn ibland kommer att gå orent på grund av brist på regelbunden service. Detta är än mer troligt om det gäller ett begagnat fordon, som inte fått tät och regelbunden service. I sådana fall kan extra arbete, som ligger utanför det ordinarie underhållsschemat, komma att behöva utföras.
3 Om du misstänker att motorn är sliten ger ett kompressionsprov (se Del A i kapitel 2) värdefulla upplysningar om det generella skicket på de inre huvuddelarna. Ett sådant prov kan användas som en beslutsbas vad gäller omfattningen av det arbete som ska utföras. Om ett kompressionsprov till exempel indikerar att motorns insida är mycket sliten, kommer inte normalt underhåll enligt beskrivningarna i detta kapitel att förbättra motorns prestanda i någon större utsträckning. Det kan även vara så att normalt

underhåll är ett slöseri med tid och pengar såvida inte ett omfattande renoveringsarbete (kapitel 2B) görs först.
4 Följande arbetsmoment är de som ofta krävs för att förbättra prestanda på en motor som går allmänt illa:

I första hand

a) Rengör, inspektera och testa batteriet (Se "Veckokontroll")
b) Kontrollera samtliga vätskor som har med motorn att göra (Se "Veckokontroll")
c) Kontrollera skick och spänning på drivremmar till extrautrustning (avsnitt 20)
d) Justera ventilspel (avsnitt 25)
e) Byt tändstift (avsnitt 24)
f) Inspektera fördelardosan, rotorarmen och tändstiftskablarna (avsnitt 23)
g) Kontrollera luftrenarens skick och byt filter vid behov (avsnitt 27)
h) Byt bränslefilter (avsnitt 29)
i) Kontrollera skicket på samtliga slangar och leta efter läckage (avsnitt 5)
5 Om ovanstående åtgärder inte ger fullständig effekt, gör då följande:

I andra hand

Samtliga åtgärder under "I första hand" samt följande:
a) Kontrollera laddningen (kapitel 5A)
b) Kontrollera tändsystemet (kapitel 5B)
c) Kontrollera bränslesystemet (kapitel 4)
d) Byt fördelardosa och rotorarm (avsnitt 23)
e) Byt tändstiftskablar (avsnitt 23)

Service efter 16 000 km/12 månader

3 Motorolja och filter - byte

1 Täta och regelbundna oljebyten är det bästa skyddsunderhåll en hemmamekaniker kan ge motorn, i och med att sliten olja tunnas ut och förorenas vilket leder till onödigt slitage av motorn.
2 Se till att du har alla de verktyg som behövs innan du börjar arbeta. Se även till att ha gott om trasor eller gamla tidningar tillgängliga för att torka upp eventuellt spill. Oljan bör helst bytas medan motorn fortfarande är helt varmkörd. Direkt efter en tripp kommer varm olja och sediment att vara mer lättflytande. Var dock försiktig med att inte beröra avgassystemet eller andra heta delar av motorn medan du arbetar under bilen. Det är att rekommendera att du bär handskar under arbetet, för att skydda dig från brännskador och hudirritationer och eventuella föroreningar i begagnad motorolja. Du kommer mycket enklare åt att arbeta med fordonets undersida om detta kan hissas upp med block, köras upp på en brygga eller pallas upp under axlarna (se *"Lyftning och stödpunkter"*) Oavsett metod ska du se till att fordonet är vågrätt, eller om lutat, att avtappningspunkten är längst ned.
3 Placera ett spilloljekärl under avtappningspluggen och skruva ut denna **(se illustration)**. Om möjligt, försök att hålla pluggen tryckt mot sumpen medan du skruvar ur de sista varven för hand.

 Näroljepluggen släpper från gängorna, dra då snabbt undan den så att oljestrålen från sumpen går ner i spill-oljekärlet, inte uppför ärmen!

4 Låt oljan rinna ner i kärlet och kontrollera under tiden hur pluggens tätningsbricka ser ut. Byt ut denna bricka om den är sliten eller skadad.
5 Ge den gamla oljan god tid att rinna ut. Lägg märke till att det kan bli nödvändigt att

flytta på spilloljekärlet när oljeflödet minskar. När all olja runnit ut, torka då av oljepluggen och gängorna, gänga in pluggen i sumpen och dra åt den ordentligt.
6 Oljefiltret finns längst ned till höger på cylinderblocket. På turbomodeller är det inte speciellt lätt att komma åt.
7 Flytta spilloljekärlet under oljefiltret och lossa sedan, vid behov med hjälp av lämpligt filterborttagningsverktyg, på filtret och skruva ut detta för hand. Var beredd på lite oljespill **(se illustration)** Töm oljan i det gamla filtret i spilloljekärlet.
8 Använd en luddfri trasa till att torka av motorblocket runt filterfästet. Kontrollera att det gamla filtrets O-ring av gummi inte sitter kvar på motorn. Om den gör det, avlägsna den då med försiktighet.
9 Applicera en tunn hinna av ren motorolja på det nya filtrets O-ring. Skruva in filtret i motorn till dess att det sitter på plats. Dra sedan åt det ordentligt för hand. **Använd inte** något verktyg till detta arbete.
10 Ta bort spilloljan och samtliga verktyg från bilens undersida och sänk ned den på marken.
11 Ta bort oljestickan och oljepåfyllnings-locket från motorn. Fyll motorn med olja av rätt typ och klassificering (se Specifikationer). Fyll först på halva den angivna oljemängden och vänta i ett par minuter så att den hinner sjunka ned i sumpen. Fortsätt påfyllningen lite i taget till dess att nivån är vid den nedre delen av oljestickans märkning. En sista påfyllning om ca 0,5 till 1 liter höjer nivån till den övre delen av oljestickans märkning.
12 Starta motorn. Varningslampan för olje-trycket kommer att lysa i ett par sekunder medan oljefiltret fylls, innan den slocknar. Rusa inte motorn medan lampan är tänd. Varmkör motorn i ett par minuter medan du kontrollerar att det inte finns några tecken på läckage runt oljefiltrets packning och oljepluggen.
13 Stäng av motorn och låt oljan sjunka ned i sumpen igen under ett par minuter. När den färska oljan därmed cirkulerat runt i motorn och filtret är fyllt, kontrollera då oljenivån på stickan och fyll på mer olja vid behov.

14 Sluthantera spilloljan på ett säkert sätt i enlighet med lokala miljöföreskrifter (se *"Allmänna reparationsanvisningar"*).

4 Bromsklossar, slitage - kontroll

1 Lyft upp bilens front och bakdel i tur och ordning och stötta upp den med pallbockar (se *"Lyftning och stödpunkter"*).
2 Ta bort hjulen så att du lättare kommer åt bromsoken.
3 Titta genom inspektionsöppningen i oket och kontrollera att tjockleken på friktions-materialet på var och en av klossarna inte understiger det minimum som rekommenderas i specifikationerna. Om någon av klossarna är nedsliten till, eller under, angiven gräns måste *samtliga fyra* klossar i den änden av fordonet bytas ut (d.v.s. samtliga främre eller bakre bromsklossar).
4 En fullständig kontroll av bromsklossarna innebär att dessa tas ut och rengörs. Bromsokens funktion kan då kontrolleras samtidigt som bromsskivorna undersöks noggrant. Se Kapitel 9 vad gäller detaljerna kring detta arbete.

5 Vätskeläckage och skick på slangar under motorhuven - kontroll

⚠ **Varning: Demontering av slangar till luftkonditioneringen måste utföras av återförsäljarens ser-viceavdelning eller av specialister på luftkonditioneringsaggregat. Special-utrustning behövs för sänkning av trycket i systemet. Ta aldrig bort delar av luftkondi-tioneringsaggregat eller slangar till dessa innan dess att trycket i systemet sänkts.**

Allmänt

1 Hög temperatur i motorrummet kan orsaka att slangar av plast och gummi bryts ned. Dessa slangar är väsentliga för funktionen av motor, extrautrustning och avgassystem. Därför ska dessa inspekteras med avseende på sprickor, lösa fästen materialförhårdnader och läckage.
2 Kontrollera noggrant de grova övre och nedre kylarslangarna liksom de resterande slangarna och metallrören med mindre diameter som hör till kylsystemet. Glöm inte bort slangarna och rören från motorrummet till torpedplåten och kupevärmaren. Inspektera samtliga slangar efter hela längden och byt ut samtliga som har sprickor, är svullna eller visar andra tecken på åldring. Sprickor kan bli mer framträdande om du klämmer på slangen.
3 Se till att samtliga slangkopplingar är

3.3 Demontering av oljesumpens avtappningsplugg

3.7 Demontering av oljefilter

åtdragna. Om de fjäderklämmor som används till att säkra slangarna i detta system ser ut att slacka ska de bytas ut för att förhindra läckor.

En läcka i kylsystemet visar sig vanligen i form av en vit eller rostfärgad beläggning på områden i närheten av läckan.

4 Vissa andra slangar är fästa med slangklämmor. Där dessa används ska du kontrollera att de är åtdragna så att de inte läcker. Om ingen typ av klämma används ska du kontrollera att slangen inte har läckage som uppstått av att slangen expanderat eller hårdnat där den är dragen över fästet.

5 Kontrollera samtliga vätskebehållare, påfyllningslock, avtappningspluggar och kopplingar/fästen. Se till att det inte finns några tecken på läckage av olja, hydraulvätska vid växellåda eller bromsar, kylvätska eller vätska till servostyrningen. Om fordonet regelbundet parkeras på samma plats kan en noggrann inspektion av marken under fordonet snabbt avslöja tecken på läckage. Ignorera vattenpölar som lämnas kvar om luftkonditioneringen använts. Så snart som ett läckage påträffas måste det spåras upp och åtgärdas. Om olja läckt ut under en längre tid måste vanligtvis rengöring utföras med ånga, högtrycksvatten eller liknande, så att läckagestället blir rent nog att den exakta punkten för läckaget kan identifieras.

Vakuumslangar

6 Det är ganska vanligt att vakuumslangar, speciellt de som används i avgasreningssystem är färgkodade eller numrerade, eller att de identifieras med ingjutna färgränder. Olika system kräver slangar med olika materialtjocklek och motståndskraft mot tryckskillnader och temperaturer. När du byter dessa slangar ska du försäkra dig om att de nya är tillverkade efter samma specifikationer som de gamla.

7 Att helt ta bort en slang från fordonet är ofta det enda sättet att effektivt kontrollera den. Om du tar bort mer än en slang i taget ska du se till att märka upp dessa och fästena så att de monteras tillbaka på sina rätta platser.

8 När du kontrollerar vakuumslangar ska du se till att inkludera eventuella T-kopplingar av plast i kontrollen. Inspektera fästen vad gäller tecken på sprickor och kontrollera slangen där den finns monterad på kopplingar, vad gäller tecken på förvridningar som kan orsaka läckage.

9 En liten bit vakuumslang kan användas som stetoskop för att upptäcka vakuumläckor. Håll ena änden av slangen mot örat och för den andra runt vakuumslangar och -kopplingar och lyssna efter det karakteristiska "pysande" ljudet av en vakuumläcka.

Varning: När du testar med ett vakuumslangstetoskop bör du vara försiktig så att det inte kommer i kontakt med rörliga motordelar som t ex drivremmar eller kylarfläkt.

Bränsleledningar

Varning: Innan du gör följande bör du studera de föreskrifter som finns i början av denna handbok under rubriken "Säkerheten främst!" och följa dessa till punkt och pricka. Bensin är en mycket farlig och brännbar vätska och de säkerhetsföreskrifter som gäller för hantering av bensin kan inte nog betonas.

10 Kontrollera bränsleledningar vad gäller tecken på nedbrytning och skavning. Kontrollera speciellt noga vad gäller sprickor kring de delar där ledningen kröks och just före kopplingar som exempelvis där ledningarna går in i och ut ur bränslefiltret.

11 Använd endast bränsleledningar av hög kvalitet. Dessa är vanligen märkta genom att ordet "Fluoroelastomer" finns tryckt på ledningen. Du ska under inga som helst omständigheter använda oförstärkt vakuumslang, klar plastslang eller vattenslang som bränsleledning.

12 Fjäderklämmor används vanligtvis på bränsleledningar. Dessa förlorar med tiden sin elasticitet och kan även töjas vid borttagandet. När du byter bränsleledningar, byt ut fjäderklämmorna mot slangklämmor av skruvtyp.

Metallrör

13 Sektioner av metallrör används ofta som bränsleledning mellan bränslefiltret och motorn. Kontrollera noggrant att röret inte böjts eller klämts och att inga sprickor finns i metallen.

14 Om en metallsektion av bränsleledningen måste bytas ut ska endast sömlöst stålrör användas eftersom rör av koppar eller aluminium inte har den styrka som krävs för att stå emot normala motorvibrationer.

15 Kontrollera bromsledningarna av metall där de går in i huvudcylindern och hydraulenheten till ABS-systemet (om monterat). Se till att de inte visar upp tecken på sprickor och att de är fast åtdragna. Varje tecken på läckage av bromsvätska kräver en omedelbar och komplett inspektion av bromssystemet.

6 Handbroms - kontroll och justering

1 Handbromsen ska vara fullt åtdragen med angivet antal klick på spakens spärrmekanism. Justering behövs periodvis för att kompensera slitage på bromsbackar och sträckning av handbromsvajrar.

2 Gör vajerjusteringen åtkomlig genom att ta bort den bakre askkoppen och panelen med varningslampor för säkerhetsbältena/cigarettändaren (**se illustration**).

3 Lossa låshylsan från justeringens främre del, antingen genom att driva hylsan framåt eller genom att dra justeringen bakåt. Vrid justermuttern till dess att handbromsen tar fullt vid angivet antal klick. Kontrollera att

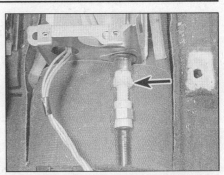

6.2 Handbromsvajerns justering (vid pilen) med omgivande klädsel borttagen

bromsen inte hänger kvar när spaken släpps ned.

4 Koppla in låshylsan igen och sätt tillbaka panelen och den bakre askkoppen.

7 Styrning och fjädring - kontroll

Kontroll av framvagnens fjädring och styrningen

1 Dra åt handbromsen och lyft upp framvagnen och stötta den med pallbockar.

2 Inspektera dammskydden över kullederna och damaskerna över styrningsdelarna vad gäller sprickor, skavningar och nedbrytning. Varje skada på dessa delar orsakar förlust av smörjmedel samt att smuts och vatten tränger in vilket leder till snabbt slitage av kulleder och styrningsdetaljer.

3 Kontrollera servostyrningens slangar vad gäller skavning och nedbrytning samt kopplingar mellan slang och rör vad gäller läckage. Kontrollera även om det förekommer läckage vid tryck på styrningsdamaskerna, vilket i så fall indikerar att packningarna inne i styrutrustningen gått sönder.

4 Leta efter tecken på vätskeläckage kring stötdämparkroppen eller från gummiskyddet runt kolvstången (om monterad). Om du upptäcker vätska där är stötdämparen defekt och i behov av utbyte.

5 Fatta tag i hjulet med händerna i "klockan 12" och "klockan 6" och försök att rucka på det. Ett mycket litet spel kan eventuellt kännas men om rörelsen är märkbar måste orsaken till denna undersökas närmare. Fortsätt att rucka på hjulet medan en medhjälpare trycker ned bromspedalen. Om hjulets spel nu försvinner eller minskas markant är det troligen hjullagren som är defekta. Om spelet kvarstår med nedtryckt bromspedal föreligger slitage i fjädringens leder eller fästen.

6 Fatta sedan tag i hjulet med händerna i "klockan 9" och "klockan 3" och försök att rucka på det. Eventuella rörelser som nu är märkbara kan orsakas av antingen slitna hjullager eller parallellstag i styrningens kulleder. Om den yttre kulleden är sliten är

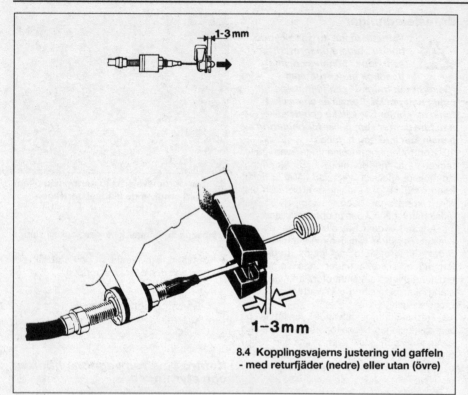

8.4 Kopplingsvajerns justering vid gaffeln - med returfjäder (nedre) eller utan (övre)

rörelsen mycket märkbar. Om den inre leden är sliten kan detta kännas av genom att en hand placeras på kuggstångsstyrningens gummidamask och man greppar tag i styrstaget. Om nu hjulet ruckas kommer en rörelse att kännas vid den inre kulleden om denna är sliten.

7 Kontrollera slitaget i fjädringsupphängningens bussningar med en stor skruvmejsel eller ett plattjärn. Stick in detta mellan fjädringsdelen och fästpunkten. En viss rörelse är normal då bussningarna är av gummi, men större slitage är uppenbart. Kontrollera skicket på synliga gummi-bussningar, leta efter öppningar, sprickor och föroreningar.

8 Ställ ned fordonet på hjulen och låt en medhjälpare vrida ratten fram och tillbaka med ungefär ett åttondels varv i taget. Det ska på sin höjd finnas ett ytterst litet spel mellan ratten och hjulen. Om något annat är fallet ska du noggrant kontrollera de leder och fästen som tidigare beskrivits och även kontrollera rattstångens universalknutar vad gäller slitage liksom själva kuggstångsstyrningen.

9 Stötdämparnas effektivitet kan kontrolleras genom att man gungar på fordonet i vardera främre hörnet. Generellt sett ska fordonet återgå till normalläge och stanna där efter en nedtryckning. Om den stiger upp och studsar tillbaka är stötdämparna misstänkta. Undersök även övre och nedre stötdämparfästen vad gäller tecken på slitage och läckor.

Kontroll av bakvagnens fjädring

10 Kila fast framhjulen med stoppklossar och lyft upp bakvagnen och palla upp den på pallbockar.

11 Kontrollera slitaget i baknavens lager med den metod som beskrevs för framnavens lager (punkt 4).

12 Kontrollera slitaget i fjädringsupphängningens bussningar med hjälp av en stor skruvmejsel eller ett plattjärn. Stick in detta mellan fjädringsdelen och fästpunkten. En viss rörelse är normal i och med att bussningarna är av gummi, men större slitage är uppenbart. Kontrollera även skicket på stötdämparna med hjälp av ovan angivna metod.

8 Koppling - kontroll av hydraulik/justering av vajer

Kontroll av hydraulik

1 På de modeller som har hydraulisk koppling ska du kontrollera att kopplingspedalen rör

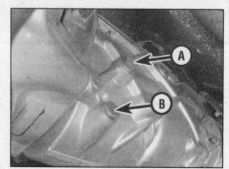

9.1 Nivå/påfyllningsplugg (A) och avtappningsplugg (B) till manuell växellåda

sig mjukt och jämnt genom hela slaglängden och att själva kopplingen fungera korrekt utan tecken på slirning.

2 Ta bort panelen under instrumentbrädan så att du kommer åt kopplingspedalen och smörj upp pedaltappen med ett par droppar tunn olja. Sätt tillbaka panelen.

3 Kontrollera skicket på hydraulledningar och slangar inifrån motorrummet. Titta sedan på fordonets undersida där kopplingens slav-cylinder finns. Kontrollera att den är fri från läckor runt gummidamasken och att länkningen är fast. Smörj tryckstångens gaffelstift med ett par droppar olja.

Vajerjustering

4 På modeller med vajermanövrerad koppling ska denna kontrolleras på i stort sett samma sätt som i paragraferna 1 och 2. Kontrollera dessutom att kopplingsvajern är korrekt justerad. Vajerjusteringen är korrekt när spelet i kopplingsarmen är det som anges i specifikationerna. Justera vid behov med hjälp av låsmuttrarna och den gängade justerstaven i vajeränden **(se illustration)**.

9 Oljenivå i manuell växellåda - kontroll

1 Lyft upp bilen och ställ den stadigt på pallbockar. Se till att den står plant (se *"Lyftning och stödpunkter"*). Påfyllnings-/nivåpluggen och avtappningspluggen sitter antingen på vänster sida av växellådan eller på baksidan **(se illustration)**. Torka rent runt påfyllnings-/nivåpluggen (den övre av de två) med en ren trasa, skruva sedan loss pluggen och ta bort den. Om oljenivån är korrekt ska den vara vid hålets underkant.

2 Om växellådan behöver mer olja (dvs. att oljenivån inte når upp till hålets underkant), använd en spruta eller en plastflaska och en slangbit till att fylla på olja **(se illustration)**. När det börjar rinna olja ur hålet, fyll inte på mer. Se till att du fyller på med rätt typ av olja.

3 Sätt tillbaka pluggen och dra åt den ordentligt. Kör en kortare sträcka och kontrollera sedan att läckage inte uppstått.

4 Ett regelbundet behov av påfyllning av växellådan kan bara bero på att den läcker olja. Detta bör omedelbart åtgärdas.

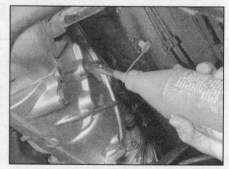

9.2 Påfyllning av olja i manuell växellåda

10 Underrede och bromsrör/ bensinledning - kontroll

1 Palla upp bilen vågrätt på pallbockar (se *"Lyftning och stödpunkter"*), eller placera den på en smörjbrygga och inspektera sedan noggrant underredet och hjulhusen vad gäller tecken på skador och rostangrepp. Var extra noga med trösklarnas undersidor och skrymslen där smuts och lera kan samlas. Där det finns rostangrepp, tryck och knacka hårt på panelen med en skruvmejsel och kontrollera om rostangreppet är så allvarligt att det kräver omedelbar reparation. Om rostangreppet inte är allvarligt, ta bort rosten och applicera ett nytt lager underredsmassa. Se kapitel 11 för mer detaljerade upplysningar om karosserireparationer.

2 Inspektera samtidigt PVC-täckta nedre karosspaneler vad gäller stenskott och allmänt skick.

3 Inspektera samtliga slangar och rör för broms- och bränslesystem vad gäller skador, rost, korrosion och läckage. Se även till att de är korrekt upphängda i sina fästen. Där sådana finns, kontrollera även PVC-överdragen på ledningarna.

4 Inspektera de flexibla bromsledningarna i närheten av oken, där de utsätts för de största rörelserna. Böj dem (men inte dubbelt) mellan fingrarna och kontrollera att detta inte avslöjar tidigare dolda sprickor eller andra skador.

11 Stödlager, kardanaxel och universalknut - kontroll

1 Fordonet ska helst ställas upp på pallbockar både fram och bak så att bakhjulen kan rotera fritt (se *"Lyftning och stödpunkter"*).

2 Kontrollera kring stödlagrets gummidel att det inte finns tecken på sprickor, olja eller deformering av gummit. Om något av dessa föreligger ska stödlagret renoveras på det sätt som beskrivs i kapitel 8.

3 Kontrollera samtidigt skicket på universalknutarna genom att hålla i kardanaxeln med en hand och bakaxelflänsen med den andra handen. Försök att vrida de två i motsatt riktning och känn efter om det finns något glapp i universalknutarnas spindlar. Upprepa denna kontroll vid stödlagret och i alla anda delar där individuella delar av drivaxeln eller universalknutarna är ihopkopplade. Om något slitage är märkbart, se kapitel 8 för beskrivning av reparationer. Om skrapande och gnisslande ljud har hörts från undersidan, eller om det finns tecken på rostfärgade beläggningar runt universalknutarnas spindlar, anger detta ett framskridet slitage som omedelbart bör åtgärdas.

4 Kontrollera även gummiknutens skick, leta efter tecken på svullnad, oljeförorening eller sprickor och delningar i gummit, speciellt i närheten av bulthålen.

12 Avgassystem - kontroll

1 Låt motorn kallna ordentligt (minst tre timmar efter körning) och kontrollera hela avgassystemet från början vid motorn till slutet av röret. Detta ska helst göras med fordonet upphissat så att tillträdet är obehindrat. Om detta inte är genomförbart, lyft upp bilen på pallbockar (se *"Lyftning och stödpunkter"*).

2 Kontrollera rör och kopplingar vad gäller tecken på läckage, allvarlig rost och andra skador. Se till att samtliga fästen och gummihållare är i gott skick och väl spända. Om några fästen ska renoveras, se då till att utbytesdelarna är av rätt typ. Läckage i någon av fogarna eller i andra delar av systemet visar sig oftast som svarta sotfläckar i närheten av läckan.

3 Inspektera samtidigt bottenplattan vad gäller hål, rostangrepp, öppna svetsfogar och liknande som kan låta eventuella avgasläckage komma in i passagerarutrymmet. Försegla alla hål med silikon eller tätningsmassa.

4 Skaller och andra missljud kan ofta härledas till avgassystemet och då särskilt till gummiupphängningen. Prova att röra på systemet, ljuddämpare och katalysator. Om någon del kan komma åt att röra vid underredet eller fjädringen ska avgassystemet hängas upp med nya bussningar.

13 Oljenivå i bakaxel - kontroll

1 I idealfallet ska fordonet stå på hjulen för denna kontroll, men om detta är ett problem (och du inte kan klämma dig in på undersidan) kan du lyfta upp fordonet i bägge ändar och stötta det med pallbockar eller hissa upp det eller ställa det på en smörjbrygga/smörjgrop (se *"Lyftning och stödpunkter"*).

2 Torka rent runt påfyllnings/nivåpluggen på bakaxeln och skruva sedan ur pluggen som finns på baksidan av kardanklumpen. Det bästa sättet att kontrollera oljenivån är att

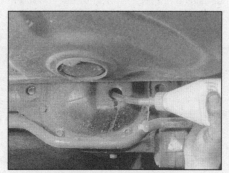

13.3 Påfyllning av olja i bakaxeln

tillverka en mätsticka av en bit böjd ståltråd. Stick in ståltråden i hålet (tappa inte ned den!) och kontrollera nivån.

3 Om axeln behöver mer olja kan du använda en spruta eller en plastflaska med en slangstump till att fylla på (se illustration). När olja börjar rinna ur hålet ska du inte fylla på mer. Se till att du använder rätt typ och klass av olja.

4 Sätt tillbaka påfyllnings/nivåpluggen och dra åt den ordentligt.

5 Om regelbunden påfyllning av olja i bakaxeln behövs kan detta bara bero på läckage. Detta ska i så fall omedelbart spåras upp och åtgärdas.

14 Säkerhetsbälten - kontroll

Kontrollera att säkerhetsbältena har tillfredsställande skick och funktion. Inspektera själva bältena vad gäller fransning och andra skador. Kontrollera att de dras in smidigt utan att fastna i mekanismen.

Kontrollera fästpunkterna och se till att samtliga bultar är väl åtdragna.

15 Dörrar, bagagelucka och motorhuv - kontroll och smörjning

Kontrollera att dörrar, motorhuv och bagagelucka/baklucka stänger ordentligt. Kontrollera att huvlåset greppar ordentligt. Kontrollera dörrhållarremmarnas funktion.

Smörj gångjärn, dörrhållarremmar, låsbleck och huvlås försiktigt med en liten mängd olja eller fett.

16 Kaross - kontroll av lackering och yttre paneler

1 Bästa tillfället att utföra denna kontroll är strax efter det att bilen tvättats, så att varje skråma eller felaktighet på ytan är klart framträdande och inte dold av en hinna med smuts.

2 Starta i ena främre hörnet och kontrollera alla lackerade ytor, leta efter småskråmor och mer allvarliga bucklor. Kontrollera alla paneler/ lister och se till att de är ordentligt fastsatta hela vägen.

3 Kontrollera att alla dörrlås sitter fast, liksom alla speglar, märken, fälgar, stötfångare och kylargrill. Om något löst påträffas, eller som behöver ytterligare uppmärksamhet, ska detta åtgärdas enligt anvisningarna i de relevanta kapitlen i denna handbok.

4 Korrigera alla problem med lackering och kaross enligt beskrivningarna i kapitel 11.

19.4 Dra ut mätstickan för automatlådans oljenivå

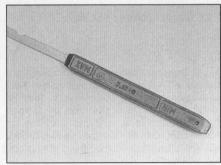

19.6a Markeringar på automatlådeoljans mätsticka

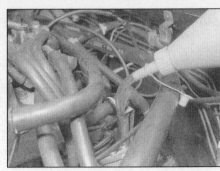

19.6b Påfyllning av automatlådeolja

17 Automatväxellådans kickdown-vajer - funktion och justering

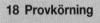

Se Kapitel 7B.

18 Provkörning

Kontroll av bromsarnas funktion och prestanda

1 Försäkra dig om att fordonet inte drar åt en sida när du bromsar och att hjulen inte låser för snabbt vid hård inbromsning.
2 Kontrollera att inga vibrationer känns i ratten vid inbromsning.
3 Kontrollera att handbromsen fungerar korrekt utan överdriven spakrörelse och att den håller fordonet stilla i en backe.
4 Testa bromsservons funktion med avslagen motor enligt följande. Tryck ned bromspedalen fyra eller fem gånger för att upphäva vakuumet och starta sedan motorn. När motorn startar ska det finnas ett märkbart "spel" i bromspedalen medan vakuumet byggs upp. Låt motorn gå i minst två minuter och slå sedan av den igen. Om bromspedalen nu trycks ned ska det vara möjligt att lägga märke till ett väsande ljud från servon när pedalen trycks ned. Efter fyra eller fem nedtryckningar ska det inte höras något väsande och pedalen ska kännas märkbart styvare.

Styrning och fjädring

5 Kontrollera om något känns onormalt med styrningen, fjädringen, väghållningen eller vägkänslan.
6 Kör fordonet och kontrollera att det inte finns ovanliga vibrationer eller ljud.
7 Kontrollera att styrningen känns positiv, utan överdrivet spel eller några tröga punkter och kontrollera om det finns missljud i fjädringen vid kurvtagning eller körning över gupp.

Drivlinan

8 Kontrollera hur motorn, växellådan och drivlinan uppträder.
9 Kontrollera att motorn startar lätt oavsett om den är varm eller kall.
10 Lyssna efter ovanliga ljud från motor och växellåda.
11 Försäkra dig om att motorn har en jämn tomgång och att det inte finns tveksamheter vid acceleration.
12 För modeller med manuell växellåda, kontrollera att alla växlar kan läggas in mjukt utan missljud och att växelspakens funktion inte är onormalt vag eller hackig.
13 För modeller med automatlåda, se till att körningen är mjuk och ryckfri och utan motor-rusningar. Kontrollera att samtliga växellägen kan väljas från stillastående. Om du stöter på problem ska dessa tas om hand av en Volvoverkstad.

Koppling

14 Kontrollera att kopplingspedalens rörelse är mjuk och lätt genom hela slaglängden och att själva kopplingen fungerar korrekt utan slirning. Om kopplingspedalens rörelse är ojämn eller styv ska kopplingspedalens mekanism kontrolleras enligt vad som beskrivs i kapitel 6.

Instrument och elektrisk utrustning

15 Kontrollera att samtliga instrument och all elektrisk utrustning fungerar.
16 Försäkra dig om att samtliga instrument visar korrekta värden och slå på all elektrisk utrustning i tur och ordning för att kontrollera att den fungerar ordentligt.

19 Oljenivå i automatisk växellåda - kontroll

1 Oljenivån i den automatiska växellådan ska noggrant upprätthållas. Låg oljenivå kan leda till slirning eller förlust av drivning medan för hög nivå kan orsaka skumning, oljeförlust och skador på växellådan.
2 Automatlådans oljenivå ska endast kontrolleras när lådan är varmkörd till sin normala arbetstemperatur. Om fordonet körts mer än 20 km (25 km vid kyllg väderlek) och oljetemperaturen är mellan 70° och 80°C är växellådan varmkörd.
3 Parkera fordonet på plan mark och dra åt handbromsen, starta motorn. Låt motorn gå på tomgång, tryck ned bromspedalen och flytta växelväljaren genom samtliga lägen och gå tillbaka till "P".
4 Vänta i två minuter med motorn på tomgång och ta sedan (med motorn igång) ut mätstickan ur röret som finns på motorns baksida **(se illustration)**. Notera oljans skick och färg på mätstickan.
5 Torka av mätstickan med en ren trasa och stick in den i röret igen till dess att locket sluter tätt.
6 Dra sedan ut mätstickan igen och notera oljenivån. Denna bör vara mellan märkena MIN och MAX på den sida av mätstickan som är märkt med HOT. Om nivån är vid märket MIN, stoppa motorn och fyll på med specificerad olja för automatlåda genom mätstickans rör. Vid behov, använd en ren tratt **(se illustrationer)**. Det är viktigt att se till att inte smuts kommer in i automatlådan vid påfyllning.
7 Fyll på med lite olja i taget och kontrollera mängden på tidigare angivet sätt till dess att rätt nivå uppnås. Skillnaden mellan MIN och MAX på mätstickan motsvarar ca. 0,5 liter.
8 Regelbundet behov av påfyllning av automatlådan indikerar att den läcker. Denna läcka bör snarast återfinnas och åtgärdas.
9 Oljans skick ska även kontrolleras samtidigt med nivån. Om oljan i mätstickans ände är svart eller mörkt rödbrun eller om den luktar bränt, ska den bytas. Om du är tveksam över oljans skick ska du köpa lite färsk automat-lådeolja och jämföra den med den olja du har i lådan vad gäller lukt och färg.

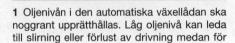

Service efter 32 000 km/två år

20 Drivremmar till extrautrustning - kontroll och byte

1 Drivremmarna till extrautrustningen överför kraft från vevaxelns remskiva till generatorn, vattenpumpen/kylarfläkten, servostyrningen och luftkonditioneringens kompressor (efter vad som finns monterat). Det finns ett antal olika arrangemang av remmar och spänn-metoder som beror på befintlig utrustning och typ av motor.

Kontroll

2 Se till att motorn är avslagen, öppna motor-huven och stötta den. Leta reda på de drivremmar som finns monterade i ditt fordon. Var mycket försiktig och använd handskar så att du minskar risken för brännskador på händerna om dessa kommer i kontakt med heta delar om motorn nyligen varit igång.

3 Använd en inspektionslampa eller en liten ficklampa och vrid vid behov motorn runt med en hylsnyckel monterad på bulten på vevaxelns remskiva. Kontrollera drivremmen utmed hela längden och leta efter sprickor, lossnat gummi och slitna eller trasiga ribbor. Leta även efter fransning och glasering (denna ger remmen en glansig yta). Inspektera bägge sidorna av drivremmen. Detta innebär att du måste vrida den så att du kan studera insidan. Där du inte kan se remmen kan du känna efter med fingertopparna. Om du har några tvivels-mål om remmens skick bör den bytas.

Byte och justering

4 När en drivrem ska tas bort måste självklart de remmar som finns framför denna demon-teras först.

5 Dubbelremmar ska alltid bytas ut parvis även om bara en av dem är trasig.

Drivrem(mar) till vattenpump/generator

6 Lossa generatorns pivåtapp och bultar och muttrar på justeringsskenan.

7 Flytta generatorn i riktning mot motorn för att lossa på remmens spänning. På vissa modeller används en spänningsanordning. Lossa i så fall på spänningsskruven och dra generatorn inåt.

8 Dra av remmarna från remskivorna och ta bort dem.

9 Vid montering av nya remmar ska generatorn föras bort från motorn så långt att remmarna kan tryckas ihop 5 - 10 mm med ett hårt tryck med tummen i mitten av den längsta fria löpsträckan. Dra åt pivåtappen och justera skenans muttrar och bultar till detta läge och kontrollera sedan rem-spänningen.

10 På de modeller som har remspännings-anordning bör du vara försiktig så att du inte spänner remmarna för hårt. På modeller utan en sådan anordning kan det vara till god hjälp att föra generatorn från motorn med hjälp av en hävarm så att korrekt spänning uppstår. Använd bara en hävarm av trä eller plast och tryck endast på remskiveänden av gene-ratorn.

Drivrem till servostyrningens pump

11 Gör på samma sätt som med drivremmen till vattenpumpen/generatorn och notera läget på pivåtappen och justerskenans muttrar och bultar.

Drivrem till luftkonditioneringens kompressor

12 På modeller där kompressorns fästen låter den vridas ska du göra på samma sätt som med remmen till vattenpumpen/generatorn. Lägg dock märke till att denna rem endast ska ha 1 - 2 mm klämmån.

13 På modeller där kompressorfästena är stela regleras remspänningen med olika antal shims mellan delarna i vevaxelns remskiva (se illustration).

14 Ta bort drivremmen genom att skruva loss remskivan från sitt nav. Ta bort remskivans delar och shimsen. Ta därefter bort drivremmen (se illustration).

15 Experimentera med olika distansantal när remmen sätts tillbaka, till dess att korrekt spänning uppnås. Fler distanser minskar spänningen och tvärtom. Montera oanvända shims framför remskivan på bulten så att de finns lätt tillgängliga för framtida bruk.

Samtliga drivremmar

16 När en ny rem monterats ska spänningen på den kontrolleras efter ett par hundra kilometer.

21 Kylvätska - byte

⚠ *Varning: Vänta till dess att motorn är kall innan detta arbete påbörjas. Låt inte frost-skyddsmedel komma i kontakt med huden eller lackerade ytor på fordonet. Skölj omedelbart bort eventuellt spill med stora mängder vatten. Låt aldrig frostskyddsmedel finnas i ett öppet kärl eller i en pöl på uppfarten eller garagegolvet. Barn och husdjur attraheras av den söta lukten men frostskyddsmedel kan vara livsfarligt att förtära.*

Avtappning av kylvätska

1 Tappa av kylarsystemet genom att först ta bort expansionskärlets lock (se "Vecko-kontroller"). Flytta värmeaggregatets tempera-turstyrning till det heta läget.

2 Om du behöver mer arbetsutrymme, lyft upp framvagnen och ställer den på pallbockar (se "Lyftning och stödpunkter").

3 Där en motorskyddsplåt finns monterad ska denna tas bort. Placera sedan ett stort upp-samlingskärl under kylaren. Lossa slang-klämman på den undre kylarslangen och dra av den från pipen. Rikta så mycket som möjligt av strålen direkt i uppsamlingskärlet.

4 När kylaren tömts, flytta kärlet till motorns högra sida och skruvar ur motorblockets avtappningsplugg. Låt all kylvätska rinna ut ur motorblocket.

Spolning av kylsystemet

5 Med tiden kan kylsystemet komma att gradvis tappa effektivitet i och med att kylarenens kärna fylls igen med rost, kalkav-lagringar från vattnet och annat sediment. Minimera detta genom att dels använda endast förstklassigt frostskyddsmedel och rent mjukt vatten och även spola ur systemet enligt följande, så snart som någon del av det rubbas och/eller när kylvätskan byts ut.

6 När kylvätskan tömts ur, sätt tillbaka kylarslangen och avtappningspluggen i motorblocket och fyll systemet med rent vatten. Sätt tillbaka expansionskärlets lock, starta och varmkör motorn till normal arbets-temperatur och stoppa motorn. Låt motorn kallna igen och töm ur systemet. Upprepa proceduren vid behov till dess att endast rent vatten töms ur och fyll sedan på med färsk kylarvätska blandad med frostskyddsmedel enligt specifikationerna.

7 Om endast rent mjukt vatten och högkvali-tativt frostskyddsmedel använts och kylvätska

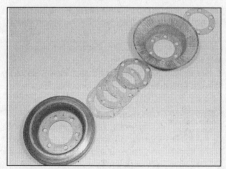

20.13 Delar och shims för vevaxelns remskiva

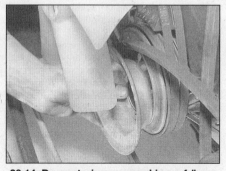

20.14 Demontering av remskivans främre del

bytts ut med angivna mellanrum, kommer ovanstående procedur att vara tillräcklig för att hålla systemet rent under en mycket lång tid. Om systemet däremot inte skötts om på rätt sätt behövs en mer omfattande spolning enligt följande.

8 Töm först kylvätskan och ta sedan loss både övre och nedre kylarslangarna. Stick in en vattenslang i den övre kylarslangen och spola igenom kylaren till dess att endast rent vatten kommer ut ur den nedre kylarslangen.

9 Spola igenom motorn genom att sticka in slangen i termostatens utlopp och spola igenom till dess att endast rent vatten rinner ut ur öppningen. Om vattnet fortfarande, efter en rimlig spolningstid, inte är rent ska kylaren spolas ur med ett bra, godkänt, rengöringsmedel.

10 I händelse av mycket svåra föroreningar kan en omvänd spolning komma att bli aktuell. Gör denna genom att ta bort kylaren (kapitel 3), vänd den upp och ned och stick in slangen i det undre kylarslangsfästet och spola till dess att rent vatten rinner ur det övre. En liknande procedur kan användas till att spola ur värmeelementet.

11 Användningen av kemiska rengöringsmedel ska betraktas som en sista utväg. Normalt ska regelbundet byte av kylvätska förhindra överdriven nedsmutsning av kylsystemet.

Påfyllning av kylvätska

12 När kylsystemet tömts och spolats, se till att alla lossade slangkopplingar dras åt korrekt och att motorblockets avtappningar är väl åtdragna. Om motorskyddsplåten tagits bort, sätt tillbaka den nu. Om bilen lyfts upp, ställ ner den på marken.

13 Blanda en tillräcklig mängd med specificerad kylvätskeblandning (se kapitel 3) och gör i ordning lite extra som påfyllningsreserv.

14 Fyll systemet långsamt via expansionskärlet. Eftersom detta är den högst belägna punkten i kylsystemet kommer all luft i detta att tryckas upp i expansionskärlet av den stigande vätskenivån. En långsam påfyllning minskar risken av att luftblåsor bildas som blockerar systemet.

15 Fortsätt påfyllningen till dess att kylvätskenivån når expansionskärlets MAX-linje och täck sedan över påfyllningshålet för att förhindra att kylvätska stänker ut.

16 Starta motorn och låt den gå på tomgång till dess att normal arbetstemperatur uppnåtts. Om nivån i expansionskärlet sjunkit märkbart, fyll då på till MAX-linjen för att minimera den luftmängd som cirkulerar i systemet.

17 Stoppa motorn och låt den kallna *helt* (helst över natten) och ta sedan bort det som täcker över expansionskärlets öppning och fyll på till MAX-linjen. Sätt på expansionskärlets lock och dra åt det ordentligt och spola bort eventuellt spill av kylvätska från motorrummet och karossen.

18 Efter påfyllning, kontrollera alltid alla delar av systemet (och i synnerhet alla kopplingar som lossats vid tömning och spolning) och leta efter tecken på läckage av kylvätska. Färskt frostskyddsmedel fungerar sökande och exponerar snabbt svaga punkter i systemet.

Notera: *Om systemet efter tömning och påfyllning visar tecken på överhettning som inte tidigare fanns, beror det med största sannolikhet på att en luftblåsa finns fångad i* systemet, vilket blockerar det och minskar genomströmningen av kylvätska. Oftast beror detta på att påfyllningen var för snabb. I vissa fall kan blockerande luftblåsor släppas ut genom knackningar och klämningar på olika slangar. Om felet kvarstår, stoppa motorn och låt den kallna helt innan locket till expansionskärlet öppnas eller slangar lossas för att tappa ur luften.

22 Bromsolja - byte

 Varning: Hydraulisk bromsolja kan skada ögon och lackerade ytor så var ytterst försiktig vid hanteringen. Använd inte bromsolja som stått en längre tid i ett öppet kärl i och med att den absorberar fukt från luften. För hög vattenhalt i bromsolja kan orsaka farlig förlust av bromseffekt.

Arbetet med byte av bromsolja liknar luftning av hydraulsystemet vilket beskrivs i kapitel 9, med undantag för att bromsoljebehållaren bör tömmas genom ursugning med sifon och att marginal ska ges för den gamla oljan som tas bort ur systemet när en sektion av detta luftas.

HAYNES TiPS *Gammal bromsolja är alltid mycket mörkare i färgen än färsk, vilket gör det enkelt att skilja dem åt.*

Service efter 48 000 km/tre år

23 Fördelare - kontroll av rotorarm och tändstiftskablar

 Varning: Den spänning som alstras av ett elektroniskt tändsystem är betydligt högre än den som alstras av ett vanligt tändsystem. Därför måste stor försiktighet iakttagas vid arbete med dessa system om tändningen är påslagen. Personer med pacemaker ska hålla sig på ett betryggande avstånd från strömkretsar, delar och mätinstrument i tändningssystemet.

1 Tändstiftskablarna ska undersökas en i taget så att inte tändföljden rubbas. Denna är viktig för motorns korrekta arbete. Bered tillträde till kablarna och koppla loss dem på det sätt som beskrivs för kontroll och byte av tändstift.

2 Kontrollera om det finns korrosion i tändhattens insida, den liknar i så fall ett grovt vitt puder. Rengör efter bästa förmåga. Om det finns för mycket, eller om rengöringen lämnar metallytan för angripen för fortsatt användning, måste kabeln bytas ut. Tryck tillbaka tändhatt och kabel på tändstiftet. Tändhatten måste passa in tätt mot stiftet - om inte, ta ut kabeln och använd en tång till att försiktigt krympa metallanslutningen inne i hatten till dess att den har god passform.

3 Använd en ren trasa och torka av hela tändkabeln så att ansamlad smuts och fett avlägsnas. När kabeln är ren, kontrollera att den inte har brännmärken, sprickor eller andra skador. Böj inte kabeln tvärt eftersom detta kan bryta sönder den elektriska ledaren i den.

4 Inspektera övriga tändkablar och se till att var och en är ordentligt fastsatt i fördelardosan och i tändstiftet efter avslutad inspektion. Om spår av ljusbågar, allvarlig korrosion, brännmärken, sprickor eller andra skador föreligger, skaffa nya tändstiftskablar och byt ut dem som en hel sats.

5 Se Kapitel 5B och ta bort fördelarlocket och rengör det noggrant på både in- och utsidan med en ren, torr och luddfri trasa.

6 Undersök de delar av tändstiftskablarna som finns inne i fördelaren. Om de ser ut att vara svårt brända eller märkta ska fördelarlocket bytas ut. Kontrollera även kolborsten i lockets centrum. Se till att den rör sig fritt och har ett gott utstick från sin hållare. Kontrollera att det inte finns sprickor eller svarta ränder på insidan av locket. Om sådana förekommer måste locket bytas ut.

7 När kontrollen är avslutad ska locket sättas tillbaka enligt beskrivningen i kapitel 5B.

HAYNES TiPS *Om nya tändstiftskablar monteras, ta då bort de gamla en i taget och montera den nya på exakt samma plats som den gamla.*

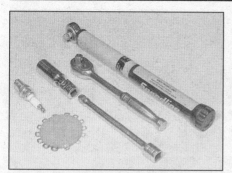

24.2 Verktyg som behövs för demontering, justering och montering av tändstift

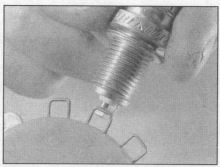

24.11a Mätning av elektrodavståndet med ett trådmått

24.11b Mätning av elektrodavståndet med ett bladmått

24 Tändstift - byte

1 Det är av avgörande betydelse för motorns korrekta arbete, fulla prestanda och avsedda ekonomi att tändstiften är maximalt effektiva. Den viktigaste faktorn i detta är att se till att de tändstift som finns monterade är av rätt typ för motorn i fråga (se Specifikationer). Om lämpad typ av tändstift används och motorn är i gott skick ska tändstiften inte behöva uppmärksamhet mellan schemalagda service-tillfällen. Det är sällan nödvändigt att rengöra tändstift och detta bör endast utföras med speciell utrustning eftersom skador på elektroderna är lätta att åstadkomma.

2 Demontering och montering av tändstift kräver en tändstiftsnyckel med en förlängning som kan vridas av ett spärrskaft eller liknande. Hylsan i tändstiftsnyckeln är inklädd med gummi för att skydda porslinsisoleringen och för att hålla fast tändstiftet när du sticker in detta i gängen i tändstiftshålet. Du behöver även ett bladmått så att du kan kontrollera och eventuellt justera elektrodavståndet samt en momentnyckel så att de nya tändstiften kan dras åt med angivet moment (se illustration).

3 Ta bort tändstiften genom att först öppna och spärra motorhuven och sedan lyfta undan föremål som hindrar fritt tillträde till tändstiften. Lägg märke till hur tändstifts-kablarna är dragna och fästa med clips och hur de på vissa motorer är placerade längs med kamaxelkåpan. Förhindra möjligheten av att blanda ihop tändstiftskablarna genom att arbeta med ett tändstift i taget.

4 Om märkningen på originalkablarna inte är synlig märker du upp dem 1 - 4 motsvarande den cylinder kabeln i fråga leder till.

5 Dra loss kablarna från stiften genom att greppa tag i tändhattarna, inte själva kablarna eftersom ett drag i kabeln kan lossa kontakten inne i hatten.

6 Skruva ur tändstiften och se till att hylsan hålls i linje med stiftet - om hylsan tvingas åt endera sidan kan porslinstoppen på tändstift brytas av. Om du stöter på märkbara svårigheter vid urskruvandet av ett tändstift ska du noggrant kontrollera att gängen i

topplocket och de koniska tätningsytorna inte är skadade, slitna eller korroderade. Om något av dessa tillstånd föreligger, fråga en åter-försäljare om bästa sättet att reparera felet.

7 Undersök varje stift som tas ur enligt följande eftersom detta ger en god indikation på motorns skick. Om den isolerade tänd-stiftsspetsen är ren och vit utan beläggningar indikerar detta en mager blandning.

8 Om spetsen är täckt med en hård svart beläggning indikerar detta att blandningen är för fet. Om tändstiftet är svart och oljigt är det troligt att motorn är ganska sliten, förutom att blandningen är för fet.

9 Om tändstiftsspetsen är täckt med en lätt ljusbrun eller gråbrun beläggning är bränsle/luftblandningen korrekt och det är troligt att motorn är i bra skick.

10 Elektrodavståndet på tändstiften är synnerligen viktigt. Om det är för stort eller för litet påverkar detta gnistans storlek vilket minskar effekten. Elektrodavståndet ska vara det som anges i specifikationerna.

11 Ställ in elektrodavståndet genom att först mäta upp det med ett bladmått eller ett juster-ingsverktyg och böj sedan den yttre elektroden inåt eller utåt efter behov till dess att avståndet är korrekt (se illustrationer). Centrumelektroden ska aldrig böjas eftersom detta kan spräcka isoleringen och göra att stiftet inte fungerar, om ej något värre. Om den yttre elektroden inte är mitt över centrum-elektroden kan den försiktigt böjas på plats.

12 Innan tändstift monteras ska du kontrollera att de gängade anslutningshylsorna på toppen av tändstiften är fast åtdragna och att stiftets yttre ytor och gäng är rena.

13 Vid montering av tändstift, kontrollera först att topplockets gängor och tätningsytor är så rena som möjligt. Använd en ren trasa lindad runt en pensel och torka ren tätnings-ytorna. Lägg på lite kopparbaserat fett eller gängsmörjning på tändstiftens gängor och skruva in dem för hand så långt det går. Var extra försiktig och se till att stiften tar rätt gäng.

14 När alla stiften tagit rätt gäng ska de skruvas in så mycket att de just ligger an mot tätningsytorna. Dra sedan åt dem med momentnyckel till angivet värde.

15 Sätt tillbaka tändstiftskablarna i rätt ordning, vrid lite på hattarna så att de trycks fast ordentligt.

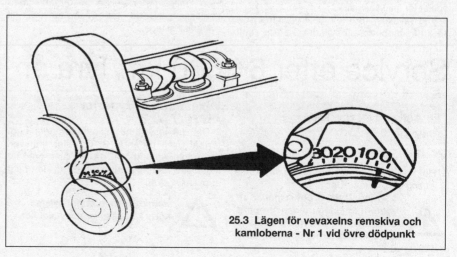

25.3 Lägen för vevaxelns remskiva och kamloberna - Nr 1 vid övre dödpunkt

25.4 Mätning av ventilspelet för avgasventil 1

25.10a Lossande av ventilshims - ventiltryckaren hålls nere med en skruvmejsel med fyrkantig klinga

25.10b Utdragning av shims. Här används en C-nyckel till att trycka ned ventiltryckaren

25 Ventilspel - kontroll och justering

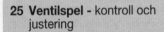

1 Koppla från eller ta bort föremål som tändstiftskablar, vakuum/evakueringsslangar och vid behov gasvajern så att du får fritt tillträde till kamaxelkåpan.

2 Ta bort muttrarna på kamaxelkåpan och lyft upp den. Notera placeringen på jordledningen, clipset för tändkablarna och liknande (se kapitel 2A vid behov). Spara packningen.

3 Ta motorn till övre dödpunkt för första cylindern med hjälp av en hylsnyckel på vevaxelremskivans centrumbult (detta är lättare om tändstiften är urtagna). Kolv nr 1 finns vid den övre dödpunkten när märket på vevaxelns remskiva är i linje med märket "O" på inställningsskalan och kamloberna på cylinder 1 (främre) bägge pekar snett uppåt **(se illustration)**.

4 När motorn är i detta läge ska spelrummet mellan basen på den främre kamloben och ventilshimset under den mätas upp och antecknas. Stick in bladmått med olika tjocklekar till dess att en fast glidande passning **(se illustration)** uppnås. Denna tjocklek är ventilspelet för avgasventil 1. Skriv upp den!

5 Upprepa mätningen och anteckningen på den andra kammen räknat framifrån. Detta är spelet för insugsventil 1.

6 Vrid vevaxeln 180° (ett halvt varv) medsols så att kamloberna på cylinder 3 pekar snett

uppåt. Mät upp och anteckna spelen för dessa två ventiler. Avgasventilen är alltid närmare fronten.

7 Vrid vevaxeln ytterligare 180° och mät upp och anteckna värdena för cylinder 4 och till sist ytterligare 180° för uppmätning av spelet på cylinder 2.

8 Jämför de uppmätta ventilspelen med de värden som anges i specifikationerna. Om uppmätta toleranser ligger inom specifikationerna sätter du tillbaka kamaxelkåpan (paragraf 16). Om inte, justera ventilspelet enligt följande:

9 Plocka ihop följande verktyg: en liten skruvmejsel eller ritsnål, en tång med långa käftar och en grov korsnyckel eller skruvmejsel med fyrkantig klinga. Dessa ersätter de specialverktyg som normalt krävs för att byta shims med kamaxeln i läge. (Alternativt kan kamaxeln lyftas ur men detta innebär mycket mer arbete.)

10 Placera kamloberna i samma läge som för kontroll och tryck ned ventiltryckaren med korsnyckeln eller skruvmejsel. Tryck bara på kanten av ventiltryckaren. Ta bort shimset från ventilskaftet med den lilla skruvmejseln och lyft undan det med tången. Släpp upp ventiltryckaren **(se illustrationer)**.

11 Beräkna sedan korrekt shimstjocklek. Först måste du känna till tjockleken på det gamla shimset. Denna kan vara ingraverad på shimsets undersida men ska helst mätas upp med mikrometer eller skjutmått med nonieskala. Detta tar även hänsyn till eventuellt slitage.

12 Shimstjockleken kan nu beräknas enligt följande exempel:

Specificerat spel (A) = 0,40m
Uppmätt spel (B) = 0,28 mm
Ursprunglig shimstjocklek (C) = 3,95 mm
Krävd shimstjocklek = C - A + B = 3,83 mm

I detta exempel ska monterat shims vara antingen 3,85 mm eller 3,80 mm, vilket ger ventilspel om 0,38 mm eller 0,43 mm respektive.

13 Smörj ett shims av rätt tjocklek. Tryck ned ventiltryckaren och stick in shimset med den märkta sidan ned. Släpp upp ventiltryckaren och kontrollera att shimset är på rätt plats.

14 Upprepa vid behov proceduren på grannventilen och gå sedan vidare till de resterande ventiler som behöver justering. Glöm inte att vid varje cylinder vrida vevaxeln så att kamloberna pekar uppåt. Vrid inte kamaxeln utan att ventilerna försetts med shims eftersom kamloberna då kan fastna i ventilerna.

15 När samtliga ventiler justerats med shims ska vevaxeln vridas ett flertal varv innan ventilspelen kontrolleras en gång till.

16 Sätt tillbaka kamaxelkåpan och montera en ny packning. Sätt tillbaka muttrarna och dra åt dem. Kom ihåg att sätta tillbaka tändkabelhållaren och jordledningen.

17 Koppla in tändkablarna, vakuumslangarna och annat som tagits loss och starta motorn. Kontrollera att det inte läcker olja från kamaxelkåpan.

Service efter 64 000 km/fyra år

26 Automatisk växellåda - oljebyte

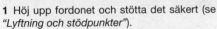

1 Höj upp fordonet och stötta det säkert (se "Lyftning och stödpunkter").

 Varning: Detta arbete innebär att motorn är igång medan fordonet är upplyft. Se till att tillräckliga säkerhetsåtgärder är vidtagna.

Växellådor av typerna AW70/71/72

2 Om det inte finns en avtappningsplugg, fortsätt från paragraf 3. Om det finns en avtappningsplugg, ta då ut den och låt innehållet i sumpen rinna ned i ett lämpligt uppsamlingskärl.

 Varning: Om fordonet nyligen körts kan oljan vara mycket het.

Sätt tillbaka avtappningspluggen och dra åt den ordentligt **(se illustration)**. Fyll på 2 liter färsk olja av specificerad typ via mätstickans rör.

3 Rengör oljekylarens returkoppling (den närmaste) på drivsidan **(se illustration)**. Koppla loss och montera en klar plastslang till ledningen från kylaren. Dra slangen till uppsamlingskärlet.

4 Starta motorn och låt den gå på tomgång. Olja kommer att flöda ner i uppsamlingskärlet. När det börjar bubbla i oljan, stoppa motorn.

26.2 Automatlådans avtappningsplugg (om monterad) - växellådorna AW70/71/72

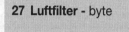

26.3 Oljekylningens returkoppling (vid pilen) - växellådorna AW70/71/72

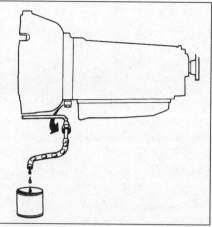

26.10 Oljekylningens returkoppling lossad från växellådan för oljebyte (ZF växellåda)

5 Fyll på 2 liter färsk automatlådeolja av specificerad typ via mätstickans rör.
6 Upprepa momentet i punkt 4, ta bort plastslangen och återanslut oljekylningen.
7 Fyll på ytterligare 2 liter färsk automatlådeolja.
8 Sänk ned fordonet. Kontrollera oljenivån på det sätt som anges i avsnitt 19 men använd den sida av mätstickan som är märkt med COLD eller +40°C. Fyll på efter behov.
9 Sluthantera den gamla oljan på ett säkert sätt, se *"Allmänna reparationsanvisningar"*.

Växellåda av typen ZFHP422
10 Utför arbetet på det sätt som anges ovan för växellådorna AW70/71/72 men lägg märke

till följande skillnader:
a) *Fyll på olja i satser om 2,5 liter.*
b) *Returledningen till oljekylaren är den lägre av de två (se illustration).*

27 Luftfilter - byte

1 Lossa de clips som fäster luftrenarlocket.
2 På turbomodeller ska luftflödesmätarens sond och sonden-till-turbons koppling kopplas loss. Sonden lossas genom att vajerclipset tvingas ut.
3 Lyft upp locket, komplett med sonden (om

monterad) och ta ut filtret **(se illustration)**.
4 Torka rent på insidan av filterhuset och locket med en trasa. Var försiktig så att du inte sopar ned smuts i luftintaget.
5 Montera nytt filter, se till att det har rätt sida upp. Tryck in packningen på filterkanten i skåran i huset.
6 Sätt tillbaka locket och säkra det med clipsen
7 Där befintlig ska sedan luftflödesmätaren kopplas in igen.

Service efter 80 000 km/fem år

28 Kamaxelns drivrem - byte

Se kapitel 2A

29 Bränslefilter - byte

⚠️ *Varning: Innan följande arbete utförs ska du studera de säkerhetsföreskrifter som anges i "Säkerheten främst" i början av denna handbok. Bensin är en mycket farlig och brännbar vätska och de säkerhetsåtgärder som måste vidtas vid arbete med denna kan inte nog betonas.*
1 Koppla loss batteriets jordkabel.
2 Lyft upp fordonet på en brygga eller kör det över en smörjgrop (se *"Lyftning och stödpunkter"*).
3 Lossa bränslepumpens vagga på fordonets undersida **(se illustration)**. Dra ut vaggan från hållaren.
4 Koppla loss bränslematningen och bränsleutflödet från filtret. Var beredd på spill.

5 Skruva ut filterklammern och lyft ut filtret.
6 Montera det nya filtret och se till att detta är vänt åt samma håll som det gamla. Notera att pilen på det nya filtret anger riktningen för bränsleflödet. Montera nya kopparbrickor på kopplingarna (där så är tillämpligt) och fäst filtret i klammern.
7 Placera vaggan på hållarna och fäst den i läge. Sänk ned fordonet på marken.
8 Återanslut batteriet. Starta motorn och kontrollera att det inte finns några läckor.
9 Sluthantera det gamla filtret på ett säkert sätt.

30 Avgasrening - kontroll

Av de system för avgasrening som kan finnas monterade är det bara vevhusventilationen och bränsleavdunstningens utsläppsreglering som kräver regelbunden kontroll. Det enda som krävs är att kontrollera att slangarna går fritt och inte är skadade. Detaljbeskrivning av denna kontroll finns i kapitel 4B.
Om du misstänker att något av de andra systemen inte fungerar ordentligt ska du ta kontakt med en Volvoverkstad.

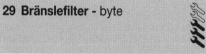

27.3 Demontering av luftfiltret

29.3 Bränslefiltret är placerat i en vagga på bilens undersida

Kapitel 2 Del A:
Reparationsarbeten med motorn i bilen

Innehållsförteckning

Svårighetsgrader

Enkelt, passar novisen med lite erfarenhet	Ganska enkelt, passar nybörjaren med viss erfarenhet	Ganska svårt, passar kompetent hemmamekaniker	Svårt, passar hemmamekaniker med erfarenhet	Mycket svårt, för professionell mekaniker 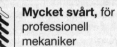

Specifikationer

Allmänt

Typbeteckning:
B200F	2.0 liter, utan turboladdning
B200FT	2.0 liter, med turboladdning
B230F/FB/FD	2.3 liter, utan turboladdning
B230FK/FT	2.3 liter, med turboladdning

Cylinderdiameter:
B200 serien	88,9 mm (nominellt)
B230 serien	96 mm (nominellt)

Slaglängd .... 80 mm

Cylindervolym:
B200 serien	1986 cc
B230 serien	2316 cc

Kompressionsförhållande:
B200F	10,0:1
B200FT	8,5:1
B230F	9,8:1
B230FB	9,3:1
B230FD	9,8:1
B230FK	8,7:1
B230FT	8,7:1

Kompressionstryck:
Totalvärde	9 till 11 bar
Variation mellan cylindrar	2 bar maximum

Tändföljd	1-3-4-2 (Nr 1 längst fram på motorn)
Vevaxelns rotationsriktning	Medsols (sett från motorns framsida)
Ventilspel	Se Kapitel 1, Specifikationer

Kamaxel

Typbeteckning (instansad i änden):
B200F	M
B200FT	T
B230F	M
B230FB	VX3
B230FD	M
B230FK	T
B230FT	T

Maximal lyfthöjd:
M .... 9,50 mm (insug), 10,50 mm (avgas)
T .... 9,93 mm (insug och avgas)
VX3 .... 11,37 mm (insug), 10,65 mm (avgas)
Lagertappens diameter .... 29,950 till 29,970 mm
Lagerspel:
Nytt .... 0,030 till 0,071 mm
Slitagegräns .... 0,15 mm
Axialspel .... 0,1 till 0,4 mm

Ventiltryckare (Kamföljare)

Diameter .... 36,975 till 36,995 mm
Höjd .... 30,000 till 31,000 mm
Shimsspel i ventiltryckare .... 0,009 till 0,064 mm
Ventiltryckarspel i topplock .... 0,030 till 0,075 mm

Svänghjul

Kast .... 0,02 mm per 100 mm diameter

Smörjsystem

Oljetryck (varm motor @ 2000 rpm) .... 2,5 till 6,0 bar
Typ av oljepump .... Kugghjul, driven från hjälpaxel
Toleranser, oljepump:
Axialspel .... 0,02 till 0,12 mm
Drevsidspel .... 0,02 till 0,09 mm
Dödgång .... 0,15 till 0,35 mm
Lagertolerans, drivet kugghjul .... 0,032 till 0,070 mm
Lagertolerans, odrivet kugghjul .... 0,014 till 0,043 mm
Säkerhetsventilens fjäder, obelastad längd .... 39,20 mm

Åtdragningsmoment*   Nm

Topplocksbultar:
Steg 1 20
Steg 2 60
Steg 3 .... Vinkeldrag i ytterligare 90°
Ramlagrens överfall 110
Vevstakslageröverfall†:
Steg 1 20
Steg 2 .... Vinkeldrag i ytterligare 90°
Svänghjul/drivplatta (använd nya bultar) 70
Kamaxeldrev 50
Hjälpaxeldrev 50
Kamaxellageröverfall 20
Vevaxelns remskiva/drevbult:
Steg 1 60
Steg 2 .... Vinkeldrag i ytterligare 60°
Oljesumpens bultar 11
*Inoljade gängor såvida inte annat anges
†Byt bultar om längden överskrider 55,5 mm

---

1 Allmän information

Hur detta kapitel används

Denna del av kapitel 2 beskriver de reparationer som normalt sett kan utföras medan motorn finns kvar i bilen. Om motorn lyfts ur och demonteras enligt beskrivningarna i del B kan förberedande demonteringsarbete ignoreras.

Lägg märke till att även om det fysiskt sett är möjligt att utföra arbeten som renovering av kolv/vevstaksmontage medan motorn är på plats, så utförs vanligtvis inte sådant arbete separat. I regel ska ett flertal andra moment (för att inte tala om rengöring av delar och oljekanaler) utföras. Av den orsaken är den typen av arbeten klassade som större reparationer och därför beskrivna i del B i detta kapitel.

Del B beskriver hur motor och växellåda lyfts ut och de kompletta renoveringsarbeten som då kan utföras.

Beskrivning av motorn

Denna fyrcylindriga motor har en överliggande kamaxel. Cylindrarna är placerade på rad och motorn är längsgående monterad i motorrummet. Kylningen sker med vätska.

Motorerna i serien B200 har samtliga en slagvolym om 2,0 liter medan serien B230 har 2,3 liter slagvolym. Denna skillnad uppnås genom att cylinderdiametern (borrningen) är större i serien B230.

Kamaxeln drivs av en tandad rem via kugghjul. Kamaxelns drivrem driver även en hjälpaxel som i sin tur driver oljepumpen. Annan utrustning drivs från vevaxelns remskivor via V-remmar.

Motorblocket är av gjutjärn och topplocket av en aluminiumlegering med inpressade ventilstyrningar och ventilsäten. Topplocket är av korsflödestyp (crossflow), dvs. insugsportarna finns till vänster och avgasportarna till höger.

Vevaxeln roterar i fem glidlagrade ramlager, även vevstakarnas storändar är glidlagrade. Vevaxelns axialspel absorberas av separata tryckbrickor i ramlager nr 3. Kamaxeln är glidlagrad med lagerhalvorna i urfrästa urtag i topplocket.

Ventilerna öppnas direkt i och med att kamaxeln finns rakt ovanför ventilerna. Kamloberna trycker ned ventiltryckare av hylstyp. Ventilspelet ställs in med shims av olika tjocklek som finns placerade i urtag i vardera ventiltryckarens överdel.

Smörjningen är av typen helflödes tryckmatning. Olja sugs upp från sumpen av en kugghjulspump som drivs från hjälpaxeln. Oljan, under tryck, passerar genom ett helflödesfilter innan den matas till de olika axellagringarna och till topplocket. På vissa modeller finns en extern oljekylare monterad bredvid kylaren. Turbomodeller har även en matning och retur av olja från turboaggregatets lager.

Reparationer som kan utföras med motorn på plats i bilen

Följande arbeten kan utföras utan att motorn lyfts ut ur bilen:
a) Kompressionsprov
b) Kamaxelkåpa - demontering och montering.
c) Kamaxelns drivrem - demontering, spänningsjustering och montering.
d) Kamaxel/hjälpaxel, packboxar - byte.
e) Kamaxel och ventiltryckare - demontering, inspektion och montering.
f) Topplock - demontering och montering.
g) Topplock och kolvar - sotning.
h) Sump - demontering och montering*.
i) Oljepump - demontering, inspektion och montering*.
j) Vevaxelns packboxar - byte.
k) Svänghjul/drivplatta - demontering, inspektion och montering.
l) Motorfästen - demontering och montering.

*Det går att ta bort sumpen medan motorn sitter i bilen, men det förberedande arbete som krävs för detta är mycket omfattande - se avsnitt 8. När sumpen är borttagen är oljepumpen åtkomlig för arbete.

2 Kompressionsprov - beskrivning och uttolkning

1 När motorns prestanda sjunker eller om den snedtänder utan att detta kan förklaras av felaktigheter i tändningen eller bränslesystemet, kan ett kompressionsprov ge ledtrådar till motorns skick. Om dessa prov utförs regelbundet kan de förvarna om problem innan andra symtom uppträder.
2 Motorn måste vara helt varmkörd till normal arbetstemperatur, batteriet måste vara fulladdat och samtliga tändstift måste vara uttagna (kapitel 1). En medhjälpare behövs.
3 Deaktivera tändsystemet genom att koppla ur tändspolens lågspänningskabel. Koppla även ur elledningarna till bränsleinsprutarna så att bensinen förhindras från att förorena oljan.
4 Placera kompressionsprovaren i tändstiftshålet i cylinder 1 - den typ av kompressions-

provare som gängas in i tändstiftshålet är att föredra.
5 Låt medhjälparen ge full gas och dra runt motorn med hjälp av startmotorn. Efter ett eller två varv bör kompressionstrycket byggas upp till fullt värde och sedan stabiliseras. Anteckna det högsta värde som avges.
6 Upprepa provet med de resterande cylindrarna och anteckna trycket i var och en av dem.
7 Samtliga cylindrar bör uppvisa liknande värden. En skillnad mellan två cylindrar som överstiger 2 bar indikerar ett fel. Lägg märke till att kompressionstrycket byggs upp snabbt i en frisk motor. Lågt tryck på första slaget som följs av ett gradvis stigande tryck med efterföljande slag indikerar slitna kolvringar. Ett lågt tryck på första slaget som inte byggs upp med efterföljande indikerar läckande ventiler eller en trasig topplockspackning (eller ett sprucket topplock). Avlagringar på ventilernas undersidor (mot sätena) är en annan orsak till lågt kompressionstryck.
8 Om trycket i någon cylinder är lågt ska du utföra följande test för att eventuellt hitta orsaken. Häll en tesked ren motorolja i den cylindern via tändstiftshålet och upprepa kompressionsprovet.
9 Om tillägget av olja i cylindern tillfälligtvis höjer kompressionstrycket indikerar detta att slitage på kolvringar eller cylinderväggar orsakar tryckfallet. Om trycket inte förbättras indikerar detta att felet kan vara läckande eller brända ventiler eller att topplockspackningen är trasig.
10 Ett lågt tryck i två angränsande cylindrar är nästan helt säkert beroende på att topplockspackningen gått sönder mellan dem. Kylvätska i motoroljan är en bekräftelse på detta.
11 Om en cylinder har ca. 20 procent lägre tryck än de andra och motorn har en något ojämn tomgång kan en sliten kamlob vara orsaken.
12 Om kompressionstrycket är onormalt högt är förbränningsrummen troligen täckta med kolavlagringar. Om detta är fallet ska topplocket demonteras och sotas.
13 Efter fullbordat kompressionsprov ska tändstiften sättas tillbaka och tändning och bränsleinsprutarna kopplas in igen.

3 Kamaxelkåpa - demontering och montering

Demontering

1 Koppla loss batteriets jordledning.
2 Kontrollera att tändstiftskablarna är numrerade, vilket underlättar ihopmonteringen, och koppla loss dem från tändstiften. Om ingen numrering är synlig ska du märka upp dem. Lossa även tändstiftskablarnas hållare där den är monterad på kamaxelkåpan.
3 Skruva ur de muttrar som håller kåpan och lyft den rakt upp. Notera placeringen för jordledningen, clips och liknande. Inspektera packningen. Om den visar tecken på skador eller slitage ska den bytas ut.

Montering

4 Rengör topplockets och kåpans anläggningsytor noggrant och ta bort alla spår av olja.
5 Applicera silikonmassa på kamaxelns främre och bakre lageröverfall och placera sedan packningen på topplocket. Kontrollera att den är korrekt anlagd efter hela längden.
6 Placera kåpan på topplocket och sätt tillbaka muttrarna och dra åt dem. Glöm inte att sätta tillbaka jordledningen och tändstiftskablarnas hållare.
7 Sätt tillbaka tändstiftskablarna och samtliga andra delar som plockats bort. Återanslut batteriet och provkör motorn. Kontrollera att det inte finns några oljeläckor från fogen mellan kamaxelkåpan och topplocket.

4 Kamaxelns drivrem - demontering, montering och spänningsjustering

Demontering

1 Koppla loss batteriets jordledning.
2 Ta bort drivremmen till extrautrustningen (se kapitel 1).
3 Se anvisningarna i kapitel 3 och ta bort fläkten, fläktkåpan och vattenpumpens remskiva.

4.7a Lossa spännarmuttern . . .

4.7b . . . och stick in en spik eller nit (vid pilen) så att fjädern hålls på plats

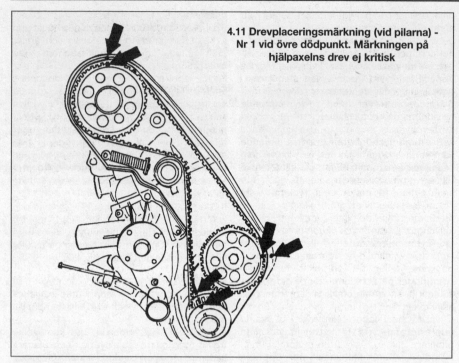

4.11 Drevplaceringsmärkning (vid pilarna) -
Nr 1 vid övre dödpunkt. Märkningen på
hjälpaxelns drev ej kritisk

4.16 Lock över spännarmuttern

övriga delarna (drivremmar till extrautrustning, remskivor, fläkt etc.) enligt anvisningarna i relevanta kapitel. Återanslut batteriets jord-ledning.

16 Varmkör motorn till normal arbets-temperatur och slå av den. Ta sedan än en gång motorn till den övre dödpunkten för kolv 1 i arbetstakten. Ta ut pluggen på drivrems-skyddsplåtens framsida och lossa och dra åt spännarens låsmutter än en gång. Sätt tillbaka pluggen **(se illustration)**.

17 Om en ny kamdrivrem monterats ska punkt 16 upprepas efter ca 1 000 km.

5 Kamaxel/hjälpaxel - byte av packboxar

1 Ta bort kamaxelns drivrem (se del 4).
2 Skruva loss och ta bort tillämpliga drev för tillträde till den trasiga packboxen. Håll fast dreven med ett lämpligt verktyg genom hålen eller genom att spänna en gammal drivrem runt dem **(se illustration)**. Om kamdrevet tas bort ska du inte låta kamaxeln rubbas. I annat fall kan kontakt komma att uppstå mellan kolv och ventil. Lägg märke till positionen för frontplattor, stödplattor och/eller brickor när dreven tas bort. Vid behov ska även drivremmens spännare och stödplatta tas bort.
3 Dra försiktigt ut packboxen med hjälp av en liten skruvmejsel eller ett verktyg med krok. Skada inte axelns tätningsyta.
4 Rengör tätningens säte. Undersök om axelns tätningsyta är sliten eller skadad. Detta

5.2 Lossa hjälpaxelns drev

4 Skruva loss och ta bort den övre halvan av kamremmens skyddskåpa.
5 För motorn till övre dödpunkten, med kolv 1 i arbetstakten, med hjälp av en hylsnyckel på vevaxelns remskivebult. Detta indikeras av att märket på kamaxeldrevet är i linje med märkningen på kamaxelkåpan eller drivremmens stödplatta. Samtidigt ska markeringen på vevaxelns remskiva vara i linje med märket "0" på drivremmens undre skyddskåpa.
6 Ta bort startmotorn (se kapitel 5), eller svänghjulets nedre täckplåt. Låt en medhjälpare låsa fast kuggkransen och lossa sedan vevaxelns remskivebult utan att rubba vevaxelns läge. Ta bort bult och remskiva och ta sedan bort den undre halvan av kamaxel-remmens skyddsplåt.
7 Lossa remspänningens mutter. Dra i remmen för att trycka ihop fjädern. Lås spännaren i detta läge genom att antingen dra åt muttern igen eller genom att sticka in en spik eller liknande i hålet i spännaraxeln **(se illustrationer)**.
8 Märk upp remmens rotationsriktning om den ska monteras tillbaka och dra den sedan av dreven och spännrullen och ta bort den. Vrid inte vevaxel, kamaxel eller hjälpaxel medan remmen är borttagen.
9 Snurra på spännrullen och kontrollera att den roterar obehindrat och glappfritt. Byt ut den vid behov.
10 Kontrollera noggrant att drivremmen inte visar några tecken på ojämnt slitage, sprickor eller oljeföroreningar. Var extra uppmärksam på tandrötterna. Byt ut remmen om det finns minsta tvivel på att den är i perfekt skick. Om motorn undergår en större service eller renovering och körts i mer än 60 000 km med nuvarande kamdrivrem, ska denna rutin-

mässigt bytas ut som en del av underhållet, oavsett vilket skick den ser ut att vara i. Kostnaden för en ny kamdrivrem är helt försumbar jämfört med reparationskost-naderna om remmen brister vid körning. Om remmen visar tecken på att vara förorenad av olja ska oljeläckan spåras upp och åtgärdas. Tvätta av motorns drivremsområde och samtliga tillhörande delar så att varje spår av olja tas bort.

Montering och spännings-justering

11 Innan monteringen, försäkra dig om att dreven är i sina korrekta positioner (punkt 5). Kamaxelns position kan kontrolleras genom att man studerar märkningen på drivremmens drev. Den ska vara i linje med motsvarande märke på packboxens kåpa **(se illustration)**. Dra remmen över dreven och runt rullen. Kom ihåg rotationsriktningen om den gamla remmen används.
12 Kontrollera än en gång drevens uppmärkning och lossa sedan spännaren genom att lossa på muttern (eller dra ut spiken). Dra åt spännarens låsmutter.
13 Sätt tillbaka kamdrivremmens undre skyddsplåt och vevaxelns remskiva. Se till att styrstiftet på drevet går in i hålet på remskivan. Lås kuggkransen och dra åt rem-skivebulten med specificerat vridmoment. Sätt tillbaka startmotorn eller svänghjul-skåpan.
14 Vrid vevaxeln två hela varv medsols. Stanna vid övre dödpunkten för kolv 1 i arbetstakten och kontrollera att de olika märkningarna fortfarande är i linje. Lossa och dra åt spännmuttern igen.
15 Sätt tillbaka den övre halvan av drivremmens skyddsplåt och montera ihop de

6.3a Demontering av bult, bricka och frontplatta. . .

6.3b . . .kamaxeldrevet . . .

6.3c . . . och drevets stödplatta. Smärre olikheter kan förekomma mellan motorer

kan orsaka förtida utslitning av den nya tätningen.

5 Smörj den nya packboxen och montera den på axeln med läpparna inåt och knacka den på plats med en rörstump.

6 Sätt tillbaka de delar som demonterats och sätt tillbaka och spänningsjustera kamdrivremmen (avsnitt 4). Montera en ny kamdrivrem om den gamla sölats ned med olja.

---

6 Kamaxel och ventiltryckare - demontering, inspektion och montering

Notera: *Om en ny kamaxel monteras måste smörjsystemet spolas rent med två efterföljande byten av olja och filter **innan** den gamla kamaxeln tas bort. Tappa ur oljan och byt filter och varmkör sedan motorn i 10 minuter. Färsk olja och ett nytt filter måste ges åt den nya kamaxeln. Underlåtenhet att göra detta kan leda till ett mycket snabbt slitage på den nya kamaxeln.*

Demontering

1 Ta bort kamaxelns drivrem (se avsnitt 4). Om så önskas kan den stanna kvar på det undre drevet.

2 Håll fast kamaxeldrevet med ett lämpligt verktyg genom hålen eller kläm fast det med en gammal drivrem. Lossa kamaxeldrevets bult. Du ska inte låta kamaxeln rubbas, kontakt mellan ventil och kolv är dyrt.

3 Ta bort drevets bult och drevet. Lägg märke till positionen för frontplattor, stödplattor

och/eller brickor **(se illustrationer)**.

4 Följ anvisningarna i kapitel 5B och ta bort fördelarlocket.

5 Ta bort kamaxelkåpan (se avsnitt 3).

6 Märk vid behov upp och lossa sedan försiktigt stegvis på kamaxelns lageröverfallsmuttrar **(se illustration)**. Kamaxeln kommer att lyftas upp av trycket från ventilfjädrarna - var försiktig så att den inte fastnar och sedan plötsligt hoppar upp. Ta bort lageröverfallen.

7 Lyft ut kamaxeln, komplett med främre packbox. Se upp med kamloberna, de kan ha skarpa kanter.

8 Ha en låda med åtta fack redo, eller något annat sätt att förvara matchande delar tillsammans.

9 Lyft ut ventiltryckare och shims, håll reda på deras inbördes placeringar och för över dem till den indelade lådan **(se illustration)**.

Inspektion

10 Inspektera kamloberna och kamaxelns lagerytor. Kontrollera att det inte finns tecken på repor eller annat slitage. Om lobernas härdade ytor trängts igenom kommer kamaxeln snabbt att slitas ut.

11 Mät upp lagertapparna med en mikrometer och kontrollera om de är ovala eller koniska. Lagerspelen kan mätas upp genom att kamaxeln sätts tillbaka i topplocket och att Plastigage (se del B i detta kapitel) används. Om lagrens överfall och säten är skadade måste topplocket renoveras eller bytas ut.

12 Kontrollera att ventiltryckarna inte visar tecken på repor, sprickor eller andra skador.

Mät upp diametern på dessa på ett flertal ställen med en mikrometer. Ventilskaftens spel i styrningen kan fastställas genom att styrningens innerdiameter mäts upp och att skaftets diameter dras från detta värde. Byt ut ventiltryckarna om de är skadade eller slitna.

13 Kontrollera att inte shimsen har tecken på skador. Byt ut dem om de är tydligt slitna. Du ska hur som helst ha en sats nya shims tillgänglig för justering av ventilspelet.

14 Om du önskar mäta upp kamaxelns axialspel ska du sätta tillbaka kamaxeln och det bakre lageröverfallet. Mät sedan upp spelet mellan överfallet och kamaxelns fläns **(se illustration)**. Överdrivet axialspel, som inte beror på att själva kamaxeln är utsliten, kan korrigeras genom att det bakre lageröverfallet byts ut.

Montering

15 Inled ihopmonteringen genom att ordentligt olja in ventiltryckarna, shimsen, kamaxellagren med överfall samt kamloberna. Använd ren motorolja eller speciell kamaxelsmörjning om den medföljer en ny kamaxel.

16 Stick in ventiltryckarna i sina ursprungsstyrningar, såvida inte dessa bytts ut. Mät upp och anteckna tjockleken på varje monterat shims för senare bruk och sätt tillbaka varje shims på sin ursprungliga tryckare.

17 Placera kamaxeln i ungefärligen rätt position för kolv 1 vid övre dödpunkt i arbetstakten (loberna på nr 1 pekande något snett uppåt). Applicera packningsmassa på tätningsytorna på främre och bakre lageröverfallen **(se illustration)**. Montera samtliga lageröverfall på sina rätta platser och spänn åt

6.6 Lossande av lageröverfallsmutter till kamaxel

6.9 Demontering av ventiltryckare

6.14 Mätning av kamaxelns axialspel

6.17 Montering av kamaxelns främre lager-överfall. Tätningsmassa på skuggade ytor

dem lite i taget genom att dra åt muttrarna. När samtliga lageröverfall är på plats ska muttrarna dras åt med specificerat vrid-moment

18 Smörj in en ny packbox och montera den på kamaxelns framsida med läpparna inåt och knacka den på plats med en rörstump.

19 Sätt tillbaka kamaxeldrevet och samman-hörande delar. Håll fast drevet och dra åt bulten till specificerat vridmoment.

20 Om fördelarlocket tagits bort, sätt då tillbaka det (kapitel 5B).

21 Sätt tillbaka och justera spänningen på kamdrivremmen (avsnitt 4).

22 Kontrollera och justera ventilspelen enligt beskrivningen i kapitel 1.

23 Sätt tillbaka kamaxelkåpan (avsnitt 3).

24 Om en ny kamaxel monterats ska den köras in med moderata motorvarv i några minuter (varken tomgång eller rusning), eller efter anvisningar av kamaxelns tillverkare.

7 Topplock - demontering och montering

Demontering

1 Koppla loss batteriets jordledning.

2 Tappa av kylsystemet (se kapitel 1).

3 Ta bort kamaxelkåpan (se avsnitt 3).

4 Koppla loss den övre kylarslangen från termostatkåpan.

5 Ta bort fläkten och fläktkåpan.

6 Ta bort alla drivremmar till extrautrustning och vattenpumpens remskiva (se kapitel 1).

7 Ta bort fördelardosan.

8 Ta bort den övre delen av kamdrivremmens kåpa.

9 Ta motorn till övre dödpunkten, kolv 1 i tändningsslaget och ta bort kamaxel-drivremmen och spännaren till denna (se avsnitt 4). Drivremmen kan, om så önskas, sitta kvar på det nedre drevet. Rotera inte kamaxel eller vevaxel i fortsättningen.

10 Skruva ur och ta bort kamdrevet och distansbrickan. Ta även bort kamdrivrem-spänningens klack.

11 Ta bort de bultar som fäster drivremmens bakre plåt vid topplocket.

12 Ta bort de muttrar som fäster insugsröret

och grenröret vid topplocket. Dra loss rören från pinnbultarna och för dem till motor-rummets sidor och stötta vid behov där. Ta reda på packningarna.

13 Ta bort kamaxelkåpan. Ta reda på packningen.

14 Lossa topplocksbultarna, ett halvt varv i taget till att börja med. Gör detta i omvänd ordning gentemot vad som visas i figur 7.24. Ta bort bultarna.

15 Lyft upp topplocket. Lägg märke till att drivremmens stödplåt måst böjas något framåt så att topplocket går fritt.

16 Ställ ned topplocket på ett par träklossar så att du undviker att skada utstickande ventiler. Ta reda på den gamla topp-lockspackningen.

17 Om topplocket ska tas isär för renovering, ta då bort kamaxeln enligt beskrivningen i avsnitt 6 och gå sedan till del B av detta kapitel.

Förberedelser inför monteringen

18 Tätningsytorna på topplocket och motor-blocket måste vara perfekt rengjorda innan topplocket monteras. Använd en hård plast- eller träskrapa till att ta bort alla pack-ningsrester och allt sot. Rengör även kolv-topparna. Var extra försiktig vid rengöringen eftersom aluminiumlegeringen lätt kan skadas. Se även till att sot inte kommer in i olje- och vattenkanaler. Detta är speciellt viktigt för smörjsystemet i och med att sot kan blockera oljeförsörjningen till motorns delar. Använd tejp och papper och försegla alla hål för vatten, olja och bultar i både motorblocket och topplocket. Förhindra att sot tränger in i gapet mellan kolvar och cylinderväggar genom att applicera lite fett i springorna. Efter det att varje kolv rengjorts ska fett och sot tas bort med en liten borste och resterna kan sedan torkas upp med en ren trasa. Rengör alla kolvar på samma sätt.

19 Kontrollera att tätningsytorna mellan motorblock och topplock inte har jack, djupa skråmor eller andra skador. Smärre skador kan försiktigt tas bort med en fil, men om skadorna är för stora kan fräsning vara enda alternativet till byte.

20 Om skevhet i tätningsytorna misstänks ska dessa kontrolleras med en ställinjal eller liknande rak kant. Se del B av detta kapitel vid behov.

21 Kontrollera alltid skicket på topplocks-bultarna och i synnerhet deras gängor. Rengör bultarna i lämpligt lösningsmedel och torka dem torra. Kontrollera att var och en av dem är fri från synliga skador eller märkbart slitage. Byt ut misstänkta bultar. Mät upp längden på var och en av dem och kontrollera om de töjts. Det är inte en definitiv test, alla tio kan ha töjts lika mycket. Det är starkt rekommenderat att om en bult är defekt ska samtliga bytas som en hel uppsättning.

Montering

22 Inled monteringen med att placera en ny topplockspackning på motorblocket. Se till att

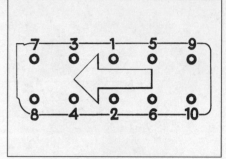

7.24 Åtdragningsföljd för topplocks-bultarna

den har rätt sida uppåt. Samtliga bulthål och oljekanaler och liknande måste passa perfekt.

23 Se till att kamaxeln är i läget för övre dödpunkt för kolv 1 i arbetstakten (bägge kamloberna pekande snett uppåt). Sänk ned topplocket på plats.

24 Olja in gängorna på topplocksbultarna, placera dem i hålen och dra åt dem i visad ordningsföljd till det moment som anges för steg 1. **(se illustration)**.

25 I samma ordningsföljd, dra åt bultarna till det moment som anges för steg 2 och gå sedan runt i samma ordning och dra åt bultarna med den vinkel som anges för steg 3. (Om motorn är uppsatt i en arbetsbänk kan det vara fördelaktigt att vänta med steg 3 av åtdragningen till dess att motorn sitter i bilen.) Ytterligare åtdragning krävs inte.

26 Resterande montering sker i omvänd ordningsföljd mot demontering. Använd nya packningar där så behövs.

27 Kontrollera ventilspelet (kapitel 1) innan motorn startas.

8 Sump - demontering och montering

Notera: Även om det är möjligt att ta bort sumpen medan motorn sitter i bilen, så är det ett komplicerat arbete. Läs igenom denna beskrivning först, så att du vet vad som krävs. Beroende på utrustning och erfarenhet kan det vara att föredra att motorn lyfts ut ur bilen.

Demontering

1 Höj och stötta upp framvagnen, eller kör den över en smörjgrop.

2 Koppla loss batteriets jordledning.

3 Töm ur motoroljan (se kapitel 1).

4 Ta bort stänkskyddet under motorn.

5 Demontera det nedåtgående avgasröret från ljuddämparen.

6 Ta bort de muttrar som fäster motorfästena vid tvärbalken.

7 Lossa klammerbultarna och demontera axeln från styrningen.

8 Stötta upp motorn underifrån, antingen med en domkraft eller ett justerbart stöd som vilar på innerskärmarna eller fjädringstornen.

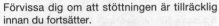

9.5 Dra isär uppsugningsrör och kåpa från pumphuset

9.9 Mätning av oljepumpdrevets axialspel

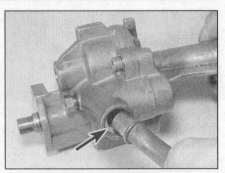

9.12 Montering av matarröret till oljepumpen. Ny packbox (vid pil) finns i pumpen

Förvissa dig om att stöttningen är tillräcklig innan du fortsätter.

9 Lossa fläktkåpan och ta bort mätstickan för motoroljan och lyft sedan motorn något så att motorfästena avlastas. Var försiktig så att inte fördelarlocket krossas mot torpedplåten.

10 Ta bort vänster sidas motorfästen. Skär av det kabelband som fäster den närliggande slangen till servostyrningen.

11 Ta bort de bultar som fäster den främre tvärbalken vid karossen.

12 Ta bort den undre täckplåten till svänghjulet/drivplattan.

13 Dra ned den främre tvärbalken så att den ger tillräckligt spelrum under sumpen. Demontera eller flytta servostyrningsslangarna alltefter vad som behövs.

14 Ta bort de bultar som fäster sumpen. Separera sumpen från blocket - om den fastnat, knacka på den med en gummi- eller kopparhammare. Tvinga inte in brytverktyg mellan tätningsytorna.

15 Sänk ned sumpen och vrid på den så att den lossnar från oljepumpens intag och ta bort sumpen.

Montering

16 Rengör sumpen invändigt. Ta bort alla packningsrester från sumpens och blockets tätningsytor.

17 Inled monteringen med att fästa en ny packning på sumpen med fett.

18 För sumpen mot motorblocket, var noga med att inte rubba packningen. Fäst sumpen med två bultar i motsatta hörn.

19 Sätt tillbaka samtliga sumpbultar och dra stegvis åt dem med angivet vridmoment.

20 Resterande montering sker i omvänd ordningsföljd mot demonteringen. Kontrollera att oljepluggen är väl åtdragen och fyll sedan motorn med olja (kapitel 1).

9 Oljepump - demontering, inspektion och montering

Demontering

1 Ta bort sumpen (se avsnitt 8).

2 Ta bort de två bultar som håller oljepumpen. Lägg märke till att en av dessa även fäster slangstyrningen till oljeuppsamlaren. Ta bort pumpen och styrningen.

3 Dra isär oljepumpen och oljepumpens matarrör. Ta reda på packboxarna i rörets bägge ändar.

Inspektion

4 Ta bort de sexkantsskruvar som håller ihop oljepumpens halvor.

5 Ta bort uppsugningsröret och kuggkåpan från pumphuset. Var beredd på att säkerhetsventilens fjäder kan hoppa ut **(se illustration)**.

6 Ta bort säkerhetsventilens fjäder och kolv (eller kula på tidiga modeller) och pumphjulen.

7 Rengör samtliga delar och var extra noga med insugssilen som delvis är skymd av sin kåpa. Inspektera pumphjulen och alla kåpor och leta efter tecken på skador och slitage.

8 Mät upp säkerhetsventilens fjäder och jämför om möjligt den med vad som anges i specifikationerna. Byt ut fjädern om den är svag eller skev. Kontrollera även att kolven eller kulan inte är repad eller på annat sätt skadad.

9 Sätt tillbaka hjulen i pumphuset. Använd en stållinjal och bladmått till att kontrollera pumphjulens spel i sidled och axialspel **(se illustration)**. Kontrollera även dödgången mellan kuggarna. Om toleranserna ligger utanför specifikationerna ska pumpen bytas ut.

10 Om toleranserna är tillfredsställande ska pumphjulen smörjas in ordentligt. Smörj in och montera säkerhetsventilens kolv (eller kula) och fjäder.

11 Sätt tillbaka insugsröret och hjulkåpan. Sätt tillbaka och dra åt sexkantsskruvarna.

Montering

12 Inled monteringen genom att montera matarröret, med nya packboxar **(se illustration)**.

13 Montera pumpen på motorblocket, koppla in pumpdrivningen och matarröret samtidigt **(se illustration)**.

14 Montera de två bultarna och dräneringsslangens styrning. Dra åt bultarna

15 Se till att oljedräneringsslangen är i rätt läge och sätt tillbaka sumpen **(se illustration)**.

10 Vevaxelns packboxar - byte

Främre packbox

1 Byte av vevaxelns främre packbox följer i stort sett proceduren för byte av packboxar på kam-/hjälpaxel. Se avsnitt 5 för en detaljbeskrivning.

Bakre packbox

2 Ta bort svänghjulet eller drivplattan (se avsnitt 11).

3 Kontrollera om packboxen är jäms med hållarens ände eller nedsänkt i den.

4 Dra försiktigt ut den gamla packboxen. Skada inte hållaren eller vevaxelns glidyta **(se illustration)**. Alternativt kan du stansa eller borra två små hål mitt emot varandra på

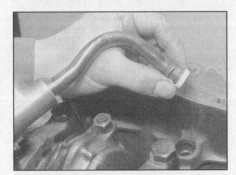

9.13 Montering av matarrör och ny packbox på motorblocket

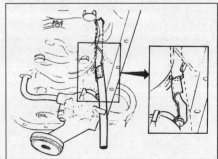

9.15 Korrekt placering av oljedräneringsslangen

10.4 Demontering av bakre packbox. Anteckna försänkningsdjupet (infälld bild)

packboxen. Skruva in en självgängande skruv i vardera hålet och dra i skruvarna med en tång så att packboxen kommer ut.
5 Rengör packboxhållaren och vevaxeln. Kontrollera att vevaxeln inte har någon skåra eller ås kvarlämnad efter den gamla packboxen.
6 Smörj in hållaren, vevaxeln och den nya packboxen. Montera packboxen med läpparna inåt och använd en rörstump (eller den gamla packboxen omvänd) som don och knacka in packboxen. Om vevaxelns tätningsyta är sliten ska den nya packboxen knackas in djupare än den gamla. Packboxen kan tryckas in upp till 6 mm inom hållaren.
7 Sätt tillbaka svänghjulet eller drivplattan (avsnitt 11).

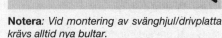

11 Svänghjul/drivplatta -
demontering och montering

Notera: *Vid montering av svänghjul/drivplatta krävs alltid nya bultar.*

Demontering

Svänghjul (modeller med manuell växellåda)

1 Ta bort växellåda (se kapitel 7, del A).
2 Ta bort kopplingens tryckplatta och lamell (se kapitel 6).
3 Märk upp svänghjul och vevaxel så att svänghjulet kan sättas tillbaka i samma position på vevaxeln.
4 Skruva ur de bultar som fäster svänghjulet och lyft bort det. Tappa det inte, det är tungt. Skaffa nya bultar innan du sätter tillbaka svänghjulet.

Drivplatta (modeller med automatisk växellåda)

5 Ta bort automatlådan (se kapitel 7B).
6 Märk upp drivplatta och vevaxel så att drivplattan kan sättas tillbaka i samma position på vevaxeln.
7 Skruva ur de bultar som fäster drivplattan och ta bort den. Lägg märke till placering och riktning för de stora brickorna på vardera sidan. Skaffa nya bultar innan du sätter tillbaka drivplattan.

Inspektion

8 På modeller med manuell växellåda. Om svänghjulets yta mot kopplingen är djupt märkt, sprucken eller på annat sätt skadad så måste svänghjulet bytas. Det kan dock i vissa fall vara möjligt att slipa om ytan. Rådfråga en återförsäljare för Volvo eller en specialist på motorrenoveringar.
9 Om kuggkransen är mycket sliten eller saknar tänder måste den bytas ut. Detta jobb ska helst lämnas till en återförsäljare för Volvo eller en specialist på motorrenoveringar. Den temperatur som krävs för kuggkransens uppvärmning vid påkrympningen är kritisk och om detta inte utförs med precision förstörs kuggarnas härdning.
10 På modeller med automatisk växellåda, kontrollera noggrant att momentomvandlarens drivplatta inte är skev. Leta efter fina sprickor runt bulthål och utstrålande från navet. Inspektera även kuggkransen vad gäller tecken på slitage eller bortslagna bitar. Om tecken på slitage eller skada finns måste drivplattan bytas ut.

Montering

Svänghjul (modeller med manuell växellåda)

11 Rengör kontaktytorna mellan svänghjul och vevaxel. Ta bort eventuellt kvarvarande gänglåsningsmedel från gängorna i vevaxelns bulthål, om möjligt med hjälp av en gängtapp i rätt storlek.

 HAYNES TiPS *Om du inte har tillgång till en gängtapp kan du skära ut två skåror längs med gängan på en gammal svänghjulsbult och använda denna till att rensa gängorna.*

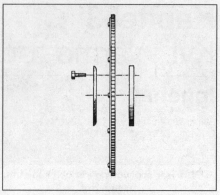

11.14 Drivplatta och brickor

12 Fortsätt monteringen i omvänd ordningsföljd mot demonteringen. Använd gänglåsningsmedel på de nya svänghjulsbultarna (om dessa inte levererats förbestrukna) och dra åt dem med specificerat moment.
13 Sätt tillbaka kopplingen enligt anvisningarna i kapitel 6.

Drivplatta (modeller med automatisk växellåda)

14 Gör på samma sätt som med den manuella lådan men bortse från hänvisningarna till kopplingen. Lägg märke till placering och riktning för de stora brickorna på vardera sidan **(se illustration)**.

12 Motorfästen - demontering och montering

Demontering

1 Koppla loss batteriets jordledning.
2 Ta bort muttrarna på det fäste som ska tas bort.
3 Koppla ett lyftsling till motorn eller stötta upp den på annat sätt. Stötta inte med en domkraft direkt mot sumpen eftersom detta kan skada sumpen.
4 Avlasta motorfästet och ta bort det. Det kan bli nödvändigt att flytta servostyrningens slangar åt sidan och att ta bort staget till insugets uppsamlingsrör.

Montering

5 Montering sker i omvänd ordningsföljd mot demonteringen.

Kapitel 2 Del B:
Demontering av motor och reparationer

Innehåll

Svårighetsgrader

Enkelt, passar novisen med lite erfarenhet	Ganska enkelt, passar nybörjaren med viss erfarenhet	Ganska svårt, passar kompetent hemmamekaniker	Svårt, passar hemmamekaniker med erfarenhet 	Mycket svårt, för professionell mekaniker

Specifikationer

Topplock

Acceptabel skevhet för användning:
Längsled .... 0,50 mm
Tvärled .... 0,25 mm
Acceptabel skevhet för planing:
Längsled .... 1,00 mm
Tvärled .... 0,50 mm
Höjd
Nytt .... 146,1 mm
Minimum efter planing .... 145,6 mm

Insugsventiler

Ventiltallrikens diameter .... 44 mm
Ventilskaftets diameter:
Ny .... 7,955 till 7,970 mm
Slitagegräns .... 7,935 mm
Ventiltallrikens vinkel .... 44° 30'

Avgasventiler

Ventiltallrikens diameter .... 35 mm
Ventilskaftets diameter:
Ny .... 7,945 till 7,960 mm
Slitagegräns .... 7,925 mm

Ventilsäten

Diameter (standard):
Insug .... 46,00 mm
Avgas .... 38,00 mm
Tillgängliga överdimensioner .... + 0,25 och 0,50 mm
Montering i topplocket .... Presspassning
Ventilsätesvinkel .... 45° 00'

Ventilstyrningar

Längd .... 52 mm
Innerdiameter .... 8,000 till 8,022 mm
Höjd över topplocket:
Insug .... 15,4 till 15,6 mm
Avgas .... 17,9 till 18,1 mm

Spelrum mellan skaft och styrning:
Nytt (insug) .... 0,030 till 0,060 mm
Nytt (avgas) .... 0,060 till 0,090 mm
Slitagegräns (insug och avgas) .... 0,15 mm
Montering i topplocket .... Presspassning
Tillgängliga yttre överdimensioner .... 3 (markerade med spår)

Ventilfjädrar

Diameter .... 25,9 mm
Obelastad längd .... 45,5 mm
Längd vid belastning med:
280 till 320 N .... 38,0 mm
702 till 782 N .... 27,5 mm

Cylinderlopp

Standardstorlekar (B200):
C .... 88,90 till 88,91 mm
D .... 88,91 till 88,92 mm
E .... 88,92 till 88,93 mm
G .... 88,94 till 88,95 mm
Första överdimensionen .... 89,29 mm
Andra överdimensionen .... 89,67 mm
Slitagegräns .... 0,1 mm
Standardstorlekar (B230):
C .... 96,00 till 96,01 mm
D .... 96,01 till 96,02 mm
E .... 96,02 till 96,03 mm
G .... 96,04 till 96,05 mm
Första överdimensionen .... 96,30 mm
Andra överdimensionen .... 96,60 mm
Slitagegräns .... 0,1 mm

Kolvar

Höjd .... 64,7 mm
Viktvariation i samma motor .... 16 g max
Spelrum i cylinderlopp .... 0,01 till 0,03 mm

Kolvringar

Spelrum i spår (B200):
Övre kompressionsring .... 0,060 till 0,092 mm
Andra kompressionsring .... 0,030 till 0,062 mm
Oljeskrapring .... 0,020 till 0,055 mm
Spelrum i spår (B230):
Övre kompressionsring .... 0,060 till 0,092 mm
Andra kompressionsring .... 0,040 till 0,072 mm
Oljeskrapring .... 0,030 till 0,065 mm
Ändavstånd (B200):
Kompressionsringar .... 0,30 till 0,50 mm
Oljeskrapring .... 0,25 till 0,50 mm
Ändavstånd (B230):
Kompressionsringar .... 0,30 till 0,55 mm
Oljeskrapring .... 0,30 till 0,60 mm

Kolvbultar

Diameter, standard .... 23,00 mm
Tillgänglig överdimension .... + 0,05 mm
Montering i vevstake .... Lätt tryck med tummen
Montering i kolv .... Fast tryck med tummen

Hjälpaxel

Lagertappsdiameter:
Främre .... 46,975 till 47,000 mm
Mittre .... 43,025 till 43,050 mm
Bakre .... 42,925 till 42,950 mm
Lagerspel .... 0,020 till 0,075 mm
Axialspel .... 0,20 till 0,46 mm

Vevaxel

Kast .... 0,04 mm max

Axialspel	0,080 till 0,270 mm
Ramlagertapparnas diameter:	
Standard	63,00 mm
Första underdimensionen	62,75 mm
Andra underdimensionen	62,50 mm
Ramlagerspel	0,024 till 0,072 mm
Ramlagers orundhet	0,006 mm max
Ramlagers konicitet	0,006 mm max
Vevstakslagertapparnas diameter:	
Standard	49,00 mm
Första underdimensionen	48,75 mm
Andra underdimensionen	48,50 mm
Vevstakslagrens spel	0,023 till 0,067 mm
Vevstakslagrens orundhet	0,1 mm max
Vevstakslagrens konicitet	0,01 mm max

Vevstakar

Längd mellan centra	152 mm
Axialspel på vevaxel	0,25 till 0,45 mm
Viktvariation i samma motor	20 g max

Åtdragningsmoment

Se kapitel 2A, Specifikationer

1 Allmän information

I denna del av kapitel 2 beskrivs detaljerat hur motorn och växellådan lyfts ut ur bilen och generella instruktioner ges för arbete med topplocket, motorblocket och samtliga övriga interna delar i motorn.

Informationen spänner över råd kring förberedelser för arbetet och inköp av reservdelar till detaljerade stegvisa instruktioner för demontering, inspektion, renovering och hopsättning av motorns inre delar.

Efter avsnitt 6 baseras samtliga instruktioner på förutsättningen att motorn lyfts ut ur bilen. Information om reparationer med motorn i bilen och demontering och montering av de yttre delar som behövs för en fullständig renovering finns i del A av detta kapitel och i avsnitt 6. Bortse från förberedande demonteringar beskrivna i del A som inte är relevanta när motorn väl lyfts ut.

Med undantag för åtdragningsmomenten, angivna i del A, finns samtliga specifikationer rörande motorrenovering angivna i början av denna del av kapitel 2.

2 Motorrenovering - allmän information

1 Det är inte alltid lätt att avgöra när en motor behöver en totalrenovering eftersom ett antal faktorer måste tas i beaktande.

2 Ett högt miltal är inte nödvändigtvis en indikation på att en renovering behövs, men ett lågt miltal utesluter inte behovet av en totalrenovering. Den kanske viktigaste faktorn är hur ofta motorn getts service. En motor som får täta och regelbundna byten av olja och filter, förutom annat behövligt underhåll, kommer i de allra flesta fall att ge många tusentals driftssäkra mil . Om däremot motorn inte fått mycket service kan den snabbt komma att behöva en totalrenovering.

3 Överdriven oljeförbrukning är en indikation på att kolvringar, ventilsäten och/eller ventilstyrningar behöver en renovering. Se dock till att inte oljeförlusterna beror på läckage innan du bestämmer dig för att ringarna eller styrningarna är slitna. Ta ett kompressionsprov enligt beskrivningarna i del A av detta kapitel. Detta kan ange troliga problemkällor.

4 Kontrollera oljetrycket med en mätare som placeras i oljetryckkontaktens uttag och jämför trycket med specifikationerna. Om det är extremt lågt är ram- eller storändslagren och/eller oljepumpen troligen utslitna.

5 Kraftförlust, oren gång, knackande eller metalliska motorljud, överdrivet ventilrassel och hög bränsleförbrukning kan också peka på behov av en renovering, speciellt om alla dessa förekommer samtidigt. Om en full service inte avhjälper situationen är ett större reparationsarbete den enda utvägen.

6 En komplett motorrenovering innebär att samtliga motordelar återställs till specifikationerna för en ny motor.

7 Med en totalrenovering byts kolvar och kolvringar ut. Nya ramlager och storändslager monteras och vid behov slipas vevaxeln om (eller byts ut) så att lagertapparna återställs till specifikationerna. Ventilerna kontrolleras och åtgärdas eftersom de vanligtvis vid denna tidpunkt är i mindre gott skick. Slutresultatet av denna renovering ska bli en motor som är i nyskick och som kommer att ge en lång problemfri körsträcka.

8 Notera: *Väsentliga delar i kylsystemet som slangar, fläktrem, termostat och vattenpump ska bytas vid en totalrenovering av motorn. Kylaren bör kontrolleras noggrant så att den inte läcker eller är igensatt. Det är även en god idé att renovera oljepumpen när en motor genomgår en totalrenovering.*

9 Innan arbetet påbörjas, läs igenom hela beskrivningen så att du känner till omfattningen av och kraven på det arbete som ska utföras. Det är inte svårt att utföra en totalrenovering av en motor om du uppmärksamt och noggrant följer samtliga instruktioner, har den utrustning och de verktyg som behövs och är noggrann med specifikationerna. Arbetet kan dock ta tid. Planera för en stilleståndstid om minst två veckor, speciellt om delar måste tas till en verkstad för reparationer eller renovering. Kontrollera att reservdelar finns tillgängliga och att speciella verktyg och specialutrustning inskaffas i förväg. Det mesta av arbetet kan utföras med vanliga handverktyg men ett antal precisionsmätningsverktyg behövs vid inspektionen av delar för att bestämma om de ska bytas ut eller inte. Ofta kan en verkstad inspektera delarna och ge råd om de ska bytas ut eller renoveras.

10 Notera: *Vänta alltid till dess att motorn är helt demonterad och till dess att samtliga delar inspekterats (speciellt motorblock/ vevhus och vevaxel) innan du avgör vilken service och vilka reparationer som ska utföras av en verkstad. Dessa delars skick är en avgörande faktor vid beslutet om originalmotorn ska renoveras eller om du ska köpa en färdigrenoverad motor. Köp därför inte, och renovera heller inte, delar innan dessa huvuddelar genomgått en noggrann inspektion. En generell regel är att tid är den största kostnaden för en totalrenovering vilket gör det olönsamt att montera slitna delar eller delar av en lägre kvalitet.*

11 En sista punkt på dagordningen är att om du vill ha maximal livslängd och minimala problem från en renoverad motor måste den monteras ihop med största noggrannhet i en helt ren miljö.

3 Motor/växellåda, demontering - metoder och försiktighetsåtgärder

1 Om du beslutat dig för att lyfta ur en motor för renovering eller större reparationer ska ett flertal förberedande åtgärder vidtas.

2 En lämplig plats att utföra arbetet på är av största vikt. Tillräckligt med arbetsutrymme och förvaringsutrymme är väsentligt. Om du inte har tillgång till verkstad eller garage krävs som minimum en plan, jämn och ren arbetsyta.

3 En rengöring av motorrummet och motorn/växellådan innan arbetet med demonteringen påbörjas hjälper till att hålla verktygen rena och i god ordning.

4 En motorlyft eller tripod krävs. Se till att lyftutrustningen är klassad högre än den sammanlagda vikten för motor och växellåda. Säkerheten ska alltid sättas i främsta rummet med tanke på de riskmoment som finns vid urlyftandet av motor/växellåda.

5 Om det är första gången du ska lyfta ut en motor bör du helst ta hjälp av en assistent. Råd och hjälp från en erfaren person är värdefullt. Det finns många tillfällen när en person ensam inte kan utföra de moment som behövs när motor/växellåda lyfts ut.

6 Planera arbetet noggrant i förväg. Innan du börjar, se till att skaffa alla verktyg och all utrustning som behövs. En del av den utrustning som krävs för att utföra urlyftning och installation av motor/växellåda på ett säkert och relativt enkelt sätt är, förutom en motorlyft, följande: en stark domkraft på hjul, en komplett uppsättning med nycklar och hylsor enligt beskrivning i "Verktyg och arbetsutrymmen", träklossar, en mängd trasor och rengörings- och uppsugningsmedel för spillolja, kylvätska och lösningsmedel. Om du måste hyra en motorlyft, se till att boka den i förväg och gör sedan allt arbete som kan göras utan den i förväg. Detta spar tid och pengar.

7 Planera för det faktum att bilen inte kommer att kunna användas under den tid som arbetet tar. En verkstad behövs för det som gör-det-självaren inte klarar av utan specialutrustning. Verkstäder är ofta upptagna så det kan vara en god idé att samråda med verkstaden innan du lyfter ut motorn så att du kan få en bra uppfattning om den tid de behöver för att renovera eller reparera de delar som behöver åtgärdas.

8 Var alltid ytterst försiktig när motor/växellåda lyfts ut eller installeras. Vårdslöshet kan orsaka allvarliga skador. Planera jobbet och ta god tid på dig. Då kan arbeten av denna typ utföras med framgång.

4 Motor (utan växellåda) - demontering och montering

Demontering

Notera: *Motorn kan lyftas ut ur bilen, antingen för sig själv eller som en enhet med växellådan. Demontering av enbart motorn beskrivs i detta avsnitt. Demontering av motor med vidhängande växellåda beskrivs i avsnitt 5.*

1 Koppla loss batteriets jordkabel.

2 Ta antingen bort motorhuven (se kapitel 11) eller öppna den så långt det går.

3 Ta bort kylaren (se kapitel 3).

4 På turbomodeller, ta bort laddluftskylaren och tillhörande slangar (se kapitel 4). Ta även bort luftflödesmätaren och tillhörande slang.

5 Ta bort luftrenarens varmluftsslang på alla andra modeller.

6 Ta bort fördelarlocket och tändstiftskablarna.

7 Koppla loss gasvajern.

8 Koppla loss servobromsens vakuumledning.

9 Koppla loss bränslematningen och returledningen. Var beredd på bensinspill.

10 Koppla loss slangarna till vevhusventilationen, vakuum- och tryckavkännande slangar. Märk upp dessa eller anteckna deras positioner om det finns risk för att de blandas ihop.

11 Koppla loss motorns elkablagekontakter, och om möjligheter till misstag finns, anteckna vilka kontakter som sitter vart.

12 Koppla loss startmotorns strömförsörjning och lyft sedan bort batteriet.

13 Koppla loss motorns jordledning(ar).

14 Koppla loss luftkonditioneringens kopplingskabel.

15 Ta loss pumpen till servostyrningen utan att lossa slangarna till den och bind upp den så att den inte är i vägen. Se kapitel 10 vid behov.

16 Koppla loss kupevärmarslangarna på motorns baksida.

17 Ta bort startmotorn (se kapitel 5).

18 Koppla loss det nedåtgående avgasröret från grenröret eller turboutgången.

19 Om en oljekylare är monterad ska den skruvas ut ur sin hållare.

20 Lyft upp och stötta fordonet. Ta bort skyddsplåten under motorn om inte detta redan är gjort.

21 Töm ur motoroljan och ta bort oljefiltret (se kapitel 1).

22 Om en oljekylare är monterad ska de flexibla ledningarna kopplas loss vid kopplingen till de stela rören. Oljekylarens innehåll kommer att rinna ut ur de öppna kopplingarna. Ta bort oljekylaren.

23 Ta bort från undersidan åtkomliga bultförband mellan motorn och växellådan. Ta även bort den undre kåpan till svänghjulet/drivplattan.

24 På modeller med automatlåda ska momentomvandlaren skruvas loss från drivplattan. Vrid på vevaxeln efter behov så att bultarna blir åtkomliga. Gör inställningsmarkeringar som referens vid ihopmonteringen.

25 Ta bort drivremmen till luftkonditioneringens kompressor (se kapitel 1).

26 Ta bort de muttrar som fäster luftkonditioneringens kompressorhållare vid motorn. Flytta kompressorn åt sidan utan att koppla från kylslangarna. Den får plats i det utrymme där batteriet suttit.

27 Stötta växellådan underifrån, helst med en domkraft på hjul. Använd mellanlägg i form av trasor eller klossar.

28 Koppla lyftslinget till motorn och använd de lyftöglor som finns. Avlasta motorns vikt.

29 Ta bort de muttrar som håller ihop motorfästena.

30 Ta bort resten av de muttrar och bultar som håller ihop motor och växellåda.

31 Kontrollera att inte några slangar eller vajrar eller kablar glömts bort. Lyft upp motorn och dra den framåt och bort från växellådan samtidigt som domkraften under växellådan höjs. Låt inte växellådan hänga på den ingående axeln.

32 När motorn går fri från växellådan ska den försiktigt lyftas ut ur motorrummet och placeras på en arbetsbänk.

Montering

33 Se till att kopplingen är korrekt centrerad, eller att momentomvandlaren är i fullt ingrepp i växellådan. Applicera fett eller glidmedel på växellådans ingående axel eller momentomvandlarens styrklack.

34 Sänk ned motorn i läge, låt en medhjälpare se till så att inte några rör, slangar, ledningar eller liknande kommer i kläm.

35 På modeller med manuell växellåda ska motorn gungas i sidled, eller så kan vevaxeln vridas något, så att den ingående axeln lätt glider in i kopplingens lamell. Låt inte motorn hänga på den ingående axeln.

36 När svänghjulskåpan sitter på motorns styrstift, stick in ett par bultar i hålen mellan svänghjulskåpan och motorn och dra åt muttrar på dem med fingrarna.

37 Resterande montering sker i omvänd ordning mot demonteringen, men lägg märke till följande punkter:

a) *Fyll upp motorn med olja och kylvätska (se kapitel 1).*

b) *Läs igenom avsnitt 21 innan du startar motorn.*

5 Motor (med växellåda) - demontering, isärtagning och montering

Notera: *Motorn kan lyftas ut ur bilen, antingen för sig själv eller som en enhet med växellådan. Demontering av enbart motorn beskrivs i avsnitt 4. Demontering av motor med vidhängande växellåda beskrivs i detta avsnitt.*

Demontering

1 Följ anvisningarna i avsnitt 4, paragraferna 1 till 16, 18 till 22, 25 och 26.
2 Koppla från ledningarna till startmotorns solenoid.
3 Ta bort hela det nedåtgående avgasröret.

På modeller med manuell växellåda

4 Ta bort kopplingens slavcylinder (utan att koppla loss hydraulslangen) eller koppla ur kopplingsvajern, beroende på modell (se kapitel 6)
5 Koppla ur växelspaken (se kapitel 7A).

På modeller med automatväxellåda

6 Koppla ur länkagen för kickdown och växelväljare (se kapitel 7B).

Samtliga modeller

7 Koppla loss alla elektriska kablar från växellådan.
8 Skruva ur bultarna till kardanaxeln på lådans baksida.
9 Stötta växellådan. Skruva loss tvärbalken från lådan och sidobalkarna och lyft bort den.
10 Skruva loss stöttan under svänghjulskåpan (om monterad).
11 Koppla lyftutrustningen till motorn med hjälp av de lyftöglor som finns monterade. Avlasta motorns vikt.
12 Ta bort de muttrar som håller ihop motorfästena.
13 Kontrollera att inga fästen glömts bort. Lyft upp motorn samtidigt som stödet under växellådan sänks, till dess att enheten kan lyftas ut ur motorrummet.

Delning

14 Stötta motorn och växellådan, sedan den lyfts ut, på lämpliga träklossar, på en arbetsbänk eller i värsta fall på en ren del av verkstadsgolvet.
15 Ta bort startmotorn.
16 Ta bort svänghjulskåpans bultförband med motorblocket. Ta även bort den undre täckplåten till svänghjulet/drivplattan om den finns där.

På modeller med manuell växellåda

17 Ta en assistent till hjälp och dra av växellådan från motorn. När lådan går fri från styrstiften ska den inte tillåtas hänga på den ingående axeln.

På modeller med automatväxellåda

18 Skruva loss momentomvandlaren från drivplattan, vrid på vevaxeln så att du får tillträde underifrån eller genom startmotorns hål. Märk upp referenser för ihopsättningen.
19 Använd dig av en medhjälpare och dra av växellådan från motorn. Se till att momentomvandlaren stannar kvar i svänghjulskåpan.

Ihopsättning

På modeller med manuell växellåda

20 Se till att kopplingen är korrekt centrerad och att urkopplingsmekanismens delar finns på plats i svänghjulskåpan. Applicera fett eller glidmedel på den ingående axelns splines.

21 För växellådan mot motorn. Vrid på vevaxeln eller den ingående axeln om så behövs för att placera splinesen på den ingående axeln och lamellen i linje med varandra. Låt inte växellådan hänga på den ingående axeln.
22 När svänghjulskåpan sitter på motorns styrstift, placera ett par bultar i hålen mellan svänghjulskåpan och motorn.

På modeller med automatväxellåda

23 Se till att momentomvandlaren är i fullt ingrepp i växellådan. Applicera fett eller glidmedel på momentomvandlarens styrklack.
24 För växellådan mot motorn. Se till att styrstiften kommer i ingrepp. Placera ett par bultar i hålen mellan svänghjulskåpan och motorn.
25 Stick in bultarna mellan momentomvandlaren och drivplattan. Vrid på vevaxeln för att komma åt bättre. Fingerdra bultarna först och dra åt dem korsvis med angivet moment (se kapitel 7B - Specifikationer).

Samtliga modeller

26 Montera resterande bultar på svänghjulskåpan och (där tillämpligt) svänghjulets/drivplattans nedre kåpa. Dra åt bultförbanden stegvis.
27 Sätt tillbaka startmotorn.
28 Resten av ihopmonteringen sker i stort sett i omvänd ordning mot demonteringen. Lägg dock märke till följande punkter:
a) På modeller med automatlåda ska växelväljarmekanismen justeras (kapitel 7B).
b) Fyll upp motorn med olja och kylvätska (kapitel 1).
c) Fyll vid behov upp växellådan med olja (kapitel 1).
d) Studera avsnitt 21 innan du startar motorn.

6 Motorrenovering - ordningsföljd för isärtagning

1 Det är mycket enklare att demontera och arbeta med motorn om den är placerad på en flyttbar motorbänk. Dessa kan hyras från en verktygsuthyrningsfirma. Innan motorn sätts upp i bänken ska svänghjulet/drivplattan tas bort så att bänkens bultar kan dras åt i änden av motorblocket/vevhuset.
2 Om du inte har tillgång till en motorbänk går det att demontera motorn om den är ordentligt stöttad på en stabil arbetsbänk eller på golvet. Var försiktig så att du inte välter eller tappar motorn om du arbetar utan motorbänk.
3 Om du skaffar en färdigrenoverad motor, ta först bort samtliga yttre delar så att de kan placeras på utbytesmotorn (precis som de skulle hanteras om du själv skulle göra en totalrenovering av motorn). Dessa delar inkluderar följande beroende på motortyp:
a) Motorfästen (kapitel 2A)
b) Generator och hållare (kapitel 5A)

c) Grenröret, med turbo om monterad (kapitel 4A)
d) Fläkt och vattenpump (kapitel 3)
e) Fördelare (kapitel 5B)
f) Insugsrör med bränsleinsprutning (kapitel 4A)
g) Tändstift (kapitel 1)
h) Kopplingens tryckplatta och lamell (kapitel 6)
i) Tändningssensorer och hållare (kapitel 5B)
j) Svänghjul/drivplatta (kapitel 2A)
k) Oljefilter (kapitel 1)
l) Oljekylare med rör (kapitel 3)
m) Vattenpump med slangar och fördelningsrör (kapitel 3)
n) Mätsticka, rör och hållare

Notera: *När yttre delar av motorn tas bort, var extra uppmärksam på detaljer som kan vara till hjälp vid ihopsättningen. Anteckna eller skissa upp packningars monteringspositioner, packboxar, brickor, bultar och andra mindre detaljer.*

4 Om du köper en "kort" motor (enbart block/vevhus, vevaxel, kolvar och vevstakar monterade) måste du även ta loss topplocket, sumpen, oljepumpen och kamdrivremmen.
5 Om du planerar en totalrenovering kan motorn demonteras och de interna delarna plockas då ut i följande ordning.
(a) Kamaxelns drivrem, spännare och drev.
(b) Topplock.
(c) Svänghjul/drivplatta
(d) Hjälpaxel
(e) Sump.
(f) Oljepump.
(g) Kolvar/vevstakar.
(h) Vevaxel.
6 Innan demonteringen och renoveringen påbörjas, se till att du har alla de verktyg som behövs. Se "Verktyg och arbetsutrymmen" för mer information.

7 Topplock - isärtagning

1 Ta bort topplocket på det sätt som beskrivs i del A av detta kapitel.
2 Ta bort kamaxel, ventillyftare och shims på det sätt som beskrivs i del A av detta kapitel.
3 Beroende på vilka delar som fortfarande finns på plats ska insugsrör och grenrör (kapitel 4A), termostatkåpan (kapitel 3), tändstiften (kapitel 1) och övriga kopplingar, sensorer och hållare tas bort efter behov.
4 Ta reda på gummiringarna från ventilskaftens toppar **(se illustration)**.
5 Knacka försiktigt på varje ventilskaft med en lätt hammare och ett dorn så att fjädern och tillhörande delar lossas.
6 Montera en ventilfjäderkompressor på varje ventil, i tur och ordning och tryck ihop fjädern till dess att knastret syns. Lyft ut knastret med en liten skruvmejsel. En magnet eller pincett kan vara till god hjälp **(se illustration)**. Lossa försiktigt på fjäderkompressorn och ta bort den.

7.4 Ta reda på gummiringen från ventilskaftets topp

7.6 Utdragning av knaster med magnet

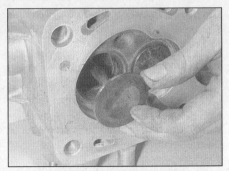

7.7 Demontering av en ventil

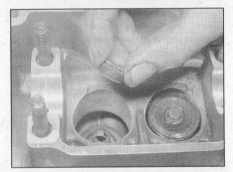
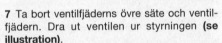

7.8 Ta bort insugsventilskaftets packbox

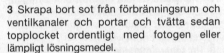

7.10 Placera varje ventil och tillhörande delar i en tydligt märkt plastpåse

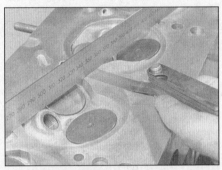

8.6 Kontrollera topplockspackningens yta

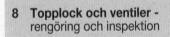

7 Ta bort ventilfjäderns övre säte och ventilfjädern. Dra ut ventilen ur styrningen **(se illustration)**.

8 Dra av ventilskaftets packbox med en långkäftad tång. Ta reda på packboxen **(se illustration)**. Lägg märke till att endast insugsventilerna är försedda med packboxar.

9 Ta reda på ventilfjäderns undre säte. Om det finns för mycket sot runt ventilstyrningens utsida måste detta skrapas bort innan sätet kan tas bort.

10 Det är mycket viktigt att varje ventil förvaras tillsammans med sitt knaster, fjäder och säte. Ventilerna ska även förvaras i sin korrekta ordningsföljd, såvida de inte är så slitna eller brända att de måste bytas ut. Placera varje ventil med tillhörande delar i en märkt plastpåse eller liknande **(se illustration)**.

8 Topplock och ventiler - rengöring och inspektion

1 En ordentlig rengöring av topplock och ventiler åtföljt av en detaljinspektion låter dig avgöra hur mycket arbete som måste utföras på ventilerna vid renoveringen. **Notera:** *Om motorn blivit allvarligt överhettad är det lika bra att förutsätta att topplocket är skevt, så leta ordentligt efter tecken på detta.*

Rengöring

2 Skrapa bort alla spår av gammalt packningsmaterial från topplocket.

3 Skrapa bort sot från förbränningsrum och ventilkanaler och portar och tvätta sedan topplocket ordentligt med fotogen eller lämpligt lösningsmedel.

4 Skrapa bort tjocka sotbeläggningar om de finns på ventilerna och använd en eldriven roterande stålborste till att ta bort avlagringar från ventilernas tallrikar och skaft.

Inspektion

Notera: *Se till att utföra samtliga följande inspektioner innan du beslutar dig för att en verkstad behöver anlitas. Gör upp en lista över allt som behöver åtgärdas.*

Topplocket

5 Inspektera detta mycket noggrant vad gäller tecken på sprickor, kylvätskeläckor och andra skador. Om sprickor påträffas ska ett nytt topplock anskaffas.

6 Använd stållinjal och bladmått till att kontrollera att topplockspackningens anläggningsyta inte är skev. Om den är det kan detta vara möjligt att korrigera **(se illustration)**.

7 Undersök ventilsätena i förbränningsrummen. Om dessa har djupa gropar, är spruckna eller brända måste de renoveras eller fräsas om av en specialist på motorrenoveringar. Om de bara är lätt märkta kan dessa märken tas bort genom inslipning av ventilerna mot sätena med finkornig ventilslippasta enligt nedanstående beskrivning.

8 Om ventilstyrningarna är slitna, vilket indikeras av att ventilen rör sig från sida till sida, måste nya styrningar monteras. Mät upp diametern på befintliga ventilskaft (se nedan)

och styrningens innerdiameter och beräkna spelet. Jämför resultatet med specificerat värde. Om spelet är för stort ska ventil eller styrning bytas efter behov.

9 Byte av ventilstyrningar ska helst lämnas åt en specialist på motorrenoveringar.

10 Om ventilsäten ska fräsas om ska detta göras *efter* det att styrningarna bytts.

Ventiler

11 Undersök ventiltallrikarna vad gäller märken, brännskador, sprickor och allmänt slitage. Kontrollera ventilskaften vad gäller tecken på märken och valkar. Kontrollera så att inte skaftändarna är gropiga eller slitna. Byt de ventiler som visar upp sådana tecken på slitage eller skador.

⚠️ **Varning:** *Avgasventiler på turbomotorer innehåller natrium och får därför inte blandas med annat metallskrot. Fråga en återförsäljare för Volvo hur dessa ska sluthanteras.*

12 Om en ventil i detta skede ser bra ut ska skaftets diameter mätas på ett flertal punkter med en mikrometer **(se illustration)**. Betydande skillnader i de uppmätta värdena anger slitage på ventilskaftet. Om sådant tydligt förekommer måste ventilen i fråga bytas ut.

13 Om ventilerna är i tillfredsställande skick ska de slipas in mot sina respektive ventilsäten så att gastäthet uppstår. Om sätet är endast lite märkt eller om det frästs om ska *endast* finkornigt ventilslipmedel användas till att skapa den önskade ytan. Grovkornigt ventilslipmedel ska *endast* användas om sätet är

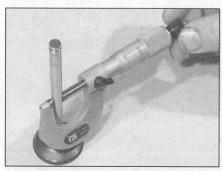
8.12 Mätning av ventilskaftets diameter

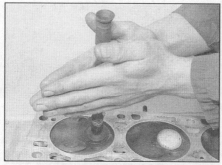
8.15 Inslipning av ventil

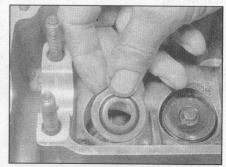
9.1 Montering av ventilfjäderns undre säte

9.3a Montering av ventilfjäder . . .

9.3b . . . och övre fjädersäte

10.2 Borttagning av oljepumpens drev

allvarligt bränt eller djupt märkt. Om så är fallet ska topplocket och ventilerna inspekteras av en expert som kan avgöra om sätet ska fräsas om eller om ventilbyte eller byte av säte krävs.

14 Ventilslipning utförs på följande sätt: Placera topplocket upp och ned på en bänk med en träkloss under vardera änden av topplocket så att ventilskaften går fria.

15 Applicera en smula ventilslippasta (med lämplig kornstorlek) på ventilsätet och tryck ett sugkoppsförsett slipverktyg på ventiltallriken. Slipa med en halvroterande rörelse in ventiltallriken i sätet. Lyft nu och då på tallriken så att slippastan omfördelas (se illustration). En mjuk fjäder under ventiltallriken underlättar i stor grad detta arbete.

16 Om grovkornig slippasta valts, slipa endast till dess att en matt jämn yta finns på både säte och ventiltallrik. Torka av ventil och säte och upprepa proceduren med finkornig slippasta. När en mjuk obruten ring av lätt grå matt yta finns på både ventil och säte är arbetet fullbordat. *Slipa inte* in ventilerna mer än vad som absolut behövs. I annat fall kommer sätet att i förtid sjunka in i topplocket.

17 När samtliga ventiler är inslipade ska *alla* spår av slippastan tvättas bort. Använd fotogen eller lämpligt lösningsmedel. Montera sedan ihop topplocket.

Ventildelar

18 Kontrollera att inte ventilfjädrarna visar tecken på skador eller missfärgningar. Mät även den obelastade längden på befintliga fjädrar genom att jämföra dem med en ny.

19 Ställ fjädrarna på en plan yta och kontrollera eventuell fyrkantighet. Om någon av fjädrarna är skadad, förvrängd eller har förlorat sin elasticitet ska samtliga ventilfjädrar bytas ut. Det normala vid en större renovering av en motor är att byta samtliga ventilfjädrar.

20 Byt ut ventilskaftens packboxar oavsett vilket skick de verkar vara i.

9 Topplock - ihopmontering

1 Olja in ett ventilskaft och stick in det i sin styrning. Montera det undre fjädersätet med tallrikssidan uppåt (se illustration).

2 På insugsventilerna, montera packboxarna genom att trycka in dem i ventilstyrningen med en rörstump av lämplig diameter. Var försiktig så att inte läpparna skadas på ventilskaftet. Om en skyddshylsa medföljer packboxarna, använd då denna till att täcka över knasterspåren när packboxen monteras.

3 Montera ventilfjädern och dess övre säte (se illustrationer). Tryck ihop fjädern och montera de två knastren i spåren i ventilskaftet. Släpp försiktigt upp ventilfjäderkompressorn.

4 Täck ventilskaftet med en tygbit och knacka försiktigt på det med en lätt hammare

> **HAYNES TiPS** *Håll knastren i läge på ventilskaften med en liten fettklick medan ventilfjäderkompressorn släpps upp.*

för att bekräfta att knastren sitter ordentligt .

5 Upprepa detta med resterande ventiler.

6 Placera nya gummiringar på ventilskaftens toppar.

7 Sätt tillbaka kamaxel, ventiltryckare och shims enligt beskrivningarna i del A av detta kapitel.

8 Sätt tillbaka övriga löstagna delar och sätt tillbaka topplocket enligt beskrivningarna i del A av detta kapitel.

10 Hjälpaxel - demontering, inspektion och montering

Demontering

1 Ta bort kamaxelns drivrem, drev, spännare och bakre platta, sumpen, oljepumpen och varje annan del som behövs för åtkomlighet.

2 Skruva loss vevhusventilationens oljeuppsamlare och dra ut den långa dräneringsslangen. Arbeta genom det hålet och lyft upp oljepumpens drev/axel och ta bort den (se illustration).

3 Skruva loss och ta bort den främre packboxens hållare (se illustration). Notera clipsen på de undre klackarna. Ta reda på packningen.

4 Dra ut hjälpaxeln. Var försiktig så att du inte skadar lagren i blocket (se illustration).

Inspektion

5 Inspektera axelns lagertappar och drev vad gäller tecken på skador och slitage. Mät upp

10.3 Borttagning av främre packboxens hållare

10.4 Borttagning av hjälpaxeln

11.4 Borttagning av ett vevstaksöverfall

lagertapparna med mikrometer. Byt ut axeln om den är skadad eller sliten.

6 Om hjälpaxelns lager i blocket är skadade måste de bytas ut av en Volvoverkstad eller annan specialist.

Montering

7 Smörj hjälpaxelns lagerytor och mata in axeln i blocket under iakttagande av stor försiktighet så att inte lagren skadas.

8 Montera packboxhållaren med en ny packning. Kapa ner utstickande packningsmaterial till jäms med sumpens kontaktyta. Vissa av hållarens bultar kan inte fästas i detta skede eftersom de även fäster kamdrivremmens bakre platta.

9 Montera nya smorda packboxar i packboxhållaren med läpparna inåt. Knacka fast packboxarna med en rörstump.

10 Sätt tillbaka oljepumpens drev/axel och se till att den går i ingrepp med hjälpaxeln.

11 Sätt tillbaka oljesamlarens dräneringsslang och se till att den sticks in hela vägen i hålet och fästs i den nedre änden av styrningen.

12 Montera en ny o-ring på vevhusventilationens oljesamlare, sätt tillbaka och fäst oljesamlaren.

13 Sätt tillbaka demonterade delar enligt anvisningarna i respektive kapitel i denna handbok.

11 Kolvar och vevstakar - demontering

1 Ta bort topplock, sump och oljepump enligt beskrivningarna i del A i detta kapitel.

2 Känn efter med fingrarna i loppens överdelar om det finns tydliga vändkanter. Somliga rekommenderar att dylika vändkanter tas bort innan försök görs att ta ut kolvarna. Men vändkanter stora nog att skada kolvar innebär med största sannolikhet att loppet måste borras om och förses med nya kolvar.

3 Vrid på vevaxeln så att ett par vevstaksöverfall blir åtkomliga. Kontrollera att det finns identifieringsnummer eller märkning på varje vevstake och överfall. Om sådan märkning saknas ska du stansa eller måla dit dem så att varje vevstake kan sättas tillbaka på sin

ursprungsplats vänd i samma riktning.

4 Ta bort de två vevstaksbultarna. Knacka på överfallet med en mjuk hammare så att det lossnar. Ta bort överfall och lagerskål **(se illustration)**.

5 Tryck ut vevstake och kolv genom cylinderloppet. Ta reda på den andra lagerskålen om denna lossnat.

6 Montera omedelbart överfallet på vevstaken så att du inte riskerar att blanda ihop dem. Behåll lagerskålarna i sina ursprungliga lägen om det finns en möjlighet att de ska återanvändas.

7 Upprepa arbetet på de resterande vevstakarna och kolvarna och vrid på vevaxeln vid behov så att lageröverfallen blir åtkomliga.

12 Vevaxel - demontering

1 Demontera kolvar och vevstakar samt främre och bakre hållare för packboxar (om det inte redan är gjort).

2 Innan vevaxeln lyfts ut ska axialspelet kontrolleras. Montera en mätklocka med stiftet i linje med vevaxeln, just berörande denna.

3 Tryck undan vevaxeln så långt som möjligt från klockan och nollställ denna. Bänd sedan vevaxeln så långt in mot klockan som möjligt och läs av. Den sträcka som vevaxeln förflyttats är axialspelet. Om detta värde är större än specifikationerna medger ska

12.6 Borttagning av bakre ramlagrets överfall

slitaget på vevaxelns tryckytor kontrolleras. Om inget slitage är märkbart bör nya tryckbrickor korrigera axialspelet.

4 Om en mätklocka inte finns tillgänglig kan bladmått användas. Tryck vevaxeln hela vägen mot höger sida av motorblocket. För in bladmått mellan vevaxeln och det ramlager som inkluderar tryckbrickorna så att spelet kan mätas upp där.

5 Se efter om ramlageröverfallen är märkta. Stansa eller måla dit märkningar om så behövs.

6 Ta bort lageröverfallsbultarna på ramlagren och lyft upp överfallen. Knacka vid behov lätt på dem med en mjuk hammare så att de lossnar. Behåll lagerskålarna tillsammans med överfallen om de eventuellt ska användas igen **(se illustration)**.

7 Lyft ut vevaxeln. Tappa den inte, den väger åtskilliga kilo.

8 Ta reda på de två halva tryckbrickorna på var sida om det mittre ramlagret.

9 Ta bort de övre halvorna av ramlagerskålarna från sina säten i vevhuset genom att trycka på den del av skålen som är längst bort från styrfliken. Åter, om lagerskålarna ska användas igen måste du hålla reda på var de ska placeras.

13 Motorblock/vevhus - rengöring och inspektion

Rengöring

1 Innan rengöringen ska alla yttre delar och pluggar eller proppar tas bort.

2 Om någon av de gjutna delarna är mycket smutsig ska hela motorn ångtvättas.

3 Efter ångtvätten ska samtliga oljehål och oljekanaler rengöras än en gång. Spola ur alla interna passager med varmt vatten till dess att detta rinner rent igenom, torka sedan noggrant och applicera en tunn oljefilm på alla bearbetade ytor för att förhindra rostangrepp. Om du har tillgång till tryckluft, använd då denna till att skynda på uttorkningen och till att blåsta rent i samtliga oljepassager.

 Varning: Bär alltid skyddsglasögon vid användning av tryckluft!

13.5 Rengöring av gängat hål i motorblock med hjälp av lämplig gängtapp

4 Om motordelarna inte är speciellt smutsiga kan du göra ett gott rengöringsjobb med varmt tvålvatten (så varmt som du kan stå ut med) och en styv borste. Ta god tid på dig och gör ett noggrant arbete. Oavsett tvättmetod ska du se till att rengöra alla oljepassager mycket noggrant och att fullständigt torka alla delar. Rostskydda bearbetade ytor enligt ovanstående.
5 Alla gängade hål måste vara rena och torra så att korrekta åtdragningsmoment vid monteringen garanteras. Rengör gängor med gängtappar i rätt storlek. Detta tar bort rost, korrosion, gänglås och smuts samt återställer skadade gängor **(se illustration)**. Om möjligt ska tryckluft användas till att blåsa ur hålen efter denna operation.

> **HAYNES TiPS**
> *Ett bra alternativ till ovanstående är att spruta in en aerosol av vattenavstötande smörjolja i varje hål, med hjälp av det långa rör som vanligen medföljer. Se till att varje hål torkas ut ordentligt efteråt. Bär alltid skyddsglasögon om du rensar hålen på detta sätt!*

6 Om motorn inte omedelbart ska sättas ihop ska den täckas över med en stor plastsäck så att den hålls ren. Rostskydda bearbetade ytor enligt tidigare beskrivning.

Inspektion

7 Studera delarna och leta efter tecken på sprickor och korrosion. Kontrollera att gängor i hål är oskadade. Om du vet med dig att motorn läckt kylvätska på insidan kan det vara mödan värt att låta en specialist på motorrenoveringar gå över blocket med specialutrustning och leta efter sprickor. Om defekter påträffas ska dessa om möjligt åtgärdas. I annat fall måste den skadade delen bytas ut.
8 Kontrollera att cylinderloppen inte är repade eller brända eller har en markerad vändkant nära toppen. En sådan indikerar att loppet är utslitet.
9 Om nödvändig mätutrustning finns tillgänglig, mät då upp cylinderdiametern högst upp (strax under vändkanten), i mitten och

längst ned parallellt med vevaxelns längsled. Mät sedan upp diametern på samma platser men i vevaxelns tvärled. Anteckna erhållna mått.
10 Mät upp kolvdiametrarna i rät vinkel mot kolvbulten strax ovanför nederkanten. Anteckna även dessa värden.
11 Om det är önskvärt att känna till spelet mellan kolv och cylinderlopp ska dessa mätas upp enligt ovan. Sedan ska kolvdiametern dras från loppets diameter. Erhållet värde är spelet. Om de visade precisionsmätningsinstrumenten inte finns tillgängliga kan skicket på lopp och kolvar utvärderas, om än inte lika precist, med hjälp av bladmått enligt följande. Välj ett bladmått som har den tjocklek som anges i specifikationerna som spel mellan kolv och lopp och för in detta i loppet bredvid kolven. Kolven måste vara placerad precis som normalt. Bladmåttet måste föras in mellan kolven och cylinderväggen på en belastningsyta (i rät vinkel mot kolvbulten). Kolven ska då löpa genom cylindern (med bladmåttet på plats) med ett medelhårt tryck. Om kolven faller igenom eller glider mycket lätt genom är spelet för stort, vilket kräver en ny kolv. Om kolven fastnar i nederkanten av loppet men är lös i överkanten är cylinderloppet koniskt. Om det finns trånga punkter i loppet då kolven, med bladmått, roteras är cylinderloppet inte längre runt utan ovalt.
12 Upprepa proceduren med samtliga kolvar och cylinderlopp.
13 Jämför mätresultaten med specifikationerna i kapitlets inledning. Om mätresultaten ligger utanför specifikationerna för kategorin eller om ett mått klart skiljer sig från de andra (indikerande konicitet eller ovalitet) är kolven eller cylinderloppet i fråga utslitet.
14 Om något av cylinderloppen är svårt repat, bränt eller utslitet, ovalt eller koniskt är den normala åtgärden att borra om cylindern och montera nya kolvar i en överdimension. Rådfråga en återförsäljare för Volvo eller en specialist på motorrenoveringar.
15 Om loppen är i godtagbart skick och inte för slitna kan det bara behövas ett byte av kolvringar.
16 Om detta är fallet ska loppen honas så att de nya ringarna kan sätta sig korrekt och ge bästa möjliga tätning. Honing är ett arbete som utförs av en specialist på motorrenoveringar.
17 När all bearbetning gjorts ska hela blocket/vevhuset tvättas mycket noga med varmt tvålvatten för att avlägsna alla spår av slipmedel och annan smuts som lämnats kvar efter bearbetningen. När blocket är fullständigt rent ska det sköljas och torkas och sedan rostskyddas med ett tunt lager olja på alla bearbetade ytor.
18 Motorblocket/vevhuset ska nu vara fullständigt rent och torrt och samtliga delar ska ha kontrollerats vad gäller skador och slitage samt åtgärdat efter behov. Montera så många delar som möjligt så att du håller reda på dem. Om ihopsättningen inte omedelbart ska påbörjas ska blocket täckas över med en

stor plastpåse och rostskyddas enligt ovanstående beskrivning.

14 Kolvar och vevstakar - inspektion

1 Innan en inspektion kan utföras måste kolvar och vevstakar rengöras. Kolvringarna måste tas loss från kolvarna.
2 Dra försiktigt isär de gamla kolvringarna och dra dem över kolvens krona. Om du använder två eller tre gamla bladmått är detta till god hjälp för att hindra ringarna att halka ner i öppna spår. Var försiktig så att du inte repar kolven med ringändarna. Ringarna är sköra och kommer att brista om de dras för mycket isär. De är även mycket vassa - skydda händer och fingrar. Lägg märke till att den tredje ringen har en inbyggd expanderare. Ta alltid ut kolvringar från kronan. Behåll varje uppsättning ringar tillsammans med kolven om ringarna ska återanvändas. Märk upp ringarna så att den ursprungliga övre ytan kan kännas igen vid monteringen och att ringarna kan sättas tillbaka i sina egna spår.
3 Skrapa bort alla sotspår från kolvkronan. En handhållen stålborste (eller finkornigt slippapper) kan användas när väl den största delen av sotet skrapats bort.
4 Ta bort sotet från kolvringsspåren med hjälp av en gammal kolvring. Bryt den i två delar (var försiktig när du gör detta - kolvringar har vassa kanter). Var noga med att bara ta bort sot, inte metall och låt bli att göra hack eller skråmor i ringspårens sidor **(se illustration)**.
5 När avlagringarna tagits bort ska kolvarna och vevstakarna tvättas med fotogen eller lämpligt lösningsmedel och torkas ordentligt. Se till att returoljehålen i ringspåren är väl rengjorda.
6 Om kolvar och cylinderlopp varken är skadade eller utslitna och om cylindrar inte behöver borras om, kan de ursprungliga kolvarna monteras tillbaka. Normalt kolvslitage visar sig som en jämn vertikal förslitning av kolvarnas tryckytor och en viss slackhet i toppringen i spåret. Nya kolvringar ska alltid användas när motorn sätts ihop efter en renovering.

14.4 Rengöring av kolvringsspår

14.13a Demontering av kolvbultslåsring

14.13b Utdragning av kolvbult

7 Inspektera kolvarna noga och leta efter sprickor i kjolen, runt kolvbultshålen och i området mellan ringarna.

8 Leta även efter repor på kjolen, hål i kronan och brända ytor runt kronans kant. Om kjolen är repad kan motorn ha utsatts tör överhettning och/eller onormal förbränning som orsakat för hög arbetstemperatur. I sådant fall ska kyl- och smörjsystemen kontrolleras extra noga. Brännmärken på kolvsidor visar att genomblåsning inträffat. Hål i kronan eller brända kanter indikerar onormal förbränning (förtändning, knackningar eller detonationer) inträffat. Om något av ovanstående problem föreligger måste den bakomliggande orsaken spåras upp och rättas till. I annat fall uppstår skadan igen. Orsakerna kan vara läckage i insugsluften, felaktig luft/bränsleblandning eller felaktigt tändläge.

9 Korrosion på kolvar, i form av små gropar, indikerar att kylvätska trängt in i förbränningsrummet och/eller vevhuset. Även här måste orsaken korrigeras, i annat fall kan problemet kvarstå i den renoverade motorn.

10 Undersök vevstakarna noga och leta efter tecken på skador som sprickor kring lagren i bägge ändarna. Kontrollera att vevstakarna inte är böjda eller skeva. Skador är inte troliga annat än om motorn skurit eller allvarligt överhettats. Detaljkontroll av vevstaksmontage kan endast utföras av en specialist på motorrenoveringar som har nödvändig utrustning.

11 Kolvbultarna är av flytande typ, låsta i läge med två låsringar. Vid behov kan kolvar och vevstakar separeras enligt följande.

12 Kontrollera att alla kolvar och vevstakar är identitets- och riktningsmärkta så att de kan monteras ihop korrekt. Om tvivel råder, undersök kolv och stake och anteckna märken som kan användas som vägledning vid monteringen.

13 Ta ut en av de låsringar som håller kolvbulten och tryck ut kolvbulten från staken och kolven **(se illustrationer)**.

14 Om nya kolvar i standardstorlek ska monteras, lägg då märke till att de finns i fyra klasser - se Specifikationer. Klassningen är instämplad på kolvens krona och intill varje cylinderlopp.

15 Kontrollera kolvbultens passning i vevstaksbussningen och kolven. Om det finns ett

märkbart spel måste en ny bussning eller en kolvbult i överdimension monteras. Rådfråga en Volvohandlare eller en specialist på motorrenoveringar.

16 Undersök samtliga delar och skaffa de nya som behövs. Om du köper nya kolvar levereras dessa kompletta med kolvbultar och låsringar. Du kan även köpa låsringar separat.

17 Olja in kolvbulten. Montera ihop vevstake och kolv, se till att vevstaken är rättvänd och säkra kolvbulten med låsringen.

15 Vevaxel - inspektion

1 Rengör vevaxeln med fotogen eller lämpligt lösningsmedel och torka den, helst med tryckluft om detta finns tillgängligt. Försäkra dig om att oljekanalerna är rena genom att sticka in en piprensare eller liknande i dem.

⚠️ *Varning: Använd skyddsglasögon vid arbete med tryckluft!*

2 Kontrollera att tapparna i ramlager och storändslager inte visar tecken på ojämnt slitage, repor, gropar eller sprickor.

3 Slitage på storändslagren åtföljs vanligen av ett distinkt metalliskt knackande när motorn körs (speciellt märkbart när motorn drar från låg hastighet) och en viss förlust av oljetryck.

4 Slitage på ramlager åtföljs av allvarliga motorvibrationer och ett mullrande ljud som blir allt värre i takt med att motorvarven ökar samt förlust av oljetryck.

5 Kontrollera jämnheten på lagertapparna genom att dra en fingertopp lätt över lagerytan. Varje ojämnhet (som åtföljs av ett tydligt lagerslitage) indikerar att vevaxeln måste slipas om (där så är möjligt) eller bytas ut.

6 Om vevaxeln är omslipad bör du kontrollera att det inte finns skägg eller grader runt oljekanalerna (hålen är vanligen fasade så det borde inte vara några problem med detta, såvida inte omslipningen utförts vårdslöst). Om skägg eller grader förekommer ska dessa avlägsnas med en finskuren fil eller skrapa.

7 Mät upp diametern på ram- och storänds-

lagrens tappar med en mikrometer och jämför resultat med specifikationerna. Genom mätning på ett flertal platser runt varje tapps omkrets kan du avgöra om tapparna är runda eller inte. Ta mått i vardera änden av tappen för att avgöra om den är konisk eller inte. Jämför mätresultaten med specifikationerna.

8 Kontrollera att packboxarnas kontaktytor i vardera änden av vevaxeln inte är skadade eller slitna. Om endera packboxen slitit en djup skåra i vevaxelns yta bör du kontakta en specialist på motorrenoveringar. Reparation kan vara möjlig, i annat fall krävs en ny vevaxel.

16 Ramlager och storändens lager - inspektion

1 Även om lagerskålarna i ramlagren och storändarna ska bytas ut vid en totalrenovering ska de gamla lagerskålarna sparas för en detaljerad inspektion, i och med att de kan ge värdefulla upplysningar om motorns skick.

2 Lagerhaverier inträffar på grund av brist på smörjning, förekomsten av smuts eller andra främmande partiklar, överbelastning av motorn samt korrosion **(se illustration)**. Oavsett orsaken till lagerhaveriet måste denna rättas till (där tillämpligt) innan motorn monteras ihop, så att inte skadan uppstår igen.

3 Vid undersökningen av lagerskålarna ska dessa tas ut ur motorblocket/vevhuset och lageröverfallen och sedan läggas ut på en ren yta i samma inbördes läge som de hade i motorn. Detta låter dig para ihop eventuella lagerproblem med motsvarande lagertapp. *Berör inte* lagerytorna med fingrarna vid undersökningen eftersom den ömtåliga ytan lätt kan repas.

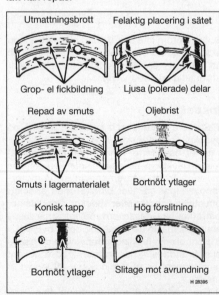

16.2 Typiska lagerproblem

4 Smuts och andra främmande partiklar kan komma in i motorn på många olika sätt. De kan lämnas kvar vid monteringen eller passera genom filter eller vevhusventilationen. Smuts kan komma in i oljan och vidare till lagren. Metallspån från bearbetning och normalt motorslitage förekommer ofta. Slipmedel lämnas ibland kvar i motorn efter renoverings-arbeten, speciellt om delarna inte rengjorts ordentligt och på rätt sätt. Oavsett källa blir dessa främmande partiklar som regel inbäddade i det mjuka lagermaterialet och är där lätta att känna igen. Större partiklar bäddas inte in utan repar istället lagerskålar och tappar. Bästa förebyggande åtgärden mot lagerhaverier är att rengöra samtliga delar med största noggrannhet och att hålla allting kliniskt rent vid ihopsättning av motorn. Täta och regelbundna oljebyten rekommenderas.

5 Brist på smörjning (eller haveri i smörj-systemet) har ett antal besläktade orsaker. Överhettning (som tunnar ut oljan), överbe-lastning (som tvingar ut oljan från lagerytorna) och oljeläckage (från överdrivna spel i lager, sliten oljepump eller höga motorvarv) bidrar alla till försämrad smörjning. Blockerade oljekanaler, vanligen orsakade av felaktigt upplinjerade oljehål i lagerskålarna, svälter lagren på olja och förstör dem. När brist på smörjning orsakar lagerhaverier slits eller trycks lagermaterialet bort från lagerskålens stålstöttning. Temperaturen kan stiga så mycket att stålet blåneras av överhettning.

6 Körsättet kan ha en definitiv inverkan på lagrens livslängd. Full gas från låga varv anstränger motorn och belastar lagren mycket hårt, vilket tenderar att tvinga ut oljefilmen. Denna typ av belastning gör att lagerskålarna böjs, vilket skapar fina sprickor i lagerytan (metalltrötthet). Till sist kommer lager-materialet att lossna i småbitar och slitas lös från stålstöttningen.

7 Korta körsträckor leder till korrosion på lagren eftersom det inte produceras tillräckligt med värme i motorn för att driva ut kondensvatten och frätande gaser. Dessa produkter samlas i motoroljan och bildar syra och slam. När sedan oljan leds till motorns lager angriper syran lagermaterialet.

8 Felaktig montering av lagerskålarna vid ihopsättningen kommer också att leda till lagerhaverier. För tät passform lämnar inte tillräckligt med spelrum i lagret vilket leder till oljebrist. Smuts och främmande partiklar som fastnar bakom en lagerskål ger höga punkter i lagret vilket leder till haveri.

9 *Berör inte* lagerytorna med fingrarna vid monteringen. Risk finns att de ömtåliga ytorna skadas eller att partiklar fastnar på lagerytan.

17 Motorrenovering - ordningsföljd för ihopmontering

1 Innan ihopmonteringen påbörjas bör du se till att du har alla nya delar och alla nödvändiga verktyg tillgängliga. Läs igenom hela arbetsbeskrivningen så att du vet vad som ingår i arbetet och se till att allt som behövas för ihopmonteringen finns till handa. Förutom de vanliga verktygen och materialen behövs fogmassa och gänglåsningsmedel på vissa platser vid ihopmonteringen. I rest-erande fall, förutsatt att tätningsytorna är rena och plana, så räcker det med nya packningar för att fogarna ska bli oljetäta.

2 Ett tidsbesparande och problemundvikande sätt att montera ihop en motor är följande arbetsordning (där tillämplig).
(a) Vevaxel (se avsnitt 19).
(b) Kolvar/vevstakar (se avsnitt 20).
(c) Oljepump (se del A).
(d) Hjälpaxel (se avsnitt 10).
(e) Sump (se del A).
(f) Svänghjul/drivplatta (se del A).
(g) Topplock (se del A).
(h) Kamaxelns drivrem, spännare och drev (se del A).
(i) Motorns yttre delar.

3 I detta skede ska alla motordelar vara fullständigt rena och torra och samtliga brister ska vara åtgärdade. Delarna ska läggas ut (eller finnas i egna lådor) på en fullständigt ren arbetsyta.

18 Kolvringar - montering

1 Innan nya kolvringar monteras ska ändavståndet kontrolleras enligt följande

2 Lägg ut kolv och vevstake och den nya uppsättningen kolvringar så att ringuppsätt-ningarna paras ihop med samma kolv och cylinder vid uppmätningen och efterföljande ihopsättning.

3 Stick in toppringen i den första cylindern och tryck ned den genom loppet med hjälp av kolvens krona. Detta ser till att ringen är i rätt vinkel mot loppets innervägg. För ringen nära underdelen av loppet vid den undre gränsen för kolvringens rörelse. Lägg märke till att den övre och den undre kompressionsringen är olika utformade. Den undre ringen är lätt att känna igen i och med att den har en urfasning på den undre ytan, eller genom att den yttre ytan är avfasad.

4 Mät upp gapet mellan ringändarna med bladmått.

5 Upprepa proceduren med ringen högst upp vid den övre gränsen för rörelsen och jämför mätresultaten med specifikationerna **(se illustration)**.

6 Om gapet är för litet måste det förstoras. I annat fall kan ringändarna komma i kontakt när motorn arbetar. Detta orsakar allvarliga skador. Helst ska nya kolvringar med korrekt gap monteras. Som en sista utväg kan gapet förstoras genom att ringändarna försiktigt filas av med en finskuren fil. Placera ringen i en tving med mjuka käftar och dra ringen över filen med ringändarna i kontakt med filens yta och fila långsamt bort material. Var försiktig eftersom kolvringar är vassa och sköra.

7 Med nya kolvringar är det inte troligt att gapet är för stort. Om mätningen anger ett för stort gap bör du kontrollera att du verkligen har de rätta kolvringarna till din motor och borrning.

8 Upprepa kontrollen med varje ring i den första cylindern och sedan med samtliga ringar i respektive cylindrar. Kom ihåg att hålla ihop kolvringar, kolvar och cylindrar som enheter.

9 När ringgapen kontrollerats och vid behov justerats kan ringarna monteras på kolvarna.

10 Montera kolvringar med samma teknik som vid demonteringen. Montera först den understa (oljeringen) och arbeta sedan uppåt. Notera märkningen TOP på den undre kom-pressionsringen. De andra ringarna kan monteras med valfri sida upp, såvida inte den övre ringen är stegad. I så fall måste steget vara överst **(se illustration)**. Dra inte isär kompressionsringar för långt eftersom de då bryts av. **Notera:** *Följ alltid de anvisningar som medföljer kolvringssatserna - olika tillverkare kan specificera olika arbetsmetoder. Blanda inte ihop övre och undre kompression-sringarna i och med att de har olika tvärsnitt.*

19 Vevaxel - montering och kontroll av ramlagerspel

1 Vid denna punkt förutsätts att motor-blocket/vevhuset och vevaxeln rengjorts, inspekterats och vid behov renoverats. Placera motorn upp och ned.

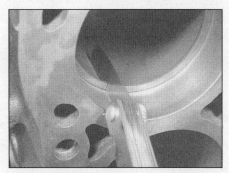

18.5 Mätning av kolvringens ändgap

18.10 Kolvringsprofiler

19.7 Plastigage på plats på ramlagertapp

19.11 Mätning av bredden på deformerad Plastigage med hjälp av skalan på kortet

2 Ta bort ramlageröverfallens muttrar eller bultar och lyft ut överfallen. Lägg ut dem i rätt ordning så att de kan monteras på sina rätta platser.

3 Om de fortfarande finns på plats ska de gamla lagerskålarna tas bort från motorblocket och ramlageröverfallen. Torka rent i lagersätena med en ren luddfri trasa. Dessa säten måste vara kliniskt rena!

Kontroll av ramlagerspelet

4 Torka rent i ramlagersätena i vevhuset och rengör baksidorna av lagerskålarna. Stick in respektive övre lagerskål (torra) på plats i vevhuset och de undre lagerskålarna i sina respektive överfall. Om lagren återanvänds ska de placeras på sina ursprungliga platser. Tryck fast lagerskålarna så att stiften greppar in i urtagen.

5 Det mest precisa sättet att mäta ramlagerspel är att använda en amerikansk produkt kallad "Plastigage". Det är en fin tråd med perfekt rund plast som trycks ihop mellan lagerskålen och tappen. När sedan skålen sätts på plats med korrekt åtdragningsmoment och därefter tas bort, deformeras plasten och denna deformering kan sedan mätas upp med ett speciellt mätkort som följer med satsen. Mätkortet anger ramlagerspelet. Plastigage bör finnas tillgängligt från din återförsäljare för Volvo. Om inte bör någon av de större leverantörerna av specialiserad verktygsutrustning kunna stå till tjänst. Plastigage används på följande sätt.

6 Rengör lagerytorna i blocket och på vevaxelns lagertappar med en ren luddfri trasa. Kontrollera och rengör vid behov oljekanalerna i vevaxeln eftersom smuts där bara kan hamna på en plats - rakt in i de nya lagren.

7 När du förvissat dig om att vevaxeln är ren, placera den försiktigt på plats i ramlagren. Kapa av ett flertal bitar med Plastigage i rätt storlek (de måste vara något kortare än ramlagrens bredd) och placera en bit på varje ramlagertapp parallellt med vevaxelns centrumlinje (se illustration).

8 Rengör lagerytorna på lagerskålarna och montera överfallen. Se till att inte rubba på Plastigage och *rotera inte* vevaxeln vid detta arbetsmoment.

9 Arbeta med ett överfall i taget och gå från centrumlagret och utåt ändarna och se till att

överfallen dras åt med korrekt moment.

10 Ta sedan bort bultarna och lyft försiktigt på ramlageröverfallen i tur och ordning. Se även nu till att inte rubba på Plastigagetråden eller rotera vevaxeln.

11 Jämför bredden på den ihopklämda biten Plastigage från vardera överfallet med den skala som finns tryckt på kuvertet och avläs ramlagerspelet (se illustration). Jämför det avlästa värdet med specifikationerna.

12 Om spelet är klart annorlunda jämfört med det väntade kan lagerskålarna vara av fel storlek (eller utslitna om de gamla används). Innan du bestämmer dig för att skålar av annan storlek krävs ska du försäkra dig om att det inte fanns smuts eller olja bakom skålarna och överfallen eller blocket på den plats där mätningen utfördes. Om Plastigage är märkbart bredare på ena sidan kan det bero på att tappen är konisk.

13 Skrapa sedan försiktigt bort alla spår av Plastigage från lagerytorna på tapparna och i skålarna. Var ytterst försiktig så att du inte skadar lagret - använd en nagel eller en skrapa av trä eller plast som troligtvis inte kommer att skada lagerytorna.

Avslutande montering av vevaxeln

14 Lyft försiktigt ut vevaxeln ur motorn och rengör lagerytorna på skålarna i blocket.

15 Bred på lite fett på de jämna ytorna på de halva tryckbrickorna. Placera tryckbrickorna i läge på vardera sidan av det centrala ramlagret i vevhuset. De skårade sidorna av tryckbrickorna ska vara vända utåt.

16 Smörj in lagerskålarna i vevhuset med ren motorolja i rikligt mängd.

17 Rentorka vevaxelns lagertappar och sänk ned den på plats. Försäkra dig om att skålarna (och tryckbrickorna) inte rubbas ur läge.

18 Spruta in olja i vevaxelns oljekanaler. Olja in lagerskålarna i ramlageröverfallen och montera överfallen på sina rätta platser och i rätt läge.

19 Montera överfallsbultarna och dra åt dem stegvis till specificerat moment.

20 Rotera vevaxeln. En viss tröghet är att förvänta med nya delar men det får inte finnas några trånga punkter eller punkter där vevaxeln fastnar.

21 I detta skede är det en god idé att än en gång kontrollera vevaxelns axialspel enligt

beskrivningen i avsnitt 12.

22 Montera den bakre packboxhållaren, använd en ny packning. Kapa av utstickande packningsmaterial jäms med sumpens kontaktyta.

23 Montera en ny bakre packbox i hållaren enligt anvisningarna i del A.

24 Montera kolvar och vevstakar på vevaxeln enligt anvisningarna i avsnitt 20.

20 Kolvar och vevstakar - montering och kontroll av spel

1 Innan kolvar och vevstakar monteras måste cylinderloppen vara helt rengjorda, den övre kanten av varje cylinder måste vara fasad och vevaxeln måste vara på plats.

2 Ta bort storändens lageröverfall från vevstaken till cylinder 1 (se de märkningar som gjordes vid demonteringen). Ta bort de ursprungliga lagerskålarna och torka av lagersätena i vevstaken och överfallet med en ren luddfri trasa. De måste vara kliniskt rena!

Kontroll av storändens lagerspel

3 Lägg märke till att följande beskrivning förutsätter att vevaxel och ramlageröverfall är på plats.

4 Rengör baksidan av den nya övre lagerskålen, montera den på vevstake nr 1 och montera den andra skålen i storändens överfall. Se till att styrningsflikarna på varje lager passar in i urtagen i staken eller överfallet.

5 Det är helt avgörande att alla kontaktytor i lagerdelarna är perfekt rengjorda och oljefria när de monteras ihop.

6 Fördela kolvringsgapen jämnt runt kolven, smörj in kolv och ringar med ren motorolja och montera en kolvringskompressor på kolven. Låt kjolen sticka ut en aning så att den kan styra in kolven i loppet. Ringarna måste vara hoptryckta så att de är jämte kolvytan.

7 Vrid på vevaxeln så att den kommer till den undre dödpunkten och olja in cylinderloppet.

8 Placera kolv/vevstake 1 så att pilen på kolvens krona pekar mot den motoränd som har kamaxeldrivningen. Stick försiktigt in vevstaken/kolven i cylinderlopp 1 och låt kolvringskompressorn vila på motorblocket.

9 Knacka lätt på överkanten av kolvringskompressorn så att den säkert är i kontakt med blocket med hela omkretsen.

10 Knacka lätt på kolvens översida med ett hammarskaft av trä (se illustration), styr samtidigt vevstakens storände till vevtappen. Kolvringarna kan försöka hoppa ut ur kompressorn strax innan de glider ner i loppet, så håll trycket på verktyget. Arbeta långsamt och om du känner något motstånd när kolven går in i loppet ska du omedelbart stoppa arbetet. Ta reda på varför och korrigera innan du fortsätter. *Tvinga aldrig* in en kolv - du kan bryta av kolvringen och i värsta fall även förstöra kolven.

11 Det bästa sättet att precisionskontrollera

20.10 Montering av kolv i cylinderlopp

spelet i storänden är att använda Plastigage (se avsnitt 19).

12 Kapa en bit Plastigage i rätt storlek, något kortare än bredden på vevstakslagret och lägg den på plats på vevlagertapp 1, parallellt med vevaxelns centrumlinje.

13 Rengör kontaktytorna mellan vevstake och lageröverfall och montera ihop lageröverfallet. Dra åt överfallsbultarna med angivet moment. Vrid inte på vevaxeln under utförandet av detta arbete!

14 Skruva ur bultarna och ta loss överfallet. Var försiktig så att du inte rubbar Plastigagetråden ur läge.

15 Jämför bredden på den hopklämda biten Platigage med den skala som finns tryckt på kuvertet och avläs lagerspelet. Jämför det avlästa värdet med specifikationerna.

16 Om spelet är klart annorlunda jämfört med det väntade, kan lagerskålarna vara av fel storlek (eller utslitna om de gamla används). Innan du bestämmer dig för att skålar av annan storlek krävs, försäkra dig om att det inte fanns smuts eller olja bakom skålarna och

överfallen eller blocket på den plats där mätningen utfördes. Om Plastigage är märkbart bredare på ena sidan kan det bero på att tappen är konisk.

17 Skrapa sedan försiktigt bort alla spår av Plastigage från lagerytorna på tapparna och i skålarna. Var ytterst försiktig så att du inte skadar lagret - använd en nagel eller en skrapa av trä eller plast som troligtvis inte kommer att skada lagerytorna.

Avslutande montering av kolvar och vevstakar

18 Försäkra dig om att lagerytorna är kliniskt rena och applicera ett jämnt lager ren motorolja på bägge ytorna. Du måste trycka in kolven i cylindern så att du kommer åt lagerytan på skålen i vevstaken.

19 Dra tillbaka vevstaken till storändens tapp och sätt tillbaka överfallet och dra sedan åt muttrarna enligt ovan.

20 Upprepa arbetet med de resterande kolvarna/vevstakarna.

21 Viktigt att komma ihåg:
  (a) Håll baksidorna av lagerskålarna och lagersätena i vevstake och överfall kliniskt rena vid ihopsättningen.
  (b) Försäkra dig om att rätt kolv/stake monteras i rätt cylinder.
  (c) Pilen på kolvens krona måste peka mot kamdrivningssidan på motorn.
  (d) Smörj cylinderloppen med ren motorolja.
  (e) Efter det att spelet kontrollerats ska storändens lagerytor smörjas med ren motorolja när överfallen monteras.

22 När kolvarna och vevstakarna monterats korrekt, vrid några varv för hand på vevaxeln och känn efter om det finns några tydligt trånga punkter.

23 Fortsätt ihopmonteringen av motorn i den ordningsföljd som anges i avsnitt 17.

21 Motor - första start efter renovering

1 När motorn sitter på plats i bilen ska du dubbelkontrollera nivåerna för olja och kylvätska. Kontrollera en sista gång att allting satts ihop och att du inte glömt verktyg eller trasor i motorrummet.

2 Sätt tillbaka tändstiften och tändstiftskablarna (kapitel 1).

3 Starta motorn, lägg märke till att detta kan ta lite längre tid än vanligt i och med att bränslesystemet är helt tömt.

4 Låt motorn gå på tomgång och leta efter läckage av bränsle, kylvätska eller olja. Oroa dig inte om ett antal ovanliga dofter och rökpuffar kommer från delar som värms upp och bränner bort oljebeläggningar.

5 Låt motorn gå på tomgång till dess att du känner att varmvatten cirkulerar genom den övre kylarslangen. Kontrollera att tomgången är någorlunda jämn och har normalt varvtal. Slå därefter av motorn.

6 Vänta ett par minuter och kontrollera än en gång nivån för olja och kylvätska och fyll på vid behov (kapitel 1).

7 Om nya delar som kolvar, ringar eller vevaxel monterats måste motorn köras in under 800 km. Ge inte motorn full gas, låt den inte heller segdra på någon växel under denna period. Ett byte av olja och filter är att rekommendera efter avslutad inkörning.

Kapitel 3
Kyl-, värme- och luftkonditioneringssystem

Innehåll

Svårighetsgrader

Enkelt, passar novisen med lite erfarenhet	Ganska enkelt, passar nybörjaren med viss erfarenhet	Ganska svårt, passar kompetent hemmamekaniker	Svårt, passar hemmamekaniker med erfarenhet	Mycket svårt, för professionell mekaniker

Specifikationer

Termostat

Öppnar vid:
Termostat typ 1 .... 87°C
Termostat typ 2 .... 92°C
Helt öppen vid:
Termostat typ 1 .... 97°C
Termostat typ 2 .... 102°C

---

1 Allmän information och föreskrifter

Allmän information

Kylsystemet är av konventionell typ, vattenbaserad kylvätska pumpas runt i motorblock och topplock av en remdriven pump. En termostat begränsar cirkulationen till motor och värmeelement till dess att arbetstemperatur uppnås. När termostaten öppnar cirkulerar kylvätskan även genom kylaren längst fram i motorrummet.

En kylande luftström genom kylaren uppstår av fordonets framåtgående rörelse och via en fläkt som drivs med en viskös koppling från vattenpumpens remskiva. Konstruktionen av denna viskösa koppling är sådan att fläkthastigheten hålls låg vid låga lufttemperaturer och ökar när temperaturen på den luft som kommer genom kylaren stiger. På detta sätt minimeras överkylning, onödig kraftförlust och oljud. På vissa modeller finns, som komplement, en elektrisk kylfläkt placerad framför luftkonditioneringens kondenseringsaggregat, som i sin tur är placerad framför kylaren.

Kylsystemet är satt under tryck vilket ökar effektiviteten genom att höja kokpunkten på kylvätskan. Ett expansionskärl hanterar kylvätskans temperaturberoende volymvariation.

I och med att systemet är slutet är avdunstningen minimal.

Värme från kylvätska används till att värma upp fordonets passagerarutrymme. Systemen för värme och luftkonditionering beskrivs i avsnitten 11 och 13.

Säkerhetsföreskrifter

 Varning: Försök inte ta bort locket på expansionskärlet eller någon annan del av kylsystemet medan det eller motorn är hett, i och med att det då finns en mycket stor risk för skållning. Om av någon orsak expansionskärlets lock måste öppnas innan motorn och kylaren svalnat helt (rekommenderas inte) måste först trycket i kylsystemet släppas ned. Täck över locket med en tjock trasa så att du undviker skållning och skruva sedan långsamt upp locket till dess att ett väsande ljud hörs. När väsandet upphört, vilket innebär att tryckutjämning skett, kan locket långsamt skruvas upp och tas bort. Om fler väsanden hörs, vänta till dess att de upphör innan locket helt skruvas bort. Håll dig hela tiden på betryggande avstånd från öppningen.

 Varning: Låt inte frostskyddsmedel komma i kontakt med huden eller målade ytor på fordonet. Skölj omedelbart bort spill med stora mängder vatten. Förvara aldrig frostskyddsmedel i öppna kärl. Lämna inte pölar på golv eller garageuppfarter eftersom barn och husdjur attraheras av den söta lukten. Frostskyddsmedel kan vara livsfarligt att förtära.

 Varning: Se avsnitt 13 för säkerhetsföreskrifter för arbete med fordon som är utrustade med luftkonditionering.

2 Kylsystemets slangar - demontering och byte

Notera: *Se varningarna i avsnitt 1 i detta kapitel innan du fortsätter. Slangar ska bara kopplas loss när motorn svalnat tillräckligt för att skållning ska undvikas.*

1 Om de kontroller som beskrivs i kapitel 1 avslöjar en trasig slang, måste den bytas på följande sätt.

2 Tappa först av kylsystemet (se kapitel 1). Om frostskyddsmedlet inte behöver förnyas kan den urtappade kylvätskan återanvändas om den sparats i ett rent kärl.

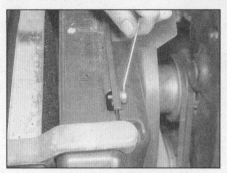

4.6 Lossande av fläktkåpan

4.7 Demontering av ett kylarfäste

5.3 Demontering av fläkt och viskös koppling

3 Koppla loss en slang genom att lossa fjäderklämmorna med en tång (eller en skruvmejsel för slangklämmor av skruvtyp) och dra sedan klämman längs med slangen så att de går fria från kopplingen. Dra sedan försiktigt loss slangen från rörändarna. Nya slangar är relativt enkla att ta bort - på en gammal bil kan de sitta ordentligt fast.
4 Om en slang sitter envist kvar, försök att lossa den genom att vrida den runt på fästena innan du försöker arbeta lös den. Använd ett trubbigt verktyg (exempelvis skruvmejsel med flat klinga) till att försiktigt bända av slangänden men använd inte för mycket kraft och se till att inte skada slangar eller rörstumpar. Kom ihåg att speciellt kylarens kopplingar är bräckliga, så stor kraft ska inte användas vid demontering av dessa slangar. Om allt annat misslyckas, kapa slangen med en vass kniv och slitsa stumpen så att den kan tas loss i två delar. Slangar är inte billiga i sig, men de är mycket billigare än en ny kylare. Kontrollera dock först att du kan få tag på en ny slang.

 HAYNES TiPS *Om slangen är stel kan en smula tvålvatten användas som smörjmedel. Alternativt kan slangen mjukas upp i hett vatten. Använd inte olja eller fett som kan angripa gummit kemiskt*

5 När en slang sätts tillbaka ska klämmorna först träs på slangen innan den trycks fast på kopplingarna. Arbeta slangen i läge och kontrollera att den löper korrekt. Dra sedan klämmorna över kopplingarnas flänsar innan de spänns åt.
6 Fyll systemet med kylvätska (se kapitel 1).
7 Efter utfört arbete ska du snarast möjligt kontrollera att inget läckage finns i kylsystemet.

3 Frostskyddsmedel - allmän information

Notera: *Se varningarna i avsnitt 1 i detta kapitel innan du fortsätter.*
Kylsystemet ska fyllas med ett vatten/

etylenglykolbaserat frostskyddsmedel med en styrka som förhindrar frysning ner till minimum -25°C, eller lägre om det lokala klimatet så kräver. Frostskyddsmedel ger även skydd mot korrosion och höjer kylvätskans kokpunkt.
Kylsystemet ska ges service i enlighet med det schema som beskrivs i kapitel 1. Om ett frostskyddsmedel används som inte uppfyller Volvos specifikationer, kan gammal eller förorenad blandning orsaka skador och bildandet av korrosion och avlagringar i systemet. Använd destillerat vatten, om det finns tillgängligt, tillsammans med frostskyddsmedlet - om inte, se till att använda mjukt vatten. Rent regnvatten duger.
Innan frostskyddsmedlet blandas i ska samtliga slangar och kopplingar kontrolleras i och med att frostskyddsmedel har en tendens att tränga genom även mycket små öppningar. I normala fall förbrukar motorer inte kylvätska. Om nivån sjunker måste du ta reda på varför och åtgärda detta.
Den specificerade blandningen är 50% frostskyddsmedel och 50% rent mjukt vatten (räknat per volym). Blanda behövlig mängd i ett rent kärl och fyll upp systemet enligt anvisningarna i kapitel 1 och "Veckokontroller". Spara överbliven vätska för påfyllningar.

4 Kylare - demontering och montering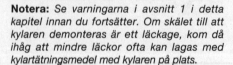

Notera: *Se varningarna i avsnitt 1 i detta kapitel innan du fortsätter. Om skälet till att kylaren demonteras är ett läckage, kom då ihåg att mindre läckor ofta kan lagas med kylartätningsmedel med kylaren på plats.*

Demontering
1 Tappa av kylsystemet (se kapitel 1).
2 Ta bort den övre slangen, slangen till expansionskärlet och överströmmningsslangen från kylaren.
3 På modeller med automatlåda, ta bort oljekylningsledningarna från kylaren. Var beredd på spill. Plugga slangarna så att inte smuts kommer in i systemet.
4 Koppla loss elkablar till termokontakter, sensorer och liknande.

5 Lossa servostyrningens oljebehållare (om placerad på kylaren) och flytta den åt sidan.
6 Lossa fläktkåpan och dra den bakåt **(se illustration)**.
7 Lossa kylarens övre fästen **(se illustration)**.
8 Lyft ut kylaren. Ta reda på de undre fästena om de är lösa.

Montering
9 Monteringen sker i omvänd ordningsföljd. Fyll på systemet när du är färdig. På modeller med automatväxellåda, kontrollera och vid behov fylla på växellådsolja. Båda momenten finns beskrivna i kapitel 1.

5 Fläkt - demontering och montering

Demontering
1 Ta bort bultarna och lyft undan fläktkåpan.
2 Ta bort de muttrar som fäster den viskösa kopplingen vid vattenpumpens remskiva.
3 Dra loss fläkten och kopplingen från klackarna och lyft undan den **(se illustration)**.
4 Vid behov kan nu fläkten och kopplingen tas isär.

Montering
5 Monteringen sker i omvänd ordningsföljd.

6 Elektrisk fläkt - demontering och montering

Demontering
1 Ta bort den främre grillpanelen (se kapitel 11).
2 Ta bort de fyra skruvar som fäster fläktens monteringsstavar. Koppla ur den elektriska kontakten.
3 Ta bort fläkten, komplett med monteringsstavar. Motorn kan skruvas loss från stavarna om så önskas.

Montering
4 Monteringen sker i omvänd ordningsföljd.

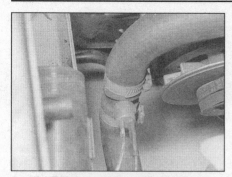

7.1 Fläktens termostatkontakt i en slangadapter. Den kan även finns placerad i kylarens sidotank

8.5 Borttagning av vattenpumpens remskiva

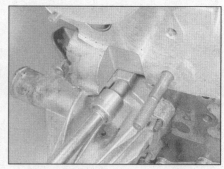

8.7 Demontering av vattenpumpen

7 Kylsystem, elektriska kontakter och sensorer - test, demontering och montering

Elfläktens termostatkontakt

Demontering

1 Töm kylsystemet delvis (se kapitel 1) så att nivån sjunker under termostatkontakten. Denna finns placerad i kylarens sidotank eller i en slangadapter bredvid kylaren **(se illustration)**.
2 Koppla ur termostatkontaktens elektriska ledningar, skruva loss den och lyft ut den.

Test

3 Testa kontakten genom att ansluta ett batteri och en testlampa till uttagen. Värm kontakten med varmt vatten. Kontakten ska stänga (testlampan tänds) vid ungefär den temperatur som finns instansad och öppna igen (testlampan släcks) när vattnet svalnar. Om inte, byt ut kontakten.

Montering

4 Sätt tillbaka termostatkontakten, använd tätningsmassa i gängen och sätt tillbaka kontaktledningarna.
5 Fyll upp kylsystemet (kapitel 1).

Temperatursensor för kylvätska

Test

6 Om temperaturvisaren någon gång visar hett, ta då avsnittet *"Felsökning"* i slutet av denna handbok till hjälp för att spåra upp eventuellt fel i kylsystemet. Om både bränslemätaren och temperaturvisaren ger fel värden finns felet troligen i instrumentpanelens spänningsstabilisator på kretskortet (se kapitel 12). Om felaktiga instrumentvärden åtföljs av dåliga motorprestanda är det mycket troligt att sensorn är trasig. Sensorn har dubbla funktioner och används även av bränsle- och tändsystemen för att ge information om motortemperaturen. Du behöver Volvos testutrustning för att kunna testa denna enhet ordentligt.

Demontering

7 Töm kylsystemet delvis (se kapitel 1) så att nivån sjunker under sensorn.
8 Koppla ur kabeln från sensorn och skruva loss sensorn från sin plats i topplocket under insugsröret.

Montering

9 Skruva in den nya sensorn, använd lite tätningsmassa på gängen. Koppla in kabeln igen.
10 Fyll upp kylsystemet (kapitel 1).

8 Vattenpump - demontering och montering

Notera: *Se varningarna i avsnitt 1 i detta kapitel innan du fortsätter.*

Demontering

1 Koppla loss batteriets jordkabel.
2 Ta bort de drivremmar till extrautrustningen som behövs för åtkomlighet av vattenpumpens remskiva (se kapitel 1)
3 Tappa ur kylsystemet (se kapitel 1).
4 Ta bort kylaren och fläktkåpan (se avsnitt 4).
5 Ta bort fläkten från vattenpumpen (se avsnitt 5) och ta sedan bort vattenpumpens remskiva **(se illustration)**.
6 Koppla loss den nedre kylarslangen och värmarens rör från pumpen.
7 Skruva loss pumpen, dra den nedåt och ta bort den **(se illustration)**.
8 Ta bort samtliga spår av packningsmassa och gammal packning från kontaktytorna.

Montering

9 Byt ut pumpens övre packring och husets packning **(se illustration)**. Vid monteringen ska pumpen tryckas uppåt mot topplocket medan bultar och muttrar dras åt. Använd en ny packning till värmarröret.
10 Resterande montering sker i omvänd ordningsföljd mot demonteringen. Fullborda arbetet genom att sätta tillbaka och spänna drivremmarna till extrautrustningen och fylla på kylsystemet (kapitel 1).

9 Termostat - demontering, test och montering

Notera: *Se varningarna i avsnitt 1 i detta kapitel innan du fortsätter.*

Demontering

1 Tappa av kylsystemet (se kapitel 1).
2 Lossa den övre kylarslangen från termostatkåpan och ta bort de två muttrar som

8.9 Montering av en ny övre packningsring

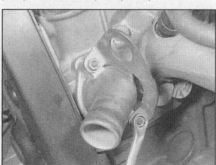

9.2 Demontering av termostatkåpan . . .

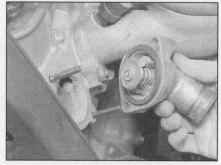

9.3 . . . och termostaten

9.7 Montering av en packningsring till termostaten

10.7 Urkoppling av en flexibel slang för automatlådeoljans kylning

12.2 Borttagning av en fästskruv till reglagepanelen

håller kåpan. På vissa modeller kan en motorlyftögla även vara monterad här **(se illustration).**

3 Lyft upp kåpan och ta bort termostat och packningsring **(se illustration).**

Test

4 Häng (den stängda) termostaten i ett snöre i ett kärl med kallt vatten med en termometer bredvid. Se till att termostaten inte rör vid vare sig väggar eller botten av kärlet.

5 Värm vattnet och kontrollera vid vilken temperatur termostaten börjar öppna och när den är fullt öppen. Jämför mätresultatet med specifikationerna och lyft ut termostaten och låt den svalna. Kontrollera att den stänger helt.

6 Om termostaten inte öppnar och stänger som beskrivet, om den fastnar i endera läget eller inte öppnar vid specificerade temperaturer måste den bytas ut.

Montering

7 Montera en ny packring på termostaten **(se illustration).**

8 Sätt tillbaka termostat och kåpa (och lyftögla om tillämpligt). Sätt tillbaka och dra åt kåpans muttrar.

9 Sätt tillbaka den övre kylarslangen och fyll på kylsystemet (kapitel 1).

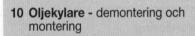

10 Oljekylare - demontering och montering

Motoroljekylare

Demontering

1 När oljekylare finns är den monterad bakom och till sidan om kylaren.

2 Koppla ur oljeledningarna antingen vid själva oljekylaren eller vid de flexibla slangarna. Var beredd på oljespill.

3 Skruva loss oljekylarens hållare och ta bort den. Om så krävs kan oljekylaren tas loss från hållaren.

4 Om oljekylaren ska användas igen ska den sköljas invändigt med lösningsmedel innan tryckluft blåses igenom. Rengör även utsidan.

Montering

5 Monteringen sker i omvänd ordningsföljd.

Provkör sedan motorn och leta efter oljeläckor. Slå av motorn och kontrollera oljenivån enligt beskrivningen i *"Veckokontroller"*

Automatväxellådans oljekylare

Demontering

6 När en oljekylare till automatlådan finns monterad är den placerad mellan kylaren och luftkonditioneringens kondenseringsaggregat.

7 Ta loss de flexibla slangarna från kylaren **(se illustration).** Var beredd på spill. Plugga kopplingens öppningar så att inte smuts kommer in.

8 Ta bort kylaren (se avsnitt 4).

9 Lossa oljekylarens bultar. Mata slangarna genom sidoplåtens genomföringar och lyft ut oljekylaren och slangarna som en enhet.

10 Rengör kylflänsarna och spola ur invändigt med ren automatlådeolja. Vid behov, byt ut slangarna.

Montering

11 Monteringen sker i omvänd ordningsföljd mot demonteringen. Fyll upp kylsystemet (kapitel 1), varmkör motorn och kontrollera automatlådans oljenivå enligt beskrivningen i *"Veckokontroller"*.

11 Värme och ventilation - allmän information

Beroende på modell och tillval kan värmeelementet vara monterat fristående eller tillsammans med ett luftkonditioneringsaggregat. Samma kåpor och värmardelar används i bägge fallen. Luftkonditioneringen beskrivs i avsnitt 13.

Värmaren är av friskluftstyp. Luften tas in genom en grill framför vindrutan. På sin väg mot de olika utsläppen passerar en variabel andel av luften genom värmeelementet där den värms upp av att motorns kylvätska passerar genom elementet.

Fördelningen av luft till utsläppen och genom eller förbi elementet styrs av klaffar eller spjäll. Dessa drivs av vakuummotorer (med undantag för luftblandningsspjället på modeller utan luftkonditionering, denna styrs då med en vajer). På vissa modeller finns en vakuumtank placerad på undersidan av underredet.

En elektrisk fläkt med fyra hastigheter hjälper till att förstärka luftflödet genom elementet.

12 Värme och ventilation, delar - demontering och montering

Reglagepanel för värme/ luftkonditionering

Demontering

1 Enklaste åtkomsten är att lyfta bort centrumkonsolens sidopaneler (se kapitel 11, avsnitt 33).

2 Ta bort infattningen runt panelen, om det inte redan är gjort. Ta bort panelens skruvar **(se illustration).**

3 Dra ut panelen och koppla loss kablarna, kontakterna och vakuumkopplingarna. Gör anteckningen eller identitetsmärkningar ifall det behövs för ihopmonteringen.

Montering

4 Monteringen sker med omvänd arbetsordning. Där en vajer för mekanisk styrning av temperaturen är monterad ska denna justeras enligt nedan.

Reglagevajer för temperatur

Notera: *Vajerreglering av temperatur finns endast på modeller utan luftkonditionering.*

Demontering

5 Ställ in läget "VARMT" och haka ur den bortre änden av vajern från luftblandningsspjällets blandararm **(se illustration).**

12.5 Temperaturregleringens vajeranslutningar (vid pilarna) på spjällarmen

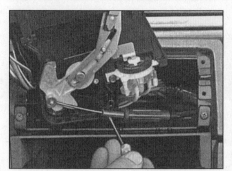

12.7 Lossa temperaturregleringens vajerhylsa

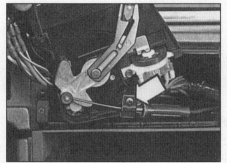

12.9 Fäst hylsan med en självgängande skruv (vid pilen)

12.16 Fördelningens vakuummotorer

6 Ta bort infattningen runt reglagepanelen. Ta bort skruvarna som fäster panelen vid centrumkonsolen.

7 Dra ut panelen från konsolen till dess att vajern blir åtkomlig. Haka loss den från panelen med hjälp av en liten skruvmejsel för att ta loss vajerhöljet **(se illustration)**.

8 Vajern kan nu lyftas ut.

Montering

9 Montera i omvänd ordningsföljd och lägg märke till följande:

a) Om vajerhöljet skadades vid demonteringen kan det fästas upp med en självgängande skruv **(se illustration)**.

b) Justera vajerhöljet så att luftblandningsspjället får fullt utslag på rörelsen när värmereglaget används.

Värmeelement

Demontering

Notera: Se varningarna i avsnitt 1 i detta kapitel innan du fortsätter.

10 Koppla loss batteriets jordledning.

11 Tryckutjämna kylsystemet genom att ta bort expansionskärlets lock Se till att skydda dig mot skållningsriskerna om kylvätskan är het.

12 Kläm ihop de kylarslangar som leder till värmeelementets rörstumpar på torpedplåten, lossa slangklämmorna och dra loss slangarna från rörstumparna. Var beredd på spill.

13 Ta bort handskfacket, centrumkonsolen och den bakre konsolen. Se kapitel 11, avsnitten 32 till 34.

14 Lossa på elcentralen och flytta den åt sidan.

15 Ta bort centrumpanelens utblås. Ta bort skruven från fördelningsenheten och koppla loss samtliga luftslangar från enheten. Ta även bort luftslangarna till de bakre utblåsen.

16 Koppla loss vakuumslangarna från vakuummotorerna **(se illustration)**. På modeller med automatisk klimatkontroll avlägsnas även slangen till inre sensorn (aspiratorslangen).

17 Ta bort fördelningsenheten.

18 Ta bort värmeelementets fästen och dra ut och ta bort elementet. Var beredd på spill av kylvätska.

Montering

19 Monteringen sker i omvänd ordningsföljd, se till att alla vakuumslangar är korrekt monterade.

20 Fyll på kylsystemet efter fullbordat arbete (se *"Veckokontroller"*). Varmkör motorn och kontrollera att läckage av kylvätska inte förekommer. Låt motorn svalna och kontrollera kylvätskenivån.

Värmarens vakuummotorer i fördelningsenheten

Demontering

21 Ta bort fördelningsenheten enligt beskrivningen i föregående avsnitt men koppla inte loss kylvätskeledningarna från elementet.

22 Bered tillträde till motorerna genom att ta bort lämpad panel från fördelningsenheten. Ta bort motorer efter behov.

Montering

23 Monteringen sker i omvänd ordningsföljd mot demonteringen.

Luftåtercirkuleringens spjällmotor

Demontering

24 Ta bort handskfacket (se kapitel 11, avsnitt 32). Ta även bort det yttre panelutblåset och tillhörande luftslang.

25 Skruva loss styrstaget från motorn. Lossa de två muttrarna och dra ut motorn och koppla loss vakuumslangen **(se illustration)**.

Montering

26 Vid montering, se till att både spjället och vakuummotorn är i viloläge innan du drar åt styrstagets bult.

27 Resterande montering sker i omvänd ordningsföljd.

Värmefläktens motor

Demontering

28 Ta bort panelen under handskfacket.

29 Ta bort de skruvar som fäster motorn vid kåpan.

30 Sänk ned motorn och koppla loss kylslangen. Koppla ur de elektriska ledningarna och ta bort motorn, komplett med centrifugalfläkt **(se illustration)**.

31 Rör inte vid eventuella stålclips på fläktbladen. De balanserar fläkten.

Montering

32 Vid monteringen, lägg tätningsmassa mellan motorflänsen och kåpan. Anslut elledningarna och skruva fast motorn.

33 Sätt tillbaka motorns kylslang, denna är viktig om du vill förhindra förtida haverier.

34 Kontrollera att motorn fungerar korrekt och sätt tillbaka dekorpanelen.

Värmefläktens motstånd

Demontering

35 Ta bort handskfacket (se kapitel 11, avsnitt 32).

36 Koppla loss kontakten från motståndet.

37 Ta bort de två skruvarna från motståndet och dra ut det **(se illustration)**. Var försiktig så att du inte skadar spolarna med motståndstråd.

Montering

38 Monteringen sker i omvänd ordningsföljd, men kontrollera fläktens arbete med samtliga fyra hastigheter innan du sätter tillbaka handskfacket.

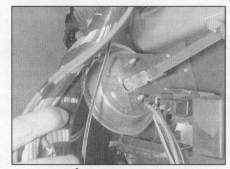

12.25 Återcirkulationsspjällets vakuummotor

12.30 Demontering av värmefläktens motor

12.37 Demontering av fläktmotståndet

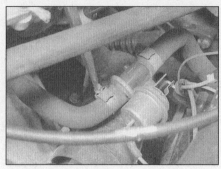

12.41 Demontering av kylvätskeventil

Värmarens kylvätskeventil

Demontering

Notera: *Se varningarna i avsnitt 1 i detta kapitel innan du fortsätter.*

39 Tryckutjämna kylsystemet genom att ta bort expansionskärlets lock Se till att skydda dig mot skållningsriskerna om kylvätskan är het.

40 Kläm ihop kylarslangarna på vardera sidan om ventilen

41 Koppla loss vakuum- och kylslangar från ventilen och ta bort den **(se illustration)**.

Montering

42 Monteringen sker med omvänd arbetsordning. Fyll på med kylvätska om mycket spill uppstod (se *"Veckokontroller"*).

13 Luftkonditionering - allmän information och föreskrifter

Allmän information

Luftkonditionering

Luftkonditionering monteras som standard på de flesta modeller och finns som tillval på övriga. I samarbete med värmesystemet kan luftkonditioneringen göra samtliga vettiga temperaturer uppnåeliga. Den minskar även fuktigheten i den inkommande luften vilket hjälper till att ta bort imma även när kylning inte krävs.

Kyldelen av luftkonditioneringen fungerar på samma sätt som ett vanligt kylskåp. En kompressor, driven med rem från vevaxelns remskiva, drar in kylmedel i gasform från en förångare. Kylmedlet passerar genom en kondensator där det förlorar värme och övergår i gasform. Efter avfuktning återvänder kylmedlet till förångaren där det tar värme från den luft som passerar över förångarens flänsar. Kylmedlet återgår till gasform och cykeln upprepas.

Olika styrningar och sensorer hindrar att systemet utsätts för överdrivna temperaturer och tryck. Dessutom ökas tomgångsvarvet när detta system används så att det kompenserar för den ökade belastningen som kompressorn utgör.

Automatisk klimatkontroll

På modeller med automatisk klimatkontroll (ACC) regleras intagsluftens temperatur så att passagerarutrymmets temperatur hålls konstant på en vald nlvå. En elektromekanlsk programmerbar enhet styr värmare, luftkonditioneringsaggregat och fläkt så att detta uppnås.

De fyra sensorer som är speciella för ACC-systemet är reglagepanelens sensor, kylvätskans termostatkontakt, den inre och den yttre sensorn.

Reglagepanelens sensorer samarbetar med termostatkontakten i kylvätskan. Om passagerarutrymmets temperatur understiger 18°C och kylvätskans är under 35°C kan fläkten bara arbeta om den är ställd på "defrost"-läget. Detta hindrar ACC från att blåsa in kall luft i passagerarutrymmet medan kylvätskan värms upp.

Den inre sensorn är placerad ovanför handskfacket. Den avläser temperaturen i passagerarutrymmet.

Den yttre sensorn är placerad i fläktkåpan och avläser den inkommande luftens temperatur.

Med informationen från sensorerna som grund styr sedan programmeringsenheten inställningarna för värme/kylning och fläkthastighet så att den valda temperaturen erhålles.

Elektronisk klimatkontroll

Den elektroniska klimatkontrollen (ECC) finns som extra utrustning på vissa marknader och är en vidareutveckling av den tidigare beskrivna ACC. Den huvudsakliga skillnaden är att styrsystemet innehåller en mikroprocessor, solenoidventiler och en servomotor. Systemet använder inte lika mycket vakuum vilket förbättrar pålitligheten.

Ur förarens synpunkt är systemen mycket likartade. När den automatiska funktionen är inkopplad upprätthålles den valda temperaturen i passagerarutrymmet genom en blandning av varm och kall luft där värmeelementet och luftkonditioneringen engageras efter behov.

Styrenheten med mikroprocessorn finns placerad på baksidan av reglagepanelen och innehåller en diagnosfunktion. Ett fel med-

delas till föraren genom att styrknappen till luftkonditioneringen börjar blinka. Om felet är allvarligt kommer knappen att blinka kontinuerligt medan motorn går. Om felet är mindre allvarligt kommer knappen att blinka i ca 20 sekunder efter det att motorn startats. De fyra sensorer som är säregna för ECC är solsensor, vattentemperatursensor, sensor för passagerarutrymmets temperatur samt sensor för ytterluftens temperatur.

Solsensorn finns monterad högst upp på instrumentbrädan i vänster högtalargaller. Den har till uppgift att minska temperaturen i passagerarutrymmet med 3°C i starkt solsken.

Sensorn för passagerarutrymmets temperatur finns placerad inne i taklampan. Den mäter lufttemperaturen i passagerarutrymmet. En slang från sensor till insugets uppsamlingsrör håller, via undertryck, en luftström genom sensorn när motorn är igång.

Sensorn för vattentemperaturen finns närmast värmeelementet. Vad denna sensor i praktiken mäter är lufttemperaturen bredvid elementet. När automatiken kopplas in hindrar denna sensor fläkten från att gå med full fart innan elementet värmts upp.

Sensorn för ytterluftens temperatur finns monterad på fläktkåpan. Den mäter temperaturen på den luft som passerar genom fläkten. När återcirkulationen är inkopplad kommer denna luft från passagerarutrymmet, i annat fall kommer den från utsidan.

Säkerhetsföreskrifter

När bilen är utrustad med luftkonditionering måste vissa säkerhetsföreskrifter efterlevas vid hanteringen av någon del i detta system eller tillhörande delar. Om systemet av någon orsak måste öppnas, ska detta arbete utföras av en Volvoverkstad eller en kvalificerad kyltekniker.

 Varning: Kylsystemet kan innehålla ett flytande kylmedium (Freon) vilket gör det farligt att demontera någon del av systemet utan specialkunskaper och specialutrustning.

Kylmediet är potentiellt farligt och ska endast hanteras av kvalificerade personer. Om det stänker på huden kan det orsaka frostskador. Det är i sig inte giftigt men kan i närheten av en öppen låga (inklusive en tänd cigarett) bilda en giftig gas. Okontrollerat utsläpp av kylmedia är farligt och potentiellt skadligt för miljön.

Med tanke på ovanstående ska demontering och montering av delar i luftkonditioneringen, med undantag för sensorer och annan perifer utrustning beskriven i detta kapitel, lämnas till en specialist.

14 Luftkonditioneringens delar - test, demontering och montering

1 Innehållet i detta avsnitt är begränsat till de arbeten som kan utföras utan utsläpp av kylmedia. Byte av kompressorns drivrem tas upp i kapitel 1 men allt annat arbete ska lämnas till en Volvoverkstad eller en specialist på luftkonditionering. Vid behov kan kompressorn skruvas loss och flyttas åt sidan utan att slangar eller kopplingar demonteras, efter det att kompressorns drivrem avlägsnats.

Reglagepanelsensor (ACC)

Demontering

2 Ta bort infattningen runt reglagepanelen. Ta bort panelens fästskruvar och dra ut panelen.
3 Dra ut sensorns multikontakt. Använd en ohmmätare till att kontrollera att sensorn fungerar. Kretsen ska vara sluten över 18°C och stängd vid lägre temperaturer. Kyl ned sensorn med ett par isbitar och värm den i händerna för att kontrollera att den fungerar.
4 Ta bort sensorn genom att sticka in en tunn skruvmejsel eller en bit styv ståltråd i multikontakten och peta ut sensorkontakterna

Montering

5 Montera en ny sensor genom att trycka in kontakterna till den i multikontakten. Sätt tillbaka reglagepanel och infattning.

Kylvätskans termostatkontakt (ACC)

Demontering

6 Termostatkontakten i kylvätskan finns under motorhuven. Den är inskruvad i ett T-rör som är instucket i värmarens matningsslang.
7 Koppla lös den elektriska kontakten och skruva ut termostatkontakten från T-röret.
8 Testa termostatkontakten med en ohmmätare eller med batteri och testlampa genom att sänka ned den i varmt vatten. Kontakten bör öppna vid en temperatur mellan 30 och 40°C. I och med att vattnet svalnar ska kontakten stängas innan temperaturen når ned till 10°C.
9 Lägg märke till att om termostatkontakten

ofrivilligt kopplas ur kommer inte värmefläkten att arbeta vid temperaturer i passagerarutrymmet understigande 18°C, oavsett kylvätskans temperatur.

Montering

10 Monteringen sker i omvänd ordningsföljd.

Inre sensor (ACC)

Demontering

11 Ta bort handskfacket (se kapitel 11, avsnitt 32).
12 Dra loss luftslangen från sensorn, lossa på sensorn och ta bort den.
13 Det enda test som specificeras för denna sensor är att den ska vara öppen. Inga motståndsvärden finns angivna

Montering

14 Monteringen sker i omvänd ordningsföljd.

Yttre sensor (ACC)

Allmänt

15 Tillträde till denna sensor för testning beredes genom att vindrutetorkararmarna, luckan och luftintagshuven tas bort.
16 Mät sensorns motstånd. Vid mellan 20 och 23°C ska motståndet vara mellan 30 och 40Ω. Ju högre temperatur, desto lägre motstånd.
17 Om sensorns ska tas bort och bytas ut, fortsätt då med att ta bort motorn till luftåtercirkulationens spjäll (se avsnitt 12). Sensorn kan då tas bort och bytas ut.
18 På senare modeller är sensorn monterad längre ned i fläktkåpan. Tillträde för test och demontering bör därför vara möjligt utan större demonteringsarbete.

Programmeringsenheten (ACC)

Demontering

19 Ta bort handskfacket (se kapitel 11, avsnitt 32). Ta även bort ytterpanelens utblås och luftslang.

20 Demontera luftblandarspjällets styrstag, den elektriska multikopplingen och gruppen med vakuumrör från programmeringsenheten.
21 Ta bort de tre skruvar som fäster programmeringsenheten och ta bort den.

Montering

22 Vid montering, fäst programmeringsenheten med de tre skruvarna, anslut sedan gruppen med vakuumrör och multikontakten. Vakuumrörens kopplingar får inte tryckas in helt, eftersom en märkbar brist på vakuum då kan uppstå. Kopplingen är korrekt utförd när munstycket på programmeringsenheten endast går så långt in i kopplingen att vakuumrörets ingång är på kopplingens sida.
23 Justera spjällets styrstag enligt följande. Kör motorn så att vakuum bildas. Välj max värme på temperaturväljaren. Dra i styrstaget till dess att det stoppar och fäst det sedan på programmeringsenhetens arm.
24 Sätt tillbaka luftslang, utblås och handskfack.

Styrpump och styrenhet (ECC)

Demontering

25 Koppla loss batteriets jordledning.
26 Ta bort kontaktpanelen och ECC-panelens omgivande del.
27 Ta bort de fyra skruvar som nu framträder och dra ut ECC-panelen och styrenheten till bilens insida. (Detta ger tillräckligt arbetsutrymme för byte av glödlampa om detta var orsaken till demonteringen.)
28 Koppla loss multikontakterna från enhetens baksida och ta ut enheten.
29 Försök inte ta isär styrenheten, annat än om du är obotligt nyfiken. Inga delar inuti den kan repareras.

Montering

30 Monteringen sker i omvänd ordningsföljd.

Kapitel 4 Del A:
Bränsle- och avgassystem

Innehållsförteckning

Svårighetsgrader

Enkelt, passar novisen med lite erfarenhet	**Ganska enkelt,** passar nybörjaren med viss erfarenhet	**Ganska svårt,** passar kompetent hemmamekaniker	**Svårt,** passar hemmamekaniker med erfarenhet	**Mycket svårt,** för professionell mekaniker

Specifikationer

Typ

Alla motorer utom B230F	Bosch LH2.4-Jetronic bränsleinsprutning, normal andning eller turbomatad beroende på modell
B230F	Bosch LH2.4-Jetronic eller Bendix Regina bränsleinsprutning, normal andning

Bränslesystem, data
Tomgång*:
Alla motorer utom B230FT och B230FK	775 rpm
B230FT och B230FK	750 rpm
Grundläggande tomgångsvarv (se text - avsnitt 11)	480 till 520 rpm
CO-halt vid tomgång*	0,4 till 0,8%

*Ej justerbar - styrs av bränslesystemets elektroniska styrenhet

Rekommenderat bränsle	91-95 oktan blyfritt

---

1 Allmän information och säkerhetsföreskrifter

Bränslesystemet består av en tank, placerad baktill i bilen, en eller två elektriska bränsle-pumpar och ett bränsleinsprutningssystem med normal andning eller turboöverladdning. Fler detaljer om bränsleinsprutningen finns i avsnitt 9. Beroende på typ av motor är modeller för vissa marknader även försedda med ett system för återcirkulation av avgaser som en del av avgashanteringen. Mer om detta finns i del B av detta kapitel.

Avgassystemet består av flera delar, antalet varierar med modell, som hänger under bilen i gummiupphängningar. Samtliga modeller är försedda med en katalysator.

⚠️ **Varning: Många av arbets-momenten nedan kräver demontering av bränsleledningar och kopplingar vilket kan leda till bränslespill. Innan något arbete utförs på bränslesystemet, läs igenom föreskrifterna i "Säkerheten främst", i början av boken. Bensin är en mycket farlig och lättflyktig vätska så säkerhetsåtgärderna vid hanteringen av bensin kan inte nog betonas.**

2 Luftfilter - demontering och montering

Demontering

1 Ta bort luftfiltret (se kapitel 1).
2 Koppla loss varmluftsintaget från kåpan.

Koppla även loss slangen till vevhusventila-tionen.
3 Ta bort den kompletta luftfilterkåpan genom att släppa upp låsande bult eller clips. Lyft upp kåpan och koppla loss kalluftsintaget från genomföringen i innerskärmen.

Montering
4 Monteringen sker i omvänd ordningsföljd.

3 Bränsletank - demontering och montering

Notera: Se varningsnotiserna i avsnitt 1 i detta kapitel innan du fortsätter.

Demontering
1 Kör bensintanken så tom som möjligt innan den demonteras.

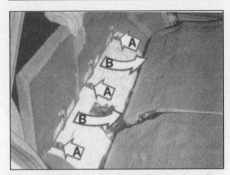

4.2a För tillträde till luckan till bränsletanken på kombimodeller: ta bort skruvarna (A) och dra golvet framåt och uppåt (B)

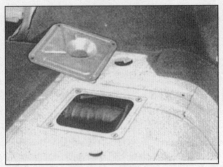

4.2b Bränsletankens lucka borttagen på kombimodell

4.6 Senare version av bränsletankspump fäst med ringmutter av plast

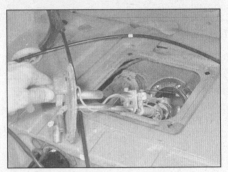

4.7 Demontering av tankpumpen

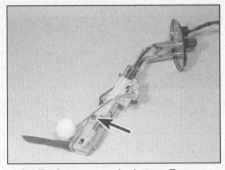

4.8a Tankpumpen och givaren. Pumpens klammerskruv utmärkt med pil

4.8b Ledning kopplas loss från pumpen

2 Koppla loss batteriets jordledning.
3 Ta bort tanklocket och sifonera eller pumpa ut kvarvarande bensin från tanken (avtappningsplugg saknas). Bränslet måste tömmas i ett lämpligt förvaringskärl.
4 Lyft upp luckan i bagageutrymmets golv.
5 Koppla loss bränsleledningar, påfyllnings- och ventilationsslangar (där sådana finns) och tankpumpens kontakt. Se avsnitt 4.
6 Lyft upp och stötta bakvagnen. Stötta under tanken och ta bort de muttrar, bultar och stödband samt förstärkningsplåtar som håller tanken och sänk den sedan försiktigt.
7 Reparation av en läckande bensintank får endast utföras av yrkeskunniga personer. Även en tom tank kan innehålla explosiva ångor. "Kalla" reparationsmassor finns att köpa och dessa är lämpliga för hemmareparationer.

Montering

8 Monteringen sker i omvänd ordningsföljd mot demonteringen. Använd nya slangar och klämmor vid behov.

4 Bränsletankens pump - demontering och montering

Notera: *Se varningsnotiserna i avsnitt 1 i detta kapitel innan du fortsätter.*

Demontering

1 Koppla loss batteriets jordledning.
2 Bered tillträde till tankens översida genom

att ta bort luckan i bagageutrymmets golv **(se illustrationer)**.
3 Rengör kring täckplåten till tankens pump/givare.
4 Koppla ur och plugga bränsleledning och returslang. Koppla även loss ventilationsslangen (om monterad).
5 Följ den elektriska kabeln tillbaka till närmaste multikontakt och dra ut den. Om kontakten inte kan föras genom hålen i karossen på vägen till tanken ska stiften petas ut ur kontakten. Skruva loss jordledningen och dra kabeln till bensintankens utrymme.
6 Ta bort de muttrar som fäster täckplåten vid tanken. På vissa modeller är pumpen/givaren fästa på plats med en stor ringmutter av plast. Lossa denna med ett "mjukt" verktyg som exempelvis en bandnyckel **(se illustration)**.
7 Pump/givarenheten kan nu lyftas ut ur

tanken. Detta kräver dock en hel del petigt arbete. Tvinga inte ut enheten, den är ganska skör **(se illustration)**.
8 Lossa insugningssilen och röret från pumpen. Ta bort klammerskruven, koppla loss elledningarna och ta bort pumpen **(se illustrationer)**.
9 Om pumpen är defekt måste den bytas ut.

Montering

10 Montera ihop pumpen med givaren och fäst insugsdelarna. Se till att O-ringen är i gott skick och att insugssilen är ren **(se illustration)**. Koppla in de elektriska ledningarna och dra åt klammerskruven.
11 Pumpen är fjäderbelastad mot täckplåten för att garantera att insugssilen finns i botten på brunnen. Förbigå fjädern tillfälligtvis genom att trycka pumpen mot plåten och kila fast

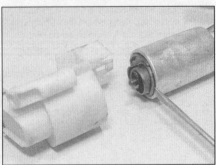

4.10 Skruvmejseln visar pumpens O-ring

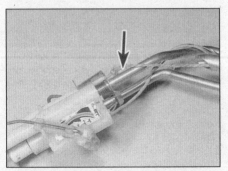

4.11 Tändsticka (vid pilen) kilar fast pumpen i höjt läge. Snöret löper genom ventilationsslangen

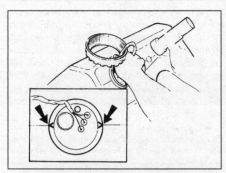

4.13 Pilarna på tankpumpen måste vara i linje med sömmen på tanken

5.3 Demontering av huvud-bränslepumpens vagga

5.4 Koppla loss de elektriska ledningarna från pumpen

7.1 Lossa vajerhöljets clips (vid pilen) och haka av innerdelen från trumman

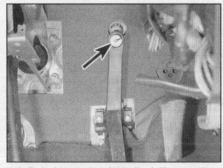

7.2 Delad bussning (vid pilen) fäster vajern vid gaspedalen

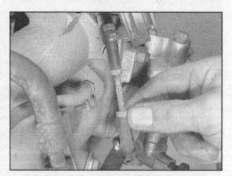

7.5 Koppla loss gasspjällets länkstav

den i läge med en tändsticka på en snörstump. Mata ut snöret genom ventilationshålet **(se illustration)**.

12 Kontrollera skicket på packningsringen på tanken och byt vid behov.

13 För pumpen/givaren mot tanken och arbeta den i läge. Montera och dra åt muttrarna. Där så tillämpligt ska pilarna på vardera sidan enheten placeras i linje med sömmarna i tanken. Montera och dra åt ringmuttern **(se illustration)**.

14 Dra i snörstumpen så att tändstickan lossnar. Fjädern kommer nu att tvinga insugssilen till botten av tanken. Dra ut snöre och tändsticka genom ventilationshålet. (Ingen skada skedd om du tappar tändstickan.)

15 Återanslut elledningarna, glöm inte jordledningen.

16 Återanslut bränsleslangar och (om befintlig) ventilationsslangen.

17 Sätt tillbaka luckan.

18 Återanslut batteriets jordledning.

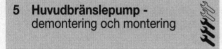

5 Huvudbränslepump - demontering och montering

Notera: *Se varningsnotiserna i avsnitt 1 i detta kapitel innan du fortsätter.*

Demontering

1 Lyft upp fordonet på ramp eller kör det över en smörjgrop.

2 Koppla loss batteriets jordledning.

3 Skruva loss bränslepumpens vagga från bilens undersida **(se illustration)**. Dra av vaggan från hållarna.

4 Koppla loss pumpens elektriska ledningar, notera deras färgkodning och motsvarande kontakter **(se illustration)**.

5 Ta bort bränsleinmatningens och bränsleutmatningens rör från pumpen. Var beredd på spill. Plugga de öppna rörändarna.

6 Skruva loss pumpfästena och ta bort pumpen.

Montering

7 Monteringen sker med omvänd arbetsordning. Använd nya packningsbrickor vid behov.

8 Provkör motorn och leta efter läckor.

6 Bränsletankens givare - demontering och montering

Detta arbete beskrivs i avsnitt 4, i och med att det är detsamma som bränsletankens pump.

7 Gasvajer - demontering, montering och justering

Demontering

1 Lossa det yttre vajerhållarclipset och haka loss den vajerns innerdel från trumman **(se illustration)**.

2 Inne i bilen, ta bort panelen från rattstångens undersida. Dra vajerns inre del genom pedaländen och dra sedan av den delade bussningen från vajeränden **(se illustration)**.

3 Lossa vajergenomföringen från torpedplåten och dra in vajern i motorrummet. Notera hur vajern är dragen och lossa den från clips och bindningar och ta bort den.

Montering och justering

4 Montera i omvänd ordningsföljd och justera vajern enligt följande.

5 Koppla loss den länkstav som går ihop med vajern ned till gasspjället genom att vrida upp en kulled **(se illustration)**.

6 Släpp upp gaspedalen, vajerns innerdel ska då vara precis spänd och vajertrumman måste vila på tomgångsstoppet. När pedalen är helt nedtryckt måste trumman vara i kontakt med fullgasstoppet. Justera vid behov med den gängade hylsan.

7 På modeller med automatväxellåda ska kickdownvajern kontrolleras först (se kapitel 7B).

8 Sätt tillbaka länkstaven på plats och för in ett 2,5 mm tjockt bladmått mellan vajertrumman och tomgångsstoppet. I detta läge ska spelet mellan gasregleringsarmen och justerskruven vara mellan 0,1 och 0,45 mm. Justera länkstaven **(inte** justerskruven) om så behövs för att uppnå detta **(se illustration)**.

9 När länkstaven är korrekt justerad, kontrollera då justeringen av gasspjälläges-kontakten enligt beskrivningen i avsnitt 11.

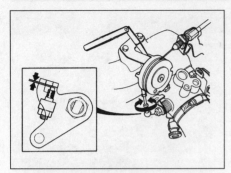

7.8 Gasvajerns justering. Stick in ett bladmått som visat och justera länkstaven till angivet spel mellan gasspjällarmen och justerskruven (infälld bild)

8 Gaspedal - demontering och montering

Demontering

1 Ta bort panelen under rattstången.
2 Tryck pedalen i botten. Grip tag i vajerns innerdel med en tång och släpp pedalen. Dra isär vajerns innerdel från den delade bussningen **(se illustration)**.
3 Ta bort pedalställets bultar och ta bort pedal och ställ.

Montering

4 Monteringen sker i omvänd ordningsföljd. Kontrollera gasvajerns justering efter utfört arbete (se avsnitt 7).

9 Bränsleinsprutning - allmän information

Bosch LH2.4-Jetronic

Bosch LH2.4-Jetronic finns monterat i samtliga motorer som tas upp i denna handbok, med undantag för vissa versioner av B230F som istället har det Bendix Regina system som beskrivs längre fram i detta avsnitt.

LH2.4-Jetronic är ett mikroprocessorstyrt bränslehanteringssystem som är konstruerat för att möta stränga krav på avgasrening och ändå ge utmärkta prestanda åt motorn i kombination med en god bränsleekonomi. Detta uppnås genom en konstant övervakning av motorn med olika sensorer vars data matas in i den elektroniska styrenheten. Baserat på denna information kan styrenhetens program och minne bestämma den exakta mängd bränsle som ska sprutas in direkt i insugsröret oavsett vilka körförhållanden som råder eller förväntas.

Styrenheten i LH2.4 Jetronic samarbetar med tändningens styrenhet vilket ger ett komplett paket för motorstyrning. Dessutom styr den vissa aspekter av avgasreningssystemet som beskrivs i del B av detta kapitel.

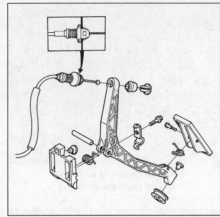

8.2 Gaspedal och tillhörande delar

Huvuddelarna i systemet och deras individuella uppgifter är följande.

Styrenhet: Bränslestyrningsenheten är en mikroprocessor som styr hela arbetet i bränslesystemet. I enhetens minne finns ett program som styr bränsletillförseln till insprutarna och längden på deras öppningstid. Programmet innehåller subrutiner som kan ändra dessa parametrar i enlighet med indata från systemets olika delar. Förutom detta styrs motorns tomgångshastighet av denna enhet, som använder sig av styrventil för tomgångsluft för att öppna eller stänga av lufttillförseln efter behov. Denna synnerligen späckade styrenhet inkluderar även självdiagnostik där hela bränslesystemet kontinuerligt övervakas så att det arbetar på rätt sätt. Upptäckta fel flaggas som felkoder. Dessa kan visas upp genom att diagnosenheten i bilen aktiveras. Om ett systemfel beror på förlust av signal från en sensor, kopplar styrenheten in ett nödprogram. Detta låter bilen köras, men med begränsade funktioner och prestanda.

Bränsleinsprutare: Varje insprutare består av en solenoidstyrd nålventil som öppnar på kommando från styrenheten. Bränsle från bränsleröret matas då genom insprutarmunstycket till insugsröret.

Kallstartinsprutare: Kallstartinsprutaren används till att leverera extra bränsle vid start i kall väderlek. Insprutaren finns placerad längre bort från motorn än huvudinsprutarna och levererar bränsle i en mer förgasad form. Kallstartsinsprutare finns bara monterade i motorer byggda före 92 års modell.

Sensor för kylvätsketemperatur: Denna motståndsenhet är inskruvad i topplocket där avkännaren är i direkt kontakt med motorns kylvätska. Temperaturförändringar i kylvätskan upptäcks av styrenheten som en ändring i det elektriska motståndet. Signalen från denna sensor används även av tändningens styrenhet och av temperaturvisaren på instrumentbrädan.

Luftflödesmätaren: Denna mäter den mängd luft som sugs in i motorn. Sensorn innehåller en tråd som hålls upphettad till

150°C högre temperatur än den omgivande insugsluften. Ju mer luft som sugs in, dess mer ström krävs för att hålla tråden vid rätt temperatur. Strömflödet genom tråden används av styrenheten som ett mått på mängden insugsluft. När motorn stannar hettas tråden upp till 1000°C under ca en sekund så att eventuella avlagringar på tråden bränns upp.

Gasspjällägeskontakt: Denna är kopplad till gasspjällaxeln i gasspjällhuset. Signalen från denna går till styrenheterna för bränsle och tändning och anger om gasspjället är helt öppet eller helt stängt.

Styrventil för tomgångsluft: Denna innehåller en liten elektrisk motor som öppnar eller stänger en luftkanal inne i ventilen. Ventilen är bara aktiverad om gasspjällägeskontakten är stängd, den svarar på signaler från styrenheten och den upprätthåller motorns tomgångsvarvtal vid ett konstant värde oavsett belastningen från olika tillbehör. Dessutom ger ventilen extra luft till motorn vid motorbromsning så att ett partiellt vakuum på en acceptabel nivå upprätthålls i insugsröret.

Bränslepumpar: Två elektriska bränslepumpar används av LH2.4-Jetronic. En impellerpump, placerad i bränsletanken och helt nedsänkt i bränslet, matar bränsle till huvudpumpen som finns placerad under bilen. Denna pump av rulltyp matar sedan bränsle till bränsleröret på insugsröret via ett bränslefilter.

Bränsletryckregulator: Denna är en vakuumstyrd mekanisk enhet som ser till att tryckskillnaden mellan bränslet i bränsleröret och bränslet i insugsröret hålls konstant. När insugsrörets undertryck ökar minskar det reglerade bränsleflödets tryck i ett direkt förhållande. När bränsletrycket i bränsleröret överskrider regulatorns inställning öppnar regulatorn så att bränsle kan strömma tillbaka till tanken via returledningen.

Säkringar och reläer: Huvudsystemets relä sätts under spänning av bränslesystemets styrenhet och ger kraft till bränslepumparna, insprutarna, tomgångsluftsventilen, luftflödessensorn, lambdasonden och vissa av styrenhetens funktioner. En säkring på 25 Amp skyddar huvudreläet medan säkringar på 15 Amp skyddar bränslepumparna och lambda-sonden.

Bendix Regina

Insprutningssystemet Bendix Regina används i motorserien B230F på vissa marknader. Delarna och funktionen är i det närmaste identisk med LH2.4-Jetronic, med den skillnaden att sättet att beräkna den luftvolym som sugs in i motorn är annorlunda och att vissa andra detaljer skiljer sig något.

Trycksensor: Till skillnad från flödessensorn i system Jetronic använder Regina en trycksensor och intagsluftens temperatur som beräkningsgrunder för luftvolymen in till motorn. Trycksensorn är kopplad till insugsröret via en slang och använder en piezoelektrisk kristall till att konvertera trycket i insugsröret till en elektrisk signal som kan sändas till bränslesystemets styrenhet.

Sensor för intagsluftens temperatur: Denna enhet av motståndstyp finns placerad i intagsluftens rör där avkännarelementet är i direkt kontakt med insugsluften. Ändringar i lufttemperaturen upptäcks av styrenheten som signaler alstrade av ändringar i sensorns motstånd. Med utgångspunkt från signalerna från trycksensorn och temperatursensorn kan styrmodulen beräkna den mängd luft som sugs in i motorn.

Bränslepump: Regina-systemet har bara en bränslepump, placerad i bränsletanken.

Kallstartinsprutare: Samtliga motorer med Regina-systemet är utrustade med kallstart-insprutare.

10 Bränsleinsprutning - test

Allmän information

1 Om ett fel uppträder i bränslesystemet, kontrollera först att alla elektriska kontakter är anslutna och fria från korrosion. Kontrollera att felet inte beror på dåligt underhåll. Kontrollera att luftfiltret är rent och att tändstiften är i gott skick och har rätt elektrod-avstånd, att ventilspelen är korrekt in-justerade, att kompressionen är godtagbar samt att motorns ventilationsslangar är oskadda och utan blockeringar. Se kapitlen 1, 2 och 4B för mer information.

2 Om dessa kontroller inte avslöjar orsaken till problemet kan den inbyggda diagnos-funktionen användas till att påvisa felet och därmed avgöra vilken åtgärd som ska vidtas. Bränsle och tändning måste behandlas som en integrerad enhet för motorstyrning vilket betyder att tester och feldiagnoser i bränsle-systemet måste åtföljas av motsvarande för tändningen.

3 En komplett beskrivning av den inbyggda diagnostiska funktionen och de arbets-metoder som hänger samman finns i kapitel 5B, avsnitt 3. Nedan finns de olika felkoderna för bränslesystemet angivna och de symtom som hör samman med varje fel. Denna lista ska användas tillsammans med arbets-beskrivningarna i kapitel 5B.

Felkoder

Bosch LH2.4-Jetronic

Kod	Innebörd	Symtom
1-1-1	Inga fel upptäckta	Inga
1-1-2	Fel i styrenheten	Inga
1-1-3	Bränsletillförsel för svag/kraftig	Hög bränsle-förbrukning
1-2-1	Signal från luftflödes-sensor frånvarande eller felaktig	Dåliga kör-egenskaper, hög bränsle-förbrukning
1-2-3	Signal från kylvätske-temperatursensor frånvarande eller felaktig	Svårstartad när motorn är kall

Kod	Innebörd	Symtom
1-3-1	Signal från tändning om motorhastighet frånvarande eller felaktig	Motorn startar inte
1-3-2	Batterispänning för hög eller låg	Inga
1-3-3	Signalen från gas-spjällägeskontakten felaktig vid tomgång	För högt tomgångsvarv
2-1-2	Signal från lambda-sond frånvarande eller felaktig	Dåliga kör-egenskaper, hög bränsle-förbrukning
2-1-3	Signalen från gas-spjällägeskontakten felaktig vid full gas	Inga
2-2-1	Bränsletillförsel för dålig vid delbelastning	Motor stannar efter kallstart, hög bränsle-förbrukning, dåliga kör-egenskaper
2-2-3	Signal från tomgångs-luftsventil frånvarande eller felaktig	Motorn startar inte eller är mycket svårstartad, för låg tomgång
2-3-1	Bränsletillförsel för dålig eller för rik vid delbelastning	Motorn stannar efter kallstart, hög bränsleför-brukning, dåliga kör-egenskaper
2-3-2	Bränsletillförsel för dålig eller för rik vid tomgång	Motor stannar efter kallstart, hög bränsle-förbrukning, dåliga kör-egenskaper
3-1-1	Ingen signal från hastighetsmätaren	Ojämn tomgång
3-1-2	Ingen signal från knacksensorn i tändsystemet	Inga
3-2-2	Signal från luft-flödessensorns avbränning frånvarande eller felaktig	Dåliga kör-egenskaper

Bendix Regina

Kod	Innebörd	Symtom
1-1-1	Inga fel upptäckta	Inga
1-1-2	Fel i styrenheten	Inga
1-1-3	Fel på bränsle-insprutare	Motorn startar inte, stannar eller tvekar
2-2-1	Signal från lambda-sond frånvarander eller felaktig	Hög bränsle-förbrukning
2-3-1	Bränsletillförsel för dålig eller för rik vid delbelastning	Motor stannar efter kallstart, hög bränsle-förbrukning, dåliga kör-egenskaper

Kod	Innebörd	Symtom
2-3-2	Bränsletillförsel för dålig eller för rik vid tomgång	Motorn stannar efter kallstart, hög bränsleför-brukning, dåliga kör-egenskaper
1-2-1	Signal från tryck-sensorn frånvarande eller felaktig	Dålig acceleration, motorn stannar vid tomgång, startsvårig-heter
1-2-2	Signal från sensorn för intagsluft frånvarande eller felaktig	Motorn dör vid tomgång
1-2-3	Signal från sensorn för kylvätske-temperatur frånvarande eller felaktig	Svårigheter vid kallstart
1-3-2	Batterispänningen för hög eller låg	Inga
1-3-3	Signalen från gas-spjällägeskontakten felaktig vid tomgång	Inga
2-1-3	Signalen från gas-spjällägeskontakten felaktig vid full gas	Inga
2-2-2	Signal från system-reläet frånvarande eller felaktig	Motorn startar inte, motorn dör vid körning
2-2-3	Signal från tom-gångsluftsventilen frånvarande eller felaktig	Motorn startar inte eller är mycket svårstartad, för låg tomgång
2-3-3	Tomgångsstyrningen utanför arbets-gränserna	För hög eller låg tomgång
3-1-1	Signal från hastighets-mätaren saknas	Inga
3-2-1	Signal till kallstart-ventilen kortsluten till jord eller från-varande	Problem med kallstart

11 Bränsleinsprutning, delar - demontering och montering

Notera: *Följande arbetsmoment är tillämpbara för både LH2.4-Jetronic och Regina såvida inte annat särskilt anges.*

1 Lossa batteriets jordledning.

Luftflödessensorn (LH2.4-Jetronic)

2 Dra ur kontakten till luftflödessensorn **(se illustration)**.

3 Lossa de clips som fäster luft-mängdsmätaren vid luftfiltret och sedan den

11.2 Koppla ur multikontakten vid flödesmätaren

11.8 Koppla ur multikontakten (vid pil) från bränsleinsprutarna

11.9 Bränsletillförselns anslutningsmutter (vid pil) till bränsleröret

11.12a Ta bort clipset . . .

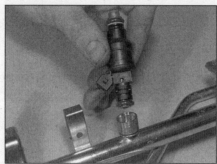

11.12b . . . och dra ut insprutaren

11.17 Bränsletryckregulatorns fästen till bränsleröret

slangklämma som fäster den vid slangen. Ta bort luftmängdsmätaren.

4 Monteringen sker i omvänd ordningsföljd mot demonteringen.

Trycksensor (Regina)

5 Koppla loss luftslangen och den elektriska kontakten från sensorn som finns placerad på torpedplåten.

6 Skruva ut skruvarna och lyft upp enheten från sin plats.

7 Monteringen sker i omvänd ordningsföljd mot demonteringen.

Insprutare

Notera: *Se varningsnotiserna i avsnitt 1 i detta kapitel innan du fortsätter.*

8 Ta loss elkontakterna från samtliga insprutare **(se illustration)**. Lossa kabelhärvan från bränslerören och skär av kabelband vid behov.

9 Koppla loss bränslets matnings- och returledningar från röret och ha mothåll på kopplingarna när du lossar dessa. Var beredd på spill **(se illustration)**.

10 Ta loss vakuumslangen från bränsletryckregulatorn.

11 Ta bort de bultar som fäster bränsleröret vid insugsröret, lägg märke till jordledningens placering. Dra röret uppåt för att lossa insprutarna från insuget och ta bort röret, komplett med insprutare och tryckregulator.

12 Individuella insprutare kan nu tas bort från bränsleröret genom att clipsen tas bort så att insprutarna kan dras ut **(se illustrationer)**.

13 Montera insprutarna med omvänd

arbetsordning. Kontrollera att O-ringarna är i bra skick och byt dem vid behov. Smörj in dem med vaselin eller silikonfett som monteringssmörjning.

Kallstartinsprutare

Notera: *Se varningsnotiserna i avsnitt 1 i detta kapitel innan du fortsätter.*

14 Dra ut den elektriska kontakten från kallstartinsprutaren.

15 Skruva loss bränslematningens banjokoppling och ta reda på kopparbrickorna. Var beredd på spill.

16 Skruva ur de två bultarna och ta bort insprutaren från insugsröret.

Monteringen sker i omvänd ordningsföljd, men använd nya kopparbrickor i bränslematningens banjokoppling.

Bränsletryckregulator

Notera: *Se varningsnotiserna i avsnitt 1 i detta kapitel innan du fortsätter.*

17 Ta loss vakuum- och bränsleslangar från regulatorn. Var beredd på spill **(se illustration)**.

18 Ta bort regulatorn från hållaren. Var beredd på mer bränslespill.

19 Monteringen sker i omvänd ordningsföljd mot demonteringen.

Styrventil för tomgångsluft

20 Dra loss kontakten från ventilen.

21 Lossa slangklämmorna och dra försiktigt av slangarna från ventilens stumpar **(se illustration)**.

22 Lossa hållarens bult och dra ut ventilen från sin plats under insugsröret.

23 Monteringen sker i omvänd ordningsföljd, använd nya slangar och clips efter behov.

Gasspjällhuset

24 Dra ur gasspjälllägeskontaktens elektriska anslutning.

25 Lossa luftstyrningsventilens slang, vakuumslangen och luftintagsslangen från gasspjällhuset.

26 Peta ut fjäderclipset och koppla bort gasspjällänkens kulled från gasspjällspindelns arm **(se illustration)**.

27 Märk upp linjeringen mellan huset och insugsröret. Ta bort de muttrar som håller fast huset och dra ut det. Ta reda på packningen.

28 Vid ihopsättningen ska du använda dig av upplinjeringsmärkningen om de gamla delarna monteras. Använd en ny packning.

29 När huset monterats ska grundinställ-

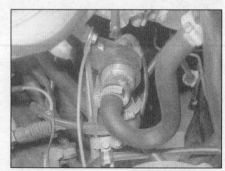

11.21 Luftslangens koppling till styrventilen för tomgångsluft

11.26 Lossa gasspjällänkens kulled vid armen

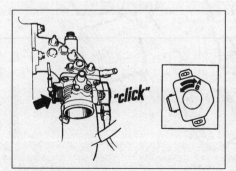

11.38 Gasspjällägeskontaktens justering
A Vrid medsols
B Vrid motsols
Pilen anger bladmåttets placering under justeringen

11.32 Grundinställning av tomgångsvarv. Kläm ihop slangen till tomgångsluftens styrventil (stora pilen) och vrid sedan gasspjällspindelns justerskruv (lilla pilen) till dess att tomgångsvarvet är det specificerade

S150 544

ningen för tomgången kontrolleras och vid behov justeras enligt följande.

30 Anslut en varvräknare till motorn i enlighet med tillverkarens instruktioner. Varmkör motorn till normal arbetstemperatur.

31 Om monterad, se till att luftkonditioneringen är avslagen. På bilar med automatväxellåda ska växelväljaren placeras i läget P.

32 Låt motorn gå på tomgång och kläm, med lämplig tång (ej avbitare), ihop den slang som går från gasspjällhusets luftintag till styrventilen (**se illustration**). Tomgångsvarvtalet bör nu sjunka till under 500 rpm, såvida inte motorn stannar helt. Om så är fallet är den grundläggande tomgången tillfredsställande. Om den inte sjunker under 500 rpm, justera då enligt följande.

33 Lossa låsmuttern på gasspjällspindelns justerskruv. Vrid skruven efter behov till dess att tomgångsvarvet är mellan 480 och 520 rpm. Håll fast skruven i det läget och dra åt låsmuttern.

34 Stäng av motorn, koppla loss varvräknaren och ta bort klämningen på luftslangen. Kontrollera att gasspjällägeskontakten fungerar enligt beskrivningen i nästa delavsnitt.

Gasspjällägeskontakt

35 Dra ut den elektriska multikontakten.

36 Ta ut de två sexkantsskruvar som fäster kontakten och dra ut kontakten från gasspjällhuset.

37 Montera kontakten i omvänd ordning men justera kontakten enligt följande innan skruvarna dras åt.

38 Lossa skruvarna (om det inte redan är gjort) och vrid kontakten medsols (sett bakifrån) inom gränserna för kontaktens rörlighet. Placera ett bladmått om 0,15 mm mellan gasspjällspindelns arm och justerskruv. Vrid kontakten långsamt motsols till dess att ett klick hörs. Håll fast kontakten i detta läge och dra åt skruvarna (**se illustration**).

39 Kontrollera justeringen genom att manövrera gasspjället något och sticka in bladmått mellan spindelns arm och justerskruv enligt följande. Med ett bladmått om 0,45 mm instucket ska det inte höras något klick från kontakten när gasspjället stänger. Med ett bladmått om 0,15 mm instucket ska det höras ett klick från kontakten när gasspjället stänger. Om detta inte inträffar ska justeringen upprepas.

Temperatursensor för kylvätska

40 Se kapitel 3 avsnitt 7.

Sensor för insugsluftens temperatur (Regina)

41 Dra ut multikontakten vid temperatursensorn.

42 Lossa clipsen och ta bort luftslangens mittdel från luftrenaren och insugsröret. I skrivande stund är det oklart om sensorn kan tas loss separat från lufttrumman för byte.

43 Monteringen sker i omvänd ordningsföljd mot demonteringen.

Elektronisk styrenhet

44 Ta bort den nedre panelen under instrumentbrädans högra sida.

45 Lossa den främre delen av panelen över tröskel och säkerhetsbältets trumma genom att skruva ur de skruvar som håller fast den. Dessa skruvar är övertäckta.

46 Lossa panelen i höger fotbrunn och ta bort den.

47 Försäkra dig om att tändningen är avslagen och dra ur multikontakten från styrenheten.

48 Ta bort skruvarna och dra ut enheten från sin hållare.

49 Montera styrenheten i omvänd ordningsföljd.

12 Farthållare - allmän information

Om monterad låter farthållaren bilen hålla en stadig hastighet, vald av föraren, oavsett backar och vindar.

Huvuddelarna i det systemet är en styrenhet, en styrkontakt, en vakuumservo och en vakuumpump. Broms- (och i förekommande fall) kopplingspedalen är försedda med kontakter som skyddar motorn mot övervarv om en pedal trycks ned medan farthållaren är inkopplad.

Systemet fungerar att att föraren accelererar upp till önskad fart och kopplar sedan in systemet med en brytare. Styrenheten övervakar sedan bilens hastighet (via hastighetsmätaren) och öppnar eller stänger gasspjället via servon så att den inställda hastigheten bibehålls. Om kontakten förs till "OFF" eller broms- (eller kopplings)pedalen trycks ned stänger servon omedelbart gasspjället. Den inställda hastigheten sparas i minnet och systemet kan kopplas in igen genom att brytaren förs till "RESUME", förutsatt att inte hastigheten sjunkit under 40 km/tim.

Föraren kan förbigå farthållaren vid omkörningar genom att helt enkelt trycka ned gaspedalen. När gaspedalen släpps återtas den inställda hastigheten.

Farthållaren kan inte kopplas in vid hastigheter under 40 km/tim och ska inte användas vid halt väglag eller tät trafik.

Inga speciella arbetsmetoder för demontering, montering eller justering fanns tillgängliga i skrivande stund. Problem bör lösas av en återförsäljare för Volvo eller annan specialist.

13 Insugsgrenrör - demontering och montering

Notera: *Se varningsnotiserna i avsnitt 1 i detta kapitel innan du fortsätter.*

Demontering

1 Koppla loss batteriets jordledning.
2 Lossa luftintagsledningen från gasspjäll-huset.
3 Lossa styrvajrarna från gasspjälltrumman.
4 Dra ur insprutarnas multikontakter och koppla loss samtliga elkablar som finns i vägen för demonteringen.
5 Lossa slangarna för vakuum, tryck och ventilation från insugsröret och märk upp dem vid behov.
6 Ta loss rören för bränslematning och retur från bränsleröret eller tryckregulatorn. Var beredd på spill.
7 Ta bort (eller flytta) kallstartsinsprutaren och tomgångsluftens styrventil efter vad som är tillämpligt.
8 Kontrollera att inte något glömts bort, skruva sedan ur bultarna och lyft bort insugsröret komplett med gasspjällhus och insprutare. Ta reda på packningen.

Montering

9 Monteringen sker i omvänd ordningsföljd och med nya packningar och O-ringar. Det kan tänkas bli nödvändigt att skära i packningen för att den ska gå fritt från angränsande delar.
10 Justera gasvajern (se avsnitt 7) och automatväxellådans kickdownvajer (kapitel 7B).

14 Avgasgrenrör - demontering och montering

Motorer utan turboladdning

Demontering

1 Ta bort varmluftsledningen (om monterad).
2 Lossa det nedåtgående röret från grenröret.
3 Skruva loss grenröret från topplocket och lyft bort det. Ta reda på packningarna.

Montering

4 Använd nya packningar vid montering. Märket "UT" måste peka bort från topplocket.
5 Använd gängsmörjning. Montera grenröret på topplocket och dra åt bultarna jämnt.
6 Montera det nedåtgående röret och varm-luftsledningen.
7 Provkör motorn och leta efter läckage.

Turboladdade motorer

8 På dessa motorer kan du först ta bort turbon enligt beskrivningarna i avsnitt 16 eller koppla loss alla ledningar och anslutningar till turbon och ta bort turbo och grenrör som en enhet.

15 Turboaggregat - allmän information och säkerhets-föreskrifter

Allmän information

1 Två typer av vattenkylda turboaggregat används i de 940-modeller som tas upp i denna handbok **(se illustration)**. Turbo-aggregat ökar motorns effektivitet genom att höja trycket i insugsröret till över atmosfäriskt. Därmed trycks blandningen av bränsle och luft in i motorn i stället för att sugas in.
2 Turboaggregatets kraftkälla är avgaserna. Dessa strömmar genom ett speciellt utformat hus (turbinhuset) och snurrar därigenom på turbinhjulet. Detta är monterat på en axel som i den andra änden har ett fläkthjul, kallat kompressorhjulet. Detta roterar i sitt eget hus och komprimerar insugsluften.
3 Efter turboaggregatet passerar den komprimerade luften en laddluftskylare som är en luft-till-luft värmeväxlare placerad framför kylaren. Här avger insugsluften den värme som den fått vid komprimeringen. Denna temperatursänkning ökar motorns effektivitet och minskar risken för detona-tioner.
4 Laddtrycket (trycket i insugsröret) begränsas av en wastegate (säkerhetsventil) som avleder avgaser från turbinen som svar på en tryckkänslig aktiverare. Som en extra säkerhetsåtgärd kan en tryckkänslig kontakt stoppa bränslepumpen om laddtrycket blir för högt. På vissa modeller visas laddtrycket på instrumentbrädan med en mätare.
5 Turboaxeln är trycksmord via en matar-ledning från motorns huvudoljekanal. Axeln flyter i och med detta på en oljefilm. Ett avtappningsrör leder sedan oljan tillbaka till sumpen.
6 Vattenkylning håller arbetstemperaturen för turbons lager lägre än på tidigare modeller. Vattnet fortsätter att cirkulera genom konvektion när motorn stängs av vilket kyler ned turboaggregatet efter en längre kör-sträcka.

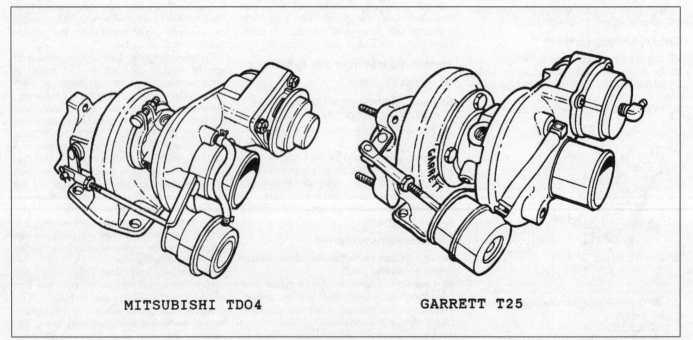

MITSUBISHI TD04   GARRETT T25

15.1 Skiss över de två typerna av turboaggregat

Säkerhetsföreskrifter

7 Turboaggregatet arbetar med extremt höga hastigheter och temperaturer. Därför måste vissa säkerhetsföreskrifter följas, så att förtida turbohaveri eller personskador kan undvikas.

(a) Kör inte turbon med blottade delar. Ett främmande föremål som faller ned på roterande blad kan orsaka omfattande skador och (om utkastat) även personskador.

(b) Rusa inte motorn direkt efter start, speciellt inte om det är kallt. Låt oljan cirkulera i minst några sekunder.

(c) Låt alltid motorn återgå till tomgångsvarv innan den stängs av. Du ska inte trycka på gasen och stänga av (kupera) eftersom detta får till följd att turbon snurrar utan smörjning.

(d) Efter en längre period med hög hastighet ska motorn gå på tomgång i flera minuter innan den stängs av.

(e) Följ rekommenderade intervaller för byte av olja och filter och använd en märkesolja med specificerad kvalitet. Försummade oljebyten eller bruk av sämre oljekvalitet kan orsaka sotbildning på turboaxeln och åtföljande haveri.

16 Turboaggregat - demontering och montering

Demontering

1 Koppla loss batteriets jordledning.
2 Tappa ur kylsystemet enligt anvisningarna i kapitel 1.
3 Lossa slangklämmorna och ta bort vatten-, vakuum- och luftintagsslangarna från turbon **(se illustration)**. Täck över luftintagshålen med trasor så att inte smuts kommer in i dem.
4 Hissa upp framvagnen och ställ den på pallbockar.
5 Lossa muttrarna och ta isär avgassystemets flänsfog framför katalysatorn. Ta bort svänghjulskåpans hållare och lossa avgasröret från turboaggregatet. Täck över turbons öppningar med trasor så att inte smuts kommer in i dem.
6 Lossa oljematningsröret från turbon och

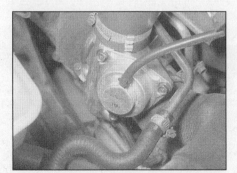

16.3 Turboaggregatets slangkopplingar för vakuum och vatten

täpp igen öppningarna i aggregatet och rörkopplingen. Där så behövs ska även hållaren framtill på kompressorns kåpa lossas.
7 Skruva ut de muttrar som fäster turbon på grenröret och lyft upp turbon, komplett med returoljeledningen. Ta bort returoljeledningens gummipackning och täpp igen öppningarna. Om turboaggregatet ska bytas, flytta då returoljeledningen till den nya enheten och använd en ny packning i kopplingsflänsen.
8 Innan monteringen sker ska samtliga kontaktytor rengöras noga. Samtliga bultförband ska ha nya låsmuttrar.

Montering

9 Placera en ny gummipackning på returoljeledningen.
10 Placera turbon på grenrörets klackar och styr returoljeledningen på plats.
11 Montera de muttrar som fäster turbon vid grenröret och använd gänglås. Dra åt ordentligt och i ett korsvis mönster.
12 Fyll turbons oljematningshål med olja och montera sedan matarledningen med nya brickor i kopplingen. Där sådan finns ska hållaren på kompressorkåpan sättas tillbaka.
13 Montera ihop avgassystemet och ställ ner bilen på marken.
14 Sätt tillbaka slangarna för vatten, vakuum och ventilation på turboaggregatet.
15 Fyll kylsystemet enligt anvisningarna i kapitel 1 och återanslut batteriets jordledning.

17 Laddluftskylare - demontering och montering

Demontering

1 Ta bort de övre kylarfästena och för försiktigt kylaren bakåt.
2 Koppla loss slangarna från laddluftskylaren och lyft ut den.
3 Om ett turbohaveri inträffat kan laddluftskylaren innehålla avsevärda mängder olja. Den är försedd med en avtappningsplugg.

Montering

4 Montera laddluftskylaren i omvänd ordning.

18 Avgassystem - allmän information, demontering och montering

Allmän information

1 Avgassystemet består av främre, mittre och bakre sektioner, antalet varierar med modell. Systemet är upphängt från underredet med gummifästen och fastbultat i grenröret av gjutjärn i fronten. Flänsförband innehållande packningar eller klamrar av U-rör håller ihop sektionerna. Samtliga modeller har en katalysator - se del B av detta kapitel för mer information.

2 Avgassystemet ska kontrolleras med jämna mellanrum vad gäller läckor, skador och säkerhet (se kapitel 1). Utför detta genom att dra åt handbromsen och låta motorn gå på tomgång i ett väl ventilerat område. Ligg ner på vardera sidan bilen och kontrollera hela längden på avgasröret medan en medhjälpare tillfälligtvis placerar en tygbunt över avgasrörets mynning. Om det finns en klar läcka ska motorn stoppas. Använd en reparationssats och täta läckaget. Om läckan är stor eller skadan är framträdande ska sektionen bytas ut. Kontrollera att inte gummifästena är skadade och byt dem vid behov.

Demontering

3 Detaljerna kring dragning och montering av avgasrör varierar med modell och byggnadsår men principerna för demontering och montering ändrar sig inte.
4 I många fall kan det visa sig vara enklast att ta bort hela systemet från det nedåtgående röret och bakåt och sedan byta enskilda delar på en arbetsbänk. Undantaget till detta är när systemet är draget över bakaxeln. I det fallet är det enklare att separera fogarna eller skära loss röret om det är så rostigt att det ändå ska bytas.
5 Ta bort hela systemet genom att hissa upp bilen till en bekväm arbetshöjd. Använd en inträngningsolja på de bultar, muttrar och klamrar som ska lossas.
6 Skruva loss bultarna i flänsfogen mellan avgassystemet och det nedåtgående röret.
7 I de fall systemet är draget över bakaxeln ska en av U-rörklamrarna tas bort så att fogen kan separeras.
8 Ta någon till hjälp och haka sedan av systemet från fästena och ta bort det.
9 Ta bort nedåtgående rör genom att lossa på monteringsklammern på svänghjulskåpan och separera fogarna från grenröret. Lossa varmluftsslangar och vid behov även varmluftskåpan.

Montering

10 Inled monteringen med att sätta tillbaka nedåtgående rör - med nya packningar. Använd gängsmörjning. Montera svänghjulskåpans klammerbult men dra inte åt den ännu.
11 Häng resten av systemet i gummiupphängningen och koppla ihop det med en ny packring i flänsfogen. Använd tätningsmassa för avgassystem på de rörliga delarna och gängsmörjning i alla bultförband.
12 Dra åt alla fogar, framifrån och bakåt men spara bulten i svänghjulskåpan till dess att alla andra är åtdragna. Vrid glidfogarna en smula om så behövs, så att systemet hänger fritt och utan att beröra underredet.
13 Varmkör motorn i ett par minuter och kontrollera sedan att systemet är tätt. Låt svalna och dra åt samtliga förband igen.
14 Sänk ned bilen.

Kapitel 4 Del B:
Avgasrening

Innehåll

Svårighetsgrader

Enkelt, passar novisen med lite erfarenhet		**Ganska enkelt,** passar nybörjaren med viss erfarenhet		**Ganska svårt,** passar kompetent hemmamekaniker		**Svårt,** passar hemmamekaniker med erfarenhet		**Mycket svårt,** för professionell mekaniker	

Specifikationer

Åtdragningsmoment   **Nm**
Lambdasond   45

1 Allmän information

Samtliga modeller som tas upp i denna handbok har inbyggda funktioner i bränsle-systemet för att hjälpa till att minska skadliga utsläpp. Dessa finns i grovt räknat tre former; kontroll av vevhusutsläpp, kontroll av utsläpp från bränsleavdunstning och avgasrening. Huvudfunktionerna i dessa system är följande.

Kontroll av vevhusutsläpp

För minskning av utsläpp av oförbrända kolväten från vevhuset till atmosfären används ett system med positiv vevhusventilation. Motorn är förseglad och förbiblåsta gaser och oljedimmor dras från vevhusets insida genom en oljeavskiljare till insugsröret så att de kan förbrännas av motorn under normal drift (se illustration).

Under tillstånd av stort undertryck i insugs-röret (tomgång, insaktande) sugs gaserna ut ur vevhuset. Vid lågt undertryck (acceleration, fullgaskörning) tvingas gaserna ut ur vevhuset av det (relativt räknat) högre vevhustrycket. Om motorn är sliten kommer det ökade vevhustrycket (som uppstår av förbiblåsning) att tvinga en del av flödet tillbaka till insuget vid samtliga tryckförhållanden i insuget.

Kontroll av utsläpp från bränsleavdunstning

Kontrollsystemet för utsläpp från bränsle-avdunstning används till att minimera utsläppet av oförbränd kolväten i atmos-fären. Detta görs genom att tanklocket är förseglat och att en kolkanister används till att samla och förvara bensinångor som bildas i tanken. När motorn körs sugs dessa ångor ut ur kanistern via en vakuumstyrd ventil och leds till insuget för förbränning i motorn.

Rätt gång vid tomgång erhålls genom att vakuumventilen bara öppnar när motorn körs under belastning. Ventilen öppnar då för att släppa ut gaserna till insuget.

Som en säkerhetsåtgärd och för att ytterligare minska utsläpp av kolväten är tanken försedd med en rullningsventil som stänger om fordonet lutar mer än 45° i sidled. Detta förhindrar bränslespill från tanken i händelse av en olycka (se illustration).

Avgasrening

För att minska mängden föroreningar som släpps ut i atmosfären har samtliga modeller en katalytisk avgasrenare inbyggd i avgas-systemet. Denna är av typen sluten slinga där en lambdasond i avgassystemet ger bränsle-insprutningens styrenhet konstanta returdata om syreinnehållet i avgaserna. Detta låter styrmodulen justera blandningen genom att ändra på insprutarnas öppningstider vilket ger bästa möjliga arbetsmiljö för katalysatorn, Systemet fungerar enligt följande.

Syresonden har ett inbyggt värmeelement som aktiveras av styrmodulen så att sond-spetsen snabbt når upp till effektiv arbets-temperatur. Sondspetsen är syrekänslig och sänder en signal till styrenheten som varierar i spänning beroende på mängden syre i avgaserna. Om bränsle/luftblandningen är för fet är avgaserna syrefattiga vilket leder till att sonden sänder en signal till styrenheten som är proportionell mot syreinnehållet i avgaserna. Spänningen ändras i takt med att blandningen blir magrare och syrehalten stiger. Optimal omvandlingseffekt för samtliga större föro-reningar uppstår om blandningsförhållandet mellan insugsluft och bränsle hålls vid det kemiskt korrekta för fullständig förbränning av bensin - 14,7 delar luft (räknat per vikt) till en del bensin. Sondens utsignal ändras med ett stort steg vid denna punkt och styrenheten använder denna signal som referensvärde och korrigerar blandningen mot detta värde genom att ändra insprutarnas öppningstider.

Förutom katalysatorn har vissa modeller även ett system för återcirkulation av avgaser.

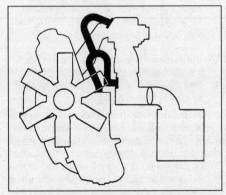

1.2 Layout för vevhusventilationens slangar

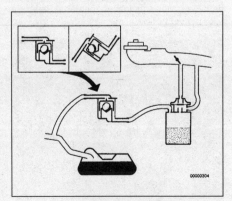

1.6 Principskiss över styrningen av avdunstningsutsläpp

Detta är konstruerat för att skicka tillbaka en liten del av avgaserna till insuget och därmed förbränningen. Detta minskar halten av kväveoxider i den slutliga avgasblandning som släpps ut i atmosfären.

Den volym av avgaser som återförs styrs av vakuum (från insuget) via en ventil i insuget. Innan det når ventilen passerar vakuumet från insuget en vakuumregulator. Syftet med denna är att modifiera det vakuum som leds till ventilen i enlighet med motorns arbetsförhållanden.

Återcirkuleringen styrs av tändningens elektroniska styrenhet som hämtar information om motorns arbetsparametrar från sin uppsättning sensorer.

2 Avgasrening - kontroll och byte av delar

Kontroll av vevhusutsläpp

1 Kontrollera med regelbundna intervall att ventilationsslangarna inte är igensatta eller skadade. I systemet finns en kalibrerad nippel, rengör också denna nippel vid varje kontroll. Systemet innehåller även en flamfälla, som måste bytas ut vid de intervall som anges i kapitel 1 – kontakta en Volvoåterförsäljare om ytterligare information behövs.

Kontroll av utsläpp från bränsleavdunstning

Kontroll

2 Dålig tomgång, tjuvstopp och dåliga köregenskaper kan orsakas av att kanisterns vakuumventil inte fungerar, att kolkanistern är skadad, trasiga slangar eller felkopplade slangar. Kontrollera att inte bränsletankens lock har en skadad eller deformerad pack-ning.
3 Förlust eller doft av bränsle kan orsakas av att flytande bränsle läcker från bränsleledningar, en sprucken kanister, en trasig vakuumventil i kanistern eller slangar för ånga eller styrning som är frånkopplade, feldragna, i kläm eller skadade.
4 Inspektera samtliga slangar som är anslutna till kanistern. De får inte vara klämda, ha läckor eller sprickor någonstans. Reparera eller byt vid behov.

2.7 Vakuum-, bränsle- och ventilations-slangar vid kolkanistern

5 Inspektera kanistern. Om den är sprucken eller eljest skadad ska den bytas ut. Leta efter bränsleläckor från botten av kanistern. Byt kanister om den läcker och kontrollera sedan slangar och dess dragning.

Byte av kolkanister

6 Kanistern är placerad framtill i motorrummet på höger eller vänster sida beroende på modell.
7 Notera placeringen av slangar för vakuum och bränsleventilation på kanistern och lossa dem försiktigt (se illustration).
8 Lossa kanisterns fästband och dra ut enheten från motorrummet.
9 Montering sker i omvänd ordning.

Avgasrening

Kontroll

10 Kontroll av systemet i sin helhet innebär en närgången inspektion av samtliga slangar, rör och kopplingar vad gäller skick och uppfästning. Förutom detta ska varje känt eller misstänkt fel tas om hand av en Volvoverkstad. I skrivande stund finns ingen information tillgänglig om systemet för återcirkulering av avgaser. Detaljundersökningar i händelse av haveri i systemet ska även dessa lämnas till en Volvoverkstad.

Lambdasond - byte

Notera: Sonden är ömtålig och kommer inte att fungera om den tappas eller utsätts för stötar, om strömförsörjningen störs eller om något rengöringsmedel används på den.
11 Lyft upp framvagnen och stötta med pallbockar.
12 Dra ur den elektriska kontakten från sonden som finns placerad antingen i själva katalysatorn eller i avgasröret strax framför katalysatorn (se illustration).
13 Skruva ut sonden och ta reda på brickan (om monterad).
14 Vid montering ska brickan (om monterad) rengöras eller, om den är skadad/sliten, bytas ut. Använd gängsmörjning på sondens gängor och montera den. Dra åt till angivet moment. Koppla tillbaka elkablarna och sätt tillbaka anslutningspluggen.

Katalysator - byte

15 Katalysatorn byts ut på samma sätt som andra delar av avgassystemet. Se nästa

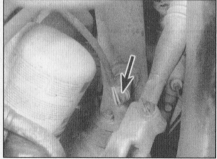

2.12 Lambdasondens placering i främre delen av avgasröret

avsnitt för allmän information och kapitel 4A, avsnitt 18 för detaljinformation om demontering och montering.

3 Katalysator - allmän information och föreskrifter

1 Katalysatorn är en pålitlig och enkel enhet som inte kräver underhåll i sig själv, men det finns vissa saker som en ägare måste vara medveten om ifall katalysatorn ska fungera ordentligt under sin livstid.

(a) ANVÄND INTE blyad bensin i ett fordon som utrustats med katalysator - blyet täcker över ädelmetallen vilket minskar effekten och i slutänden förstör katalysatorn.
(b) Håll alltid systemen för bränsle och tändning i bästa skick i enlighet med tillverkarens serviceschema (se kapitel 1).
(c) Om motorn börjar misstända ska fordonet inte alls köras (eller i vart fall kortast möjliga sträcka) förrän felet är avhjälpt.
(d) Fordonet SKA INTE knuffas igång eller startas med bogsering eftersom detta dränker katalysatorn med bränsle, vilket gör att den överhettar när motorn startar.
(e) SLÅ INTE AV tändningen vid höga varvtal - du ska med andra ord inte pumpa på gasen omedelbart innan motorn stängs av.
(f) ANVÄND INTE tillsatser i bensin eller olja. Dessa kan innehålla substanser som är skadliga för katalysatorn.
(g) ANVÄND INTE fordonet om motorn bränner så mycket olja att den lämnar ett synligt spår av blå rök.
(h) Kom ihåg att katalysatorn arbetar med mycket höga temperaturer. PARKERA därför INTE bilen i torr undervegetation, långt gräs eller ovanför högar med fallna löv efter en längre körsträcka.
(i) Kom ihåg att katalysatorn är SKÖR. Knacka inte på den med verktyg under servicearbete.
(j) I vissa fall märks en svavelartad doft (liknande den av ruttna ägg) från avgasröret. Detta är vanligt hos många fordon med katalysatorer. När fordonet körts något tusental kilometer försvinner i regel doften. Under tiden kan du prova med att byta bensinmärke.
(k) Katalysatorn bör, på en väl skött bil (och väl körd) räcka i mellan 80 000 och 160 000 km. Om katalysatorn inte längre är effektiv måste den bytas ut.

2 Katalysatorn är placerad mellan avgassystemets främre delar och demonteras/monteras på samma sätt som de andra delarna. Byt alltid katalysatorns flänspackningar när enheten störs på något sätt och se till att samtliga muttrar är korrekt åtdragna. Se relevanta delar av detta kapitel för detaljinformation om avgassystemets borttagande och montering.

Kapitel 5 Del A:
Start och laddning

Innehåll

Svårighetsgrader

Enkelt, passar novisen med lite erfarenhet	Ganska enkelt, passar nybörjaren med viss erfarenhet	Ganska svårt, passar kompetent hemmamekaniker	Svårt, passar hemmamekaniker med erfarenhet	Mycket svårt, för professionell mekaniker

Specifikationer

System .... 12 volt, negativ jord

Batteri

Typ .... Blyackumulator
Laddning:
  Dålig .... 12,5 volt
  Normal .... 12,6 volt
  God .... 12,7 volt

Generator

Typ .... Bosch K1, N1, NC, eller Nippon-Denso

Startmotor

Typ .... Bosch GF, DW, eller EW

1 Allmän information och föreskrifter

Allmän information

Motorns elektriska system består i huvudsak av systemen för laddning och start. I och med de motorrelaterade funktionerna tas dessa delar upp på en egen plats, skild från övriga elektriska enheter som belysning, instrument och liknande (dessa tas upp i kapitel 12). Information om tändsystemet finns i del B av detta kapitel.

Elsystemet är av typen 12 volt med negativ jord.

Batteriet laddas av generatorn som drivs med en rem från vevaxelns remskiva.

Startmotorn är av typen förengagerad och är försedd med en integrerad solenoid. Vid start flyttar solenoiden drivpinjongen till ingrepp med kuggkransen på svänghjulet/drivplattan innan spänning läggs på startmotorn. När motorn startas förhindrar en

envägskoppling att startmotorns armatur vrids av motorn till dess att pinjongen frikopplas från kuggkransen.

Föreskrifter

Fler detaljer kring de olika systemen finns i relevanta avsnitt i detta kapitel. Även om en del reparationsanvisningar ges är den vanligaste metoden att byta ut den berörda delen.

Det är nödvändigt att iakttaga extra försiktighet vid arbete med elsystemet så att risken för skador på halvledarenheter (dioder och transistorer) undviks, liksom risken för personskador. Förutom de säkerhets-föreskrifter om ges i "Säkerheten främst!" i början av denna handbok ska även följande tas i beaktande vid arbete med elsystemet.

Ta alltid av ringar, klocka, armband och liknande innan arbete med elsystemet inleds. Även med urkopplat batteri kan en kapacitiv urladdning ske om en komponents ström-förande kontakt jordas genom ett metall-föremål. Detta kan ge en chock eller elakartad brännskada.

Kasta inte om batteripolerna. Generatorn och andra delar som innehåller halvledar-kretsar kan skadas bortom alla reparations-möjligheter.

Om motorn startas med startkablar från ett annat batteri ska polerna alltid kopplas *positiv-till-positiv* och *negativ-till-negativ* (se *"Starthjälp"*). Detta gäller även när en batteri-laddare kopplas in.

Koppla aldrig från batteripolerna, gene-ratorn, testinstrument eller någon kabel medan motorn är igång.

Låt inte motorn driva generatorn när denna inte är inkopplad.

"Testa" aldrig generatorn genom att "gnistra" strömkabeln mot jord.

Använd aldrig en ohmmätare av den typ som har en handvevad generator vid test av kretsar eller kontinuitet.

Försäkra dig alltid om att batteriets jordkabel är frånkopplad när du arbetar med elsystemet.

Innan du elsvetsar på bilen ska batteriet och generatorn kopplas bort så att de skyddas mot skaderisker.

Vissa senare typer av radio/kassettspelare som levereras som standardutrustning av Volvo är försedda med inbyggda säkerhets- koder för att avskräcka tjuvar. Om strömmen till en sådan avbryts aktiveras stöldskyddet. Även om strömmen omedelbart kopplas in igen kommer radion inte att fungera förrän korrekt säkerhetskod för enheten angetts. Om du inte känner till korrekt kod ska du därför *inte* koppla från batteriets jordkabel eller ta ut radion från fordonet. Se *"Radio/kassett- spelare, stöldskydd"* för mer information.

2 Elektrisk felsökning - allmän information

Se kapitel 12.

3 Batteri - test och laddning

Standardbatteri och lågunder- hållsbatteri - test

1 Om fordonet har en låg årlig körsträcka är det värt att kontrollera elektrolytens specifika vikt var tredje månad för att få en uppfattning om batteriets laddningsstatus. Använd en hydrometer till denna kontroll och jämför resultatet med följande tabell **(se illustration)**. Lägg märke till att avläsningen av den specifika vikten förutsätter en temperatur på 15°C; för varje 10°C under 15°C, minska med 0,007. För varje 10°C över 15°C lägg till 0,007.

	Över 25°C	Under 25°C
Full laddning	1,210 till 1,230	1,270 till 1,290
70% laddning	1,170 till 1,190	1,230 till 1,250
Urladdat	1,050 till 1,070	1,110 till 1,130

2 Om batteriets skick är misstänkt ska först den specifika vikten på elektrolyten i varje cell mätas. En variation mellan celler som är 0,040 eller mer indikerar förlust av elektrolyt eller nedbrytning av plattor.
3 Om variationen i den specifika vikten är 0,040 eller mer ska batteriet bytas ut. Om

variationen mellan cellerna är tillfredsställande men batteriet är urladdat ska batteriet laddas upp enligt beskrivningen längre fram i detta avsnitt.

Underhållsfritt batteri - test

4 Om ett batteri av underhållsfri typ finns monterat i bilen kan inte elektrolyt fyllas på eller kontrolleras. Skicket på ett sådant batteri kan bara testas med en batterimätare eller en voltmätare.
5 Vid test av batteri med voltmätare ska denna kopplas över batteriet. Det mätresultat som erhålls ska jämföras med det som anges i specifikationerna under "laddning". Denna test är endast tillförlitlig om batteriet inte laddats på något sätt under de senaste sex timmarna. Om så inte är fallet ska lyktorna tändas under 30 sekunder. Vänta sedan i fem minuter efter det att lyktorna släckts innan testen utförs. Samtliga övriga kretsar måste vara avslagna så kontrollera att alla dörrar är stängda när testen görs.
6 Om mätresultatet är lägre än 12,2 volt är batteriet urladdat, Ett resultat mellan 12,2 och 12,4 volt anger en delvis urladdning.
7 Om batteriet ska laddas, lyft då bort det från bilen (avsnitt 4) och ladda det enligt beskrivningen nedan.

Standardbatteri och lågunder- hållsbatteri - laddning

Notera: *Följande är bara generella råd. Följ alltid tillverkarens rekommendationer (i regel tryckta på en etikett fastsatt på batteriet) vid laddningen av batteriet.*
8 Ladda batteriet med 3,5 till 4 Amp och fortsätt uppladdningen med denna styrka till dess att ingen ytterligare ökning av den specifika vikten noteras under en fyra timmars period.
9 Alternativt kan en långsam laddare med styrkan 1,5 Amp användas över natten.
10 Speciella snabbladdare som påstås återställa laddningen i ett batteri på 1 eller 2 timmar är inte att rekommendera, eftersom de kan skada batteriplattorna allvarligt genom överhettning.
11 Vid batteriladdning ska elektrolytens temperatur aldrig överstiga 37,8°C.

Underhållsfritt batteri - laddning

Notera: *Följande är bara generella råd. Följ alltid tillverkarens rekommendationer (i regel tryckta på en etikett fastsatt på batteriet) vid laddningen av batteriet.*
12 Denna batterityp behöver en mycket längre tid för full uppladdning än vanliga batterier. Den tid som går åt varierar med graden av urladdning, men kan vara ända upp till tre dygn.
13 En batteriladdare av konstantspännings- typ krävs, som vid inkopplingen ska ställas in på 13,9 till 14,9 volt med laddströmmen under 25 Amp. Med denna metod bör batteriet vara användbart inom tre timmar, med ett volttal om 12,5. Detta är dock gällande för ett delvis urladdat batteri. Som sagt, en full upp-

laddning kan ta mycket längre tid.
14 Om det batteri som ska laddas är totalt urladdat (testvärde mindre än 12,2 volt) ska du låta en Volvoverkstad eller bilelektriker sköta om uppladdningen i och med att laddspänningen är högre och att en konstant uppsikt behövs under laddningen.

4 Batteri - demontering och montering

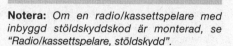

Notera: *Om en radio/kassettspelare med inbyggd stöldskyddskod är monterad, se "Radio/kassettspelare, stöldskydd".*

Demontering

1 Koppla loss batteriets jordledning **(se illustration)**.
2 Koppla loss batteriets (positiva) ström- ledning. Dessa kan vara skyddade av plast- lock. Undvik att kortsluta batteripolerna med verktyget.
3 Lossa batteriets fasthållande klamrar. Lyft ut batteriet. Håll det upprätt och var försiktig så att du inte tappar det - det är tungt.

Montering

4 Inled monteringen med att placera batteriet på sin platta. Se till att det är rättvänt. Fäst det med klamrarna.
5 Rengör vid behov batteripolerna och koppla sedan in batteriet. Anslut den positiva polskon först och sedan jordledningen.

5 Laddningssystem - test

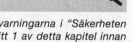

Notera: *Studera varningarna i "Säkerheten främst!" och avsnitt 1 av detta kapitel innan arbetet påbörjas.*
1 Om laddningslampan inte tänds när tändningen slås på ska först generatorns anslutningar kontrolleras. Om dessa är till- fredsställande, kontrollera om glödlampan är hel och att lamphållaren är säkert monterad i instrumentbrädan. Om laddningslampan fortfarande inte tänds, kontrollera ledningen från generatorn till lamphållaren. Om denna är

3.1 Kontroll av batterielektrolytens specifika vikt med hydrometer

4.1 Batteri, visande placeringen av plus- och minuspolerna

tillfredsställande är det fel på generatorn. Byt ut generatorn eller ta den till en bilelektriker för test och reparation.

2 Om laddningslampan tänds under körning ska motorn slås av. Kontrollera om drivremmen har korrekt spänning (kapitel 1) och att generatorns kontakter är tillfredsställande. Om allt är som det ska vara på dessa punkter ska generatorn kontrolleras av en bilelektriker.

3 Om generatorns utmatning verkar misstänkt även om laddningslampan fungerar korrekt kan den reglerade spänningen mätas enligt följande.

4 Anslut en voltmätare över batteripolerna och starta motorn.

5 Öka motorvarvet till dess att avläsningen ger ett stabilt värde. Detta bör vara ca 12 - 13 volt och aldrig överstiga 14 volt.

6 Slå på så många strömförbrukare som du har (lyktor, bakrutevärme, fläkt och annat) och kontrollera om generatorn håller det reglerade volttalet mellan 13 och 14 volt.

7 Om det reglerade volttalet inte är vad som anges ovan kan felet bero på slitna borstar, svaga borstfjädrar, defekt spänningsregulator, trasig diod, avbrott i faslindning eller slitna/skadade släpringar. Generatorn ska då bytas ut eller tas till en bilelektriker för test och reparation.

6 Generatorns drivrem - demontering, montering och spänning

Se arbetsbeskrivningen för drivremmar till extrautrustning i kapitel 1.

7 Generator - demontering och montering

Demontering

1 Koppla loss batteriet jordledning
2 Lossa generatorns drivrem(mar) och dra av dem från remskivan (se kapitel 1).
3 Koppla från de elektriska anslutningarna på generatorns baksida. Dessa kan vara en multikontakt eller separata skruvade

kontakter. Anteckna lägena vid behov **(se illustration)**.

4 Stötta generatorn. Ta bort pivån och justerbandets muttrar, bultar och brickor och notera monteringen av brickorna. Lägg märke till att vissa installationer har ett drivremsskydd monterat ovanför generatorn **(se illustration)**. Lyft ut generatorn, Tappa den inte eftersom den är bräcklig.

Montering

5 Monteringen sker med omvänd arbetsordning. Spänn drivrem(mar), se kapitel 1, innan batteriet kopplas in igen.

8 Generator - test och renovering

Om generatorn misstänks vara defekt ska den tas ut ur bilen och tas till en bilelektriker för testning. De flesta bilelektriker tillhandahåller och monterar borstar till en rimlig kostnad. Men kontrollera prislistan för reparationer innan du fortsätter, i och med att det kan vara mer ekonomiskt att köpa en ny eller renoverad generator.

9 Startsystem - test

Notera: *Studera varningarna i "Säkerheten främst!" och avsnitt 1 av detta kapitel innan arbetet påbörjas.*

1 Om startmotorn inte fungerar när tändningsnyckeln vrids till startläget kan detta bero på något av följande:
  a) *Batteriet.*
  b) *De elektriska anslutningarna mellan kontakt, solenoid, batteri och startmotor är defekta på någon punkt, vilket gör att nödvändig ström inte leds från batteriet genom startmotorn och till jord.*
  c) *Defekt solenoid.*
  d) *Startmotorn är defekt, mekaniskt eller elektriskt.*

2 Kontrollera batteriet genom att slå på huvudbelysningen. Om lamporna bleknar efter

ett par sekunder är batteriet urladdat. Ladda (se avsnitt 3) eller byt batteriet. Om lyktorna lyser ordentligt, vrid på tändningsnyckeln och studera lyktorna. Om de då bleknar indikerar detta att strömmen kommer fram till startmotorn. I så fall ligger felet i startmotorn. Om lyktorna fortsätter att lysa ordentligt (och inget klickande hörs från startmotorns solenoid) indikerar detta att felet finns i kretsen eller solenoiden. Se följande stycken. Om startmotorn snurrar långsamt men batteriet är i bra skick, visar detta att antingen är startmotorn defekt eller så finns det avsevärt motstånd i kretsen.

3 Om fel i kretsen misstänks ska batterikablarna kopplas loss, inklusive jordkabelns fäste i karossen liksom alla kablar till startmotor/solenoid och jordledningen till motor/växellåda. Rengör samtliga kontaktytor noga och montera ihop igen. Använd sedan en voltmätare och kontrollera att full batteristyrka finns tillgänglig vid pluspolens förbindelse med solenoiden och att jordkontakten är god. Smörj in batteripolerna med vaselin så att korrosion förhindras. Korrosion i kontakter är bland det vanligaste felen i elsystem.

4 Om batteri och samtliga anslutningar är i bra skick ska kretsen kontrolleras genom att ledningen från solenoidens bladkontakt kopplas loss. Koppla in en voltmätare eller testlampa mellan ledningen och jord (exempelvis batteriets minuspol) och kontrollera att det finns ström i ledningen när tändningsnyckeln vrids till startläget. Om så är fallet är kretsen korrekt - om inte så kan kretsens ledningar kontrolleras enligt beskrivningen i kapitel 12.

5 Solenoidens kontakter kan kontrolleras genom att en voltmätare eller testlampa kopplas in mellan batteriets pluspol och startmotorsidan av solenoiden och vidare till jord. När tändningsnyckeln vrids till startläget ska mätaren ge utslag eller lampan tändas. Om inget resultat erhålls är solenoiden defekt och ska bytas ut.

6 Om krets och solenoid visar sig vara felfria måste felet finnas i startmotorn. I så fall kan det vara möjligt att en specialist kan reparera startmotorn, men kontrollera priser först. Det kan visa sig vara billigare att köpa en ny eller renoverad startmotor.

10 Startmotor - demontering och montering

Demontering

1 På vissa modeller är startmotorn lättare att komma åt från undersidan. Hissa upp och stötta framvagnen och ta bort skyddsplåten på undersidan.
2 Koppla loss batteriets jordledning.
3 Koppla lossa kablarna från startmotorns solenoid. Skissa eller märk upp vid behov **(se illustration)**.
4 Stötta startmotorn och ta bort de bultar

7.3 Elektriska kopplingar på generatorns baksida

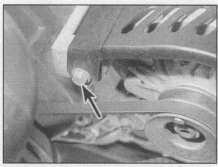

7.4 Generatorpivå och bult till remskydd (vid pilen)

som håller den. Om monterad med bakre hållare, lossa den först **(se illustration)**.
5 Ta ut startmotorn. Om monterad, ta reda på adapterplattan **(se illustration)**.

Montering

6 Monteringen sker i omvänd ordningsföljd.

11 Startmotor - test och renovering

Om startmotorn misstänks vara defekt ska den tas ut och till en bilelektriker för test. De flesta bilelektriker tillhandahåller och monterar borstar till en rimlig kostnad. Men kontrollera prislistan för reparationer innan du fortsätter, i och med att det kan vara mer ekonomiskt att köpa en ny eller renoverad startmotor.

12 Oljetryckslampans kontakt - demontering och montering

Demontering

1 Oljetryckslampans kontakt är monterad på höger sida av motorblocket. Beroende på

10.3 Startmotorns solenoid, kontakter

10.4 Startmotorns fästbultar

modell och utrustning kan den vara enklare att komma åt från undersidan.
2 Koppla loss den elektriska kabeln från kontakten. Torka rent runt den och skruva ut den från blocket och ta bort den. Ta reda på tätningsbrickan (om monterad)

Montering

3 Montering sker i omvänd ordningsföljd mot demonteringen. Lägg på en klick tätningsmassa i gängen och byt tätningsbricka vid behov.
4 Provkör motorn och kontrollera att oljetryckslampan fungerar. Kontrollera att det inte finns oljeläckage runt kontakten.

10.5 Demontering av startmotor och adapterplatta

Kapitel 5 Del B:
Tändsystem

Innehåll

Svårighetsgrader

| Enkelt, passar novisen med lite erfarenhet | | Ganska enkelt, passar nybörjaren med viss erfarenhet | | Ganska svårt, passar kompetent hemmamekaniker | | Svårt, passar hemmamekaniker med erfarenhet | | Mycket svårt, för professionell mekaniker | |

Specifikationer

Allmänt

Tillämpning
Samtliga motorer utom B230F . . . . Bosch EZ 116 K
B230F motorer . . . . Bosch EZ 116 K eller Bendix REX-I
Tändföljd . . . . 1-3-4-2 (Cylinder 1 längst fram)

Tändstift

Typ . . . . Se specifikationerna i kapitel 1

Tändningsläge*

B200F	12° Före övre dödpunkt vid 775 ± 50 rpm
B200FT	12° Före övre dödpunkt vid 775 ± 50 rpm
B230F:	
Med EZ 116 K	12° Före övre dödpunkt vid 775 ± 50 rpm
Med REX-I	10° Före övre dödpunkt vid 775 ± 50 rpm
B230FB	12° Före övre dödpunkt vid 775 ± 50 rpm
B230FD	12° Före övre dödpunkt vid 775 ± 50 rpm
B230FT	12° Före övre dödpunkt vid 750 ± 50 rpm
B230FK	12° Före övre dödpunkt vid 750 ± 50 rpm

*Värdena anges här enbart för kontrolländamål, justering är inte möjlig

Tändspole

EZ 116 K:
Primärmotstånd . . . . 0,6 till 0,8Ω
Sekundärmotstånd . . . . 6900 till 8500Ω
REX-I:
Primärmotstånd . . . . 0,35 till 0,65Ω
Sekundärmotstånd . . . . 4000 till 6000Ω

1 Tändsystem - allmän information

Tändsystemet ansvarar för att antändning av den komprimerade blandningen av bränsle och luft i varje cylinder sker vid precis rätt ögonblick för gällande belastning och motorvarv. Detta uppnås genom användningen av ett programmerat elektroniskt system som använder sig av datorteknologi och elektromagnetiska kretsar för att simulera huvudfunktionerna hos en konventionell tändningsfördelare.

Två system kan förekomma på de modeller av 940 som tas upp i denna handbok. Det vanligare av systemen är Bosch EZ 116 K och det alternativa systemet Bendix REX-I är monterat i modeller för vissa marknader. De båda systemen fungerar i det närmaste identiskt.

En serie hål finns urborrade i svänghjulets ytterkant och en varvräknare vars induktanshuvud är placerat strax ovan borhålen i svänghjulet ersätter brytarspetsarna i konventionella system. När vevaxeln roterar passerar utrymmet mellan borrhålen (kallat "tand") varvräknaren. Denna sänder då en puls till tändningens styrenhet varje gång en tand passerar sensorn. I systemet EZ 116 K saknas ett hål i svänghjulet vilket gör den tanden dubbelt så bred. Styrenheten känner igen frånvaron av pulsen från varvräknaren och använder denna till att fastställa den övre dödpunkten för kolvarna 1 och 4. I systemet REX-I fattas två tänder med 180° mellanrum så att övre dödpunkt för bägge kolvparen kan fastställas. Tidsintervallen mellan pulserna och placeringen för saknade pulser låter styrenheten exakt mäta upp vevaxelns hastighet och position.

Information om motorns belastning hämtas till tändningens styrenhet från bränsleinsprutningens styrenhet. Belastningen bestäms genom mätning av den luftmängd som sugs in i motorn via luftflödesmätaren. Från dessa ständigt föränderliga data väljer tändningen ett tändläge från en uppsättning med tändningsegenskaper som finns sparad i minnet. Grundinställningen kan flyttas ytterligare beroende på inkommande information från kylvätskans temperatursensor, knacksensorn och gasspjällägeskontakten.

När tändläget fastställts skickar styrenheten en signal till kraftsteget, som är en elektronisk kontakt som styr strömmen till tändspolens primärlindning (en elektronisk version av brytarspetsarna i ett konventionellt system). När signalen kommer fram bryter kraftsteget primärströmmen till tandspolen vilket inducerar högspänning i spolens sekundärlindning. Denna högspända ström skickas till fördelaren och vidare till tändstiften via rotorarmen och tändstiftskablarna på vanligt vis. Cykeln upprepas många gånger per sekund för varje cylinder i tur och ordning.

I händelse av ett fel i systemet som uppstår på grund av förlust av signal från en sensor går styrenheten över i ett nödprogram. Detta gör att bilen kan köras, men med begränsade funktioner och prestanda.

Både EZ 116 K och REX-I är försedda med en inbyggd diagnostik som visar upp kända fel i systemet som en serie tresiffriga felkoder på en blinkande uppsättning lysdioder.

Förutom ovanstående har många av tändsystemets delar en andra funktion i styrning och drift av bränsleinsprutningen. Mer detaljer om detta finns i kapitel 4A.

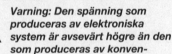

2 Tändsystem - kontroll

⚠️ **Varning: Den spänning som produceras av elektroniska system är avsevärt högre än den som produceras av konventionella system. Ytterst stor försiktighet måste iakttagas vid arbete med systemet om tändningen är påslagen. Speciellt personer med inopererad pacemaker bör hålla sig på betryggande avstånd från tändningens kretsar, delar och testutrustning.**

Allmänt

1 Delarna i det elektroniska tändsystemet är normalt sett mycket pålitliga, de flesta felen beror troligtvis på lösa eller smutsiga kontakter eller högspända krypströmmar genom smuts, fukt eller skadad isolering, inte på att någon del i systemet är trasig. Kontrollera **alltid** alla ledningar innan en elektrisk del i systemet anses vara orsaken till

ett fel och arbeta metodiskt för att utesluta alla andra möjligheter innan du bestämmer dig för att en del är defekt.

2 Den gamla ovanan att kontrollera förekomsten av gnista genom att hålla den strömförande delen av en tändkabel en kort bit från motorn rekommenderas inte. Det föreligger inte bara stor risk för en kraftig stöt, tändspolens högspänningslindning, styrenheten och kraftsteget kan skadas av detta. Du ska heller aldrig "diagnostisera" misständningar genom att lossa en tändkabel i taget.

3 Följande tester ska utföras när ett tydligt fel som startvägran eller klart märkbar misständning förekommer. Vissa fel är dock svårare att fastställa och ofta maskerade av det faktum att bränsle- och tändsystemen går över till nödprogrammet för att upprätthålla bästa möjliga körbarhet. Fel av denna typ visar sig vanligen i form av överdriven bränsleförbrukning, dålig tomgång, brist på prestanda, knackningar och detonationer från motorn under vissa omständigheter - eller en valfri kombination av dessa tillstånd. Om problem som dessa uppkommer ska den inbyggda diagnostiken, beskriven i avsnitt 3, användas till att leta reda på problemet.

Motorn startar inte

4 Om motorn endera inte alls dras runt, eller dras runt mycket långsamt av startmotorn ska batteri och startmotor kontrolleras. Anslut en voltmätare till batteriet (positiv till positiv) och avläs volttalet när motorn dras runt av startmotorn i maximalt 10 sekunder. Om uppmätt värde understiger ca 9,5 volt ska först batteri, startmotor och laddning kontrolleras enligt anvisningarna i del A av detta kapitel.

5 Om motorn dras runt med normal fart men ändå inte startar, kontrollera då först högspänningskretsen genom att ansluta en tändningslampa (följ tillverkarens instruktioner) och dra runt motorn på startmotorn. Om lampan blinkar kommer det spänning till tändstiften, så kontrollera då dessa först. Om lampan inte blinkar, kontrollera då själva tändkablarna och sedan fördelarlocket, kolborsten och rotorarmen enligt anvisningarna i kapitel 1.

6 Om gnista finns, kontrollera bränslesystemet enligt anvisningarna i kapitel 4.

7 Om det fortfarande inte finns gnista, kontrollera spänningen i tändspolens pluskontakt. Den ska vara likvärdig med batteriets (minst 11,7 volt). Om spänningen i tändspolen är mer än 1 volt lägre än i batteriet, kontrollera då alla ledningar i kretsen med hjälp av det kopplingsschema som finns i slutet av boken.

8 Om matningen till spolen är god ska spolens skick kontrolleras, om möjligt genom att bytas ut mot en spole som är känd för att vara felfri. Om felet kvarstår finns problemet på annan plats. Om felet försvinner är en ny spole den självklara lösningen på problemet. Kontrollera dock först noga i vilket skick lågspänningskopplingarna befinner sig, så att du är säker på att problemet inte bara var smuts eller dåligt anslutna kontakter.

9 Om spolen är i bra skick finns problemet troligen i kraftsteget, en av systemets sensorer eller styrenheten och sammanhörande delar. I det fallet ska en felkod visas i diagnostiken som då hjälper till att hitta problemet (se avsnitt 3).

Motorn misständer

10 En oregelbunden misständning indikerar antingen en glappkontakt eller ett tillfälligt uppkommande fel i primärkretsen eller ett högspänningsfel på spolens sida av rotorarmen.

11 Kontrollera systemet noga med avslagen tändning och se till att samtliga kontakter är rena och väl fästa. Om utrustning finnes, kontrollera lågspänningskretsen enligt ovan.

12 Kontrollera att tändspolen, fördelarlocket och tändkablarna är rena och torra. Kontrollera kablar och tändstift (med utbyte om så behövs) och kontrollera sedan fördelarlock, kolborste och rotorarm enligt beskrivningen i kapitel 1.

13 Regelbunden misständning är nästan alltid beroende på ett fel i fördelarlocket. tändkablarna eller tändstiften. Använd stroboskop (se paragraf 5 ovan) och kontrollera om samtliga tändkablar bär högspänning.

14 Om en kabel saknar högspänning finns felet i den kabeln eller i fördelaren. Om samtliga kablar bär högspänning finns felet i tändstiften. Kontrollera och byt om minsta tvivel om deras skick föreligger.

15 Om högspänning helt saknas, kontrollera spolen. Sekundärlindningarna kan bryta samman under belastning.

16 Ytterligare kontroller av systemet ska utföras av en Volvoverkstad.

3 Inbyggd diagnostik - allmän information och bruk

Notera: *Tändningen och bränslesystemet måste betraktas som ett integrerat system för motorstyrning. Även om innehållet i detta avsnitt huvudsakligen berör tändningen har många av delarna dubbla funktioner och vissa av de följande beskrivningarna berör därmed nödvändigtvis även bränslesystemet.*

Allmän information

1 Systemen för bränsle och tändning i samtliga motorer som tas upp av denna handbok har ett inbyggt diagnostiskt system för att underlätta felsökning och systemtester. Diagnostiken arbetar tillsammans med styrenheterna för bägge systemen så att det hela tiden övervakar systemets delar under körning. Om ett fel uppstår sänder relevant styrenhet en serie signaler (felkoder) till diagnostikenheten i motorrummet. Diagnostikenheten sparar felkoderna för åtföljande avläsning. Dessutom kan diagnostikenheten

användas till att kontrollera integriteten hos de signaler som tas emot från olika sensorer och till att manuellt styra många av bränslesystemets delar vid testning.

2 Om körbarhetsproblem uppstått och motorns prestanda är misstänkt kan diagnostiken användas till att peka ut problemområden utan att specialutrustning används. När detta väl gjorts, kan ytterligare tester komma att behövas för att avgöra den exakta naturen av felet, dvs om en komponent är defekt eller om problemet är en ledning eller annat. Förutom en visuell kontroll av kablar och kontakter kräver dessa vidare tester bruk av Volvospecifik testutrustning och bör därför överlämnas till en Volvoverkstad.

Preliminära kontroller

Notera: *När felsökning utförs, kom då ihåg att om ett fel uppstått strax efter det att någon del av fordonet fått service eller översyn, är den första platsen att leta efter felet på alltid där arbetet i fråga utfördes. Gör detta oavsett hur obesläktat det verkar vara, eftersom vårdslöst monterade delar kan utgöra orsaken till problemen.*

Om du spårar upp ett partiellt motorfel, som brist på prestanda ska, förutom nedanstående kontroller även ventilspel och kompression kontrolleras. Kontrollera även att bränslefilter och luftfilter bytts med rekommenderade mellanrum. Se kapitlen 1, 2, eller 4 för detaljerade arbetsbeskrivningar.

3 Öppna motorhuven och kontrollera batterianslutningarnas skick - gör om anslutningen eller byt kablarna om fel påträffas (se avsnitt 1 i del A av detta kapitel innan du kopplar från batteriet). Använd samma teknik till att kontrollera att samtliga jordningar i motorrummet verkligen ger god elektrisk kontakt genom rena metall-mot-metall fogar och att de är fast åtdragna.

4 Arbeta dig sedan metodiskt runt motorrummet och kontrollera alla synliga kablar och kopplingarna mellan kabelhärvans delar. Det du i detta skede letar efter är kablar som visar upp tydliga tecken på skador från skavande mot skarpa kanter eller rörliga delar i fjädring/ kraftöverföring, och/eller drivremmar. De kan ha kommit i kläm mellan vårdslöst monterade delar elle smälts av att de tvingats i kontakt med heta motordelar, kylledningar och liknande. I nästan alla fall är skador av denna typ i första hand orsakade av felaktig dragning vid ihopsättningen efter genomfört arbete (se notering i början av detta underavsnitt).

5 Självklart kan ledningar brytas eller smälta samman inne i isoleringen så att inga synliga bevis finns på skadan, men detta inträffar vanligen bara när kabelhärvan blivit felaktigt dragen, så att den sträcks eller böjts skarpt. Om detta förmodas vara fallet och felet är svårt att hitta ska den misstänkta sektionen av härvan undersökas ytterst noggrant under detaljletandet som följer.

6 Beroende på felets omfattning kan skadade kablar repareras genom att brottet skarvas eller genom att en ny bit laskas in med lödda

fogar så att kontakten blir bra. Förnya sedan isoleringen med eltejp eller värmekrympande rör. Om skadan är mer omfattande kan, med tanke på bilens framtida pålitlighet, den bästa lösningen vara att byta ut hela sektionen av kabelhärvan, oavsett hur dyrt detta kan se ut att vara.

7 När skadan reparerats, se då till att kabelhärvan dras om på rätt sätt. Den ska gå fri från andra delar, inte vara sträckt eller böjd men däremot väl fastsatt på säker plats med medföljande plastclips, styrningar och fästband.

8 Kontrollera samtliga elektriska kontakter så att de är rena, fast ihopsatta och att var och en är låst med sina respektive flikar eller clips. Om någon kontakt visar upp yttre spår av korrosion (ansamlingar av gröna eller vita avlagringar eller roststrimmor) eller misstänks vara smutsig, måste kontakten öppnas och rengöras med elektrisk kontaktrengörare. Om kontaktens stift är mycket anfrätta måste kontakten bytas. Observera att detta i vissa fall kan kräva att en hel sektion av kabelhärvan byts ut.

9 Om rengöringen helt tar bort korrosionen och kontakten är i tillfredsställande skick är det klokt att packa kontakten full med lämpligt material som stänger ute smuts och fukt samt förhindrar att korrosionen återuppstår. En Volvoförsäljare kan ge råd.

10 Arbeta metodiskt runt hela motorrummet och kontrollera noggrant att alla vakuumslangar och rör är ordentligt fastsatta och korrekt dragna, utan tecken på sprickor, revor eller nedbrytning som kan orsaka luftläckage. Se även till att de inte är i kläm, är veckade eller så böjda att de stör luftflödet. Kontrollera med extra uppmärksamhet vid samtliga kopplingar och skarpa böjningar och byt ut samtliga skadade eller deformerade slangdelar.

11 Arbeta dig från tanken via filtret till bränsleröret (glöm inte matningen och returledningen) och kontrollera samtliga bränsleledningar. Byt ut de som läcker, är i kläm eller veckade.

12 Kontrollera att gasvajern är korrekt monterad och justerad. Byt om skicket är det minsta tvivelaktigt eller om den verkar styv eller ryckig. Se kapitel 4 om information behövs.

13 Lossa luftrenarens kåpa och kontrollera filtrets skick (ett tilltäppt luftfilter minskar luftflödet vilket markant sänker motorns prestanda). Byt filter om det behövs, se tillämpliga delar av kapitel 1 om ytterligare information önskas.

14 Starta motorn och låt den gå på tomgång.

 Varning: Arbete i motorrummet med gående motor kräver stor försiktighet om risker för personskada ska undvikas. Bland riskerna finns brännskador från heta delar och kontakt med rörliga delar som kylfläkten eller drivremmar. Se "Säkerheten främst!" i början av denna bok innan du börjar och se till att händer,

längt här och lösa kläder hela tiden hålls på betryggande avstånd från heta eller rörliga delar.

15 Arbeta dig från luftintaget och luftflödesmätaren till gasspjällhuset och insugsröret (glöm inte vakuumslangar och rör monterade på det) och leta efter läckor. Dessa avslöjas vanligen av sugande eller väsande ljudeffekter. Mindre läckor kan spåras genom att lösning med tvålvatten sprayas på misstänkta kopplingar. Om de läcker visas detta med en ändring av motorljudet och åtföljande luftbubblor (eller insug av vätska beroende på tryckskillnaden). Om en läcka påträffas ska fästklammern dras åt och/eller så ska den skadade delen bytas.

16 Följ principen och arbeta dig från topplocket via grenröret och till mynningen och kontrollera att avgassystemet är fritt från läckor. Enklaste sättet att göra detta är, om fordonet kan hissas upp och stöttas ordentligt under kontrollen, att täppa igen mynningen och lyssna efter ljudet från läckande gaser. Läckor bör vara uppenbara. Om en läcka påträffas ska fästbultar dras åt, packning bytas och eller del av systemet bytas efter behov.

17 Det är möjligt att göra ytterligare en kontroll av de elektriska kontakterna genom att vicka på dem, en i taget, medan motorn går på tomgång. En defekt kontakt avslöjar sig via motorns reaktion när kontakten bryts och sedan görs igen. En defekt kontakt ska bytas för att garantera den framtida pålitligheten i systemet. Observera att detta i vissa fall kan innebära att en hel sektion av kabelhärvan måste bytas.

18 Slå av motorn. Om felet fortfarande inte påträffats är nästa steg att studera felkoderna i diagnostiken på följande sätt.

Avläsning av felkoder

19 Som angetts i de allmänna kommentarerna i början av avsnittet bör de preliminära kontrollerna beskrivna ovan eliminera de flesta felen i tänd- (eller bränsle) systemet. Om felet fortfarande inte identifierats är nästa steg att kontrollera om en felkod angetts till diagnostiken och om så är fallet, tolka innebörden av denna felkod.

20 Börja med att leta rätt på diagnostikenheten. Den finns i motorrummet strax

3.20 Den inbyggda diagnostikenhetens placering i motorrummet

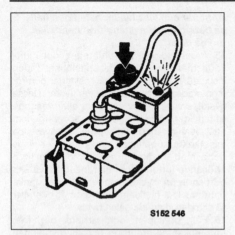

3.24 Användning av diagnostikenheten till att visa felkoder

framför eller strax bakom vänster fjädringstorn **(se illustration)**.

21 Tändningen ska vara avslagen. Lyft upp locket på diagnostikenheten och lossa tråden från hållaren på enhetens sida.

22 Lägg märke till att det finns sex numrerade uttag på enhetens framsida. Endast två av dem används. Uttag 2 för kontroll av bränslesystemet och uttag 6 för tändsystemet.

23 Ha papper och penna redo, så att du kan anteckna de felkoder som visas. Det kan vara upp till tre stycken. De tresiffriga koderna visas som en serie blinkningar av den röda ljusdioden (placerad bredvid testknappen) med en kort paus mellan varje siffra.

24 Stick in tråden i uttag 6 på diagnostikenheten och slå på tändningen. Tryck på testknappen en gång i ungefär en sekund och släpp den sedan och vänta på att ljusdioden ska blinka **(se illustration)**. Anteckna felkoderna. Om mer än en visas, anteckna alla till dess att den första visas igen och slå av tändningen.

25 Om kod 1-1-1 visas anger detta att systemet inte har felkoder för tändsystemet sparade i diagnostikenheten. I detta fall ska du flytta tråden till uttag 2 och slå på tändningen och trycka en gång till på testknappen. Anteckna de felkoder som visas, de gäller för bränsleinsprutningen i systemet. Slå av tändningen. Om du åter får felkod 1-1-1 anger detta att inte heller bränslefelkoder finns sparade i systemet och att det fungerar korrekt.

26 Nedan finns de olika felkoderna för tändningen och symtom associerade med varje fel. Bränslesystemets felkoder finns i kapitel 4.

Kod	Innebörd	Symtom
1-1-1	Inget fel upptäckt	Inga
1-4-2	Defekt styrenhet	Inga
1-4-3	Knacksensorns signal utebliven eller felaktig	Dålig acceleration, hög bränsleförbrukning, effektbrist

Kod	Innebörd	Symtom
1-4-4	Ingen laddsignal från insprutningssystemet	Seg motor
1-5-4*	För högt flöde i avgasåtercirkulationen	Ojämn tomgång
2-1-4	Periodvis bortfall av varvräknarsensorns signal	Motorn startar inte, går ojämnt eller överhettar
2-2-4	Kylvätskans temperatursensorsignal utebliven eller felaktig	Inga
2-3-4	Gasspjällägeskontaktens signal vid tomgång utebliven eller felaktig	Inga
2-4-1*	För lågt flöde i avgasåtercirkulationen	Ojämn tomgång
4-1-3*	Avgasåtercirkulationens temperatursensorsignal utebliven eller felaktig	Ojämn tomgång

* Gäller endast för senare motorer med elektroniskt styrd avgasåtercirkulation (se kapitel 4 del B).

27 När samtliga felkoder antecknats (för både tändning och bränsle) ska de raderas ur diagnostikenhetens minne. Gör detta genom att sticka in tråden i position 2 i diagnostikenheten och slå på tändningen. Tryck på testknappen i 5 sekunder. När ljusdioden tänds ska testknappen tryckas ned i ytterligare 5 sekunder. Kontrollera att samtliga felkoder raderats genom att trycka en sekund på testknappen. Kod 1-1-1 ska nu visas. Om en annan kod visas ska denna antecknas och proceduren upprepas. Slå av tändningen och radera tändsystemets felkoder genom att sticka in tråden i uttag 6 och upprepa proceduren. När samtliga felkoder raderats ska tändningen slås av och tråden placeras i sin hållare och diagnostikenhetens lock stängas.

28 När platsen för felet fastställts via avläsning av felkoden kan undersökningen koncentreras på detta område. Utför de kontroller som tidigare beskrivits i händelse av att något undgått upptäckt vid den första kontrollen. Som tidigare nämnt, mer djupgående kontroll av systemen kräver tillgång till Volvos testutrustning. Det gör att de enda alternativen är att byta ut en misstänkt del mot en som bevisligen fungerar eller lämna arbetet till en Volvoverkstad. Om en ersättningsdel kan skaffas eller lånas finns arbetsbeskrivningen i de följande avsnitten i detta kapitel.

4 Tändspole - demontering och montering

Demontering

1 Koppla loss batteriets jordledning.
2 Koppla loss kablarna från spolen, märk upp

4.2 Tändspolens placering och anslutningar för system EZ 116 K

deras placering inför monteringen. Lossa klammerhållaren eller skruva ut skruvarna efter typ av spole **(se illustration)**. Dra ut spolen ur hållaren (om monterad) och ta ut den från motorrummet.

3 Kontrollera att spolen inte har sprickor, läcker isoleringsolja eller har andra uppenbara skador. Om uppenbara skador finns, byt spole.

Montering

4 Monteringen sker i omvänd ordningsföljd mot demonteringen.

5 Fördelare - demontering och montering

Demontering

1 Leta upp tändstiftskablarna och ta loss dem från fördelaren.
2 Skruva ur de tre skruvar som håller fördelarlocket på plats. Utrymmet är begränsat. Skruvarna är avsedda att stanna kvar i locket, så försök inte ta bort dem **(se illustration)**.
3 Lyft upp fördelarlocket med kabeln till spolen ansluten.
4 Dra av rotorarmen och, om monterat, dammskyddet.
5 Märk upp de inbördes positionerna mellan fördelarflänsen och topplocket.
6 Ta bort de två bultar som håller fast fördelaren.
7 Koppla loss lågspänningsledningen från fördelaren (om monterad).

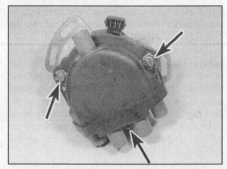

5.2 Fördelarlockets fästskruvar (vid pilarna) - fördelaren borttagen

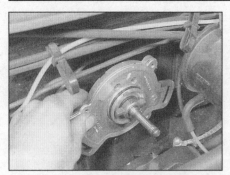

5.8 Demontering av fördelaren

7.1 Tändspolens kraftsteg i system EZ 116 K

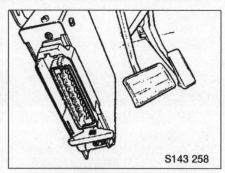

S143 258

8.1 Placeringen av tändsystemets styrenhet

8 Lyft bort fördelaren från topplocket (se illustration).
9 Vid behov, byt fördelarens O-ringar.

Montering

10 Vid monteringen, för fördelaren mot topplocket, följ positionsmärkningen och vrid axeln för att passa in drivklackarna med kamaxeln. Det finns ingen möjlighet att montera fel.
11 Övrig montering sker i omvänd ordning.

6 Tändsystemets sensorer - demontering och montering

Svänghjulets varvräknarsensor

Demontering

1 Dra ut multikontakten från varvräknarsensorn, placerad på svänghjulskåpan på motorns baksida.
2 Skruva ut den sexkantsskruv som håller fast sensorn.
3 Dra ut sensorn och ta bort den.

Montering

4 Monteringen sker i omvänd ordningsföljd.

Knacksensor

Demontering

5 Dra ut multikontakten från knacksensorn.
6 Skruva ut den bult som håller fast sensor och ta ut sensorn. Den finns placerad under insugsröret.

Montering

7 Monteringen sker i omvänd ordningsfäljd. Använd gänglåsmedel till bulten och dra åt ordentligt.

Kylvätskans temperatursensor

8 Se kapitel 3, avsnitt 7.

7 Tändsystemets kraftsteg - demontering och montering

Notera: I EZ 116 K finns kraftsteget framtill i motorrummet, på vänstra innerskärmen. I REX-I är kraftsteget en integrerad del av tändspolen och kan inte tas bort separat.

Demontering

Dra ut multikontakten. Ta bort de två skruvar som fäster kraftsteget vid kylflänsen och ta bort den (se illustration).

Montering

Monteringen sker i omvänd ordningsföljd. Försäkra dig om att det är god kontakt mellan kraftsteget och kylflänsen. Använd värmeledande pasta om tillgänglig.

8 Tändsystemets elektroniska styrenhet - demontering och montering

Demontering

1 Styrenheten finns placerad under instrumentbrädan på vänster sida (se illustration).
2 Ta bort panelen under rattstången om det behövs för åtkomlighet.
3 Ta bort de två (eller fyra) skruvar som håller fast enheten och dra ut den.
4 Dra ut multikontakten och ta bort styrenheten.

Montering

5 Monteringen sker i omvänd ordningsföljd.

9 Tändningsläge - kontroll

Notera: Tändningsläget kan inte justeras, men det kan kontrolleras om så önskas.
1 Varmkör motorn till arbetstemperatur med luftkonditioneringen avslagen. Stoppa motorn och anslut en stroboskoplampa och en varvräknare enligt tillverkarnas instruktioner.
2 Framhäv jacket i kamaxelns remskiva och önskade märkningar på tidsinställningsskalan med vit färg eller tipp-ex. (Se Specifikationer för önskade värden).
3 Kör motorn med angiven tomgångshastighet och lys med stroboskoplampan på markeringarna på skalan.

⚠️ Varning: Se till att inte elektriska ledningar, klädsel, långt hår eller liknande fastnar i drivremmar eller fläkt.

Jacket på remskivan ska se ut att vara fast och (om tändningen är rätt inställd) i linje med rätt märke på skalan.
4 Stoppa motorn, koppla ur testverktygen och sätt tillbaka de elektriska kontakterna.
5 Om tändningsläget är felaktigt beror detta vanligen på fel på varvräknarsensorn, tändningens styrenhet eller tillhörande ledningar. Fel i dessa områden är troligtvis åtföljda av felkoder i diagnostikenheten. (se avsnitt 3).

Kapitel 6
Koppling

Innehåll

Svårighetsgrader

Enkelt, passar novisen med lite erfarenhet	Ganska enkelt, passar nybörjaren med viss erfarenhet	Ganska svårt, passar kompetent hemmamekaniker	Svårt, passar hemmamekaniker med erfarenhet	Mycket svårt, för professionell mekaniker

Specifikationer

Allmänt
Aktivering . . . .   Hydraulik eller vajer beroende på modell och marknad

Tryckplatta
Maximal skevhet . . . .   0,2 mm

Åtdragningsmoment   Nm
Bultarna i tryckplattan   25

---

1 Allmän information

En koppling av typen torr enkel platta med tallriksfjäder finns monterad. Manövreringen av kopplingen kan vara hydraulisk eller mekanisk beroende på modell och marknad.

Huvuddelarna i kopplingen är tryckplattan, lamellen (ibland kallad friktionsplattan) och urtrampningslagret. Tryckplattan är fastbultad på svänghjulet med lamellen som mellanlägg. Centrum av drivplattan är försedd med honsplines som paras ihop med splines på växellådans ingående axel. Urtrampningslagret är anslutet till en gaffel och trycker på fjädrarna på tryckplattan.

När motorn går och kopplingspedalen är uppsläppt klämmer tallriksfjädern ihop tryckplattan, lamellen och svänghjulet. Drivningen sker via friktionsytorna på svänghjulet och tryckplattan till lamellen och därigenom till den ingående axeln i växellådan.

När kopplingspedalen trycks ned överförs pedalrörelsen (hydrauliskt eller mekaniskt) till kopplingsgaffeln. Denna flyttar lagret så att det trycker på fjädern. Fjädertrycket på drivplattan minskar då och svänghjul och tryckplatta roterar utan att röra lamellen. När pedalen släpps upp återställs fjädertrycket

och drivningen kopplas då gradvis in igen.

Kopplingens hydrauliska system består av huvudcylinder, slavcylinder och tillhörande slangar och rör. Hydrauloljans behållare är delad med bromsarnas huvudcylinder.

Lamellslitage kompenseras automatiskt av hydrauliken. I mekaniska kopplingar behöver vajern justeras periodvis för att kompensera slitage och sträckning.

2 Kopplingsvajer - demontering och montering

Demontering

1 Lossa maximalt på den yttre låsmuttern och den gängade justeringen på vajern på växellådssidan. Lossa returfjädern (om monterad) från kopplingsgaffeln och haka loss vajerns innerdel. Om det finns en gummikudde på innerdelen, notera då vilken väg den är vänd (se illustration).

2 Ta bort panelen under rattstången så att du kommer åt pedalerna. Ta bort den hållare som fäster vajerns innerdel vid pedalen.

3 Dra ut vajern till motorrummet och ta bort den.

Montering

4 Monteringen sker med omvänd arbetsordning. Se till att vajern är korrekt dragen.

Justera kopplingsvajern enligt instruktionerna i kapitel 1 efter fullbordat byte.

3 Kopplingspedal - demontering och montering

Demontering

1 Koppla från batteriets jordledning.

2 Ta bort rattstången (kapitel 10).

3 Ta loss bromspedalen från servons tryckstång genom att ta ut gaffelstiftet.

4 Ta sedan loss kopplingspedalen från huvudcylinderns tryckstång på samma sätt eller (om monterad) kopplingsvajern.

5 Ta bort de tre bultar som fäster pedalstället.

6 Ta bort de sex muttrar som fäster pedalstället vid torpedplåten. Dessa fäster även kopplingens huvudcylinder och bromsservon.

7 Dra ur kabeln för bromsljuskontakten. Koppla ur elektriska och vakuum/tryckmatningar från kontakterna för turboladdning och farthållare eller tändningens styrenhet (vad som är tillämpligt).

8 Lyft ut pedalstället från bilen. Notera hur bromspedalens returfjäder är monterad.

9 Lossa kopplingspedalens returfjäder. Ta bort pivåns mutter och bult, ta bort kopplingspedalen och ta reda på bussningarna.

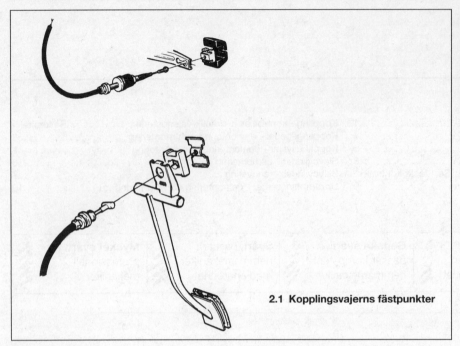

2.1 Kopplingsvajerns fästpunkter

4.4 Kopplingspedalens gaffelstift (vid pilen)

5 Huvudcylinder - renovering

Se avsnitt 8. Renovering av huvudcylindern är i princip samma arbete, med undantag för att det finns en bricka under kolvens låsring och att kolven har två packboxar (se illustration).

6 Slavcylinder - demontering och montering

Notera: Läs varningen i början av avsnitt 4 innan du fortsätter.

Demontering

1 Hissa upp bilen eller kör den över en smörjgrop.
2 Lossa den flexibla slangkopplingen under slavcylindern (se illustration).
3 Skruva loss slavcylindern eller ta bort låsringen beroende på typ (se illustration).
4 Dra ut slavcylinder med tryckstång. Skruva loss cylindern från slangen. Plugga igen den öppna slangen för att minimera oljespill. Ta reda på samtliga brickor.

Montering

10 Monteringen sker i omvänd ordningsföljd mot demonteringen. Fetta in pedalens bussningar och pivåbulten.

4 Huvudcylinder - demontering och montering

 Varning: Hydraulolja är giftig - tvätta omedelbart noggrant bort den om hudkontakt uppstår och sök omedelbar läkarvård om den sväljs eller kommer in i ögonen. Vissa typer av hydraulolja är lättantändlig och kan därmed fatta eld vid kontakt med heta föremål. Vid arbete med hydrauliska system ska du alltid förutsätta att oljan ÄR lättantändlig och därmed vidta samma brandskyddsåtgärder som vid arbete med bensin. Hydraulolja är dessutom ett högeffektivt färgborttagningsmedel och angriper plast. Om du spiller hydraulolja ska den omedelbart sköljas bort med stora mängder vatten. Till sist, kom även ihåg att hydraulolja är hygroskopisk (tar upp fuktighet från luften). Gammal olja kan vara förorenad av vatten och därmed oduglig. Vid påfyllning eller byte ska alltid rekommenderad typ användas. Se till att den kommer från en nyligen öppnad förseglad behållare.

Demontering

1 Demontera oljematningsledningen från huvudcylindern. Ha en behållare redo för det spill som uppstår.
2 Koppla ur tryckrörets koppling från änden av cylindern. Var beredd på mer spill. Täck över öppningen med en bit polyeten och ett

gummiband så att smuts hålls kvar på utsidan.
3 Ta bort panelen under rattstången.
4 Ta ut det gaffelstift som fäster kopplingspedalen vid huvudcylinderns tryckstång (se illustration).
5 Ta bort de två muttrar som fäster huvudcylindern vid torpedplåten.
6 Ta ut huvudcylindern. Var försiktig så att du inte spiller olja på målade ytor.

Montering

7 Monteringen sker med omvänd arbetsordning. Lägg märke till följande:
a) *När pedalen är uppsläppt ska det vara ett spel på 1,0 mm mellan tryckstång och kolv. Justera vid behov genom att skruva ändgaffeln på tryckstången i krävd riktning.*
b) *Avlufta hydrauliken efter arbetet (avsnitt 8).*

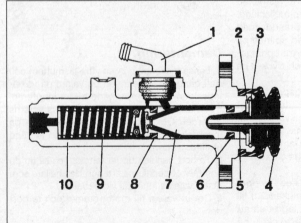

5.1 Genomskärning av kopplingens huvudcylinder

1 Oljeintag
2 Bricka
3 Låsring
4 Damask
5 Tryckstång
6 Yttre packbox
7 Kolv
8 Inre packbox
9 Fjäder
10 Cylinderkropp

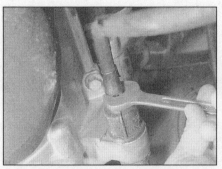

6.2 Lossande av hydraulanslutningen till kopplingens slavcylinder

Montering

5 Monteringen sker med omvänd arbetsordning. Kontrollera sättningen i den flexibla slangen efter åtdragning. Korrigera vid behov genom att omplacera kopplingen i hållaren.
6 Lufta ur hydrauliken efter arbetet (avsnitt 8).

7 Slavcylinder - renovering

Notera: Läs varningen i början av avsnitt 4 innan du fortsätter.
1 Töm ut oljan ur cylindern och rengör den utvändigt.
2 Ta bort damasken och tryckstången **(se illustration)**.
3 Ta bort låsringen (om sådan är monterad) från cylindermynningen.
4 Skaka eller knacka ut kolv och fjäder. Om kolven fastnat ska den försiktigt blåsas ut med **lågt** tryck (exempelvis från en fotpump).
5 Ta bort kolvens packning.
6 Rengör kolv och lopp med stålull och metylalkohol. Om kolv och/eller lopp är mycket rostig eller repig ska hela cylindern bytas ut. I annat fall, skaffa en renoveringssats som innehåller packning och damask.
7 Doppa den nya packningen i ren hydraulolja

6.3 Demontering av slavcylinderns låsring

och montera den på kolven. Använd endast fingrarna. Se till att den är vänd åt rätt håll.
8 Smörj kolv och cylinderlopp med ren hydraulolja. Montera fjäder och kolv i cylindern.
9 Där befintlig ska låsringen monteras i den öppna änden.
10 Dra en ny damask över tryckstången. Placera tryckstången i kolvkoppen och fäst damasken på cylindern.

8 Hydraulik - avluftning

Notera: Läs varningen i början av avsnitt 4 innan du fortsätter.
1 Fyll på ren hydraulolja av specificerad typ i behållaren (se *"Veckokontroller"*).
2 Lossa avluftningsskruven i slavcylindern. Sätt på en bit genomskinlig slang över skruven. Placera andra änden av slangen i en burk som innehåller en liten mängd hydraulolja.
3 Låt en medhjälpare trycka ned kopplingspedalen. Dra åt avluftningsskruven när pedalen är i botten. Släpp upp pedalen igen och lossa på avluftningsskruven igen.
4 Upprepa till dess att ren olja utan luftbubblor strömmar ut från avluftningen. Dra åt

skruven när pedalen är i botten och ta bort slang och burk.
5 Fyll hydrauloljebehållaren.
6 Om så önskas kan utrustning för trycksatt avluftning användas - se kapitel 9.

9 Koppling - demontering, inspektion och montering

⚠️ *Varning: Damm från kopplingsslitage som samlas på kopplingens delar kan innehålla asbest vilket är en hälsorisk.*
BLÅS INTE bort detta damm med tryckluft. ANDAS INTE IN något damm. ANVÄND INTE bensin eller oljebaserade lösningsmedel för att ta bort detta damm. Rengöringsmedel för bromsar eller metylalkohol ska användas till att skölja dammet ned i ett lämpligt kärl. Efter det att kopplingens delar torkats rena med trasor ska förorenade trasor och förbrukad spolvätska placeras i en förseglad och märkt behållare.

Demontering

1 Lyft ur motor eller växellåda (se kapitel 2B eller 7A).
2 Märk upp de inbördes positionerna för tryckplattan och svänghjulet.
3 Lossa tryckplattans bultar ett halvt varv i taget till dess att fjädertrycket är noll. Ta bort bultarna, tryckplattan och lamellen **(se illustrationer)**. Anteckna vilken väg lamellen är monterad.

9.3a Borttagande av kopplingens tryckplatta . . .

9.3b . . . och lamell

7.2 Genomskärning av kopplingens slavcylinder

1 Cylinderhus
2 Fjäder
3 Packbox
4 Kolv
5 Tryckstång
6 Låsring
7 Damask

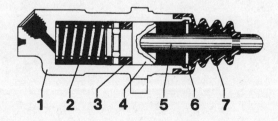

1   2   3   4   5   6   7

Inspektion

4 Kontrollera att inte friktionsytorna på svänghjulet och tryckplattan är repade eller spruckna. Smärre repor kan ignoreras. Större repor eller sprickor kan ibland fräsas bort från svänghjulet, rådgör med specialist. Tryckplattan måste bytas om den är mycket repad eller skev.

5 Kontrollera att inte tryckplattans kåpa och tallriksfjädern är skadade eller blånerade. Det senare antyder överhettning. Var uppmärksam på spetsarna på fjäderns fingrar där kopplingsgaffeln ligger an. Byt tryckplatta om minsta tvivel på skicket råder.

6 Byt lamell om friktionsbeläggen är slitna till, eller i närheten av, nitarna. Om beläggning är inoljad eller har en hård svart glasyr måste källan till oljeläckaget - vevaxelns bakre packbox eller packboxen på ingående växellådsaxel - spåras innan kopplingen sätts ihop igen. Inspektera även lamellens fjädrar, nav och splines.

7 Lägg märke till att om enbart lamellen byts kan problem komma att uppstå som har att göra med hur lamell och tryckplatta slits in mot varandra. Om ekonomin tillåter så är det en mycket god vana att alltid byta tryckplatta och lamell samtidigt.

8 Prova passningen av lamellen (ny eller gammal) på splinesen på ingående växellådsaxeln. Den får varken vara trång eller glapp.

9 Snurra på urtrampningslagret i kopplingshuset och kontrollera att det är felfritt. Lagret ska alltid bytas, såvida det inte är känt för att vara i perfekt skick.

Montering

10 Inled ihopmonteringen med att rengöra friktionsytorna på svänghjul och tryckplatta med fettfritt lösningsmedel och en avtorkning med ren trasa. Tvätta bort olja och fett från händerna innan du hanterar kopplingsdelar.

11 För lamellen mot svänghjulet och se till att den är vänd åt rätt håll. Den är troligtvis märkt med "SCHWUNGRAD" eller "FLYWHEEL SIDE".

12 Håll lamellen på plats med ett centreringsverktyg och montera tryckplattan ovanpå. Om den gamla tryckplattan används ska du använda dig av gjord uppmärkning.

9.13 Centreringsverktyg till kopplingen i läge

HAYNES TiPS *Ett centreringsverktyg kan tillverkas av en träpinne som har en tät passning i vevaxelns tapplager. Bygg upp passformen med maskeringstejp så att den precis går igenom lamellens splines.*

13 Montera tryckplattans bultar och dra åt dem jämnt till dess att lamellen berörs men fortfarande är rörlig. Stick in centreringsverktyget, om det inte redan är på plats, och dra åt tryckplattans bultar stegvis till angivet moment **(se illustration)**.

14 Ta bort centreringsverktyget och kontrollera att lamellen sitter centralt i relation till vevaxelns tapplager. Om lamellen inte är korrekt centrerad är det omöjligt att sticka in ingående axel till växellåda i den.

15 Sätt tillbaka växellådan eller motorn.

10 Urtrampningslager - demontering och montering

Demontering

1 Lyft ur motor eller växellåda (se kapitel 2B eller 7A).

2 Lossa kopplingsgaffelns damask från kåpan.

3 Lossa gaffeln från pivåns kula. Eventuellt kan en låsring finnas.

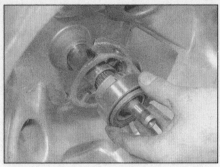

10.4 Demontering av urtrampningslager och gaffel

4 Dra av lager och gaffel från styrhylsan och dra isär dem **(se illustration)**.

5 Rengör styrhylsan och fetta lätt in runt gaffelpivån och spetsarna.

Montering

6 Monteringen sker i omvänd ordningsföljd. I de fall kopplingsgaffeln hålls av en låsring ska denna passera under skåran i kulan **(se illustration)**.

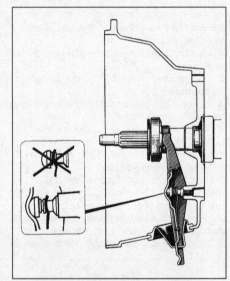

10.6 Korrekt montering av kopplingsgaffelns låsring under kultappens skåra

Kapitel 7 Del A:
Manuell växellåda och överväxel

Innehåll

Svårighetsgrader

Enkelt, passar novisen med lite erfarenhet	**Ganska enkelt,** passar nybörjaren med viss erfarenhet	**Ganska svårt,** passar kompetent hemmamekaniker	**Svårt,** passar hemmamekaniker med erfarenhet	**Mycket svårt,** för professionell mekaniker

Specifikationer

Allmänt
Växellådstyp:

M46 . . . . 4 växlar framåt, överväxel och en backväxel. Samtliga växlar framåt synkroniserade

M47, M90 . . . . 5 växlar framåt och en backväxel. Samtliga växlar framåt synkroniserade

Typ av överväxel . . . . Laycock J, P, eller J/P Hybrid

Utväxlingar

Växellådorna M46 och M47:

1:a . . . . 4,03 : 1
2:a . . . . 2,16 : 1
3:e . . . . 1,37 : 1
4:e . . . . 1,00 : 1
Överväxel (M46) . . . . 0,79 : 1
5:e (M47) . . . . 0,82 : 1
Backväxel . . . . 3,68 : 1

Växellåda M90:

1:a . . . . 3,54 : 1
2:a . . . . 2,05 : 1
3:e . . . . 1,38 : 1
4:e . . . . 1,00 : 1
5:e . . . . 0,81 : 1
Backväxel . . . . 3,45 : 1

Åtdragningsmoment

	Nm
Svänghjulskåpans muttrar och bultar	35 till 50
Växelspakens hållare, bultar	35 till 50
Drivflänsmutter:	
M46	175
M47, storlek M16	70 till 90
M47, storlek M20	90 till 110
Överväxel till mellanhus, muttrar	12
Överväxelns solenoid	50

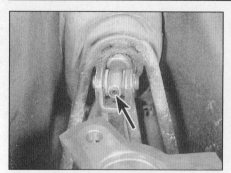

2.2 Sexkantsskruv (vid pilen) som fäster växelspakens stift

2.3 Låsring (vid pilen) i växelspakens fot

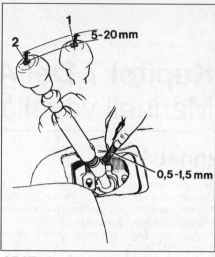

2.7 Växelspakens justering vid ettans och tvåans lägen (1 och 2)

1 Allmän information

Drivkraften från motorn överförs till den ingående axeln av kopplingen. Drevet på den ingående axeln är i konstant ingrepp med det främre drevet på bottenstocken (överföringsaxeln). De övriga dreven på bottenstocken (med undantag för backen) är i konstant ingrepp med sina motsvarigheter på huvudaxeln. Endast ett drev i taget på huvudaxeln är låst på axeln, de övriga roterar fritt. Val av en växel utförs genom axiellt förskjutbara synkringar. Växelspakens rörelse överförs till väljargafflar som för den valda växelns synkroniseringsring i ingrepp och låser drevet på axeln. När fyrans växel är inlagd är den ingående axeln låst mot huvudaxeln. I neutralläget är inget av dreven låst på huvudaxeln.

Backen läggs in genom att en mellanaxel dras i ingrepp med bottenstocken och huvudaxelns backväxel. Införandet av mellanaxeln vänder på huvudaxelns rotationsriktning.

En högre utväxling än fyran ges av överväxeln eller av femmans växel. Delarna i den femte växeln finns placerade bakom växellådan i en separat kåpa.

Notera: *I skrivande stund fanns det nästan ingen information om växellåda M90 tillgänglig från tillverkaren. Även om många av de arbeten som tas upp i detta kapitel är tillämpbara på M90 kommer det att finnas märkbara skillnader. Rådfråga en Volvohandlare innan du börjar arbeta med en växellåda av typen M90.*

2 Växelspak - demontering och montering

Demontering

1 Höj upp och stötta bilen så att du får tillträde till undersidan av växelspaken.
2 Ta bort den sexkantsskruv som håller stiftet i växelspakens ände **(se illustration)**. Tryck ut stiftet från växelspaken och väljarstången.
3 Ta bort den stora låsringen på växelspakens fot **(se illustration)**.
4 Inne i bilen ska konsolen runt växelspaken lyftas bort.
5 Ta bort den yttre damasken. Ta ut de fyra skruvar som håller innerdamaskens fästplåt. Ta bort fästplåten, notera hur den är monterad, och skala av innerdamasken från växelspaken.
6 Dra spaken uppåt och ut. Dra ut överväxelbrytarens ledningar (om monterade). Rör inte skruvarna för backspärren.

Montering

7 Monteringen sker med omvänd arbetsordning. Kontrollera spelrummet mellan backspärrens platta och finger med ettan ilagd. Det ska vara mellan 0,5 och 1,5 mm **(se illustration)**. Justera vid behov genom att lossa bultarna. När justeringen är korrekt ska spelet i sidled för växelspaken, med de två lägsta växlarna ilagda, vara 5,0 till 20 mm.

3 Växelspakens dragstång - byte

1 Växelspakens dragstång överför rörelsen från kragen under växelspakens knopp till hylsan vid växelspakens fot. Om stången går av kan backen inte läggas in. Gör följande.
2 På modeller med överväxel ska panelen på höger sida av centrumkonsolen tas bort. Dra ut överväxelns elkontakt här och knyt en snörstump på kabeln till växelspaken.
3 På alla modeller ska växelspakens damask tas bort. Driv ut det stift som fäster spakens överdel. Lyft av spaken och dra samtidigt ut överväxelns kabel och snöre (om monterad). Knyt upp snöret.
4 Ta bort kontakten till överväxeln (om monterad). Ta bort knoppen på spaken genom att gripa spaken med en mjukkäftad polygrip och knacka på knoppen med en mjuk hammare och öppen nyckel **(se illustration)**. Knoppen är limmad på splines och kan skadas. Ta bort gammalt lim.
5 Ta bort den gamla dragstången. Den kan vara av plast eller metall. Metallstången tas bort genom att låsskruven i den övre ändan skruvas ut och att stången, fjädern och hylsan dras nedåt. Plaststången tas bort genom att man lossar spärren i foten och (på modeller med överväxel) lyfter kragen något så att den går fri från stångens övre ände **(se illustrationer)**.
6 Sänk ned den nya dragstången i vatten under en timme innan monteringen. Montera den nya stången från undersidan på modeller med överväxel, var försiktig så att inte gummibussningar och kablar rubbas. Se till att den greppar in i kragen. På modeller utan överväxel ska stången fästas vid kragen och de bägge sedan monteras uppifrån.

3.4 Demontering av växelspakens knopp

3.5a Lyft upp kragen . . .

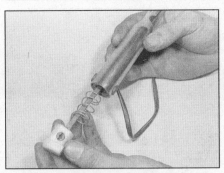

3.5b . . . och ta bort dragstången med fjäder och låshylsa

4.3 Växellådans drivfläns

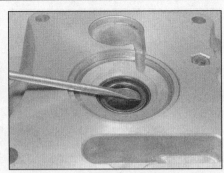

4.15 Demontering av ingående axelns packbox

4.17 Montering av ingående axelns packbox

På samtliga modeller ska dragstångens fotklack placeras så att den kan ta emot låshylsan.
7 Montera fjäder och låshylsa, låt dragstångens klack greppa in i uttaget på hylsan.
8 Sätt tillbaka växelspakens överdel på splinesen. Använd lite svagt lim om så önskas, Starkt lim ger problem nästa gång spaken ska delas.
9 Sätt tillbaka växelspaken på foten och säkra den med stiftet. På modeller med överväxel ska snöret knytas tillbaka på kabeln så att denna kan dras tillbaka till centrumkonsolen. Koppla ihop kablarna och sätt tillbaka panelen.
10 Kontrollera att alla växlar kan läggas in, inklusive backen. Om justering behövs, se avsnitt 2, paragraf 7.
11 När justeringen är tillfredsställande ska damasken, kontakten till överväxeln och andra rubbade delar återställas till sina rätta platser.

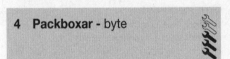

4 Packboxar - byte

Drivflänsens packbox

1 Hissa och stötta bilen.
2 Skruva loss kardanaxeln från drivflänsen och för den åt sidan.
3 Håll emot på flänsen och skruva ut centrummuttern (se illustration).
4 Dra av flänsen med avdragare. Försök inte knacka ut den. Var beredd på oljespill.
5 Peta ut den gamla packboxen och rengör sätet. Inspektera flänsens kontaktyta mot gummit. Rengör den eller byt fläns vid behov så att packboxen inte slits ut i förtid.
6 Smörj den nya packboxen och montera den, läpparna inåt, genom att knacka in den med en rörstump. På växellåda M47 ska den vara nedsänkt med 2,5 mm.
7 På växellåda M46 ska låsmassa appliceras på splinesen på utgående axeln. Var försiktig så att inte packboxen förorenas.
8 Sätt tillbaka flänsen och fäst den med muttern. Dra åt med specificerat moment.
9 Sätt tillbaka kardanaxeln.

10 Fyll på växellådsolja, se kapitel 1.
11 Sänk ner bilen. Kontrollera om det finns läckage efter nästa körning.

Ingående axelns packbox

12 Ta bort växellådan (avsnitt 6).
13 Ta bort urtrampningsdelarna ur svänghjulskåpan.
14 Skruva loss och ta bort svänghjulskåpan. Ta reda på ingående axelns lagerdistans och ta bort den gamla packningen.
15 Peta ut den gamla packboxen ur svänghjulskåpan och rengör sätet (se illustration).
16 Inspektera axelns kontaktyta mot packboxen. Om den är skadad kan en ny axel krävas.
17 Smörj den nya packboxen och montera den i svänghjulskåpan, läpparna mot växellådssidan, och knacka fast med en rörstump (se illustration).
18 Sätt tillbaka svänghjulskåpan, använd ny packning. Kom ihåg lagerdistansen till den ingående axeln, håll den på plats med en fettklick om så behövs.
19 Montera svänghjulskåpans bultar och dra åt dem med specificerat moment
20 Sätt tillbaka kopplingens delar.
21 Sätt tillbaka växellådan.

5 Backlampans kontakt - demontering och montering

Demontering

1 Bered tillträde till växellådslocket (avsnitt 9, paragraferna 3 och 4).
2 Rengör runt kontakten, dra ur kablarna och skruva ut den (se illustration).

Montering

3 Monteringen sker i omvänd ordningsföljd.

6 Manuell växellåda - demontering och montering

Notera: Växellådan kan tas bort tillsammans med motorn enligt beskrivningen i kapitel 2B och sedan tas loss från motorn på bänken. Om arbete bara ska utföras på växellåda eller

koppling är det dock bättre att bara ta ut växellådan från bilens undersida. Den arbetsbeskrivningen ges i detta avsnitt. En domkraft på hjul och en medhjälpare behövs vid demontering och montering.

Demontering

1 På växellådor med överväxel ska, om överväxeln tas bort, trycket i den först släppas ut enligt beskrivningen i avsnitt 10, punkt 1.
2 Koppla loss batteriets jordledning.
3 Motorn måste på något sätt stöttas ovanifrån så att fördelaren inte skadas av motorns rörelser. Bästa sättet är en stång, vilande i huvrännorna, som har en justerbar krok monterad.
4 Hissa upp bilen och stötta med pallbockar.
5 Lossa kardanaxeln från växellådans drivfläns.
6 Ta bort den sexkantsskruv som fäster växelspaken vid väljarstången. Tryck ut stiftet och dra isär stången från spaken.

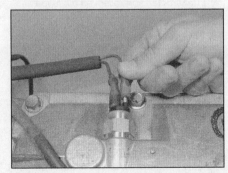

5.2 Demontering av backlampans kontakt

9.1 Demontering av växelspaksknoppens dekorplatta

9.2a Ta ut brytaren till överväxeln . . .

9.2b . . . och koppla loss den

7 Lossa fogen mellan nedåtgående avgasrör och ljuddämpare så att rörelse där medges.
8 Skruva loss växellådans tvärbalk från lådan och sidobalkarna. Ta ut tvärbalken.
9 Justera motorstödet så att fördelarlocket kommer 10 mm från torpedplåten.
10 Dra ur de elektriska multikontakterna i växellådans kabelhärva.
11 Ta bort växelspaken (avsnitt 2). Alternativt kan spakhållaren nu lossas och lämnas kvar.
12 Ta bort startmotorn (kapitel 5).
13 Ta bort kopplingens slavcylinder utan att koppla loss hydraulröret, eller haka av kopplingsvajern. Se kapitel 6.
14 Ta bort alla, utom två, bultar mellan motor och växellåda. Anteckna lägen för clips och hållare.
15 Stötta lådan med vagga och domkraft eller använd medhjälpare. Lådan är tung.
16 Ta bort resterande bultar mellan motor och växellåda och dra lådan från motorn. Låt inte den ingående axeln bära upp växellådans vikt.
17 Ta bort växellådan från bilens undersida.

Montering

18 Montering utförs i omvänd ordningsföljd. Lägg märke till följande:
a) *Lägg på en klick molybdenfett på splinesen på ingående växellådsaxel.*
b) *Se till att kopplingslamellen är korrekt centrerad och att delarna till urtramp-ningsmekanismen monterats i svänghjuls-kåpan (kapitel 6).*
c) *Justera kopplingsvajern (om monterad) (kapitel 1).*
d) *Fyll på växellådsolja (kapitel 1).*
e) *Efter arbetet, kontrollera att allt fungerar.*

7 Manuell växellåda, renovering - allmän information

Renovering av en manuell växellåda är ett svårt arbete för en hemmamekaniker. Det omfattar isärtagning och ihopmontering av många små delar. Ett stort antal toleranser måste precisionsmätas och vid behov justeras med utvalda distanser och låsringar. Om det uppstår problem med växellådan kan en kompetent hemmamekaniker ta bort och sätta

tillbaka växellådan, men renoveringen bör lämnas åt en specialist. Färdigt renoverade växellådor kan finnas att köpa. Fråga hos återförsäljaren eller grossister eller växel-lådsspecialister. I de allra flesta fall överträffar den tid och de pengar en renovering förbrukar kostnaden av en färdigrenoverad låda.

Trots detta är det inte helt omöjligt för en oerfaren mekaniker att helrenovera en växel-låda, förutsatt att specialverktyg finns till-gängliga och att arbetet utförs metodiskt, stegvis och noggrant, så att ingenting förbises.

De verktyg som krävs inkluderar tänger för inre och yttre låsringar, lagerutdragare, drag-hammare, en sats nåldorn, en mätklocka och möjligen en hydraulisk press. Dessutom krävs en stor och stabil arbetsbänk och ett skruv-stycke eller en växellådshållare.

Vid demonteringen ska noggranna anteck-ningar föras över hur varje del kommer isär, var den finns i relation till andra delar och vad som håller den fast.

Innan växellådan tas isär är det en god hjälp om du har en viss idé om var felet ligger. Vissa problem kan knytas till specifika delar i lådan, vilket kan göra det enklare att inspektera och byta delar. Se *"Felsökning"* i slutet av denna handbok för eventuella ledtrådar.

8 Överväxel - allmän information

Överväxeln är en extra växellåda som drivs av den utgående axeln från huvudlådan och ger på sin egen utgående axel en utväxling om

0,797 : 1. Lådan sitter bakom huvudlådan och är utförd som en hydrauliskt driven planet-växel. Överväxeln kopplas in på fyrans växel för reducering av motorvarven vid högre hastigheter. Den kopplas i eller ur av föraren via en kontakt som styr en elektrisk solenoid på överväxeln. En andra kontakt ingår i kretsen. Den förhindrar att överväxeln kopplas in när någon annan växel än fyran är ilagd.

Tillfredsställande feldiagnostisering, över-syn och reparationer av överväxeln kräver specialistkunskaper, fabriksverktyg och miljö-mässigt rena arbetsförhållanden. Därför rekommenderas det att en Volvoverkstad kontaktas om otillfredsställande uppträdande eller misstänkta fel finns på överväxeln.

9 Överväxelns kontakter - demontering och montering

Demontering

Av/på-brytaren

1 Bänd loss plattan på översidan av växel-spakens knopp **(se illustration)**.
2 Ta ut brytaren och koppla loss den **(se illustrationer)**.

Spärrkontakten

3 Hissa upp bilen på pallbockar.
4 Stötta växellådan, ta bort tvärbalken och lossa avgasflänsfogen. Sänk bakre delen av lådan så att du kommer åt växellådslocket.
5 Rengör runt kontakten, koppla loss kablarna och skruva ut den **(se illustrationer)**.

9.5a Koppla ur spärrkontakten . . .

9.5b . . . och skruva ut den från höljet

Tryckkontakten (endast turbo)

6 Hissa upp bilen, stöd den på pallbockar.
7 Kontakten finns på framsidan av överväxelns solenoid. Rengör runt kontakten, koppla från kablarna och skruva ut den. Var beredd på oljespill.

Montering

9 I samtliga fall gäller att montering sker med omvänd arbetsordning. Fyll vid behov på oljan i växellådan enligt anvisningarna i kapitel 1.

10 Överväxel - demontering och montering

Demontering

1 Släpp ut trycket i överväxeln genom att köra fordonet med ilagd överväxel och sedan koppla ur den med kopplingspedalen nedtryckt.
2 Hissa upp bilen på pallbockar.
3 Ta bort kardanaxeln från drivflänsen.
4 Stötta lådan, ta bort tvärbalken och sänk bakre delen av lådan utan att skada fördelaren.
5 Dra ut kablarna från solenoiden och (om monterad) tryckkontakten **(se illustration)**.
6 Ta bort de åtta muttrar som håller överväxeln vid växellådans mittsektion. Lyft upp överväxeln **(se illustrationer)**. Var beredd på oljespill. Om överväxeln inte lossnar, använd en draghammare på flänsen. Bryt inte mellan husen för växellåda och överväxel.

10.5 Koppla loss överväxelns solenoid

10.6a Fyra av överväxelns fästmuttrar

Montering

7 Monteringen sker med omvänd arbetsordning. Lägg märke till följande punkter.
a) Använd en ny packning mellan växellådan och överväxeln.
b) Dra åt muttrarna stegvis till specificerat moment.
c) Fyll på växellådsolja (kapitel 1), provkör bilen och kontrollera oljenivån igen.

11 Överväxel - renovering, allmän information

I händelse av att ett fel uppstår på överväxeln är det först nödvändigt att avgöra om felets natur är elektrisk, mekanisk eller hydraulisk. Detta kräver specialutrustning och bör alltid utföras av en Volvoverkstad.

10.6b Lyft undan överväxeln (växellådan på en arbetsbänk)

Ta inte bort överväxeln från bilen om fel misstänks. Låt göra en yrkesmässig felsökning först, eftersom de flesta testerna kräver att överväxeln finns på plats i bilen.

Kapitel 7 Del B:
Automatväxellåda

Innehåll

Svårighetsgrader

Enkelt, passar novisen med lite erfarenhet		Ganska enkelt, passar nybörjaren med viss erfarenhet		Ganska svårt, passar kompetent hemmamekaniker		Svårt, passar hemmamekaniker med erfarenhet		Mycket svårt, för professionell mekaniker	

Specifikationer

Allmänt
Beteckningar ....AW70, AW71, AW72, eller ZF4HP22

Utväxlingar

AW70/AW71:

1:a	2,45 : 1
2:a	1,45 : 1
3:e	1,0 : 1
4:e	0,69 : 1
Backen	2,21 : 1

AW72:

1:a	2,83 : 1
2:a	1,49 : 1
3:e	1,0 : 1
4:e	0,73 : 1
Backen	2,70 : 1

ZF4HP22:

1:a	2,48 : 1
2:a	1,48 : 1
3:e	1,0 : 1
4:e	0,73 : 1
Backen	2,09 : 1

Gasvajerinställning
Avstånd mellan stopp och hölje:

Tomgång	0,25 till 1,00 mm
Kickdown	51,0 ± 1,6 mm

Åtdragningsmoment

	Nm
Momentomvandlarkåpa till motor	48
Drivplatta till momentomvandlare	30
Centrumstöd till drevhus (i steg om 5 Nm)	24 till 28
Oljehus	4 till 5
Oljekylaranslutning	20 till 30
Mätsticksrörets mutter	65 till 70
Drivflänsmutter	45

ZF4HP22

Omvandlarkåpa till motor:

M10	35 till 50
M12	55 till 90

Drivplatta till momentomvandlare:
M8 .... 17 till 27
M10 .... 41 till 50
Oljehus .... 5 till 7
Påfyllningsrörets mutter .... 85 till 115
Drivflänsmutter 100

1 Allmän information

Automatväxellådan har fyra steg framåt och ett bakåt. Växling mellan stegen framåt är vanligen helt automatisk och beror på hastighet och belastning men föraren kan välja att förhindra att en högre växel väljs. På lådorna AW70/AW71/AW72 är det fjärde steget i form av en överväxel monterad mellan momentomvandlaren och resterande del av växellådan. ZF4HP är däremot en integrerad fyrstegs enhet.

Drivningen tas från motorn till växellådan av en momentomvandlare. Denna är en typ av viskös koppling som under vissa förhållanden har en vridmomentsökande effekt. På vissa modeller är momentomvandlaren mekaniskt låst vid höga hastigheter i tredje och fjärde växeln för att minska effektförluster från slirning och därmed förbättra bränsleekonomin.

Växelväljaren har 6 eller 7 lägen: P, R, N, D, 3 (på vissa modeller), 2 och 1. Motorn kan endast startas i lägena P och N. I läge P är kraftöverföringen mekaniskt låst. Detta läge ska endast väljas när bilen står helt stilla. I läge R är backen ilagd, i N friläge (neutral). I läge D sker växlingarna automatiskt mellan samtliga steg. I lägena 3, 2 och 1 kan en högre växel än den valda inte väljas. Dessa låga växlar ska inte väljas vid så höga hastigheter att motorn övervarvas.

I de fall läge 3 saknas på väljaren har en knapp på växelväljarens sida den funktionen att den förhindrar att överväxeln (4:an) väljs. En varningslampa på instrumentbrädan anger när överväxeln är urkopplad.

En växellåsfunktion finns i växelväljarmekanismen. Denna förhindrar att växelväljarspaken rörs när motorn stoppats eller när tändningen är avslagen och växelväljaren i läge P.

En kickdown-funktion gör att lådan växlar ned ett steg (om motorvarvet tillåter) när gaspedalen trycks i botten. Detta är användbart när extra acceleration behövs. Kickdown styrs med en vajerlänk från gasvajertrumman.

Växellådsoljan kyls av en värmeväxlare som byggts in i en av huvudkylarens sidotankar och (på vissa modeller) av en extra kylare monterad framför huvudkylaren.

En automatväxellåda är en komplex enhet. Om den inte misshandlas är den mycket pålitlig och långlivad. Reparationer och renoveringar ligger utanför möjligheternas gränser för många verkstäder, för att inte tala om hemmamekaniker. Om uppkomna problem inte kan lösas med hjälp av detta kapitel ska specialisthjälp anlitas.

2 Växelväljare - kontroll och justering

Kontroll

1 Kontrollera att spaken är vertikal i läge P (utan att beröra centrumkonsolen). Justera vid behov underifrån genom att lossa aktiverarstagets mutter **(se illustrationer)**.
2 Kontrollera att motorn endast startar i lägena P och N och att backlampan endast tänds i läge R med tändningen påslagen.
3 Kontrollera att spelet från D till N är detsamma som, eller mindre än spelet från 2 till 1 (AW70/AW71/AW72) eller från 3 till 2 (ZF4HP22).

Justering

4 Om det är för lite spel i D, lossa reaktionsstagets mutter (under bilen) och flytta staget ca 2 mm bakåt **(se illustration)**.
5 Om det är för lite spel i 3 eller 2, lossa på muttern och dra staget ca 3 mm framåt.
6 Dra åt muttern och kontrollera spelet på nytt.

3 Kickdown-vajer - kontroll och justering

Kontroll

1 När gasspjällänken är i tomgångsläge ska avståndet mellan det påkrympta stoppet på kickdown-vajern och justeringshylsan vara mellan 0,25 och 1,0 mm **(se illustration)**. Vajern ska vara spänd.
2 Låt en medhjälpare trycka gaspedalen i botten. Mät åter avståndet mellan stoppet och justeringen **(se illustration)**. Det ska vara mellan 50,4 och 52,6 mm. I detta läge ska det gå att dra ut vajern 2 mm.

2.4 Växelväljarens reaktionsstagsmutter (vid pilen, under vajern)

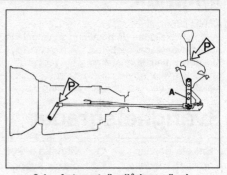

2.1a Automatväxellådans växelväljarsystem i läge P
A Aktiverarstag

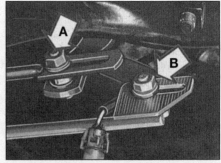

2.1b Justeringsmuttrar till automatväxellådans växelväljarsystem
A Aktiverarstag   B Reaktionsstag

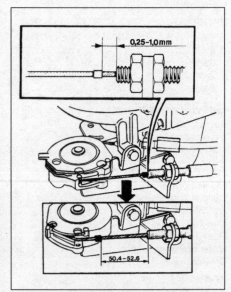

3.1 Kickdown-vajerns justering vid tomgång (övre infälld bild) och vid full gas (nedan)

3.2 Kontroll av kickdown-vajerns justering vid full gas

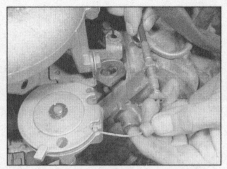

4.1 Lossa kickdown-vajern i gasspjäl- länden

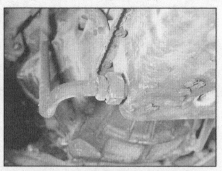

4.2 Muttern till växellådans mätsticks-/ påfyllningsrör

2 Ta bort de två skruvar som fäster vänster halva av väljarhöljet - en skruv på vardera sidan om borsten. Lyft upp höljeshalvan.
3 Ta bort hållaren med växelväljarsymbolerna från höljet **(se illustration)**.
4 Ta bort brytarhållande skruvar, dra ur multi-kontakten och ta bort brytaren.
5 Om en ny brytare monteras ska linsen flyttas över till den.

Montering

6 Montering sker med omvänd arbets-ordning. Kontrollera att klacken på spaken greppar in i urtaget på kontakten.

4.4a Demontering av kickdown-vajer - AW-lådor

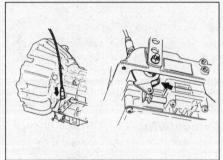

4.4b Kickdown-vajerns fästen - ZF-lådor

Justering

3 Justera vid behov genom att lossa lås-muttrarna, vrida på justeringshylsan och dra åt låsmuttrarna.
4 Om korrekt injustering inte kan uppnås är antingen gasspjällänken feljusterad (kapitel 4) eller det påkrympta vajerstoppet på fel plats (avsnitt 4).

4 Kickdown-vajer - byte

1 Lossa kabeljusteringen vid gasspjället. Lossa vajerns innerdel från trumman och ytterdelen från fästet **(se illustration)**.
2 Ställ bilen på pallbockar. Töm ur automat-växellådans oljetråg genom att ta ur pluggen (om monterad) och mätsticks-/påfyllnings-rörets mutter **(se illustration)**.

 Varning: Oljan kan vara mycket het.

3 Rengör oljetråget, skruva loss och ta bort det. Var beredd på spill. Ta reda på packningen.
4 Rengör kring vajerhöljet där det går in i lådan. Haka av vajerns innerdel från kammen, använd en skruvmejsel till att vrida kammen **(se illustrationer)**. Skär av vajerns innedel under stoppet vid gasspjällsidan om det inte är nog slack i innerdelen. Lossa vajerhöljet och ta bort vajern.
5 Montera den nya vajern på lådan, haka på

innerdelen på kammen och fäst höljet på lådan. Använd ny O-ring och fett på höljet där det går in i lådan.
6 Fäst vajerhöljet på gasspjällsidan. Dra i vajerns innerdel till dess att ett lätt motstånd känns. I detta läge ska stoppet krympas på 0,25 till 1,0 mm från justeringen.
7 Sätt tillbaka vajerns innerdel på trumman, justera vajern enligt beskrivningen i avsnitt 3.
8 Rengör insidan av oljetråget, inklusive magneterna, om monterade.
9 Sätt tillbaka oljetråget, använd ny packning, sätt tillbaka mätsticks-/påfyllningsröret.
10 Fyll på med automatlådeolja (se kapitel 1).
11 Sänk ner bilen, provkör växellådan, kontrollera sedan oljenivån och att oljetråget är tätt.

5 Kickdown-markör - justering

Skruva in markören så långt det går i pedalen.
   Tryck ned gaspedalen för hand till början av kickdown-läget. Håll pedalen i detta läge och skruva ut markören så att den tar i golvet.

6 Startmotorspärr/ backljuskontakt - demontering och montering

Demontering

1 Ta bort askkopp och centrumkonsol-panelen framför växelväljaren.

7 Överväxelbrytare (växellåda AW70/AW71/AW72) - demontering och montering

Demontering

Bänd ut brytaren från växelväljarspakens sida och koppla ur den **(se illustration)**.

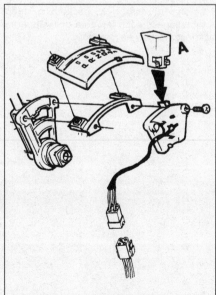

6.3 Startspärr/backljus och tillhörande delar
A Lins

7.1 Demontering av brytaren till överväxeln

Montering

Monteringen sker i omvänd ordningsföljd.

8 Växellådans packboxar - byte

Notera: *Det är av största vikt att smuts inte tränger in i växellådan under arbetet med denna.*

Drivflänsens packbox

1 Arbetsbeskrivningen är identisk med den för manuella växellådor i del A, avsnitt 4, med undantag för att flänsens centrummutter kan vara säkrad med en låsbricka.

Packbox mellan ingående axel och momentomvandlare

2 Ta bort växellådan (avsnitt 9).
3 Lyft ut momentomvandlaren från sin plats. Var försiktig, den är full med olja.
4 Ta bort den gamla packboxen. Rengör sätet och inspektera kontaktytan på momentomvandlaren.
5 Smörj in den nya packboxen med automatlådeolja och montera den, läpparna inåt, med hjälp av en rörstump.

---

6 Sätt ihop momentomvandlaren och lådan.

Väljaraxelns packbox

7 Ta bort väljararmens mutter och dra av armen från axel.
8 Peta ut packboxen med en liten skruvmejsel. Rengör sätet.
9 Smörj den nya packboxen och montera den, läpparna inåt, med en rörstump.
10 Sätt tillbaka väljararmen och dra åt muttern.

Samtliga packboxar

11 Efter arbetet ska oljenivån i automatväxellådan kontrolleras enligt beskrivningen i kapitel 1.

9 Automatväxellåda - demontering och montering

Notera: *Om lådan tas bort för reparation, kontrollera först att den som ska reparera lådan inte behöver testa den monterad i bilen.*

Demontering

1 Välj P (AW70/AW71/AW72) eller N (ZF).
2 Koppla från batteriets jordledning.
3 Lossa kickdown-vajern vid gasspjället.
4 Lyft upp bilen på pallbockar. Töm ut automatlådeoljan genom att ta bort muttern till röret för mätstickan/påfyllningen

⚠️ **Varning: Oljan kan vara mycket het.**

5 Ta bort väljarlänkning och (om tillämpligt) överväxelns kontaktledning från lådans sida.
6 Ta bort startmotorn (kapitel 5).
7 Ta bort röret för mätstickan/påfyllningen.
8 Koppla ur oljekylningsanslutningarna på lådan, Var beredd på spill och plugga hålen så att smuts inte kommer in i systemet.
9 Ta bort nedåtgående avgasrör och skruva

---

loss avgasfästet från växellådans tvärbalk. Stötta avgassystemet vid behov.
10 Lossa kardanaxelflänsen.
11 Om monterad, ta bort täckplåten från undersidan av momentomvandlarkåpan. Ta även bort kylgallren.
12 Lås drivplattan och ta bort de bultar som fäster momentomvandlaren vid drivplattan. Vrid på vevaxeln så att bultarna blir synliga. På vissa modeller går det att arbeta genom hålet till startmotorn.
13 Stötta växellådan, helst med en välkonstruerad vagga. Skruva ur bultarna till tvärbalken och ta bort tvärbalken.
14 Sänk ned växellådan till dess att den står stabilt. Se till att inte fördelaren krossas mot torpedplåten.
15 Ta bort de bultförband som fäster momentomvandlaren vid motorn.
16 Använd en medhjälpare och dra av växellådan från motorn samtidigt som momentomvandlaren vrids undan från drivplattan. Luta lådan bakåt och sänk ned den från motorn. Den är tung.

Montering

17 Monteringen sker i omväng ordningsföljd. Lägg märke till följande punkter:

a) Lägg på en fettklick på momentomvandlarens styrklack.
b) Dra åt de bultar som fäster momentomvandlaren vid drivplattan stegvis till specificerat moment.
c) Dra inte åt muttern till mätstickans rör till fullo innan rörfästet säkrats.
d) Justera väljarmekanismen (avsnitt 2) och kickdown-vajern (avsnitt 3).
e) Fyll upp växellådan med olja. Om en ny låda monteras, spola ur oljekylaren - (se "Byte av automatlådeolja" i kapitel 1). Dessutom, spola ur hjälpkylaren (om monterad) med en handpump. Hjälpkylaren är termostatstyrd och spolas inte ur vid oljebyten.

Kapitel 8
Kardanaxel och bakaxel

Innehåll

Svårighetsgrader

Enkelt, passar novisen med lite erfarenhet	Ganska enkelt, passar nybörjaren med viss erfarenhet	Ganska svårt, passar kompetent hemmamekaniker	Svårt, passar hemmamekaniker med erfarenhet	Mycket svårt, för professionell mekaniker

Specifikationer

Bakaxel

Slututväxling (beroende på modell och tillverkningsår) . . . .   3,31; 3,54; 3,73; 3,91 eller 4,10:1

Åtdragningsmoment

Nm

Kardanaxel

Gummiknutens muttrar och bultar	80
Flänskopplingens muttrar och bultar:	
M8 bultar:	
Steg 1	30
Steg 2	Dra i ytterligare 60°
M10 bultar	50

Bakaxel

Pinjongens flänsmutter (se text):	
Massiv bricka	200 till 250
Hoptryckningsbar bricka	180 till 200
Hastighetsmätargivarens låsmutter	25 till 40
Drivaxelns lagerplåtsbultar	40
Bärarmens bultar	45
Bärarmens muttrar	85
Bärarm till axel	45
Panhardstag	85
Stötdämparens nedre fästen	85
Momentstag	140

1 Allmän information

Detta kapitel tar upp drivlinans delar från växellådan till bakhjulen. Kapitlet är upplagt så att delarna grupperas i två kategorier, kardanaxeln och bakaxeln. Separata avsnitt i kapitlet innehåller allmän information och arbetsbeskrivningar för vardera kategorin.

I och med att många av de arbeten som tas upp i detta kapitel utförs under bilen ska du se till att den är stöttad på pallbockar placerade på plan fast mark (se "*Lyftning och stödpunkter*").

2 Kardanaxel - beskrivning

Kardanaxeln är ett tvådelat rör. Två eller tre universalknutar används och vissa modeller har en gummiknut mellan växellådans drivfläns och kardanaxelns fläns. Ett stödlager bär upp axeln vid kopplingen mellan de två delarna.

Universalknutarna är säkrade med låsringar vilket gör dem lättare att renovera.

3 Gummiknut - demontering och montering

Demontering

1 Lyft upp bilen på pallbockar.
2 Märk upp de inbördes positionerna för axeln och drivflänsen.
3 Ta bort de sex bultförband som fäster flänsen

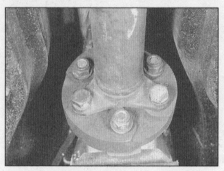

3.3 Gummiknutens muttrar och bultar

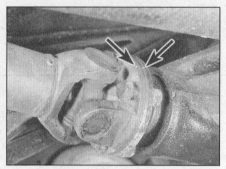

4.3 Kardanaxelns bakre fläns - observera lägesmarkeringarna (vid pilarna)

till kopplingen **(se illustration)**. (Det kanske inte är möjligt att dra ut de framåtriktade bultarna, men de kan stanna på flänsen.)

4 Dra axeln bakåt och sänk ned den främre delen. Ta bort gummiknuten, centrumhylsan och styrningen.

Montering

5 Monteringen sker med omvänd arbetsordning. Använd positionsmärkningen och dra åt samtliga bultförband till specificerat moment. Använd lite glidmedel på styrstiftet.

4 Kardanaxel - demontering och montering

Demontering

1 Lyft upp bilen på pallbockar eller kör den över en smörjgrop.
2 Märk upp de inbördes positionerna för samtliga delar.
3 Ta bort samtliga flänsbultförband med undantag för ett i var ände **(se illustration)**. Lämna dessa löst åtdragna.
4 Låt en medhjälpare stötta axeln. Ta bort de bultar som fäster stödlagerhållaren.
5 Låt medhjälparen assistera vid borttagandet av de sista flänsförbanden. Ta bort kardanaxel och stödlager från bilens undersida. Ta reda på gummiknuten (om monterad).
6 Om du inte har en medhjälpare kan axeln tas bort i två delar, bakdelen först. Sektionerna kan dras isär - lossa gummidamasken på stödlagrets baksida när detta görs.

5.2 Renoveringssats till universalknut

Montering

7 Monteringen sker med omvänd arbetsordning. Använd positionsmärkningen och dra åt samtliga bultförband till specificerat moment. Dra inte åt lagerhållarens bultar innan flänsbultarna dragits. Stödlagerhållarens bulthål är avlånga så att lagret kan inta ett obelastat läge.

5 Universalknutar - renovering

1 Knutarna kan behöva renoveras på grund av för stort spel. En stel knut orsakar vibrationer vilket är en annan renoveringsorsak.
2 Skaffa en renoveringssats (knutkors, lagerskålar och låsringar) per knut **(se illustration)**.
3 Rengör knuten och applicera inträngande olja eller släppmedel på låsringarna.
4 Ta bort låsringarna. Om de sitter fast, knacka på dem med ett dorn.
5 Placera knutens ok i de öppna käftarna i ett skruvstycke, Knacka på flänsen med en plast- eller kopparhammare eller placera en rörstump över lagerskålen och knacka på stumpen till dess att skålen sticker ut en smula. Knacka inte för hårt och spänn inte fast axeln för hårt - om den vrids är den oanvändbar.
6 Greppa lagerskålen med en självlåsande tång och dra ut den. Ta reda på lösa rullar.
7 Upprepa till dess att knutkorset kan tas ut ur oket och alla lagerskålar är borttagna.
8 Rengör lagersätena i axeln och flänsen.
9 Ta försiktigt bort lagerskålarna från det nya knutkorset. Kontrollera att samtliga innehåller sin uppsättning rullar och att tätningarna är ordentligt fastsatta. Rullarna ska redan vara inpackade i fett.
10 För knutkorset mot oket. Montera en lagerskål på knutkorset och se till att rullarna inte rubbas.
11 Knacka lätt på skålen så att den sätter sig och pressa sedan in den med skruvstycket och en rörbit eller hylsa (se foto). Lagerskålen ska vara försänkt med 3 - 4 mm.
12 Montera låsringen så att lagerskålen säkras.
13 Montera och säkra motsatt lagerskål och

sätt sedan ihop hela knuten på samma sätt.
14 Kontrollera att knuten har full rörelsefrihet. Om den kärvar, knacka med mjuk hammare.
15 Om vibrationer finns kvar efter renovering av knutar kan det vara så att axeln måste balanseras. Detta kan bara utföras av en specialist.

6 Stödlager - byte

Notera: *Ett flertal olika typer av stödlager och gummidamasker förekommer. Om du köper nya i förväg, var då noga med att få de rätta delarna.*

1 Ta bort kardanaxeln (avsnitt 4) och dela på den.
2 Stötta främre delen av lagret och hållaren i V-block eller med ett stycke delat rör. Pressa eller driv ut axeln ur lagret. Ta reda på skyddsringarna från lagrets bägge sidor.
3 Om lagerhållaren är oskadad kan det gamla lagret drivas ut och ett nytt pressas in. I annat fall byts lager och hållare som en enhet.
4 Montera en ny främre skyddsring på axeln och knacka fast den i läge med en trä- eller plastklubba.
5 Montera nytt lager och hållare. Placera dem i läge med ett rör tryckande på lagrets innerbana.
6 Montera den bakre skyddsringen. Håll den rak medan den knackas in.
7 Kontrollera att lagret snurrar fritt och montera sedan ihop de två delarna av kardanaxeln. Använd den tidigare gjorda positionsmärkningen. Använd ny damask och/eller hållarring vid behov.
8 Sätt tillbaka kardanaxeln i bilen.

7 Bakaxel - beskrivning

Bakaxeln är av konventionellt utförande. Ett styvt hus omsluter bakaxelutväxlingen och drivaxlarna. Huset hålls på plats av två momentstag fastbultade i den centrala monteringsramen, av två bärararmar och Panhardstaget.

Bakaxelutväxlingen är monterad centralt i huset. Den består av en differential, kronhjul och pinjong. Drivningen från kardanaxeln överförs till kronhjulet av pinjongen. Differentialen är fastbultad i kronhjulet och överför drivningen till drivaxlarna. Differentialen och pinjongerna medger att drivaxlarna vid behov kan rotera med olika hastigheter, exempelvis i kurvor.

Vissa modeller är försedda med en differentialbroms. Den begränsar hastighetsskillnaden mellan drivaxlarna med friktionskopplingar. Detta förbättrar dragkraften på halkiga underlag.

Arbete på bakaxeln ska begränsas till det som beskrivs i detta kapitel. Om bakaxeln måste renoveras ska detta göras av en Volvoverkstad eller annan specialist.

8 Pinjongens packbox - byte

⚠️ **Varning: Om axeln har en hoptryckbar bricka framför pinjonglagret (samtliga modeller som har bokstaven "S" före axelns serienummer) måste försiktighet iakttagas så att inte pinjongens flänsmutter dras åt för hårt. Om muttern dras för hårt kan det bli nödvändigt att ta axeln till en Volvoverkstad för montering av ny bricka.**

1 Lyft upp bilen på pallbockar eller kör den över en smörjgrop.
2 Skruva loss kardanaxelns fläns från pinjongflänsen. Märk upp flänsarnas inbördes lägen.
3 Håll fast pinjongflänsen med en stång och ett par bultar och skruva ut flänsmuttern.
4 Måla eller rista positionsmärken mellan pinjongflänsen och pinjongaxeln.
5 Dra av pinjongflänsen. Om den sitter fast, knacka på den bakifrån med en kopparhammare. Var beredd på oljespill.
6 Bänd ut den gamla packboxen. Rengör sätet och knacka in en ny packbox, läpparna inåt.
7 Inspektera flänsens kontaktyta mot packboxen. Rengör den eller byt fläns efter behov.
8 Olja in packboxens läppar och sätt tillbaka flänsen med hjälp av positionsmärkena om den gamla flänsen används.
9 Sätt tillbaka flänsmuttern och dra åt den till specificerat moment beroende på axeltyp. På axlar med hoptryckbar bricka ska momentet

absolut inte överskridas eftersom detta kan leda till förtida haveri i pinjonglagret.
10 Montera kardanaxel och sänk ned bilen.
11 Kontrollera oljenivån i bakaxeln enligt beskrivningen i kapitel 1 och fyll på vid behov.

9 Drivaxel, lager och packboxar - demontering och montering

Demontering

1 Ta bort handbromsens backar (se kapitel 9).
2 Ta bort de fyra bultar som fäster drivaxelns lagerhållare **(se illustration)**. Ta reda på clipsen till bromsbackarna.
3 Sätt tillbaka bromsskivan fel väg (bromstrumman utåt) och fäst med hjulmuttrarna, plana sidan inåt. Dra i bromsskivan så att drivaxel dras ut. Var beredd på oljespill.
4 När drivaxeln tagits ut kan den inre packboxen petas ut ur axelröret. Rengör packningssätet och knacka in en ny packbox i läge med en klubba och en rörstump.
5 Byte av den yttre (fett) packboxen ska överlämnas till Volvoverkstad eller annan specialist eftersom detta kräver pressverktyg.

Montering

6 Innan monteringen, se till att lagret och packboxläpparna är inpackade i fett.
7 Rengör axelrörets och lagerplattans kontaktytor och lägg på tätningsmassa.
8 Placera drivaxeln i axelröret. Var försiktig så att du inte skadar packboxen. Fäst med lagerplattan och de fyra bultarna, åtdragna till specificerat moment. Kom ihåg att montera handbromsbackarnas clips.
9 Ta bort bromsskivan (om det inte redan är gjort) och sätt tillbaka handbromsens backar.
10 Kontrollera oljenivån i bakaxeln enligt beskrivningen i kapitel 1 och fyll på vid behov.

10 Bakaxel - demontering och montering

Demontering

1 Lossa bakhjulens hjulmuttrar. Hissa upp och stötta bakvagnen med bakhjulen fria.
2 Ta bort bakhjulen.
3 Ta bort de bakre bromsoken, utan att koppla ur dem, bromsskivorna och handbromsbackarna. Se kapitel 9 för kompletta arbetsbeskrivningar.
4 Haka av handbromsvajern från skölden och fästena på bakaxeln.
5 Skruva loss axelns momentstag från ramen och det undre momentstaget från axeln **(se illustration)**.
6 Stötta axeln med vagga och domkraft. Lägg axelns vikt på domkraften.
7 Om avgasröret är draget under bakaxeln skall detta tas bort.
8 Ta bort Panhardstaget.
9 Koppla ur hastighetsmätarens givare/ABS-kontakterna (vad som finns monterat). Hastighetsmätargivarens kontakt kan vara säkrad med låstråd och försegling som i så fall måste brytas.
10 Skruva loss fogen mellan kardanaxeln och bakaxelflänsen.
11 Skruva loss det övre momentstaget från bakaxeln.
12 Skruva ur stötdämparnas undre fästen.
13 Ta bort bärarmarnas främre fästens bultar och muttrar.
14 Sänk ned bakaxeln och frigör samtidigt bärarmarnas främre hållare och ta bort den underifrån bilen.
15 Om så önskas kan nu krängningshämmaren (om sådan är monterad) och bärarmarna tas bort från bakaxeln. Vänster och höger bärarm är olikformade. Blanda inte ihop dem.

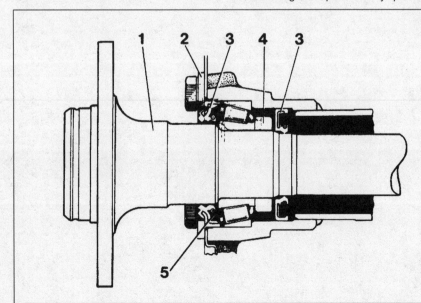

9.2 Sprängskiss över drivaxel, lager och packboxar

1 Drivaxel
2 Låsplatta
3 Packboxar
4 Lagerhållare
5 Plats för fett

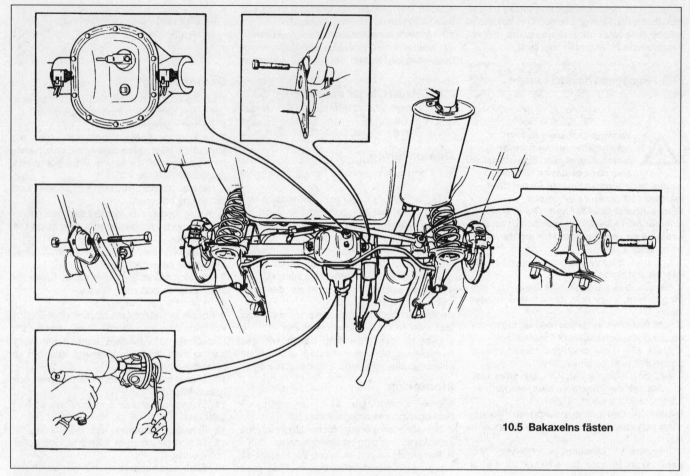

10.5 Bakaxelns fästen

Montering

16 Monteringen utförs i omvänd ordnings-följd mot demonteringen. Lägg märke till följande punkter:

a) När bärarmarna ska sättas tillbaka på axeln ska muttrarna dras åt stegvis och diagonalt till specificerat moment.

b) Gör inte den slutliga åtdragningen av momentstagen förrän bilen står på marken (eller axeln trycks upp med domkraften för att simulera detta).

c) Kontrollera oljenivån i bakaxeln efter avslutat arbete enligt beskrivningen i kapitel 1 och fyll på vid behov.

Kapitel 9
Bromssystem

Innehåll

Svårighetsgrader

Enkelt, passar novisen med lite erfarenhet	Ganska enkelt, passar nybörjaren med viss erfarenhet	Ganska svårt, passar kompetent hemmamekaniker	Svårt, passar hemmamekaniker med erfarenhet	Mycket svårt, för professionell mekaniker

Specifikationer

Främre bromsar

Minsta beläggtjocklek, bromsklossar	3,0 mm
Bromsskivornas tjocklek:	
280 mm skiva:	
Ny	26,0 mm
Slitagegräns	23,0 mm
287 mm skiva:	
Ny	22,0 mm
Slitagegräns	20,0 mm
Maximalt axialkast	0,06 mm

Bakre bromsar

Minsta beläggtjocklek, bromsklossar	2,0 mm
Bromsskivornas tjocklek:	
Ny	9,6 mm
Slitagegräns	8,4 mm
Maximalt axialkast	0,08 mm

Handbroms

Trumdiameter	160 mm
Maximalt radialkast	0,15 mm
Maximal ovalitet	0,20 mm

Åtdragningsmoment

	Nm
Bultarna till främre oken*	100
Styrpinnar till främre ok*	30
Främre dammskydd	24
Bultarna till bakre oken*	58
Bakre dammskydd	40
Huvudcylinderns fästmuttrar	30
Servons fästmuttrar	14
Rörkopplingar	14
Slangkopplingar	17

Använd alltid nya bultar

1 Allmän information

Bromspedalen manövrerar skivbromsar på de fyra hjulen via ett servoförstärkt hydrauliskt system med dubbla kretsar. Handbromsen manövrerar separata trumbromsar på bakhjulen via vajrar. Låsningsfria bromsar (ABS) finns på vissa modeller och beskrivs närmare i avsnitt 15.

Det hydrauliska systemet är delat i två kretsar så att om en krets slås ut kommer den andra fortfarande att ge fullgod bromskraft (även om pedalväg och kraft kan komma att öka). På modeller före 1992 (utom ABS-försedda) används en triangulär delning där vardera kretsen betjänar ett bakre ok och halva bägge främre oken. På senare modeller och samtliga ABS-försedda används axiell delning så att den ena kretsen går enbart över framhjulen och den andra enbart över bakhjulen. På samtliga modeller från 1992 och framåt finns en tryckreduceringsventil i den bakre bromskretsen som förhindrar bakhjulslåsning under extrema inbromsningar.

Bromsservon är av direktverkande typ och finns placerad mellan bromspedalen och huvudcylindern. Servon förstärker förarens kraft och är vakuumstyrd. Vakuumet tas från insugsröret.

Varningslampor på instrumentbrädan meddelar föraren om låg bromsoljenivå tack vare en nivåvakt i huvudcylinderns behållare. En annan varningslampa talar om när handbromsen är åtdragen. Bromsljusen finns inkluderade i övervakningssystemet för glödlampor

Notera: *Arbete med systemet ska utföras försiktigt och metodiskt under iakttagande av klinisk renlighet vid renovering av någon del av hydraulsystemet. Byt alltid till nya delar (i axeluppsättningar där så behövs) om minsta tveksamhet råder angående skicket. Använd alltid originaldelar från Volvo eller åtminstone delar av erkänt god kvalitet. Kom ihåg de varningar som finns i "Säkerheten främst" och relevanta punkter i detta kapitel gällande farorna med asbestdamm och hydraulolja.*

2 Hydraulsystem - avluftning

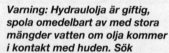

⚠️ **Varning: Hydraulolja är giftig, spola omedelbart av med stora mängder vatten om olja kommer i kontakt med huden. Sök omedelbar läkarhjälp vid om oljan svalts eller kommit i ögonen. Vissa typer av hydraulolja är lättantändliga och kan fatta eld vid kontakt med heta delar. Vid arbete med hydraulsystem är det säkrast att förutsätta att oljan ÄR lättantändlig och vidta samma skyddsåtgärder som vid arbete med bensin. Hydraulolja är**

dessutom ett effektivt färgborttagningsmedel och angriper plaster. Om spill uppstår ska detta omedelbart sköljas bort med enorma mängder rent vatten. Slutligen är vätskan också hygroskopisk (absorberar fukt från luften). Ju mer fukt som absorberas av oljan dess lägre blir kokpunkten för denna, vilket leder till en farlig förlust av bromseffekt under hård inbromsning. Gammal hydraulolja kan vara förorenad och oduglig för användning. Vid påfyllning ska alltid rekommenderad typ från en nyöppnad förpackning användas.

Allmänt

1 Korrekt funktion av det hydrauliska bromssystemet är endast möjlig om det är fritt från luft. Detta uppnås genom att systemet avluftas.

2 Vid avluftningen ska endast färsk, ren hydraulolja av specificerad typ användas. Återanvänd inte olja som redan tappats ur systemet. Se till att ha tillräckligt med olja innan arbetet påbörjas.

3 Om det finns någon möjlighet att felaktig vätska använts i systemet måste ledningar och delar spolas ur med ren hydraulolja och sedan förses med nya packningar och packboxar.

4 Om bromsolja förlorats från huvudcylindern på grund av läckage i systemet måste läckan spåras och tätas innan arbetet kan fortsätta.

5 Parkera bilen på plan mark, slå av tändningen och lägg i ettans växel (manuell låda) eller P (automatväxellåda), lägg klossar vid hjulen och släpp upp handbromsen.

6 Kontrollera att samtliga rör och slangar är fästa, att anslutningarna är åtdragna och att avluftningsskruvarna är stängda. Ta bort dammskydden på avluftningsskruvarna och gör rent kring dem.

7 Skruva upp huvudcylinderbehållarens lock och fyll på bromsolja till märket MAX. Skruva på locket löst och kom ihåg att under hela proceduren alltid hålla nivån ovanför MIN. I annat fall finns risk för att än mer luft kommer in i systemet.

8 Det finns ett antal gör-det-själv-satser avsedda för enmans avluftning av bromssystem att köpa i affärer för biltillbehör. Där så är möjligt är det att rekommendera att en sådan sats används eftersom de verkligen förenklar avluftningen och även minskar risken för att avtappad olja/luft sugs tillbaka i systemet. Om sådan sats inte finns tillgänglig måste den grundläggande tvåmannametoden användas. Den beskrivs nedan i detalj.

9 Om en sats används, förbered bilen enligt tidigare anvisningar och följ satstillverkarens anvisningar. Arbetsbeskrivningarna kan variera i detaljer beroende på sats. Generellt sett fungerar de enligt beskrivning nedan i relevanta avsnitt.

10 Oavsett metod måste korrekt ordningsföljd iakttas (paragraferna 11 till 13) så att all luft verkligen tappas ut ur systemet.

Ordningsföljd för avluftning

11 Om hydraulsystemet bara delvis kopplats ur och korrekta förebyggande åtgärder vidtagits för att minimera oljeförlust ska det bara vara nödvändigt att avlufta den delen (primärkretsen eller sekundärkretsen).

12 Om hela systemet ska avluftas ska detta göras i följande arbetsordning:

a) Bakhjulsbromsarna (valfri ordningsföljd).

b) Framhjulsbromsarna (valfri ordningsföljd)

13 På modeller före 1992 utan ABS finns det två avluftningsskruvar på vardera framhjulsoket och en på vardera bakhjulsoket. Resterande modeller har en avluftningsskruv per ok. Vid avluftning av framhjulsbromsar med två avluftningsskruvar, börja med den undre på vardera oket och sedan de övre.

Avluftning - grundmetod (tvåmanna)

14 Använd en ren, genomskinlig glasburk och en lämplig längd slang av plast eller gummi som har en tät passform över avluftningsskruven samt en ringnyckel som passar skruvarna. En medhjälpare behövs.

15 Om det inte redan gjorts, ta bort dammskyddet på avluftningsskruven på den första broms som ska avluftas och montera avluftnings-slangen på skruven.

16 Sänk ned den andra änden av slangen i burken, som redan ska vara fylld med så mycket bromsolja som krävs för att täcka slangänden.

17 Se till att nivån i huvudcylinderns behållare hålls åtminstone över markeringen MIN under hela arbetet.

18 Öppna avluftningsskruven cirka ett halvt varv och låt medhjälparen trycka ned bromspedalen med ett mjukt, stadigt tramp ända ned i botten och hålla kvar pedalen där. När flödet genom slangen stannar av, dra åt avluftningsskruven och låt medhjälparen släppa upp bromspedalen långsamt.

19 Upprepa detta (paragraf 18) till dess att ren bromsolja, utan luftbubblor, kan ses vid slangens mynning.

20 När luftbubblor inte längre förekommer, dra åt skruven och ta bort slangen samt montera dammskyddet. Upprepa sedan med samtliga bromsok i rätt ordningsföljd till dess att all luft tagits bort från systemet och bromspedalen känns fast.

Avluftning - sats med envägsventiler

21 Som namnet antyder består dessa satser av en slangbit med en envägsventil som förhindrar att avtappad luft/olja sugs tillbaka in i systemet. Vissa satser innehåller även en genomskinlig behållare som kan placeras så att det blir lättare att se luftbubblorna i slangänden.

22 Satsen monteras på avluftningsskruven vilken sedan öppnas **(se illustration)**. Kliv tillbaka i förarsätet och tryck ned bromspedalen med en mjuk stadig rörelse och släpp sedan upp den. Upprepa detta till dess att luftbubblorna är borta.

2.22 Envägs avluftningsventil kopplad till en främre avluftningsskruv

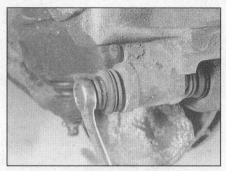

4.2 Demontering av ett främre oks nedre styrstiftsbult

4.3 Vrid oket uppåt

23 Dessa satser förenklar arbetet så mycket att det är lätt att glömma bort oljenivån i huvudcylinderns behållare. Se till att denna nivå alltid är ovanför MIN-strecket.

Avluftning - med sats för trycksatt avluftning

24 Dessa satser manövreras vanligen med övertrycket i reservdäcket. Lägg dock märke till att det troligen är nödvändigt att minska trycket där, se de instruktioner som medföljer.
25 I och med att en trycksatt bromsoljefylld behållare monteras ihop med huvudcylinderns behållare utförs avluftningen genom att skruvarna (i angiven ordningsföljd) öppnas så att oljan kan rinna ut, som ur en kran, till dess att det inte längre bubblar i slangmynningen.
26 Denna metod har den fördelen att den stora oljebehållaren ger ett extra skydd mot att luft dras in i systemet under avluftningen.
27 Trycksatt avluftning är speciellt effektiv vid arbete med "svåra" system eller när avluftning utförs efter det att hela systemet tappats ur vid byte av bromsolja. Det är även den metod Volvo rekommenderar ifall hydraulsystemet till bromsarna tappas ur, helt eller delvis.

Samtliga metoder

28 Efter fullbordad avluftning, kontrollera och fyll på nivån i huvudcylinderns behållare.
29 Kontrollera känslan i bromspedalen. Om denna är svampig finns det fortfarande luft i systemet. Detta kräver fortsatt avluftning. Om avluftning misslyckas efter ett flertal försök kan detta bero på slitna packningar i huvudcylindern.
30 Kassera bromsolja som tappats ut vid avluftning. Den kan inte användas till någonting.

3 Hydraulrör och -slangar - inspektion och byte

Notera: *Innan arbetet påbörjas, se varningarna i början av avsnitt 2 gällande riskerna med hydraulolja.*

Inspektion

1 Sätt upp bilen på pallbockar, så högt att rör och slangar under hjulhus och på fjädrings-

detaljer är åtkomliga för inspektion.
2 Kontrollera att de stela rören sitter säkert fast och att de är fria från rost och skador.
3 Kontrollera att de flexibla slangarna inte har sprickor, delningar eller utbuktningar. Böj slangarna mellan tummen och pekfingret och se efter om de då uppvisar sprickor. Byt samtliga slangar vars skick är det minsta tvivelaktigt. Det är värt att överväga slangbyte vid varje schemalagt byte av hydraulolja i bromssystemet som en förebyggande åtgärd.

Byte

4 Detaljerna kring byte av rör och slangar varierar beroende på placeringen av delen men de grundläggande momenten är gemensamma.
5 Där så är möjligt, minimera vätskeförlusten i systemet genom att ta bort locket till huvudcylinderns behållare, placera en bit plast ovanför hålet och dra åt locket på denna.
6 Gör rent runt de kopplingar som ska tas isär. Lossa dem - för de med flexibel slang, lossa den fasta rördelen först, sedan från oket. Lossa röret eller slangen från monteringsfästen och ta bort det.
7 Innan rör eller slangar monteras, blås igenom nya delar med torr tryckluft. Eventuella böjningar som krävs av rör måste göras innan kopplingarna utförs. Om Volvo originaldelar används bör rören passa utan böjning.
8 När rör/slang monterats korrekt, utan att de stör närliggande delar ska kopplingarna monteras och dras åt.
9 Avlufta systemet enligt beskrivningarna i avsnitt 2.

4 Främre bromsklossar - byte

⚠️ **Varning: Bromsklossarna måste bytas samtidigt på framhjulen - byt ALDRIG klossar på bara ett hjul eftersom detta kan resultera i ojämn bromsverkan. Damm från slitage av bromsklossar kan innehålla asbest som är en hälsorisk. Blås inte bort med tryckluft, andas inte in dammet. ANVÄND INTE petroleumbaserade**

lösningsmedel för rengöring av bromsdelar. Använd endast broms-rengöringsmedel eller metylalkohol. LÅT INTE bromsolja, olja eller fett komma i kontakt med klossar eller skiva. Se även varningarna i början av avsnitt 2 rörande riskerna med hydraulolja.

1 Lossa framhjulsmuttrarna och lyft upp framvagnen på pallbockar. Ta bort framhjulen.
2 Ta bort okets nedre styrstiftsbult, om nödvändigt genom att hålla mot styrstiftet med en öppen nyckel **(se illustration)**. Använd en ny bult för ihopsättningen.
3 Vrid upp oket och stötta det i läge med snöre eller tråd bundet på lämplig fjädrings-detalj **(se illustration)**. Tryck inte på bromspedalen medan oket är borta från skivan.
4 Ta ut klossarna från oket, anteckna deras placering om de ska återanvändas. Ta reda på antignisselbrickorna, om monterade, från klossarnas baksida och dämparfjädern i oket.
5 Mät upp tjockleken på klossarnas beläggning. Om någon slitits ned till specificerat minimum ska samtliga klossar bytas. Försök inte byta plats för klossar i avsikt att utjämna slitage (ojämnt slitage kan bero på att oket kärvar på styrstiften).
6 Rengör ok och hållare med en fuktig trasa eller gammal målarpensel. Kontrollera att inte okets kolv och dammskydd visar tecken på läckage av bromsolja. Inspektera de gummi-bälgar som täcker styrstiften. Reparera eller byt efter behov (avsnitt 8).
7 Ta bort varje spår av rost och avlagringar från bromsskivans ytterkant med stålborste eller fil. Inspektera skivan. Om broms-vibrationer varit ett problem krävs en mer noggrann inspektion (avsnitt 6).
8 Om nya klossar ska monteras, tryck då tillbaka okets kolvar in i loppen med en tång. Var försiktig så att inte dammskydden skadas. Ta bort lite bromsolja från huvudcylinderns behållare så att den inte översvämmas när kolvarna trycks tillbaka.

HAYNES TiPS
Bästa sättet att ta bort bromsolja från huvud-cylinderns behållare är att använda en ren spruta.

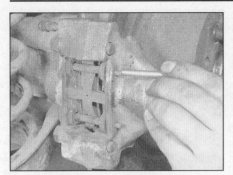
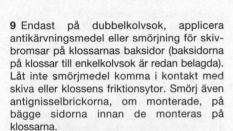

5.2 Utdrivning av ett hållarstift

5.11 Montering av bakre bromskloss och antignisselbrickor

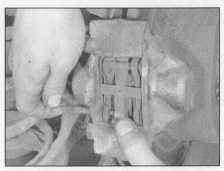

5.12 Montering av stift över fjädertungan

9 Endast på dubbelkolvsok, applicera antikärvningsmedel eller smörjning för skivbromsar på klossarnas baksidor (baksidorna på klossar till enkelkolvsok är redan belagda). Låt inte smörjmedel komma i kontakt med skiva eller klossens friktionsytor. Smörj även antignisselbrickorna, om monterade, på bägge sidorna innan de monteras på klossarna.

10 Placera klossarna på okhållaren med friktionsytorna mot bromsskivan. Montera en ny dämparfjäder i oket, med pilarna uppåt, och vrid ned oket på plats över klossarna. Kontrollera att dämparfjädern i oket satt sig korrekt på klossarna.

11 Stick in en ny styrstiftsbult och dra åt den med angivet moment.

12 Tryck ned bromspedalen ett antal gånger så att klossarna kommer fram till skivan.

13 Upprepa arbetet med det andra framhjulets broms.

14 Sätt tillbaka hjulen, sänk ned bilen och dra åt hjulmuttrarna.

15 Kontrollera bromsoljans nivå och fyll på vid behov.

16 Om nya klossar monterats, undvik i möjligaste mån hårda inbromsningar under de första 30 milen så att beläggen kan sätta sig ordentligt.

5 Bakre bromsklossar - byte

⚠️ **Varning: Bromsklossarna måste bytas samtidigt på bakhjulen - byt ALDRIG klossar på bara ett hjul eftersom detta kan resultera i ojämn bromsverkan. Damm från slitage av bromsklossar kan innehålla asbest som är en hälsorisk. Blås inte bort med tryckluft, andas inte in dammet. ANVÄND INTE petroleumbaserade lösningsmedel för rengöring av bromsdelar. Använd endast bromsrengöringsmedel eller metylalkohol. LÅT INTE bromsolja, olja eller fett komma i kontakt med klossar eller skiva. Se även varningarna i början av avsnitt 2 rörande riskerna med hydraulolja.**

1 Lossa bakhjulsmuttrarna och lyft upp bakvagnen på pallbockar. Ta bort bakhjulen.

2 Driv ut de två hållarstiften ur oket med hammare och dorn **(se illustration)**. Ta reda på antivibrationsfjädern. Skaffa en ny till ihopmonteringen.

3 Tryck ut klossarna från skivan med en tång. Bryt inte mellan klossar och skiva.

4 Dra ut klossarna ur oket, med antignisselbrickorna, om monterade. Märk upp placeringen om de ska återanvändas. Tryck inte på bromspedalen med klossarna ute ur oket.

5 Mät upp tjockleken på klossarnas friktionsbelägg. Om någon kloss är sliten under angiven minimigräns ska samtliga fyra bakre klossar bytas ut. Försök inte utjämna slitage genom att byta klossarnas placering.

6 Rengör ok och hållare med en fuktig trasa eller gammal målarpensel. Kontrollera att inte okets kolv och dammskydd visar tecken på läckage av bromsolja. Reparera eller byt efter behov.

7 Inspektera den synliga delen av skivan. Om den har djupa repor, sprickor eller spår eller om vibrationer och ryck varit ett problem ska en mer noggrann undersökning göras (avsnitt 7). Om tillträde till skivans innersida behövs ska oket tas bort.

8 Antignisselbrickor kan monteras om så önskas, även om de inte var monterade förut.

9 Om nya klossar monteras tryck då tillbaka okets kolvar in i loppen med en tång. Ta bort lite bromsolja från huvudcylinderns behållare så att den inte översvämmas när kolvarna trycks tillbaka.

HAYNES TiPS *Bästa sättet att ta bort bromsolja från huvudcylinderns behållare är att använda en ren spruta.*

10 Smörj baksidan av klossarna och bägge sidorna av antignisselbrickorna, om använda, med antikärvningsmedel eller skivbromssmörjning. Se till att smörjmedlet inte hamnar på friktionsytorna.

11 Montera klossarna och brickorna i okets käftar med friktionsytorna mot skivan **(se illustration)**.

12 Stick in ett av de stift som håller klossarna och knacka in det. Montera antivibrations-

fjädern och det andra stiftet, se till att stiftet går över fjäderns tungor **(se illustration)**.

13 Tryck ned bromspedalen ett antal gånger så att klossarna kommer fram till skivan.

14 Upprepa arbetet med det andra bakhjulets broms.

15 Sätt tillbaka hjulen, sänk ned bilen och dra åt hjulmuttrarna.

16 Kontrollera bromsoljans nivå och fyll på vid behov.

17 Om nya klossar monterats, undvik i möjligaste mån hårda inbromsningar under de första 30 milen så att beläggen får sätta sig ordentligt.

6 Främre bromsskivor - inspektion, demontering och montering

Notera: *Innan arbetet påbörjas, studera varningen i början av avsnitt 4 rörande farorna med asbestdamm.*

Inspektion

Notera: *Om endera skivan kräver byte ska BÅDA bytas samtidigt, så att en jämn bromseffekt uppnås. Montera även nya bromsklossar om skivorna byts.*

1 Lossa framhjulsmuttrarna och lyft upp framvagnen på pallbockar. Ta bort framhjulen.

2 Inspektera friktionsytorna vad gäller sprickor och djupa repor (grunda spår är normalt och kan ignoreras). En sprucken skiva måste bytas ut, en repad skiva kan renoveras med fräsning under förutsättning att tjockleken inte reduceras under specificerat minimum.

3 Kontrollera skivans axialkast med en mätklocka vars sond placeras nära den yttre kanten av skivan. Om kastet överstiger värdet i Specifikationer kan bearbetning vara möjlig, i annat fall måste skivan bytas.

HAYNES TiPS *Om mätklocka inte finns tillgänglig kan kastet mätas genom att en pekare monteras fast nära skivans ytterkant, i kontakt med skivan. Rotera skivan och mät upp maximal förskjutning av pekaren med bladmått.*

6.6a Ta bort styrstiftet . . .

6.6b . . . och lyft undan bromsskivan

7.4 Demontering av bakre bromsskiva

4 Variationer i skivtjocklek överstigande 0,015 mm kan orsaka vibrationer. Kontrollera med mikrometer.

Demontering

5 Ta bort bromsok och hållare (avsnitt 8), men koppla inte bort hydraulslangarna. Bind fast oket så att inte slangarna belastas.
6 Kontrollera om skivans läge i relation till navet är uppmärkt. Om inte, gör din egen märkning som hjälp vid ihopsättningen. Ta bort det stift som fäster skivan vid navet och lyft bort skivan **(se illustrationer)**.

Montering

7 Se till att kontaktytorna mellan nav och skiva är rena. Ta bort rostskyddsmedlet från den nya skivan med metylalkohol och en trasa.
8 Placera skivan på navet med märkningarna i linje och montera det stift som håller skivan.
9 Sätt tillbaka bromsok och hållare (avsnitt 8).

7 Bakre bromsskivor - inspektion, demontering och montering

Notera: *Innan arbetet påbörjas, läs varningen i avsnitt 5 rörande farorna med asbestdamm.*

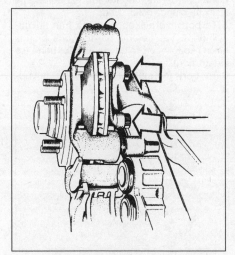
8.4 Två bultar (vid pilarna) som fäster främre ok

Inspektion

1 Inspektionen är densamma som för de främre skivorna, se avsnitt 6, punkterna 1 till 4. Dessutom, efter borttagandet, kontrollera skicket på handbromsens trummor. Värden för kast och ovalitet för dessa finns i Specifikationer. Trummorna slits sällan, annat än om handbromsen regelbundet används till att stoppa bilen.

Demontering

2 Ta bort bakre bromsok utan att demontera hydraulslangen (avsnitt 9) Fäst upp oket så att det inte är i vägen.
3 Om en styrtapp är monterad, skruva ut den från skivan.
4 Markera skivans läge i förhållande till navet, se till att handbromsen är åtdragen och dra av skivan. Vid behov, knacka med en mjuk klubba **(se illustration)**.

Montering

5 Monteringen sker med omvänd arbetsordning. Om en ny skiva monteras ska alla spår av rostskyddsmedel avlägsnas från den.

8 Främre bromsok - demontering, renovering och montering

Notera: *Innan arbetet påbörjas, läs varningarna i början av avsnitt 2 rörande riskerna med hydraulolja och varningen i början av avsnitt 4 rörande riskerna med asbestdamm.*

8.7a Ta bort kolvdammskyddet . . .

Demontering

1 Ta bort bromsklossarna enligt beskrivning i avsnitt 4, ta loss okets slangar från hydraulrör i fästet på innerskärmen. På dubbelkolvsok, märk slangarna så att de kan sättas tillbaka på samma rör. Var beredd på spill. Håll smuts borta från öppna anslutningar.
2 På modeller med ABS, ta loss ABS-kablaget från bromsslangen.
3 Skruva ut okets övre styrstiftsbult, ta bort oket, komplett med slangar, från hållaren.
4 Om du önskar ta bort okfästet, lossa de två bultar som fäster det till styrningen **(se illustration)**. Använd nya bultar vid ihopsättningen.

Renovering

5 Rengör det borttagna oket utvändigt med metylalkohol och en mjuk borste.
6 Ta bort hydraulslang(ar) och avluftningsskruvar. Töm ur kvarvarande olja från oket.
7 Ta bort kolvdammskydd och dra ut kolv(ar) ur loppet **(se illustrationer)**. Om kolven är trög, sätt tillbaka avluftningsskruven och lägg på lågt tryck (från exempelvis en fotpump) på oljeinloppet. Var beredd på att kolven kan flyga ut med viss kraft. På dubbelkolvsok ska båda avluftningsskruvarna monteras. Täck över det andra inloppet med fingret. Märk upp kolvarnas placering om de ska användas igen.
8 Peta ut kolvpackbox(ar) ur loppet med ett trubbigt verktyg.
9 Rengör kolvar och lopp med luddfri trasa och ren bromsolja eller metylalkohol. Smärre ojämnheter kan poleras bort med stålull. Gropar, repor eller vändkanter i lopp eller på

8.7b . . . och själva kolven

8.12 Montera en ny packbox i spåret

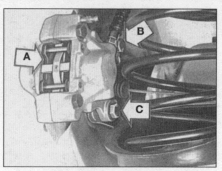

9.2 Demontering av bakre bromsok
A Bakre bromsklossar
B Hydraulanslutning
C Okets fästbultar

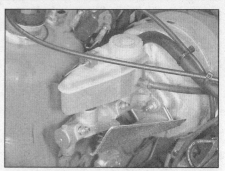

10.3 Huvudcylinder på senare årsmodeller. Notera värmeskölden på undersidan

kolvar innebär att hela oket måste bytas ut.
10 Byt ut samtliga gummidelar som en rutinåtgärd (packboxar, dammskydd och bälgar). Blås ur oljeinlopp och hål till avluftningsskruvar med tryckluft.
11 Kontrollera att styrstift löper lätt, rengör eller byt dem efter behov. Smörj med kopparbaserat antikärvningsmedel.
12 Smörj nya kolvpackboxar med ren bromsolja och stick in dem i skåran i loppet med enbart fingrarna som verktyg **(se illustration)**.
13 Montera nya dammskydd på kolvarna, se till att de sätter sig korrekt i kolvspåret. Dra ut damasken så att den är färdig för montering.
14 Smörj kolvar och lopp med ren bromsolja eller monteringsvätska om denna levereras tillsammans med reparationssatsen.
15 För kolv och damask mot oket. Fäst damasken i skåran i kolvhuset och tryck kolven genom damasken in i okets lopp. Fäst damasken i kolvspåret. Där en andra kolv är monterad, upprepa ovanstående med denna.
16 Sätt tillbaka avluftningsskruvar, hydraulslangar och andra rubbade delar.

Montering

17 När okhållaren sätts tillbaka, använd gänglås på nya bultar och dra till angivet moment.
18 Sätt tillbaka oket i hållaren och fäst med den övre styrstiftsbulten. Sätt in bromsklossarna enligt avsnitt 4 och anslut hydraulslangarna. Kontrollera slangarnas "sättning" så att de inte är vridna eller böjda till veck.
19 Efter avslutat arbete ska systemet avluftas (avsnitt 2)

9 Bakre bromsok - demontering, renovering och montering

Notera: *Innan arbetet påbörjas, läs varningarna i början av avsnitt 2 rörande riskerna med hydraulolja och varningen i början av avsnitt 5 rörande riskerna med asbestdamm.*

Demontering

1 Ta bort de bakre bromsklossarna (avsnitt 5).
2 Rengör runt okets hydraulanslutning. Lossa denna ett halvt varv **(se illustration)**.
3 Ta bort de två bultar som håller oket. Av de fyra bultarna på oket är dessa de två närmast navet. Ta inte bort de andra, de håller ihop okhalvorna. Montera med nya bultar.
4 Ta bort oket från skivan och skruva ur hydraulslangen. Var beredd på spill, plugga hålen.

Renovering

5 Detta är i princip samma jobb som för de främre oken (avsnitt 8). Försök inte sära okhalvorna för demontering av kolvarna.

Montering

6 Inled monteringen genom att skruva på oket på hydraulslangen. Dra inte åt till fullo än.
7 Montera oket över skivan och fäst det vid hållaren med två *nya* bultar och dra åt till angivet moment.

8 Dra åt slangkopplingen vid oket, kontrollera slangens dragning så att den inte rör vid närliggande delar. Korrigera vid behov genom att lossa slangkopplingen vid rörhållaren och dra om slangen och dra åt kopplingen.
9 Montera bromsklossarna (avsnitt 5).
10 Avlufta aktuell hydraulisk krets (avsnitt 2).

10 Huvudcylinder - demontering, renovering och montering

Notera: *Innan arbetet påbörjas, läs igenom varningarna i början av avsnitt 2 rörande riskerna med hydraulolja.*

Demontering

1 Sifonera upp så mycket bromsolja som möjligt från bromshuvudcylinderns behållare. Använd mekanisk pump.

> ⚠ **Varning: Sug inte upp hydraulolja med munnen - den är giftig.**

2 Där tillämpligt, koppla ur nivåvaktens kontaktledning från behållaren.
3 Skruva loss värmeskölden (om monterad) från huvudcylindern **(se illustration)**.
4 Koppla ur matarledningen till kopplingens huvudcylinder (om monterad), Var beredd på spill och plugga hålet i röret.
5 Ta bort hydraulkopplingarna från huvudcylindern. Var beredd på spill och plugga hålen i kopplingen så att smuts hålls borta **(se illustration)**.
6 Ta bort de muttrar som fäster huvud-

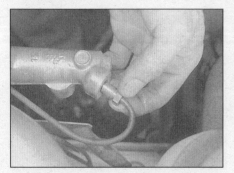

10.5 Huvudcylinderns hydraulanslutning

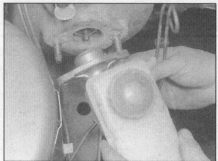

10.6 Demontering av huvudcylinder

10.9 Lossa kolvarna genom att ta bort låsringen

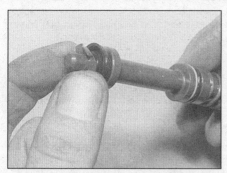

10.15a Montering av fjädersäte . . .

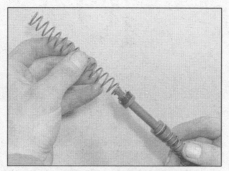

10.15b . . . och fjäder

10.15c Montering av kolvar i huvudcylinder

cylindern vid servon. Dra av huvudcylindern från servons klackar och ta bort den **(se illustration)**. Spill inte hydraulolja på målade ytor.

Renovering

Notera: *Endast huvudcylindrar före 92 års modell utan ABS kan renoveras. Om huvudcylindern är trasig på modeller från och med 92 eller modeller med ABS, måste den bytas ut.*

7 Töm ut oljan ut huvudcylindern genom att pumpa kolvarna med en skruvmejsel. Rengör cylinderns utsida.

8 Dra av behållaren från cylindern och ta reda på packningarna.

9 Tryck ned kolvarna och ta ut låsringen från cylindermynningen **(se illustration)**.

10 Skaka ut kolvar, fjädersäte och fjäder ur cylindern.

11 Inspektera huvudcylinderns lopp. Om det är svårt korroderat eller repat ska hela cylindern bytas. Små repor och ytrost kan tas bort med stålull och metylalkohol.

12 Skaffa en reparationssats som innehåller nya kolvar med monterade packningar.

13 Rengör de delar som inte ska bytas med metylalkohol. Blås ur oljekanaler med tryckluft eller fotpump.

14 Smörj cylinderloppet med ren hydraulolja. Applicera mer olja på kolvar och packningar eller smörj dem med monteringsvätska om sådan följer med i satsen.

15 Sätt ihop fjäder, säte och kolvar. Försäkra dig om att samtliga delar är fullständigt rena och stick in fjäder och kolvar i huvudcylindern. Tryck ned kolvarna och stick in låsringen **(se illustrationer)**.

16 Sätt tillbaka behållare och packningar, byt packningar vid behov. Se till att behållarens ventilationshål i locket är fritt.

Montering

17 Monteringen sker med omvänd arbetsordning. Avlufta hela hydraulsystemet för bromsarna (avsnitt 2) och vid behov även kopplingens hydraulsystem (kapitel 6) efter fullbordat arbete.

11 Bromspedal - demontering och montering

Arbetsbeskrivningen för demontering och montering av bromspedal är identisk med kopplingspedalen, se kapitel 6, avsnitt 3.

12 Bromsservo - demontering och montering

Demontering

1 Ta bort bromsens huvudcylinder (avsnitt 10). Om du är försiktig kan huvudcylindern föras undan från servon utan att hydraulkopplingarna säras. Det är dock nödvändigt att lossa matningsröret till kopplingens huvudcylinder.

2 Koppla ur servons vakuummatning, antingen genom att dra ur slangen eller genom att peta ut styrventilen.

3 Från bilens insida, ta bort panelen från rattstång/pedalställ och koppla loss servo-

gaffeln från bromspedalen.

4 Ta bort de fyra muttrar som fäster servon.

5 Lyft ut servon från motorrummet.

Montering

6 Monteringen sker med omvänd arbetsordning. Om en ny servo monteras, justera då vid behov tryckstången så att det skapas ett litet spel mellan servons tryckstång och huvudcylinderns kolv i viloläge.

7 Vid behov, avlufta systemet efter fullbordat arbete (avsnitt 2).

13 Handbromsbackar - inspektion och byte

Inspektion

1 Lossa handbromsens vajerjustering (kapitel 1).

2 Ta bort den bakre bromsskivan (avsnitt 7).

3 Kontrollera backarnas skick vad gäller slitage, skador och oljeföroreningar. Byt vid behov och åtgärda föroreningsorsaker. Liksom med bromsklossar måste backar bytas i axelvisa uppsättningar.

Byte

4 Tvinga isär backarna och ta bort mekanismen på baksidan och tryckstången från framsidan **(se illustrationer)**.

5 Haka loss ena spiralfjädern från en av backarna, arbeta genom hålet i drivaxelns fläns.

6 Lossa backarna från U-clipsen och ta ut dem, komplett med fjädrar **(se illustration)**.

13.4a Främre del av handbromsback, visande stag

13.4b Lossa backarnas bakdelar från mekanismen

13.6 Handbromsback i ingrepp i U-clips

14.4 Handbromsvajer med gummidamask

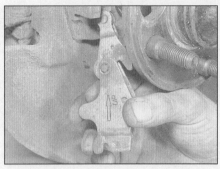

14.12 Montering av handbromsmekanism, observera pilens "UP"-märke

7 Sätt tillbaka backarna med omvänd arbetsordning. Justera handbromsen efteråt (kapitel 1).

14 Handbromsvajrar - demontering och montering

Demontering

Korta vajern (till höger)

1 Ta bort handbromsens backar på höger sida (avsnitt 13).
2 Lossa vajern från mekanismen genom att trycka ut gaffelstiftet.
3 Ta bort gaffelstiftet i vajerns andra ände. Lossa vajern från styrningar eller clips och ta bort den.
4 Kontrollera skicket på gummidamasken och byt vid behov (se illustration).

Långa vajern (till vänster)

5 Från bilens insida, släpp upp handbroms-justeringen så långt möjligt (kapitel 1).
6 Ta bort centrumkonsolen och baksätets sits (kapitel 11). Lyft upp mattorna efter behov så att vajerns utgångspunkt i bottenplattan blir synlig.
7 Bänd upp låsfliken och ta loss vajern från handbromsspaken.
8 Ta bort handbromsbackarna på vänster sida (avsnitt 13).
9 Lossa vajern från mekanismen genom att trycka ut gaffelstiftet.
10 Lossa vajern från bromsskölden och bak-axeln.
11 Lossa vajern från klamrarna under golvet och genomföringarna och ta bort den. Flytta över genomföringshylsorna till den nya vajern. Byt gummidamask vid behov.

Montering

Bägge vajrarna

12 Montering sker i omvänd ordningsföljd. Lägg märke till följande punkter:
  a) *Applicera antikärvningsmedel för bromsar på mekanismens och sköldens kontaktytor. Se till att medlet inte hamnar på bromsarnas friktionsytor.*
  b) *Montera mekanismen med pilen synlig och pekande uppåt (se illustration).*
  c) *Justera handbromsen efteråt (kapitel 1).*

15 Låsningsfria bromsar (ABS) - allmän information

Låsningsfria bromsar övervakar hjulens rotationshastighet under inbromsning. Plötslig nedsaktning av ett hjul, vilket indikerar att låsning inträffat, leder till att det hydrauliska trycket till det hjulets broms minskas eller avbryts under ett kort ögonblick. Övervakning och korrigering sker ett flertal gånger per sekund. Detta leder till en pulserande effekt i bromspedalen när korrigering utförs. Systemet ger även mindre rutinerade förare en god chans att behålla kontrollen över bilen vid hårda inbromsningar på hala underlag.

Systemets huvuddelar är sensorerna, styrenheten och hydraulmodulatorn.

En sensor finns monterad på vardera framhjulet. Denna fångar upp information om hastigheten från en pulsgivare på hjulnavet. Bakhjulshastigheten hämtas från hastighets-mätarens sensor i diffhuset. ABS-systemet ser bakhjulen som en enhet.

Information från sensorerna leds till styrenheten som finns placerad i förarens fotbrunn. Styrenheten manövrerar solenoid-ventiler i hydraulmodulatorn, placerad i motor-rummet, för att vid behov begränsa hydraul-trycket i endera främre oket eller de bakre oken. Styrenheten tänder även en varnings-lampa vid felfunktioner i systemet.

Hydraulmodulatorn innehåller en pump förutom solenoidventilerna. Pumpen är semi-aktiv och ökar trycket från bromspedalen. Om

modulatorn inte fungerar ges tillräcklig bromseffekt från huvudcylindern och servon även om låsningsfriheten försvunnit.

På modeller med ABS är hydraulkretsarna delade axelvis, inte triangulärt.

Undvik skador på styrenheten till ABS genom att inte utsätta den för högre spänning än 16 volt eller temperaturer överstigande 80°C.

16 Låsningsfria bromsar (ABS) - demontering och montering av delar

Demontering

Framhjulssensor

1 Följ sensorns kabel tillbaka till fjädrings-tornet. Dra ut kontakten och tryck ut ledningarna ur den och mata tillbaka dem in i hjulhuset.
2 Ta bort den sexkantsskruv som fäster sensorn vid styrningen. Dra ut sensorn och dess ledningar.

Framhjulets pulsgivare

3 Pulsgivaren på framhjulet är presspassad i hjulnavet och kräver specialverktyg för demontering. Detta jobb ska överlämnas till en Volvoverkstad.

Bakhjulssensor

4 Denna är identisk med hastighetsmätarens givare, se kapitel 12 avsnitt 7 för detaljer.

Styrenhet

5 Koppla loss batteriets jordledning.
6 Ta bort panelen under instrumentbrädan och runt höger sida av förarens fotbrunn.
7 Leta upp styrenheten, lossa den och ta ut den (se illustration). Dra ut kontakten från enheten.

Hydraulmodulator

Notera: *Innan arbetet påbörjas, läs varningen i början av avsnitt 2 rörande riskerna med hydraulolja.*
8 Koppla loss batteriets jordledning. Ta bort fästskruven och lyft bort kåpan till hydraul-modulatorn (se illustration).
9 Ta bort bägge reläna från modulatorn. Lossa kabelns klammerskruv och dra ut multi-

16.7 Demontering av styrenheten för de låsningsfria bromsarna

16.8 Demontering av hydraulmodulatorns kåpa

16.10 Hydrauliska röranslutningar till hydraulmodulatorn som finns på senare årsmodeller

kontakten. Koppla även loss jordledningen.
10 Se efter om hydraulrören är märkta. Om inte, märk dem i enlighet med bokstäverna på modulatorn **(se illustration)**:

Tidiga enheter:

V - främre ingång
H - bakre ingång
I - utgång vänster fram
r - utgång höger fram
h - utgång bak

Senare enheter

LF - utgång vänster fram
RF - utgång höger fram
RR - utgång bak
F - främre ingång
R - bakre ingång

11 Placera trasor under modulatorn så att spill fångas upp. Ta isär hydraulkopplingarna.
12 Ta bort de två muttrar och den bult som håller fast modulatorn. Ta bort modulatorn. Var försiktig, spill inte hydraulolja på målade ytor.

Montering

13 I samtliga fall gäller den omvända arbetsordningen. Lägg märke till följande punkter:

a) *Vid montering av framhjulssensor, använd lite fett (Volvo Nr 1 161 037-5, eller likvärdigt) på sensorkroppen.*
b) *Avlufta hela hydraulsystemet efter byte av den hydrauliska modulatorn.*

Kapitel 10
Fjädring och styrning

Innehåll

Svårighetsgrader

Enkelt, passar novisen med lite erfarenhet	Ganska enkelt, passar nybörjaren med viss erfarenhet	Ganska svårt, passar kompetent hemmamekaniker	Svårt, passar hemmamekaniker med erfarenhet	Mycket svårt, för professionell mekaniker 

Specifikationer

Styrning

Typ av servostyrningsolja	Se "Veckokontroller"

Framhjulsinställning och styrvinklar

Caster	5,0° ± 1,0°
Camber	0,1° ± 1,0°
Toe (mätt på fälgkanternas insidor)	2,2 ± 1,0 mm toe-in

Hjul

Axialkast:
Aluminium	0,8 mm maximum
Stål	1,0 mm maximum

Radialkast:
Aluminium	0,6 mm maximum
Stål	0,8 mm maximum

Åtdragningsmoment

Nm

Framvagnsfjädring

Framhjulets navmutter:
Steg 1	100
Steg 2	Dra ytterligare 45°
Bärarmens kulled, mutter	70

Kulled till fjäderben:
Steg 1	30
Steg 2	Dra ytterligare 90°
Bärarm till tvärbalk*	85
Reaktionsstag till bärarm*	100
Reaktionsstag till monteringsram*	120
Övre fjäderbensinfästning (till kaross)	50
Fjäderbenets kolvstångsmutter	70
Tvärbalk till kaross	95

*Använd alltid nya bultar/muttrar

1 Allmän information

Den individuella framhjulsupphängningen är av typen MacPherson fjäderben, inkluderande spiralfjädrar och integrerade teleskopiska stötdämpare. Fjäderbenen är i den nedre änden fästa i bärarmar vardera med en kulled. Bärarmarna är monterade på den främre tvärbalken, till var sitt reaktionsstag och den främre krängningshämmaren.

Bakfjädringen är av typen stel levande bakaxel. Den bärs upp av två bärarmar, två momentstag och ett Panhardstag. Moment-stagen är fästa vid en central monteringsram och en spiralfjäder och teleskopisk stöt-dämpare finns monterade på vardera bärarmen. I vissa fall finns även en bakre krängningshämmare monterad.

Styrningen är servoassisterad kuggstång på samtliga modeller. Servohjälpen kommer från en hydraulisk pump som är remdriven från vevaxelns remskiva.

2 Främre hjullager - kontroll och byte

Kontroll
1 Lyft upp framvagnen på pallbockar så att hjulen roterar fritt.
2 Håll i hjulet överst och nederst och försök rucka på det. Rotera hjulet och lyssna efter missljud som muller eller gnissel. Spelet ska vara knappt märkbart och inga missljud får förekomma.
3 Justering kan ej utföras om missljud eller spel finns. Endast byte av lager.

Byte
Notera: *Ny navmutter krävs vid monteringen.*
4 Nav och hjullager är en enhet. Om lagren är slitna måste hela navet bytas.
5 Ta bort främre bromsok och hållare (kapitel 9 avsnitt 8) men koppla inte bort hydraulslangarna. Bind upp oket så att slangarna inte belastas.
6 Ta bort det stift som fäster bromsskivan vid navet. Lyft bort skivan (se illustrationer).

7 Bänd eller hugg bort lagrets dammskydd. Ha ett nytt redo för ihopsättningen.
8 Skruva ur navmuttern. Den är mycket hårt åtdragen så se till att bilen är stabilt uppallad. Använd ny mutter vid ihopmonteringen.
9 Dra nav och lager av axeltappen (se illustration). Inre banan av det inre lagret kan eventuellt sitta kvar på axeltappen, dra i så fall av det.
10 Rengör axeltappen och fetta lätt in den innan nytt nav och lager monteras.
11 Sätt muttern på plats och dra åt till det moment som anges för steg 1. Dra sedan åt extra med den vinkel som anges för steg 2 (se illustration).
12 Sätt tillbaka resterande delar i omvänd ordningsföljd.

3 Främre bärarm - demontering och montering

Notera: *Samtliga muttrar och bultar som vinkeldras vid montering (se Specifikationer) måste vara nya.*

2.6a Ta bort styrstiftet . . .

2.6b . . . och lyft undan bromsskivan

2.9 Demontering av nav (med ABS-pulsskiva) från axeltappen

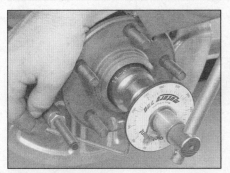

2.11 Vinkelåtdragning av främre navmutter

Demontering

1 Lossa framhjulens muttrar och lyft upp framvagnen på pallbockar. Ta bort framhjulet.
2 Ta bort saxsprinten och muttern från kulleden **(se illustration)**. Skaffa ny saxsprint för monteringen.
3 Skruva loss krängningshämmarens länk och reaktionsstaget från bärarmen. Skaffa ny bult för monteringen.
4 Ta loss bärarmen från kulleden, vid behov med hjälp av ett specialverktyg för detta. Var försiktig så att inte kulleden skadas.
5 Ta bort bult och mutter mellan bärarm och tvärbalk **(se illustration)**. Ta bort bärarmen från tvärbalken. Skaffa ny bult och mutter för monteringen.

Montering

6 Monteringen sker med omvänd arbetsordning. Dra dock inte helt åt bult och mutter

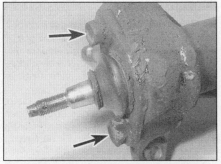

4.2 Två bultar (vid pilarna) fäster kulleden vid fjäderbenet (fjäderbenet borttaget)

6.2 Ett sadelfäste till krängningshämmaren

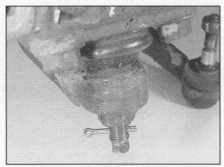

3.2 Bärarmens kulled - saxsprinten delvis utdragen

mellan bärarm och tvärbalk förrän bilens hela vikt bärs upp av hjulen. Gunga på bilen så att fjädringen sätter sig innan bult och mutter dras åt med angivet moment.

4 Främre bärarmens kulled - demontering och montering

Demontering

Notera: *Samtliga muttrar och bultar som vinkeldras vid montering (se Specifikationer) måste vara nya.*
1 Följ beskrivning för demontering av bärarm (avsnitt 3, punkterna 1 till 4) med undantag för att reaktionsstaget inte skruvas loss.
2 Ta bort de två bultar som fäster kulleden vid fjäderbenet **(se illustration)**. Ta bort kulleden.

Montering

3 Vid montering ska nya bultar och gänglåsmedel användas till att fästa kulleden. Dra åt bultarna i angivna steg och kontrollera att kulleden sätter sig korrekt.
4 Resterande montering sker i omvänd ordning mot demonteringen.

5 Främre reaktionsstag - demontering och montering

Demontering

Notera: *Samtliga muttrar och bultar som*

6.3 En krängningshämmarlänk

vinkeldras vid montering (se Specifikationer) måste vara nya.
1 Lossa framhjulens muttrar och lyft upp framvagnen på pallbockar. Ta bort framhjulet.
2 Lossa reaktionsstaget från bärarmen och monteringsramen och ta bort reaktionsstaget.

Montering

3 Monteringen sker med omvänd arbetsordning med nya bultar och muttrar för fästandet av reaktionsstaget. Dra inte helt åt mutter/bult mellan reaktionsstag och monteringsram förrän fordonet ställts ned på marken och gungats ett par gånger.

6 Främre krängningshämmare - demontering och montering

Demontering

1 Lyft upp framvagnen på pallbockar eller ramp, eller kör bilen över en smörjgrop.
2 Lossa de två sadelfästen som håller krängningshämmaren **(se illustration)**.
3 Lossa krängningshämmaren från sina länkar eller lossa länkarna från bärarmarna **(se illustration)**.

Montering

4 Monteringen sker med omvänd arbetsordning. Byt gummibussningar vid behov. (Gummina i sadelfästena är delade och kan bytas utan att krängningshämmaren tas bort.)
5 Dra åt länkens muttrar tills korrekt avstånd mellan brickorna erhålls **(se illustration)**.

6.5 Dra åt krängningshämmarlänkens mutter (vid pilen) så att visat mått uppstår

7.9 Lossa kolvstångens mutter
(fjäderbenet borttaget)

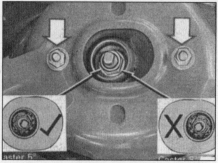

7.11 Korrekt montering av fjäderbenet ger
rätt caster (infälld, vänster). Övre muttrar
vid pilarna, höger fjäderben visas

8.3a Borttagande av kolvstångens
mutter . . .

7 Främre fjäderben -
demontering och montering

Demontering

1 Lossa framhjulens muttrar och lyft upp framvagnen på pallbockar. Ta bort framhjulet.
2 Ta bort bromsoket (kapitel 9, avsnitt 8) men lossa inte hydraulslangarna. Bind upp oket så att belastning inte uppstår på slangarna.
3 Koppla ur eller ta bort hjulsensorn på modeller med ABS.
4 Om fjäderbenet ska bytas, ta då bort framnavet (avsnitt 2) och sedan bromsens plåt.
5 Ta ut saxsprinten från fjädringens undre kulledsmutter. Skruva ut muttern till gängornas slut. Lossa kulleden från bärarmen med en avdragare och ta bort muttern.
6 Lossa på liknande sätt styrstagets kulled från styrarmen.
7 Bryt ned bärarmen och lossa den från nedre kulleden. Om utrymmet blir för trångt, lossa krängningshämmarens länk.
8 Ta bort täcklocket från övre infästningen, notera hur det är monterat, det är asymmetriskt.
9 Om fjäderbenet ska tas isär, lossa kolvstångsmuttern med samtidigt mothåll på kolvstången (se illustration).

> ⚠ Varning: Ta inte bort muttern, lossa den bara ett varv eller två.

10 Låt en medhjälpare stötta fjäderbenet. Kontrollera att samtliga anslutningar tagits bort och ta sedan bort de två övre fäst-muttrarna. Ta ut fjäderbenet genom hjulhuset.

Montering

11 Monteringen sker i omvänd ordningsföljd. Lägg märke till följande:
a) Observera den korrekta monteringsrikt-ningen för det övre fästet (se illustration).
b) Dra åt samtliga infästningar till sina angivna moment.

8 Främre fjäderben -
isärtagning och ihopsättning

> ⚠ Varning: Innan försök görs att demontera stötdämpare och spiralfjäder, skaffa ett passande verktyg för att hålla fjädern ihoptryckt. Justerbara spiral-fjäderkompressorer är lätta att få tag i och rekommenderas å det starkaste för detta arbetsmoment. Varje försök att ta isär fjäderbenet utan ett sådant verktyg resulterar troligen i material- och personskador.

Isärtagning

1 Ta bort fjäderbenet från bilen (avsnitt 7).
2 Montera fjäderkompressor på åtminstone tre varv av spiralen. Dra åt kompressorn till dess att fjädersätena avlastas. Kontrollera att kompressorn sitter säkert.

3 Ta bort kolvstångsmuttern (som redan ska vara lossad) och fjäderbenets övre fäste. Notera läget på eventuella brickor (se illustra-tioner).
4 Ta bort det övre fjädersätet, fjädern, brickan, stoppet och bälgarna (gasdämpare saknar stopp) Den ihoptryckta fjädern får inte tappas eller stötas.
5 Ta reda på gummiringen (om monterad) från undre fjädersätet.
6 Använd en C-nyckel eller liknande till att skruva upp stötdämparmuttern (se illustration).
7 Dra ut stötdämparen ur sitt rör.
8 Demonteringen är nu klar. Byt delar efter behov, kom ihåg att det är en god vana att byta fjädrar och stötdämpare parvis.
9 Om fjädern ska bytas, ta då försiktigt bort kompressorn från den gamla och montera den på den nya fjädern.

Ihopsättning

10 Monteringen sker i omvänd ordningsföljd. Notera relationen mellan skivan och bälgen på modeller med gasfyllda stötdämpare (se illustration). Dra inte helt åt kolvstångs-muttern förrän fjäderbenets övre fäste är monterat på bilen.
11 Se till att axelkullagret i det övre fästet monteras med den gula sidan upp och den grå (eller orange) sidan ned. Felaktig montering gör att lagret blir för hårt klämt vilket leder till kärv styrning och missljud.

8.3b . . . och fjäderbenets övre fäste

8.6 Lossande av stötdämparmuttern med
en C-nyckel

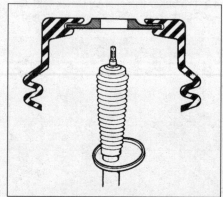

8.10 Bälgar och skiva monterade med
gasfyllda stötdämpare

11.2 Bakre monteringsram och momentstag
1 Främre fäste
2 Monteringsram
3 X-länk
4 Undre momentstag
5 Övre momentstag
6 Bakre fäste

9 Fjädringens gummibussningar - byte

1 Principen för byte av bussningar är enkel. Den gamla trycks ut och den nya trycks in. Verkligheten är dock mer problematisk.
2 Olika specialverktyg specificeras av tillverkarna för byte av bussningar. Dessa är i princip dorn och rör i olika storlekar som används tillsammans med en lämplig press och ibland V-block. Hemmamekaniker kan experimentera med skruvstycken och hylsor eller rörstumpar och använda flytande tvål eller vaselin som smörjmedel. Om detta inte lyckas måste bussningarna bytas av en verkstad med pressverktyg.
3 Byte av bussningar på plats i bilen är *inte* att rekommendera.

10 Bakre momentstag - demontering och montering

Demontering

1 Lyft upp bakvagnen på pallbockar.
2 Ta bort de främre fästbultarna från bägge momentstagen, även om bara ett ska tas bort.
3 Lossa och ta bort momentstagen. Ta reda på X-länken.

Montering

4 Vid montering, lossa monteringsramens främre fäste så att den kan röras. Montera momentstagen först på axeln, utan hård åtdragning och koppla sedan dem och X-länken till monteringsramen.

5 Dra åt fästena mellan momentstag och monteringsram till angivet moment.
6 Dra åt monteringsramens främre fäste till angivet moment.
7 Ställ ner bilen på marken och dra åt fästena mellan momentstag och axel till angivet moment.

11 Bakre monteringsram och fästen - demontering och montering

Demontering

1 Lyft upp bakvagnen på pallbockar.
2 Ta bort främre fästbultarna och muttrarna från monteringsramen **(se illustration)**.
3 Främre fästets gummi och hållare kan nu tas bort om så önskas. Använd huggmejsel och någon form av smörjning runt gummit. Lägg märke till gummits riktning.
4 Ta bort hela monteringsramen genom att lossa momentstag och X-länk från den. Lossa även handbromsvajern från fästet på monteringsramen.
5 Sätt tillbaka en av de främre bultarna. Haka en tving bakom bulten och dra ut stödramen från sina bakre fästen med tvingen.
6 Det bakre monteringsramfästet kan nu vid behov tas bort.

Montering

7 Monteringen sker med omvänd arbetsordning. Lägg märke till följande punkter:
a) Smörj gummifästena med vaselin.
b) Slutdra främre fästet innan momentstagen dras fast.

12 Bakre bärarm - demontering och montering

Demontering

1 Följ beskrivning för demontering av bakre fjäder, avsnitt 13, punkterna 1 till 3.
2 Lossa kardanaxeln från bakaxelflänsen, märk upp inför ihopsättningen.
3 Stötta bärarmen under fjädersätet med en domkraft.
4 Lossa krängningshämmaren (om monterad) från bägge bärarmarna. Om ingen är monterad, ta bort den undre fästbulten för stötdämparen på berörd sida.
5 Sänk domkraften så att fjäderspänningen släpper.
6 Lossa bärarmsmuttrarna på axeln korsvis. Ta bort muttrarna, axelhållaren och fästets gummin. Ta reda på krängningshämmarens hållare, om monterad.
7 Ta bort bärarmshållarens muttrar och bultar. Bänd ut det främre fästet från karossen och ta bort bärarmen.

Montering

8 Monteringen sker med omvänd arbetsordning. Dra åt de olika fästena med specificerade moment.

13 Bakfjädring - demontering och montering

Demontering

Notera: *Nya bultar till bromsoket krävs vid ihopsättningen.*

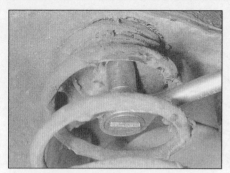

13.5 Demontering av övre fjädersätets mutter

13.6 Avlasta bakre fjädern med fjäderkompressor

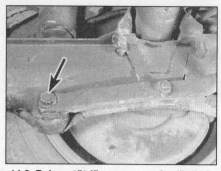

14.2 Bakre stötdämparens nedre fästbult (vid pilen)

1 Lossa hjulmuttrarna på berörd sida och lyft upp bakvagnen på pallbockar så att bägge hjulen löper fritt. Ta bort bakhjulet.
2 Ta bort de två bultar som håller bakbromsoket. Dra av oket från skivan och bind upp det så att inte hydraulslangen belastas. Skaffa nya bultar för ihopsättningen.
3 Om avgassystemet är i vägen, haka av det från fästena och sänk eller dra det åt sidan.
4 Lyft bärarmen något med en domkraft så att stötdämparen avlastas. Ta bort stötdämparens undre fästbult och mutter. Sänk ned domkraften.
5 Ta bort den mutter som fäster övre fjädersätet **(se illustration)**.
6 Dra ner bärarmen så långt det går. Dra fjäderns överdel nedåt till dess att övre sätet går fritt från monteringsklacken och ta sedan bort fjäder och säte bakåt. Om du stöter på svårigheter, använd en kompressor för att avlasta fjädern eller ta bort bakre krängningshämmaren så att bärarmen kan dras längre ned **(se illustration)**.
7 Inspektera fjädersätenas gummin och byt dessa vid behov.

Montering

8 Monteringen sker med omvänd arbetsordning. Dra åt de olika infästningarna med specificerade moment. Använd nya bultar vid monteringen av bromsoket.
9 Sätt tillbaka hjulet, hissa ner bilen och dra åt hjulmuttrarna.

---

14 Bakre stötdämpare - demontering, test och montering

Demontering

1 Lossa hjulmuttrarna på berörd sida och lyft upp bakvagnen på pallbockar så att bägge hjulen löper fritt. Ta bort bakhjulet.
2 Lyft upp bärarmen något med domkraft så att stötdämparen avlastas. Ta bort nedre stötdämparfästets bult och mutter **(se illustration)**. Sänk ned domkraften.
3 Ta bort den gummiplugg i hjulhuset som täcker stötdämparens övre fästbult **(se illustration)**. Ta bort bulten.
4 Dra stötdämparen nedåt och ta bort den.

Test

5 Kontrollera att stötdämparen inte läcker olja. Kontrollera spindelns skick vad gäller tecken på slitage eller märkning utmed hela längden samt stötdämparkroppen vad gäller tecken på skador eller slitage. Testa stötdämparens funktion genom att hålla den upprätt och föra spindeln genom ett helt slag och sedan genom korta slag om 50 till 100 mm. I bägge fallen ska motståndet vara mjukt och kontinuerligt. Om motståndet är ryckigt eller ojämnt, eller om det finns synliga tecken på slitage, skador eller oljeläckage måste stötdämparen bytas. Kontrollera även skicket på övre och undre fästen och byt de delar som behövs.

Montering

6 Monteringen sker med omvänd arbetsordning. Dra åt stötdämparfästen och hjulmuttrar med specificerade moment.

---

15 Bakre krängningshämmare - demontering och montering

Demontering

1 Hissa upp bakvagnen på pallbockar eller kör bilen över en smörjgrop.
2 Ta bort de två bultar och muttrar på var sida som håller krängningshämmaren. Den främre bulten håller även det nedre stötdämparfästet. Det kan vara nödvändigt att lyfta upp bärarmarna med domkraft så att dessa bultar avlastas.

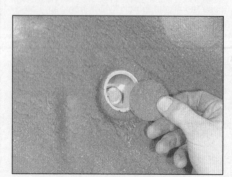

14.3 Stötdämparens övre fästbult

3 Ta bort krängningshämmaren.

Montering

4 Monteringen sker i omvänd ordningsföljd.

---

16 Panhardstag - demontering och montering

Demontering

1 Hissa upp bakvagnen på pallbockar.
2 Lossa Panhardstaget från karossen och sedan från bakaxeln **(se illustration)**. Ta bort staget.
3 Om stagets bussningar ska bytas, låt en Volvoverkstad eller annan specialist pressa ut de gamla och pressa in de nya bussningarna.

Montering

4 Sätt tillbaka staget och dra åt bultarna, axländen först, till angivet moment. Sänk ned bilen.

---

17 Ratt - demontering och montering

⚠ **Varning: På fordon som är försedda med krockkuddar SKA INGA FÖRSÖK göras att ta bort ratten. Allt arbete som innebär att ratten måste tas bort SKA på dessa fordon utföras av en Volvoverkstad. Se kapitel 12, avsnitt 23 för mer information.**

16.2 Panhardstagets fäste till bakaxeln

17.3 Demontering av rattens
centrumkudde

17.4 Lossande av rattens centrumbult

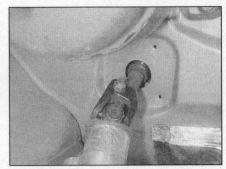

18.2 Mellanaxelns övre universalknut

Demontering

1 Koppla loss batteriets jordledning.
2 Vrid ratten så att den pekar rakt fram.
3 Peta bort rattens centrumkudde **(se illustration)**.
4 Lossa rattens centrumbult **(se illustration)**.
5 Märk upp rattens läge gentemot ratt-stången och lyft upp ratten från sina splines.

HAYNES TiPS *Om ratten sitter fast, knacka upp den nära centrum med handflatan eller vrid från sida till sida och dra samtidigt, så att ratten lossnar från sina splines.*

Montering

6 Montering sker i omvänd ordning, använd positionsmärkningen eller rakt-fram-läget på ratten.

18.3 Demontering av signalhornets
släpring

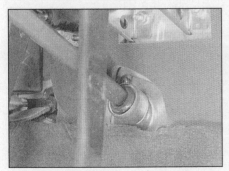

18.7 Rattstångens undre lagersköld

---

18 Rattstång - demontering och montering

⚠ **Varning: På fordon som är försedda med krockkuddar SKA INGA FÖRSÖK göras att ta bort ratten. Allt arbete som innebär att ratten måste tas bort SKA på dessa fordon utföras av en Volvoverkstad. Se kapitel 12, avsnitt 23 för mer information.**

Demontering

1 Koppla loss batteriets jordledning.
2 Kvar under huven, ta bort klammermuttern och bulten från den övre universalknuten på styrningens mellanaxel. Muttern är låst med fjäderclips **(se illustration)**.
3 Ta bort ratten (avsnitt 17) och kontakterna på rattstången, komplett med bottenplatta och signalhornets släpring **(se illustration)**.
4 Ta bort panelen under rattstången. Den hålls av två skruvar och två clips. Koppla loss varmluftstrumman när panelen dras ut.
5 Vid behov ska kontaktpanelen bredvid styrlåset tas bort.
6 Dra ur multikontakten från tändningslåset/startkontakten.
7 Ta bort de tre skruvar som fäster rattstångens undre lagersköld vid torped plåten **(se illustration)**.
8 Ta bort de två bultar som fäster ratt-stångens övre lager vid tvärbalken **(se illustration)**. På vissa marknader sitter det brytbultar här. Ta bort dessa genom att borra hål och använda utdragare eller genom att

18.8 De tre bultar som fäster rattstångens
övre lager vid tvärbalken

---

driva runt huvudena med ett dorn.
9 Ta bort den tredje bulten som håller det övre lagret och ta reda på distanshylsan **(se illustration)**.
10 Ta bort de tre bultar som fäster den stödjande tvärbalken till rattstången. För åtkomst av bultarna till höger kan det bli nödvändigt att ta bort den undre panelen på höger sida och flytta kabelhärvan åt sidan.
11 Ta bort ratt-/tändningslås (se avsnitt 19).
12 Lossa rattstången och dra in den i bilen. Ta reda på brickan från övre lagertappen.
13 Rattstångslagren kan nu vid behov tas bort. Var försiktig med kopplingen i den övre delen. Rattstångens totallängd måste vara 727,2 ± 1 mm.

Montering

14 Monteringen sker med omvänd arbets-ordning. Lägg märke till följande punkter:
a) Dra åt muttrar och bultar med angivet moment (där specificerat).
b) Där brytbultar används ska dessa endast dras åt lätt till en början. När du är säker på att installationen är korrekt, dra åt dem så att skallarna bryts av.

19 Rattlås/tändningslås - demontering och montering

⚠ **Varning: På fordon som är försedda med krockkuddar SKA INGA FÖRSÖK göras att ta bort ratten. Allt arbete som innebär att ratten måste tas bort SKA på**

18.9 Demontering av den tredje bulten,
med distanshylsa

19.3 Rattlåsets klämbult (vid pilen)

19.4 Tryck ned låsknappen (rattstången borttagen)

19.5 Dra ut rattlåset - monterad rattstång. Låsknappen (vid pilen) blir synlig

dessa fordon utföras av en Volvoverkstad. Se kapitel 12, avsnitt 23 för mer information.

Demontering

1 Koppla loss batteriets jordledning.
2 Utför arbetet enligt beskrivningen i avsnitt 18, paragraferna 3 till 10.
3 Ta bort bulten i den övre lagerhållaren (se illustration).
4 Sätt i tändningsnyckeln och vrid den till läge II. Tryck ned låsknappen och börja dra ut låset från lagerhållaren (se illustration).
5 Tändningsnyckeln och låstrumman hindrar demonteringen genom att de kommer i vägen för omgivande panel. Ta därför ut nyckeln och lossa den övre lagerhållaren från tvärbalken. Tappa inte bort brickan från tappen. Genom att flytta på lagerhållaren kan tillräckligt fritt utrymme skapas för att rattlåset, komplett med kontakten till tändningen/startmotorn,

ska kunna dras ut (se illustration).
6 Ta bort kontakten från låset genom att skruva ur de två skruvarna.

Montering

7 Monteringen sker med omvänd arbetsordning.

20 Servostyrningsväxel - demontering och montering

Demontering

Notera: *Vid monteringen ska nya kopparbrickor användas i hydraulkopplingarna.*
1 Lyft upp framvagnen på pallbockar. Ta bort skyddsplåten under motorn.
2 Ta bort täckpanelen från mitten av främre tvärbalken.

20.3 Mellanaxelns nedre universalknut

20.5 Anslutningarna för servooljans matning och retur (vid pilarna)

3 Ta bort fjäderclipsen och lossa bultar och muttrar på den undre universalknuten (se illustration). Dra universalknuten uppefter mellanaxeln så att den lossnar från pinjongen.
4 Lossa styrstagsändarna från styrarmarna (avsnitt 24).
5 Gör rent runt anslutningarna för matning och retur av olja och lossa dessa (se illustration). Var beredd på spill. Plugga igen öppna hål så att inte smuts tränger in.
6 Ta bort de två bultarna och muttrarna. Ta loss kuggstången från tvärbalken (se illustration). Det kan bli nödvändigt att flytta på den främre krängningshämmaren.

Montering

7 Monteringen sker med omvänd arbetsordning, lägg märke till följande:
a) Dra åt samtliga infästningar med angivna moment.
b) Använd nya kopparbrickor i oljekopplingarna.
c) Avlufta servostyrningen (avsnitt 22).
d) Kontrollera framhjulens toe-inställning (avsnitt 25).

21 Kuggstångens bälgar - byte

Demontering

1 Ta bort styrleden på aktuell sida (avsnitt 24). Ta även bort styrstagets låsmutter.
2 Lossa de två clips som fäster bälgen och skala av den (se illustrationer).

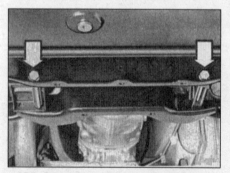

20.6 Styrningens fästbultar (vid pilarna)

21.2a Demontering av kuggstångsbälgens clips . . .

21.2b . . . och bälgen

Montering

3 Rengör den inre änden av styrstaget och (om åtkomlig) kuggstången. Lägg på nytt fett på dessa delar.
4 Montera nya bälgar och sätt tillbaka styrleden.

22 Servostyrning - avluftning

1 Olja till servostyrningen förvaras i en behållare på innerskärmen. Den kan ha en mätsticka, ha nivåmarkeringar eller vara genomskinlig.
2 Oljenivån ska inte överstiga MAX eller sjunka under LOW eller ADD. Vissa mätstickor har markeringar för både varm och kall olja. Använd passande sida.
3 Om påfyllning behövs, använd endast ren olja av specificerad typ (se *"Veckokontroller"*). Om påfyllning behövs ofta, leta efter läckage. Kör inte pumpen utan olja - ta bort drivremmen om så krävs.
4 Efter byte av delar, eller om oljenivån sjunkit så mycket att luft trängt in i systemet, måste hydraulsystemet avluftas enligt följande.
5 Se *"Veckokontroller"* och fyll behållaren till märket MAX. Starta motorn och låt den gå på tomgång med locket till behållaren öppet.
6 Vrid ratten ett par gånger mellan fulla utslag men håll den inte kvar vid fullt rattutslag.
7 Fyll på med olja efter behov.
8 Upprepa paragraferna 6 och 7 till dess att nivån inte längre sjunker. Stoppa motorn och stäng locket på behållaren.

23 Servostyrningspump - demontering och montering

Demontering

Notera: *Vid ihopsättningen ska nya kopparbrickor användas i hydraulkopplingarna.*
1 Lossa pumpens pivå och justeringens muttrar och bultar. Lossa drivremmens

justering och dra av remmen från remskivan **(se illustration)**.
2 Koppla ur pumpens hydraulrör, antingen underifrån (ta bort motorskyddsplåten) eller på pumpens baksida. Var beredd på hydrauloljespill.
3 Ta bort pivån och justeringens muttrar och bultar.
4 Lyft bort pumpen. Ta bort behållaren tillsammans med pumpen eller sära på dem genom att koppla bort oljeslangen från den.
5 Om en ny pump ska monteras, flytta över remskiva och fästen till den nya pumpen.

Montering

6 Monteringen sker med omvänd arbetsordning, använd nya kopparbrickor i öppnade banjokopplingar.
7 Spänn drivremmen (kapitel 1).
8 Fyll på pumpens behållare och avlufta systemet (avsnitt 22).

24 Styrleder - demontering och montering

Demontering

1 Lyft upp framvagnen på pallbockar och ta bort hjulet på aktuell sida.
2 Håll mot på styrleden och lossa låsmuttern ett halvt varv.
3 Skruva ut styrledens mutter till gängslutet. Dra isär kulleden från styrarmen med avdragare och ta bort muttern och sedan kulleden från armen **(se illustration)**.
4 Skruva ut styrleden från staget, räkna antalet varv och anteckna detta.

Montering

5 Skruva på styrleden på staget med samma antal varv som vid demonteringen.
6 Greppa in kulleden på styrarmen. Sätt på muttern och dra åt med specificerat moment.
7 Håll mot på styrleden och dra åt låsmuttern.
8 Sätt tillbaka hjulet, lyft ner bilen och dra åt hjulmuttrarna.
9 Kontrollera hjulets toe-inställning snarast (avsnitt 25), speciellt om nya delar monterats.

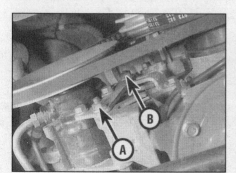
23.1 Servopumpens pivåmutter (A) och justerbult (B)

24.3 Kulledsavdragare används på styrled

25 Hjulinställning och styrvinklar - allmän information

Allmänt

1 En bils geometri för fjädring och styrning definieras med fyra grundinställningar - samtliga vinklar anges i grader (Toe-inställningar uttrycks även som ett mått). Inställningarna är camber, caster, spindelbultens lutning och toe-inställning. Med undantag för bilar med individuell bakhjulsfjädring är endast framhjulens toe-inställning justerbar. På bilar med individuell bakhjulsfjädring är bakfjädringens geometri fullt justerbar.

Framhjulens toe-inställning - kontroll och justering

2 Tack vare den speciella mätutrustning som krävs för att korrekt mäta upp hjulinställningen och den skicklighet som krävs för att använda utrustningen är det bäst att lämna detta jobb till en Volvoverkstad eller liknande specialist. Kom ihåg att många däckfirmor numera har avancerad mätutrustning. Följande ges som en guide ifall ägaren vill utföra en egen kontroll.
3 Framhjulets toe-inställning kontrolleras genom att avståndet mellan främre och bakre insidorna av fälgarna mäts. Speciella måttstockar finns i tillbehörsaffärer. Justering görs genom att styrlederna skruvas in eller ut på stagen vilket ändrar längden på styrstagen.
4 För precis kontroll måste bilen ha tjänstevikt, dvs vara olastad men med full tank.
5 Innan arbetet inleds, kontrollera först att däcken är av specificerad typ och storlek och att de har korrekt lufttryck. Kontrollera sedan slitage, kast, skick på hjullager, rattens spel och framfjädringens skick (se *"Veckokontroller"* och kapitel 1). Åtgärda samtliga påträffade fel.
6 Parkera bilen på plan mark, kontrollera att hjulen pekar rakt fram och gunga ett par gånger på bilen så att fjädringen sätter sig. Lossa handbromsen och rulla bilen bakåt en meter och sedan framåt igen så att eventuella belastningar i fjädring eller styrning släpper.
7 Mät avstånden mellan fälgarnas innerframkanter och innerbakkanter. Dra det främre avståndet från det bakre och kontrollera att resultatet ligger inom specifikationerna.
8 Om justering behövs, dra åt handbromsen och lyft upp framvagnen på pallbockar. Vrid ratten till fullt utslag åt vänster och räkna antalet synliga gängor på höger styrstag. Vrid sedan ratten till motsatt utslag och räkna antalet synliga gängor på vänster styrstag. Om samma antal gängor syns på båda styrstagen ska justeringar utföras med lika mycket på varje sida. Om fler gängor är synliga på en sida måste detta kompenseras för vid justeringen. **Notera:** *Det är av högsta vikt att samma antal gängor syns på vardera styrstaget efter justeringen.*

9 Börja med att rengöra styrlederna. Om de är rostiga ska rostolja användas innan justeringen inleds. Lossa bälgarnas yttre klämmor och skala bälgarna bakåt. Lägg på lite fett på bälgarnas insidor så att de löper fritt och inte vrids när respektive styrstag roteras.
10 Använd en ställinjal och rits eller liknande till att märka upp förhållandet mellan varje styrstag och styrled och sedan lossa på låsmuttern.

11 Andra styrstagens längd, kom ihåg noteringen i punkt 8. Skruva dem in i eller ut ur styrlederna genom att vrida på dem med en polygrip eller liknande. Förkortande av styrstag (inskruvande i styrleden) ökar toe-in/minskar toe-ut.
12 När inställningen är korrekt, håll fast styrstagen och dra åt styrledernas låsmuttrar. Räkna de synliga gängorna för att kontrollera att styrstagen är lika långa. Om de inte är

symmetriska uppstär problem med däckhasning i kurvor och rattekrarna är inte längre horisontella när hjulen pekar rakt fram.
13 Om styrstagen är lika långa, lyft ner bilen på marken och kontrollera toe-inställningen. Gör om justeringen vid behov. När inställningen är korrekt ska styrledens låsmuttrar säkras. Kontrollera att bälgarna sitter korrekt på plats och att de inte är vridna eller spända och fäst dem med klämmorna.

Kapitel 11
Kaross och detaljer

Innehåll

Svårighetsgrader

Enkelt, passar novisen med lite erfarenhet	**Ganska enkelt,** passar nybörjaren med viss erfarenhet	**Ganska svårt,** passar kompetent hemmamekaniker	**Svårt,** passar hemmamekaniker med erfarenhet	**Mycket svårt,** för professionell mekaniker

1 Allmän information

Karosser finns i två utföranden 4-dörrars sedan och 5-dörrars kombi. Kaross och underrede är svetsade stålkonstruktioner som utgör en mycket stark enhet. Den har deformeringszoner både fram och bak som stegvis deformeras i händelse av olyckor. Dörrarna är förstärkta som skydd mot sidokollisioner. Bakluckan på kombimodellerna är tillverkad av aluminium

Kraftiga stötfångare är monterade fram och bak på energiupptagande buffertar som skyddar mot skador vid kollisioner i låga hastigheter.

Framflyglarna är påskruvade för enkelt byte. Motorhuven har två öppningslägen, ett för normalt arbete och ett helt öppet för större arbeten.

Interiören är av den höga standard som förväntas av en bil i denna klass.

2 Underhåll - kaross och underrede

Det allmänna skicket på en bils kaross är den faktor som mest påverkar bilens värde. Underhåll är enkelt men måste vara regelbundet. Slarv, speciellt efter smärre skador kan snabbt leda till ytterligare skador och dyra reparationer. Det är viktigt att även hålla ett öga på de delar som inte är direkt synliga, exempelvis underredet, inne i hjulhusen och motorrummets undre del.

Den grundläggande underhållsrutinen är tvättning, helst med stora mängder vatten från en slang. Detta tar bort alla lösa partiklar som kan ha fastnat på bilen. Det är viktigt att spola bort dem på ett sätt som förhindrar att ytan repas. Hjulhusen och underredet behöver tvättas på samma sätt för att ta bort ansamlad lera som innehåller fukt och tenderar att underlätta rostangrepp. Paradoxalt nog är den bästa tidpunkten att tvätta underredet och

hjulhusen när det regnar och leran därmed är extra våt och mjuk. I mycket våt väderlek rengörs ofta underredet automatiskt från stora ansamlingar så det är en bra tid för inspektion.

Periodvis, med undantag för bilar med vaxade underreden, är det en god idé att rengöra hela undersidan med ångtvätt, inklusive motorrummet, så att en grundlig inspektion kan utföras för att se efter vilka småreparationer som behövs. Ångtvätt finns på många bensinstationer och verkstäder och behövs för att ta bort ansamlingar av oljeblandad smuts som ibland kan bli tjock i vissa utrymmen. Om ångtvätt inte finns tillgänglig finns det ett par utmärkta avfettningsmedel som kan strykas på med borste så att smutsen sedan kan spolas bort. Lägg märke till att dessa metoder INTE ska användas på bilar med vaxade underreden, eftersom de tar bort vaxet. Bilar med vaxade underreden ska inspekteras årligen, helst på senhösten. Underredet tvättas då av så att skador i vaxbestrykningen kan hittas och åtgärdas. Det bästa är att lägga på ett helt, nytt lager vax före varje vinter. Det är även värt att överväga att injicera vaxbaserat skydd i dörrpaneler, trösklar, balkar och liknande som ett extra rostskydd där tillverkaren inte redan åtgärdat den saken.

Efter det att lacken tvättats, torka av den med sämskskinn så att den får en fin yta. Ett lager med genomskinligt skyddsvax ger förbättrat skydd mot kemiska föroreningar i luften. Om lacken mattats eller oxiderats kan ett kombinerat tvätt- och polermedel återställa glansen. Detta kräver lite ansträngning, men sådan mattning orsakas vanligen av slarv med regelbundenheten i tvättning. Metallic-lacker kräver extra försiktighet och speciella slipmedelsfria rengörings-/polermedel krävs för att inte skada ytan.

Kontrollera alltid att dräneringshål och rör i dörrar och ventilation är helt öppna så att vatten kan rinna ut. Kromade ytor ska behandlas som lackerade. Glasytor ska hållas fria från smutshinnor med hjälp av glastvättmedel. Vax eller andra medel för polering av lack eller krom ska inte användas på glas.

3 Underhåll - klädsel och mattor

Mattorna ska borstas eller dammsugas med jämna mellanrum så att de hålls rena. Om de är svårt nedsmutsade ska de tas ut ur bilen för skrubbning. Se i så fall till att de är helt torra innan de sätts tillbaka i bilen. Säten och paneler kan hållas rena med en fuktig trasa och speciella rengöringsmedel. Om klädselpaneler smutsas ned (vilket ofta kan vara mer synligt i ljusa inredningar) kan lite flytande tvättmedel och en mjuk nagelborste användas till att skrubba ut smutsen ur materialet. Glöm inte takets insida, håll det rent på samma sätt som klädseln. När flytande rengöringsmedel används inne i en bil ska de tvättade ytorna inte överfuktas. För mycket fukt kan komma in i sömmar och stoppning och där framkalla fläckar, störande lukter och till och med röta. Om insidan av bilen blöts ned av en olyckshändelse är det mödan värt att ta besväret att torka ut bilens insida ordentligt, speciellt när det gäller mattorna. *Lämna aldrig oljedrivna eller elektriska värmeelement i bilen för detta ändamål.*

4 Mindre karosskador - reparation

Reparation av mindre repor i karossen

Om en repa är mycket ytlig och inte trängt ned till karossmetallen är reparationen mycket enkel att utföra. Gnugga det skadade området helt lätt med lackrenoveringsmedel eller en mycket finkornig slippasta så att lös lack tas

bort från skråman och det omgivande området befrias från vax. Skölj med rent vatten.

Lägg på bättringslack på skråman med en fin pensel. Lägg på i många tunna lager till dess att ytan i skråman är i jämnhöjd med den omgivande lacken. Låt den nya lacken härda i minst två veckor och jämna sedan ut den mot omgivningen genom att gnugga hela området kring skråman med lackrenoveringsmedel eller en mycket finkornig slippasta. Avsluta med en vaxpolering.

I de fall en skråma gått ned till karossmetallen och denna börjat rosta krävs en annan teknik. Ta bort lös rost från botten av skråman med ett vasst föremål och lägg sedan på rostskyddsfärg så att framtida rostbildning förhindras. Fyll sedan upp skråman med spackelmassa med en spackel av gummi eller nylon. Vid behov kan spacklet tunnas ut med thinner så att det blir mycket tunt vilket är idealiskt för smala skråmor. Innan spackelmassan härdar, linda en mjuk bomullstrasa runt fingret och doppa fingret i thinner och stryk snabbt över spackelmassans yta. Detta gör den gropig så att bättringslacken fäster bättre när den målas över enligt anvisningarna i föregående stycke.

Reparation av bucklor i karossen

När en djup buckla uppstått i bilens kaross blir den första uppgiften att räta ut bucklan såpass att den i det närmaste återtar ursprungsformen. Det finns ingen orsak att försöka att helt återställa formen i och med att metallen i det skadade området sträckt sig vid skadans uppkomst. Detta betyder att metallen aldrig helt kan återta sin gamla form. Det är bättre att försöka ta bucklans nivå upp till ca 3 mm under den omgivande karossens nivå. I de fall bucklan är mycket grund är det inte värt besväret att räta ut den. Om undersidan av bucklan är åtkomlig kan den försiktigt knackas ut med en träklubba eller plasthammare. Vid knackningen ska mothåll användas på plåtens utsida så att inte större delar knackas ut.

Skulle bucklan finnas i en del av karossen som har dubbel plåt eller något annat som gör den oåtkomlig från insidan krävs en annan teknik. Borra ett flertal hål genom metallen i bucklan - speciellt i de djupare delarna. Skruva sedan in långa plåtskruvar precis så långt att de får ett fast grepp i metallen. Dra sedan ut bucklan genom att dra i skruvskallarna med en tång.

Nästa steg är att ta bort lacken från det skadade området och ca 30 mm av den omgivande friska plåten. Detta görs enklast med stålborste eller slipskiva monterad på borrmaskin, men kan även göras för hand med slippapper. Fullborda underarbetet före spacklingen genom att repa den nakna plåten med en skruvmejsel eller filspets, eller genom att borra små hål i det område som ska spacklas, så att den fäster bättre.

Fullborda arbetet enligt anvisningarna för spackling och lackering.

Reparation av rost- och andra hål i karossen

Ta bort lacken från det drabbade området och ca 30 mm av den omgivande friska plåten med en sliptrissa eller stålborste monterad i en borrmaskin. Om detta inte finns tillgängligt kan ett antal ark slippapper göra jobbet lika effektivt. När lacken är borttagen kan du mer exakt uppskatta rostskadans omfattning och därmed avgöra om hela panelen (där möjligt) ska bytas ut eller om rostskadan ska repareras. Nya plåtdelar är inte så dyra som de flesta tror och det är ofta snabbare och ger bättre resultat med plåtbyte än försök till reparation av större rostskador.

Ta bort alla detaljer/paneler från det drabbade området, utom de som styr den ursprungliga formen av det drabbade området, exempelvis lyktsarger. Ta sedan bort lös eller rostig metall med plåtsax eller bågfil. Knacka kanterna något inåt så att du får en grop för spacklingsmassan.

Borsta av det drabbade området med en stålborste så att rostdamm tas bort från ytan av den kvarvarande metallen. Måla det drabbade området med rostskyddsfärg, om möjligt även på baksidan.

Innan spacklingen kan ske måste hålet blockeras på något sätt. Detta kan göras med nät av plast eller aluminium eller med aluminiumtejp.

Nät av plast eller aluminium eller glasfiberväv är i regel det bästa materialet för ett stort hål. Skär ut en bit som är ungefär lika stor som det hål som ska fyllas och placera det i hålet så att kanterna finns under nivån för den omgivande plåten. Ett antal klickar spackelmassa runt hålet fäster materialet på plats.

Aluminiumtejp kan användas till små eller mycket smala hål. Dra av en bit från rullen, klipp den till ungefärlig storlek och dra bort täckpapperet (om sådant finns) och fäst tejpen över hålet. Flera remsor kan läggas bredvid varandra om bredden på en inte räcker till. Tryck ned tejpkanterna med ett skruvmejselhandtag eller liknande så att tejpen fäster ordentligt på metallen.

Karossreparationer - spackling och lackering

Innan du följer anvisningarna i detta avsnitt, läs de föregående om reparationer.

Många typer av spackelmassa förekommer. Generellt sett är de som består av grundmassa och härdare bäst vid denna typ av reparationer. Vissa av dem kan användas direkt från förpackningen. En bred och följsam spackel av nylon eller gummi är ett ovärderligt verktyg för att skapa en väl formad spackling med en fin yta.

Blanda lite massa och härdare på en skiva av exempelvis kartong eller masonit. Mät härdaren noga - följ tillverkarens instruktioner.

I annat fall härdar spacklingen för snabbt eller för långsamt. Bred upp massan på det förberedda området med spackeln, dra spackeln över massan så att rätt form och en jämn yta uppstår, Så snart en någorlunda korrekt form erhålles ska du inte arbeta mer med massan. Om du håller på för länge blir massan kletig och börjar fastna på spackeln. Fortsätt lägga på tunna lager med ca 20 minuters mellanrum till dess att massan är något högre än den omgivande plåten.

När massan härdat kan överskottet tas bort med hyvel eller fil och sedan slipas ned med gradvis finkornigare papper. Börja med nr 40 och avsluta med nr 400 torr & våtpapper. Linda alltid papperet runt en slipkloss - i annat fall blir inte den slipade ytan plan. Vid slutpoleringen med torr & våtpapperet ska detta nu och då sköljas med vatten. Detta skapar en mycket slät yta på massan i slutskedet.

Vid detta läge bör bucklan vara omgiven av en ring med ren plåt som i sin tur omges av en lätt ruggad kant av frisk lackering. Skölj av reparationsområdet med rent vatten till dess att allt slipdamm försvunnit.

Spruta ett tunt lager grundfärg på hela reparationsområdet. Detta avslöjar mindre ytfel i spacklingen. Laga dessa med ny massa eller filler och slipa av ytan igen. Massa kan tunnas ut med thinner så att den blir mer lämpad för riktigt små gropar. Upprepa denna sprutning och reparation till dess att du är nöjd med spackelytan och den ruggade lacken. Rengör reparationsytan med rent vatten och låt den torka ut.

Reparationsytan är nu klar för lackering. Färgsprutning måste utföras i en atmosfär som är varm, torr, drag- och dammfri. Detta kan skapas inomhus om du har tillgång till ett större arbetsområde, men om du är tvungen att arbeta utomhus måste du vara noga med valet av tidpunkt. Om du arbetar inomhus kan du hälla vatten på golvet för att binda damm som annars skulle virvla i luften. Om reparationsytan är begränsad till en panel ska de omgivande maskas av. Detta minskar effekten av en mindre missanpassning mellan färgerna. Dekorer och detaljer (kromlister, handtag med mera) ska även de maskas av. Använd riktig maskeringstejp och ett flertal lager tidningspapper till detta.

Innan du börjar spruta, skaka burken mycket ordentligt och spruta på en provbit, exempelvis konservburk, till dess att du behärskar tekniken. Täck sedan arbetsytan med ett tjockt lager grundfärg, uppbyggt av flera tunna skikt. Polera sedan grundfärgens yta med nr 400 våt & torrpapper till dess att den är slät. Medan detta utförs ska ytan hållas våt. Låt torka innan mer färg läggs på.

Spruta på ytan och bygg upp tjocklek med flera tunna lager färg. Börja spruta i mitten och arbeta utåt med enstaka sidledes rörelser till dess att hela reparationsytan och ca 50 mm av den omgivande lackeringen täcks. Ta bort maskeringen 10 - 15 minuter efter sista färglagret sprutats på.

Låt den nya lacken härda i minst två veckor

innan en lackrenoverare eller mycket fin slippasta används till att jämna ut den nya lackens kanter i den gamla. Avsluta med vax.

Plastdelar

Med den ökade användningen av plast i karossdelar, exempelvis stötfångare, spoilers, kjolar och i vissa fall större paneler, blir reparationer av allvarligare slag på sådana delar ofta en fråga om att överlämna dessa till specialister eller byte av delen i fråga. Egna reparationer av sådana skador är inte rimliga beroende på kostnaden för den specialutrustning och de speciella material som krävs. Grundprincipen för dessa reparationer är att en skåra tas upp längs med skadan med en roterande rasp i en borrmaskin. Den skadade delen svetsas sedan ihop med en varmluftspistol och en plaststav i skåran. Plastöverskott tas bort och ytan slipas ned. Det är viktigt att rätt typ av plastlod används i och med att plasttypen i karossdelar kan variera, exempelvis PCB, ABS eller PPP.

Skador av mindre allvarlig natur (små sprickor, skrapningar) kan lagas av hemmamekaniker med en tvåkomponents epoxymassa. Den blandas i lika delar och används på liknande sätt som spackelmassa på plåt. Epoxyn härdar i regel inom 30 minuter och kan sedan slipas och målas.

Om ägaren byter en komplett del själv eller reparerat med epoxymassa dyker problemet med målning upp. Svårigheten är att hitta en färg som är kompatibel med den plast som används. En gång i tiden kunde inte någon universalfärg användas i och med det breda utbudet av plaster i karossdelar. Generellt sett fastnar inte standardfärger på plast och gummi. Numera finns det dock satser för plastlackering att köpa. Dessa består i princip av förbehandling, grundfärg och färglager. Kompletta instruktioner finns i satserna men grundmetoden är att först lägga på förbehandlingen på aktuell del och låta den torka i 30 minuter innan grundfärgen läggs på. Denna ska torka ca en timme innan det speciella färglagret läggs på. Resultatet blir en korrekt färgad del där lacken kan böjas med materialet. Det senare är en egenskap som standardfärger vanligtvis saknar.

Aluminiumdelar

Bakluckan på Kombi är tillverkad av aluminium. Var försiktigt vid utknackning av bucklor eftersom materialet lätt härdas vid bearbetning och därmed riskerar att spricka. Slipmedel ska användas med stor försiktighet eftersom materialet är mjukare än stål.

5 Större karosskador - reparation

Där allvarliga karosskador uppstått eller större ytor behöver åtgärdas på grund av brist på underhåll måste nya delar eller paneler svetsas in. Detta bör överlämnas till yrkes-

kunniga personer. Om skada uppstått på grund av kollision måste hela bilen mätas upp. I och med konstruktionssättet kan styrkan och formen i helheten påverkas av en skada på en del. I sådana fall krävs en Volvoverkstad med specialutrustning i form av mätjigg. Om en kaross lämnas sned är detta först och främst farligt i och med att bilens vägegenskaper försämras. I andra hand kommer ojämna krafter att påverka styrning, motor och växellåda vilket leder till onormalt slitage eller totalhaveri. Även däckslitaget kan bli mycket större.

6 Motorhuv - demontering och montering

Demontering

1 Koppla loss batteriets jordledning.
2 Ta bort spolarröret från huven vid T-kopplingen. Lossa röret från torpedplåten.
3 Ta bort motorrumsbelysningen (om monterad) och dra ut sladden till den. Knyt ett snöre vid sladden och dra sladden genom huvhåligheten till motorrummet, lossa snöret och lämna detta i huven. Detta underlättar ihopmonteringen.
4 Markera runt gångjärnssprintarna med en mjuk blyertspenna som monteringsreferens.
5 Stötta motorhuven med hjälp av en medhjälpare och ta ut sprintarna (se illustration). Lyft av motorhuven.

Montering

6 Innan monteringen, placera trasor under hörnen på huven, bakom gångjärnen, så att lacken skyddas mot skador.
7 Montera huven och stick in sprintarna i sina märkta lägen.
8 Dra lampsladden genom huven med hjälp av snöret. Koppla och montera lampan.
9 Montera ihop spolarröret och sätt tillbaka det på torpedplåten.
10 Stäng huven och kontrollera att allt passar. Bulthålen mellan huv och gångjärn styr justeringen i längs- och sidled. Fronthöjden justeras genom att gummiklackarna skruvas in eller ut. Bakre höjden justeras med gångjärnsfästena nära hjulhusen.

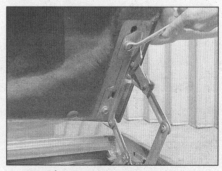

6.5 Gångjärnssprint till motorhuven demonteras

7.3a Styrstiftet (vid pilen) bestämmer
gångjärnets läge

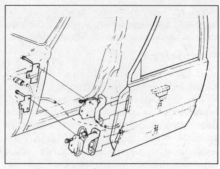

7.3b Dörrgångjärnets detaljer

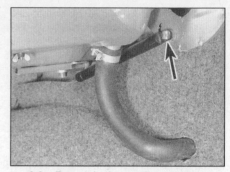

8.2a Bagageluckans stötta - ta bort
fjäderclipset (vid pilen) på gångjärnssidan

8.2b Bagageluckans gångjärnssprintar

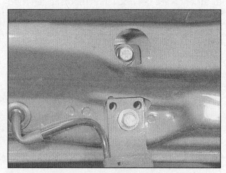

9.3 Bakluckans gångjärnssprintar

9.4 Panelens fäste (vid pilen) bakom
belysningen

11 Dra fast gångjärnssprintarna när justeringen är korrekt och koppla in batteriet.

7 Dörrar - demontering och montering
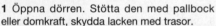

Demontering
1 Öppna dörren. Stötta den med pallbock eller domkraft, skydda lacken med trasor.
2 Koppla ur dörrens elektriska anslutningar genom att antingen ta bort dörrens klädselpanel eller stolpens panel. Mata ut ledningarna så att de hänger fritt.
3 Även om ett styrstift används i gångjärnen för korrekt inpassning är det en bra idé att märka upp runt gångjärnssprintarna som referens vid montering. Använd en medhjälpare och ta ut sprintarna och lyft bort dörren (se illustrationer). Ta reda på eventuella shims.

Montering
4 Monteringen sker med omvänd arbetsordning.

8 Bagagelucka - demontering och montering

Demontering
1 Öppna luckan, koppla ur centrallåset och/eller bagagerumsbelysningen så att luckan kan tas bort.

2 Märk runt gångjärnssprintarna. Använd en medhjälpare och lossa stöttan på gångjärnssidan, ta bort sprintarna och lyft upp luckan (se illustrationer).

Montering
3 Montering sker i omvänd ordning. Justera bagageluckans position efter behov. Varje gångjärn har en excentrisk bussning och avlånga hål för de genomgående bultarna (man kommer åt bultarna via täcklock i de bakre fönsterstolparnas klädselpaneler). För att justera bagageluckan baktill, flytta låshållaren.

9 Baklucka - demontering och montering

Demontering
1 Koppla loss batteriets jordledning.
2 Öppna bakluckan. Ta bort spolarröret vid kopplingen bredvid höger gångjärn.
3 Bänd ut de tappar som döljer det två gångjärnssprintarna. Lossa sprintarna med ta inte ut dem ännu (se illustration).
4 Ta bort panelen runt lastutrymmesbelysningen. Förutom de synliga fästena finns det ett dolt bakom själva lampan (se illustration).
5 Dra isär de kontakter som blottas när panelen tas bort, anteckna placeringar inför monteringen. Mata ut ledningarna genom bakluckan.
6 Låt en medhjälpare stötta bakluckan. Lossa stöttorna genom att ta bort vajerclips och separera kullederna.

7 Ta bort gångjärnssprintarna och lyft undan bakluckan.

Montering
8 Monteringen sker med omvänd arbetsordning. Dra endast provisoriskt åt sprintarna och kontrollera luckans inpassning. Justera låsbygel och sidostyrningar vid behov.

10 Huvlåsvajer - demontering och montering

Demontering
1 Öppna motorhuven. Om vajern gått av måste spärren lossas från undersidan, eller så kan tillträde beredas genom att strålkastarna tas bort.
2 Lossa övre stödpanelen framför kylaren så att du kommer åt spärren (se illustration).
3 Lossa den spärr som är längst bort från huvöppningshandtaget. Lossa vajern från den (se illustration).
4 Lossa vajerhöljet från den andra spärren. Dra vajern fri från spärrarna.
5 Inne i bilen, haka av vajern från handtaget och ta bort clipset från höljet.
6 För in vajern i motorrummet och ta bort den.

Montering
7 Monteringen sker med omvänd arbetsordning. Justera den gängade delen av vajern vid handtaget så att den tar upp det mesta av slacket i viloläge.

10.2 Lossa den övre stödpanelen framför kylaren för åtkomlighet av huvlåsets spärrar

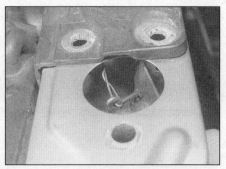

10.3 Lossa vajerns innerdel från huvlåsspärren

11.2 Urkoppling av en kontakt från armstödet

11.3 Demontering av högtalargrill

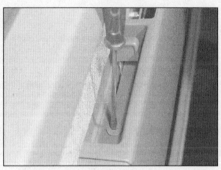

11.4 Lossa clipset genom att vrida det ett kvarts varv

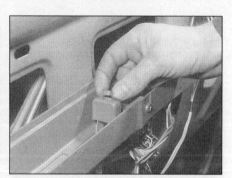

11.8 Ta bort pluggen så att skruven blir åtkomlig

11 Framdörrens inre klädselpanel - demontering och montering

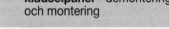

Demontering

1 Koppla loss batteriets jordledning.
2 Bänd ut kontakterna från armstödet och dra ur dem **(se illustration)**.
3 Ta bort högtalargrillen genom att dra den framåt **(se illustration)**.
4 Ta bort clipset från brunnen bakom draghandtaget genom att vrida det ett kvarts varv med en skruvmejsel **(se illustration)**.
5 Lossa dörrkantsmarkeringslinsen.
6 Peta ut de tre clipsen från klädselpanelens underkant.
7 Lossa panelen genom att dra hårt i den. Dra ur kontakterna till högtalaren och dörrkants-markeringslinsen och ta bort panelen.

8 Lossa armstödets ram genom att först ta ut pluggen ur änden av draghandtagets huv **(se illustration)**. Ta bort den blottade skruven och huven.
9 Lossa alla ledningar. Ta bort de två skruvarna och lyft bort ramen **(se illustration)**.

Montering

10 Monteringen sker i samtliga fall med omvänd arbetsordning.

12 Bakdörrens inre klädselpanel - demontering och montering

Demontering och montering av bakdörrars klädsel är i det närmaste identisk med beskrivningarna för framdörrarna (avsnitt 11), utom i det att båda dörrarna har draghandtag och att inga clips fäster dörrpanelens underkant.

13 Bakluckans inre klädselpanel - demontering och montering

Demontering

1 Öppna bakluckan. Lossa de fyra fästena i panelens underkant genom att vrida dem 90° **(se illustration)**.
2 Lossa plasten runt innerhandtaget. Ta bort de två skruvar som då blottas samt handtagets klädsel som de även fäster **(se illustration)**.
3 Dra klädseln uppåt (sett med luckan i stängt läge) så att nyckelhålsfästena i överkanten kan lossas. Ta bort panelen.

Montering

4 Monteringen sker med omvänd arbets-ordning.

11.9 Två skruvar (vid pilarna) fäster armstödet

13.1 Demontering av ett panelfäste i bakluckan

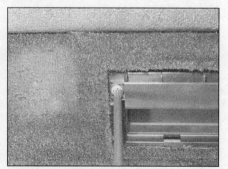

13.2 Demontering av bakluckans inre handtagsklädsel

15.2 Fönsterhissens arm i rutinfattningen. Clipset finns bakom armens ände

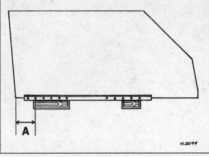

15.4 Position för framfönstrets infattning
A = ca 70 mm

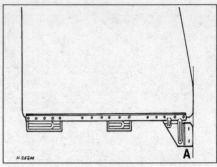

16.6 Korrekt position för bakfönstrets infattning
A = 0 till 1 mm

14 Vindruta och övriga fasta rutor - demontering och montering

Speciell utrustning och teknik krävs för att dessa rutor ska kunna tas bort och sättas tillbaka med lyckat resultat. Lämna arbetet till Volvoverkstad eller vindrutespecialist.

15 Framdörrens fönster - demontering och montering

Demontering

1 Ta bort den inre klädselpanelen (avsnitt 11).
2 Höj eller sänk rutan så att lyftarmarna blir åtkomliga. Ta bort det låsbleck som fäster vardera lyftarmen till rutinfattningen (se illustration).
3 Låt en medhjälpare stötta rutan eller kila eller tejpa fast den i läge. Lossa lyftarmarna från rutinfattningen och lyft ut glaset ur dörren.
4 Om nytt glas monteras, kontrollera om det levererats med infattningen monterad. Om inte måste den gamla användas. Där så är möjligt, anteckna läget på infattningen i förhållande till glasets bakkant. Infattningen avlägsnas från det gamla fönstret med ett omdömesgillt arbete med gummiklubba. Om monteringsläget inte är känt, montera som visat (se illustration).

Montering

5 Monteringen sker i omvänd ordningsföljd.

16 Bakdörrens fönster - demontering och montering

Demontering

1 Ta bort dörrens klädselpanel (avsnitt 12).
2 Ta bort den sänkbara rutan enligt beskrivning för framdörr (avsnitt 15).
3 Den fasta rutan kan nu tas bort genom att de popnitar som fäster infattningen borras ut. Ta bort infattningen och dra ut glaset.
4 Vid montering av den fasta rutan, smörj listen med flytande tvål.
5 Tryck glaset på plats, montera infattningen och fäst den med nya popnitar.
6 Om en infattning monteras på den sänkbara rutan ska den placeras som visat (se illustration).

Montering

7 Sätt tillbaka den sänkbara rutan och den inre klädselpanelen.

17 Fönsterhissmekanism - demontering och montering

Demontering

1 Följ beskrivningen för demontering av ruta

(avsnitt 15 eller 16) men lyft inte bort glaset helt, tejpa eller kila fast det i upplyft läge.
2 Ta bort det låsbleck som fäster glidarmen i sin infattning (se illustration).
3 Om fönstret har elhiss, dra ut motorkontakterna från multikontakten genom att bända ut dem med en liten skruvmejsel eller ritsnål (se illustration). Detta är svårt att göra utan att skada kontakterna, men om en ny motor ska monteras spelar det ingen roll. På senare modeller finns en extra multikontakt i härvan vilket underlättar frånkopplandet.
4 Ta bort de muttrar som fäster mekanismen vid dörrplåten. På senare modeller är mekanismen nitad, inte bultad, vilket innebär att nitarna måste borras ut.
5 Tryck in mekanismen i dörrhålan och ta ut den genom det stora hålet i nederkanten. Det kan ibland bli nödvändigt att ändra mekanismens läge innan den kan plockas ut. Med elhissar görs detta genom att man försiktigt ansluter ett batteri till strömkablarna. Se till att inte kortslutning uppstår.
6 Motorn kan lossas från mekanismen om så önskas. Var då mycket försiktig så att inte fjädertrycket framkallar en rörelse i den kuggade kvadranten, vilket kan orsaka personskada.

Montering

7 Monteringen sker i omvänd ordningsföljd. Innan klädselpanelen sätts på plats, justera stoppskruven enligt följande (se illustration).
8 Lossa stoppskruven och tryck den framåt. Hissa upp rutan helt, tryck stoppskruven bakåt och dra åt den.

17.2 Det clips som fäster glidarmen i infattningen

17.3 Demontering av fönsterhissmotorns anslutningar från multikontakten

17.7 Fönsterhissmekanismens stoppskruv (vid pilen)

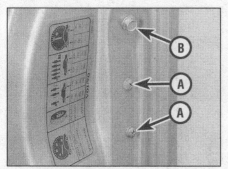

18.2 Låscylinderbleckets skruvar (A). Skruv B fäster ena änden av det yttre handtaget

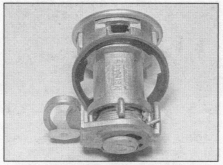

18.3 Dörrlåsets cylinder demonterad

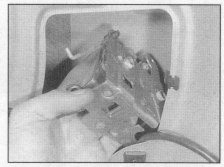

18.8 Demontering av spärrmekanismen

18 Dörrhandtag, lås och spärrar - demontering och montering

Demontering

1 Ta bort dörrklädseln (avsnitt 11 eller 12).

Låscylinder

2 Ta bort de två skruvarna i dörränden som fäster låscylinderblecket **(se illustration)**.
3 Haka av stången mellan lås och spärr, notera vilken väg den är monterad. Dra av blecket från låset och ta bort lås och bleck **(se illustration)**.

Yttre dörrhandtag

4 Ta bort de två skruvar som håller handtaget. Haka av länkstången och ta bort handtaget.

Spärrmekanismen

5 Lossa låscylinder och ytterhandtagets länkstång från spärren.
6 Ta bort spärren från dörren. Den hålls av två sexkantsskruvar.
7 Ta bort den skruv som blottas när spärren tagits bort.
8 Lossa innerhandtagets länk och ta bort spärrmekanismen **(se illustration)**.

Montering

9 Monteringen sker i samtliga fall med omvänd arbetsordning. Kontrollera att allt fungerar innan dörrklädseln sätts tillbaka.
10 Lägg märke till att ytterhandtagets länkstång har en justerbar del. Stångens längd ska vara sådan att när spärrstoppet är i botten ska handtagets tunga sticka ut minst 22 mm.

19 Bagageluckans lås - demontering och montering

Demontering

1 Lossa klädselpanelens plastskruvar, en på var sida i de nedre hörnen av luckkanten, genom att vrida dem ett kvarts varv. Ta bort de 10 clipsen och dra undan panelen.

2 Lossa spärrens länkstång vid ytterhandtaget genom att bända upp låsblecket och dra ut stången **(se illustration)**.
3 Dela de två halvorna av låscylinderns länkstång genom att öppna låsfliken på kopplingen/justeringen mitt mellan spärren och låscylindern.
4 Dra ut centrallåsets motorkontaktledning vid spärren.
5 Ta bort de tre skruvarna, lyft bort täckplåten och dra ut spärr och centrallåsmotor.
6 Ta bort låscylindern genom att ta bort den skruv som fäster låscylinderblecket, dra av blecket och dra ut låscylindern.

Montering

7 Monteringen sker med omvänd arbetsordning. När de två halvorna av låscylinderns länkstång sätts ihop, tryck de två stång-halvorna mot varandra, placera dem i kopplingen/justeringen och fäst med låsfliken. Kontrollera att allt fungerar innan panelen sätts tillbaka.

20 Bakluckans lås - demontering och montering

Demontering

1 Ta bort bakluckans inre klädselpanel (avsnitt 13).
2 Lossa länkstängerna från ytterhandtaget, låscylindern och låsmotorn (om monterad).
3 Ta bort ytterhandtaget/nummerskylt-belysningen som hålls av två bultar och muttrar. Dra ur kontakterna.

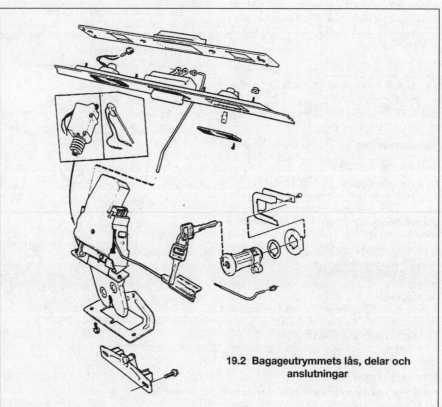

19.2 Bagageutrymmets lås, delar och anslutningar

21.2a Demontera de två skruvarna under spärren

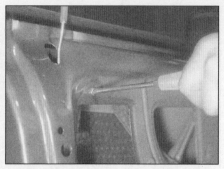

21.2b Rutans styrskruv nära låsknappen

21.3 Skruven som döljs av spärren

21.4 Demontering av rutans bakre styrning

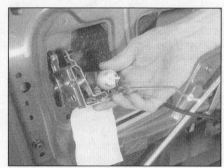

21.5 Demontering av dörrlåsets motor

21.6 Låsmotorn, visande fästskruvarna

4 Cylindern och armarna kan nu tas bort efter det att ryttare och platta avlägsnats.

Montering

5 Monteringen sker i omvänd ordningsföljd mot demonteringen. Justera vid behov ytterhandtagets länkstång så att handtaget har ca 3 mm spel.

21 Centrallås - demontering och montering

Demontering

Dörrlåsens motorer

1 Ta bort dörrklädseln (avsnitt 11 eller 12).
2 Ta bort de två skruvarna under spärren och skruven bredvid inre låsknappen så att glasets bakre styrning lossas (se illustrationer).
3 Ta bort de två Torxskruvar som håller spärren. Ta bort spärren och den skruv som då blottas (se illustration).
4 Ta bort glasets bakre styrning (se illustration).
5 Haka av handtagets armar, haka av motorn och ta bort den tillsammans med den inre låsknappens stång (se illustration).
6 Motorn kan nu tas bort från låset genom att två skruvar tas bort (se illustration).

Förarens dörrkontakt

7 Gör som vid demontering av dörrlåsmotorn. Förardörrens kontakt ser ut som dörr-

låsmotorn men kåpan innehåller endast en brytare.

Bagageluckans låsmotor

8 Ta bort spärren enligt beskrivningen i avsnitt 19.
9 Ta bort de muttrar eller skruvar som håller motorn och lyft bort motorn.

Bakluckans låsmotor

10 Ta bort bakluckans klädsel (avsnitt 13).
11 Låsmotorn kan nu tas bort på samma sätt som bagageluckans motor.

Montering

12 Monteringen sker i samtliga fall med omvänd arbetsordning.

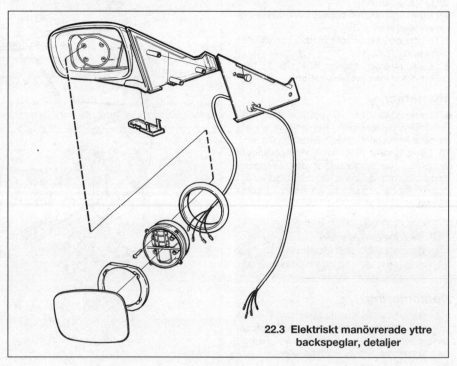

22.3 Elektriskt manövrerade yttre backspeglar, detaljer

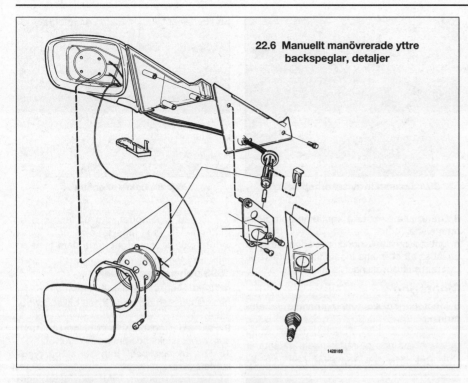

22.6 Manuellt manövrerade yttre backspeglar, detaljer

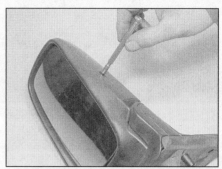

23.2 Lossa spegelglasets hållarring

skruvarna tagits bort och sladdarna kopplats lös. Om sladdarna inte kan kopplas loss från motorn, ta bort dörrklädseln och dra ut multi-kontakten **(se illustration)**.

1992 års modell och senare

4 Placera fingrarna bakom spegelglasets kant närmast dörren och dra glaset rakt ut. Om monterat, dra ur sladdarna till värme-elementet.

Montering

Modeller före 1992

5 Monteringen sker i omvänd ordningsföljd. Notera märkningen "TOP" på motorn och "UNTEN" på spegelglaset **(se illustrationer)**.

1992 års modell och senare

6 Där de finns, koppla in värmeelementets sladdar.
7 Leta upp spegelglasets stift på justerings-mekanismen och tryck fast glaset.

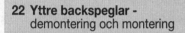

22 Yttre backspeglar - demontering och montering

Demontering

Elektriskt manövrerade

1 Ta bort dörrklädseln (avsnitt 11).
2 Peta loss den platta som täcker spegel-fästet.
3 Dra ut spegelns multikontakt. Lossa kabel-härvan från dörren **(se illustration)**.
4 Stötta spegeln och ta bort fästskruvarna. Lyft bort spegeln.

Manuellt manövrerade

5 Ta bort dörrklädseln.
6 Ta bort panelen och justerstaven från spegel och dörr **(se illustration)**.
7 Lossa de tre bultarna och en skruv, lossa blecket och lyft bort spegeln från dörren.

Montering

8 Monteringen sker med omvänd arbets-ordning.

23 Yttre backspeglar, glas och motor - demontering och montering

Notera: *Spegeln behöver inte tas bort från dörren vid följande arbetsmoment.*

Demontering

Modeller före 1992

1 Tryck spegelglaset inåt i nederkanten så att hållarens tänder blir synliga i tillträdeshålet.
2 Använd en skruvmejsel på tänderna och flytta ringen motsols (tittande mot glaset). Detta lossar hållaren från bakstycket **(se illustration)**. Ta bort glas och hållare. Om monterat, koppla ur värmeelementets sladdar.
3 Motorn kan nu lyftas ur sedan de fyra

24 Dörrlister - demontering och montering

Demontering

1 Ta bort sparkpanelen från tröskeln **(se illustration)**.
2 Bänd loss gummilisten, börja i underkant. Använd en skruvmejsel med bred klinga och skydda lacken genom att använda ett träkloss som hävpunkt.

23.3 Spegelmotor, visande fästskruvarna

23.5a Spegelmotorn är märkt "TOP" . . .

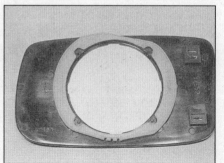

23.5b . . . och glasets undersida är märkt "UNTEN"

24.1 Tröskelskruv och hölje

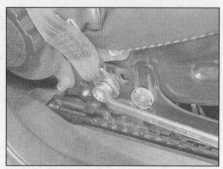

25.1 Lossande av säkerhetsbältets stolsfäste

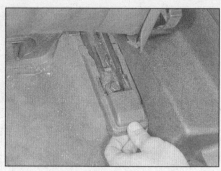

25.2 En bakre skenbult . . .

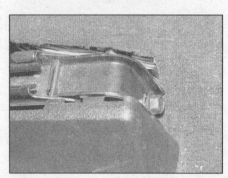

25.3 . . . och en främre

Montering

3 Sätt tillbaka gummilisten, med början i övre hörnet. Knacka fast den med gummiklubba.
4 Sätt tillbaka sparkpanelen.

25 Framsäte - demontering och montering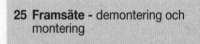

Demontering

1 Ta bort klädseln eller fickan från utsidan av stolsfoten. Skruva ut säkerhetsbältets ankring som nu blottats **(se illustration)**.
2 Flytta stolen framåt. Ta bort skruven på baksidan av vardera skenan - dessa kan vara dolda **(se illustration)**.
3 Dra stolen bakåt, lossa eventuell klädselpanel och sedan skruven i framkanten på vardera skenan **(se illustration)**.

26.6 Två sitsgångjärn (Kombi)

4 Dra ur alla elektriska kontakter som finns monterade.
5 Lyft stolens framkant och tryck den samtidigt bakåt så att skenorna frigörs från golvfästena. Lyft bort stol och skenor tillsammans.

Montering

6 Monteringen sker med omvänd arbetsordning.

26 Baksäte - demontering och montering

Demontering

Sedanmodeller

1 Lossa sätet från hållarna genom att trycka ned framkanten och trycka den bakåt. Lyft ut sätet.
2 Fäll ned det armstödet i mitten och dra upp det mittre nackskyddet så långt det går.
3 Lyft upp panelen under nackskyddet, lossa de tre bultarna och ta bort nackskyddet.
4 Räta ut tungorna på låsblecken som fäster ryggstödets underkant. Knacka ryggstödet uppåt så att det lossnar från de övre fästena och lyft bort det.
5 Armstödet kan nu skruvas loss och tas bort om så önskas.

Kombimodeller

Före 1993 års modell

6 Fäll fram sätet. Ta bort gångjärnshållarens muttrar och lyft ut sitsen **(se illustration)**.

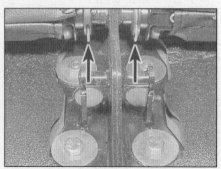

26.7 Baksätesryggens mittre monteringsstift vid pilarna (Kombi)

7 Fäll ned ryggstödet, dra ut tapparna ur mittenfästet **(se illustration)** och lossa sidotapparna genom att vrida dem med en tång. Lyft ut ryggstödet.

1993 och senare modeller

8 Lossa sätet från hållarna genom att trycka ned framkanten och trycka den bakåt. Lyft ut sätet.
9 Fäll ned ryggstödet och ta bort muttern som håller nackstödsremmen vid golvet.
10 Dra ut låsclipset från stiftet på ryggstödets sida.
11 Ta bort fjädern vid golvfästet, dra ryggstödet åt sidan och lyft ut det.

Montering

Alla modeller

12 Monteringen sker med omvänd arbetsordning.

27 Nackstöd - demontering och montering

Demontering

1 Tryck på ryggstödets baksida, strax under ramen och lyft samtidigt upp nackskyddet så att det lossnar.
2 Dra ut nackskyddet från sin styrning och ta bort det.

Montering

3 Sätt tillbaka nackskyddet genom att trycka fast det.

28 Framsätets positionsjustering - demontering och montering

Demontering

1 Ta bort stolen (avsnitten 25 och 29).

Mekanisk höjdjustering

2 Höj justeringen maximalt. Ta bort sexkantsskruvarna som fäster den vid stolen.
3 Tryck höjdjusteringsspaken mot sitsens framsida och tryck ned på sitsen. Ta loss sitsen från stängerna.

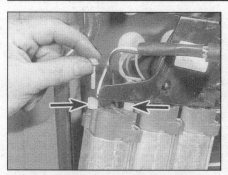

28.8 Demontering av främre höjd-justeringens motorbult. Observera distanserna (vid pilarna)

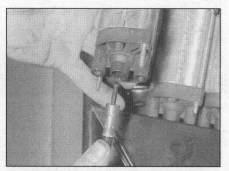

28.9 Koppla loss sladden från motorn

4 Delarna i höjdjusteringen kan nu bytas efter behov.

Mekanisk lutningsjustering

5 Gör som vid demonteringen av ryggstödets värmeelement (avsnitt 29) men skruva även loss lutningsjusteringen från ramen. Hela ramen och lutningsjusteringen byts som en enhet.

Justeringsmotor för höjd i fram- och bakkant

6 Vänd på sitsen på en ren bänk så att undersidan blir åtkomlig.
7 Ta bort de fyra små bultar som fäster motorns monteringsplatta.
8 Dra försiktigt bort monteringsplattan från sitsen och ta bort de fyra bultar som fäster motor. Notera distanserna på den främre höjdjusteringen **(se illustration)**.
9 Ta bort motorn från hållaren och dra ut sladden från den **(se illustration)**.
10 Dra ut motorns multikontakt. Denna delas av de tre motorerna, så om en ska tas bort måste ledningarna till den tas ut ur kontakten, eller sladdarna kapas och sedan nya kopplingar tillverkas till den nya motorn.

Ryggstödsmotor

11 Ta bort justerknoppen till korsryggs-stödet. Ta även bort luckorna på bägge sidorna i ryggstödets nederkant.
12 Luta ryggstödet maximalt bakåt med en skruvmejsel eller liknande instucken i hålet i lutningsmekanismen i ryggstödets underkant.
13 Dra ur de multikontakter på sitsens undersida som matar värmeelementen och ryggstödets motor. Den svarta ledningen från trepolsanslutningen måste dras ur eller kapas. Kapa kabelband vid behov.
14 Ta bort de fyra bultar som fäster ryggstödet. Lyft bort det från sitsen.
15 Kapa de ringar som håller klädseln vid ryggstödets fot. Skala klädseln bakåt och haka av clipsen på insidan så att motorn blir åtkomlig.
16 Ta bort den mutter som håller motorfästet vid ryggstödets ram. Dra ut motor med fäste och ledningar.
17 Lossa fästet från motorn och dra ut ledningarna. Dra ut kontakten och ta bort den.

Styrpanel för stolsjustering

18 Kapa det kabelband som fäster kabelhärvan vid motormonteringsplattan.

19 Dra ut motorns multikontakter.
20 Ta bort de två skruvar som håller fast styrpanelen.
21 Dra ut styrpanelen och mata ledningarna och kontakterna genom sitsens sida.

Montering

22 Monteringen sker i samtliga fall i omvänd arbetsordning. Använd alltid nya kabelband och klädselringar och liknande vid behov.

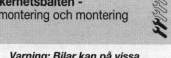

29 Stolsvärmeelement -
demontering och montering

Demontering

1 Ta bort framstolen (avsnitt 25).
2 Luta ryggstödet maximalt bakåt. Vänd på sitsen och lossa kablarna från kabelbanden.

Ryggstödsvärmare

3 Ta bort nackskyddet (avsnitt 27).
4 Ta bort ryggstödets justerratt och kors-ryggstödets justerratt och styrning.
5 Ta bort staven som håller klädseln. Kapa de ringar som håller fast underkanten av klädseln. Skala av klädseln och lossa mitt-fästets klamrar.
6 Ta bort värmeelementet.

Sitsvärmare

7 Ta bort de stavar som fäster klädseln. Haka loss sidofjädrarna och ta bort stoppningen.
8 Kapa de ringar som håller fast klädseln. Skala av klädseln och lossa mittfästena.
9 Ta bort värmeelementet och termostaten.

Stolsvärmens styrenhet

10 Varje stol har en styrenhet som styr stolsvärmens uteffekt efter omgivande temperatur. Maximal effekt ges endast om temperaturen under stolen understiger 10°C. Låg effekt ges vid temperaturer mellan 10 och 18°C. Vid högre temperaturer ges ingen effekt, utom under några sekunder just efter det att tändningen först slås på.
11 Om stolsvärmen uppträder annorlunda kan styrenheten vara trasig. Tillträde till denna sker genom att stolen tas bort, monterings-bandet kapas och kontakten dras ut.
12 Test av styrenheten sker genom utbyte

mot en felfri enhet. Om man förutsätter att endast en enhet i taget går sönder, kan en bytesenhet lånas från den andra stolen.

Montering

13 Monteringen sker i samtliga fall i omvänd arbetsordning. Använd alltid nya klädselringar vid behov.

30 Säkerhetsbälten -
demontering och montering

⚠ *Varning: Bilar kan på vissa marknader ha mekanisk bältes-förspänning och fordon med krockkuddar kan vara försedda med pyrotekniska bältesförspännare. FÖRSÖK INTE ta bort säkerhetsbälten från bilar med denna utrustning. Allt arbete som innebär demontering av främre säker-hetsbälten måste utföras av en Volvoverkstad. Se kapitel 12, avsnitt 23 för mer information.*

Demontering

Främre säkerhetsbälten

1 Flytta stolen framåt. Ta bort klädsel eller ficka från yttre sidan av stolens fot. Skruva loss säkerhetsbältets ankring.
2 Ta bort B-stolpens klädselpanel som hålls fast av två skruvar dolda av pluggar **(se illustration)**. Lossa bältesstyrningen från urtaget i panelen.
3 Ta bort rullhöljet/tröskelpanelen som hålls fast av sju dolda skruvar.
4 Skruva ut bältets övre styrning och rullen. Notera placeringen på brickor och distanser. Ta bort bälte och rulle.
5 Spännet kan bara tas bort om stolen tas bort (avsnitt 25).

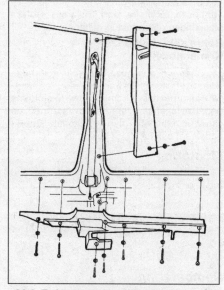

30.2 Ta bort panelerna för att komma åt främre säkerhetsbälte

32.1 Ta bort täckkudde till skruv i handskfacket

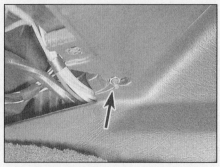

32.3 Fästmutter till handskfack (vid pilen)

33.4 Demontering av hållaren till askkoppen

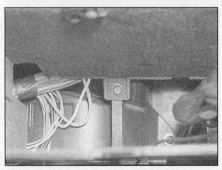

33.6 Fästskruv till radiofacket

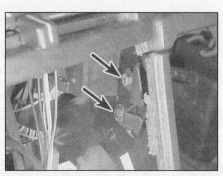

33.7 Sidopanelens skruvar (vid pilarna) under värmereglagen

33.8 Sidopanelens skruvar i bakkant

Bakre säkerhetsbälten - Sedanmodeller

6 Ta bort baksätet (avsnitt 26).
7 Spännen och ankringspunkter i golvet kan skruvas loss.
8 Tillträde till rullarna kräver att hatthyllans högtalare (om monterade) tas bort. Anslutningar och fästen till denna är åtkomliga från bagageutrymmet.
9 Ta bort hatthyllans skruvar och clips och själva hyllan. För bältena ut genom urtagen i takt med att hyllan flyttas.
10 Lossa och ta bort rullarna. Notera placeringen på eventuella distanser.

Bakre säkerhetsbälten - Kombimodeller

11 Spännen och golvfästen blir åtkomliga genom att sitsen fälls framåt.
12 Rullarna blir åtkomliga när C-stolpens panel avlägsnas. Denna hålls fast med en skruv i överkanten, med ryggstödets stopp i underkant och ett clips i bakkanten.

Montering

13 Monteringen sker i samtliga fall i omvänd arbetsordning.

31 Rattstång/pedalställ, panel - demontering och montering

Demontering

1 Den stora panelen under rattstången hålls av två skruvar och två clips. Ta ut skruvarna

och vrid clipsen i 90° så att de frigörs.
2 Sänk ned panelen och ta loss lufttrumman från den. Ta bort panelen.

Montering

3 Monteringen sker med omvänd arbetsordning.

32 Handskfack - demontering och montering

Demontering

1 Öppna handskfacket. Bänd ut de två kuddarna från kanterna och ta bort de blottade skruvarna **(se illustration)**.
2 Ta bort panelen under handskfacket. Den fästs med tre clips som måste vridas 90°.
3 Ta bort muttern i handskfackets underkant (mot bilens centrum) **(se illustration)**.
4 Sänk ned handskfacket, koppla loss elkablarna och ta bort det.

Montering

5 Monteringen sker med omvänd arbetsordning.

33 Centrumkonsol - demontering och montering

Demontering

1 Koppla loss batteriets jordledning.
2 Ta bort panelen under rattstången (avsnitt

31) och handskfacket (avsnitt 32). Detta är inte helt nödvändigt men det förbättrar åtkomligheten.
3 Ta bort radion (kapitel 12).
4 Ta bort askkoppen och dess hållare **(se illustration)**.
5 Ta bort cigarettändarlådan. Detta hålls på plats med en eller två skruvar som blir synliga när tändaren och täckplåten tas bort. Dra ur tändarens strömmatning och dra ut glödlampshållaren när lådan dras ut. (I vissa modeller kan lådan innehålla radioutrustning.)
6 Ta bort radiofacket som hålls med en skruv på baksidan **(se illustration)**.
7 Ta bort sidopanelens skruvar under värmesystemets reglagepanel **(se illustration)**.
8 Ta bort skruvarna (två på var sida) som fäster bakkanten av konsolens sidopaneler. Dessa skruvar blir åtkomliga när bakre konsolen lossas och dras bakåt **(se illustration)**.

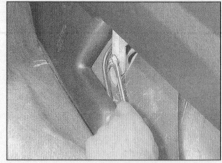

33.9 Demontering av en sidopanels framkantsskruv

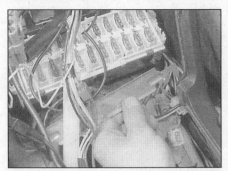

33.10 Demontering av sidopanelens stag

34.1 Två skruvar i underkanten av förvaringsfacket

35.4 Fotbrunnens sidopanel, skruvar vid pilarna

9 Skala mattan bakåt från framkanten av kardantunneln och ta bort de två skruvar (en per sida) som fäster sidopanelernas framkanter (se illustration).
10 Lossa de skruvar som fäster sidopanelens stödstag. Lossa staget som har avlånga monteringshål (se illustration).
11 Ta bort centrumkonsolens sidopaneler.

Montering

12 Monteringen sker med omvänd arbetsordning.

34 Bakre konsol - demontering och montering

Demontering

1 Lyft armstödet, töm förvaringsfacket och ta ut täckluckan från fackets undersida och ta bort de två nu synliga skruvarna (se illustration).
2 På modeller med manuell växellåda, ta bort panelen kring växelspak/handbroms, hållen av två skruvar. Dra ur samtliga kontakter.
3 På modeller med automatväxellåda, ta bort panelen runt växelväljaren.
4 Lyft den bakre konsolen. Ta bort panelen med askkopp/cigarettändare/varningslampa för säkerhetsbälte. Ta bort konsolen och lämna kvar panelen.

Montering

5 Monteringen sker med omvänd arbetsordning.

35.7 Demontering av det mittre luftutsläppet

35 Instrumentbräda - demontering och montering

⚠ Varning: På bilar utrustade med krockkuddar innebär vissa arbetsmoment att delar i detta system rubbas. Låt en Volvoverkstad utföra allt arbete som innebär demontering av delar av detta system. Se kapitel 12, avsnitt 23 för mer information.

Demontering

1 Koppla loss batteriets jordledning.
2 Ta bort ratt, rattstång med kontakter och instrumentpanel. Se kapitlen 10 och 12.
3 Ta bort panelen runt rattstång/pedaler, handskfacket, centrum- och bakre konsoler. Se avsnitten 31 till 34.

4 Ta bort fotbrunnens sidopaneler (se illustration). Ta även bort A-stolpens panel.
5 Dra ut multikontakterna till belysning och brytare.
6 Ta bort skruven som håller rattstångens övre lager vid instrumentbrädan. Ta reda på distanshylsan.
7 Ta bort det mittre luftutsläppet (se illustration). Ta bort luftblandningsboxens fästskruv och koppla loss lufttrummorna.
8 Lossa kabelhärvan från instrumentbrädan.
9 På bilar med klimatstyrning, ta bort den inre temperatursensorn.
10 Ta bort instrumentbrädan, komplett med kontakter, luftutsläpp och liknande. Om en ny instrumentbräda monteras ska delarna flyttas över efter behov.

Montering

11 Monteringen sker med omvänd arbetsordning.

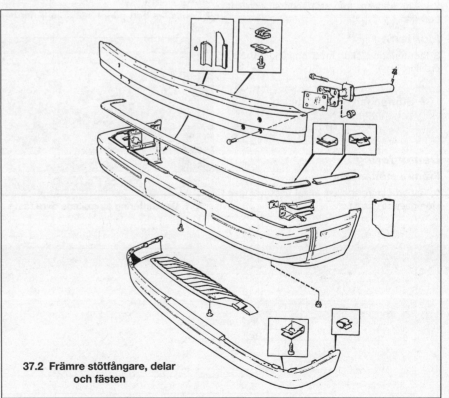

37.2 Främre stötfångare, delar och fästen

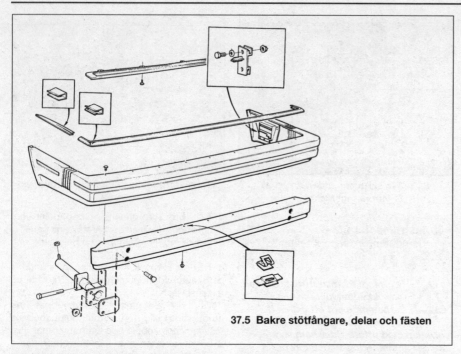

37.5 Bakre stötfångare, delar och fästen

36 Spoiler - demontering och montering

Demontering

1 Låt en medhjälpare stötta spoilern. Ta bort skruvar och clips som fäster den vid stötfångaren.
2 Lossa spoilern från stötfångaren och lyft bort den.

Montering

3 Monteringen sker med omvänd arbetsordning.

37 Stötfångare - demontering och montering

Demontering

Främre stötfångare

1 Ta bort främre spoilern enligt beskrivningen i föregående avsnitt.

2 Lossa övre gjutningen från clipsen längs stötfångarens övre kant **(se illustration)**.
3 Skruva ur de undre skruvar och muttrar som fäster stötfångaren vid karossen och de övre bultar som fäster den vid buffertarna. Placeringen av dessa varierar med modell.
4 Dra stötfångaren bakåt så att den kommer ut ur styrrännorna på vardera sidan och ta bort den från bilen

Bakre stötfångare

5 Denna tas bort på ett sätt som liknar den

38.1 Demontering av grillens övre fäste

främre men placeringen av bultar och clips varierar **(se illustration)**.

Montering

6 Monteringen sker med omvänd arbetsordning.

38 Kylargrill - demontering och montering

Demontering

1 Öppna motorhuven, kläm ihop grillens övre clips och ta bort dem **(se illustration)**.
2 Lossa grillen från de nedre fästena och ta bort den **(se illustration)**.

Montering

3 Monteringen sker med omvänd arbetsordning.

39 Tacklucka - allmän information

En mekaniskt eller elektriskt manövrerad tacklucka finns som standard eller tillval beroende på modell.

Tackluckan är underhållsfri, men justering eller demontering och montering bör överlämnas till en Volvoverkstad i och med att arbetet är komplext och att en stor del av inredningen och innertaket måste tas bort. Det sistnämnda momentet är invecklat och kräver både försiktighet och specialkunskaper om skador ska kunna undvikas.

38.2 Grillens undre fäste

Kapitel 12
Karossens elsystem

Innehåll

Svårighetsgrader

| Enkelt, passar novisen med lite erfarenhet 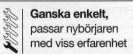 | Ganska enkelt, passar nybörjaren med viss erfarenhet | Ganska svårt, passar kompetent hemmamekaniker | Svårt, passar hemmamekaniker med erfarenhet 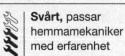 | Mycket svårt, för professionell mekaniker |

Specifikationer

Säkringar - samtliga modeller (utom 1991, 940 SE)

Säkring Nr	Belastning (A)	Skyddad(e) krets(ar)
1	25	Bränslepump, bränsleinsprutning, lambdasond
2	25	Varningsblinkers, ljustuta, centrallås
3	30	Elektriskt manövrerade stolar
4	15	Bromsljus, automatväxellådans växellåssolenoid
5	15	Klocka, innerbelysning, motoriserad antenn, radio (heltid), dörrkantsbelysning
6	30	Luftkonditionering, klimatkontroll, värmefläkt
7	15	Främre och bakre dimljus
8	30	Fönsterhissmotorer
9	15	Blinkers, säkerhetsbältesvarning, stolsvärmerelä, fönsterhissrelä, luftkonditioneringsrelä, kylfläktsrelä, automatväxellådans växellåsmatning
10	30	Uppvärmd bakruta, takluckans motor, uppvärmda backspeglar
11	15	Bränslepump (hjälppump)
12	15	Backlampa, överväxelrelä, glödlampsövervakning, farthållare
13	15	Bränsleinsprutning (beroende på modell/marknad)
14	15	Backspegelmotorer, cigarettändare, radio (tändningsrelaterad), bakrutans torkare/spolare
15	25	Signalhorn, vindrutespolare/torkare, strålkastarspolare/torkare, relä till elmanövrerade stolar
16	30	Värmefläkt, luftkonditionering
17	15	Helljus (V) och varningslampa för helljus
18	15	Helljus (H)
19	15	Halvljus (V), främre dimljusrelä
20	15	Halvljus (H)
21	15	Instrumentbelysning, bak/parkeringsljus (V), nummerskyltsbelysning
22	15	Belysning bakre askkopp, kardantunnelns belysningskontakt, bak/parkeringsljus (H), främre dimljusrelä
23	25	Stolsvärmeförsörjning
24	-	Reserv
25	25	Varselljus
26	15	Radioförstärkare

Säkringar - 1991, 940 SE

Säkring Nr	Belastning (A)	Skyddad(e) krets(ar)
1	10	Bak/parkeringsljus (V),nummerskyltsbelysning
2	10	Bak/parkeringsljus (H)
3	15	Helljus (V)
4	15	Helljus (H)
5	-	Reserv
6	15	Halvljus (V)
7	10	Halvljus (H)
8	15	Främre dimljus
9	10	Bakre dimljus
10	5	Instrument- och reglagebelysning
11	15	Backljus, blinkers, farthållare
12	15	Varselljus, automatväxellådans växellås
13	25	Uppvärmd bakruta, uppvärmda speglar
14	10	Glödlampsövervakning, överväxelrelä, fönsterhissrelä, taklucks-motorns relä, säkerhetsbältesvarning, stolsvärme
15	-	Reserv
16	-	Reserv
17	-	Reserv
18	5	Radio
19	15	Klimatkontroll, backspegelmotorer, bakrutans torkarmotorrelä, cigarettändare, elmanövrerade stolar
20	25	Signalhorn, vindrutetorkare, strålkastartorkare
21	-	Reserv
22	5	ABS
23	-	Reserv
24	-	Reserv
25	25	Varningsblinkers, centrallås
26	10	Klocka, innerbelysning, dörrkantslampor
27	15	Bromsljuskontakt, automatväxellådans växellåsmatning
28	30	Värmefläkt, elektronisk klimatkontroll
29	30	Radioantenn, släpvagnsbelysning
30	10	Hjälpbränslepump
31	25	Huvudbränslepump, lambdasond
32	15	Radioförstärkare
33	10	Radio
34	30	Fönsterhissmotorer, taklucksmotor
35	30	Stolsvärme, stolsmotorer

Glödlampor (typvärden)

	Effekt (W)	Sockel
Strålkastare	60/55	P43t-38 (H4)
Varsel/parkeringsljus	5	BA 15s
Blinkers	21	BA 15s
Sidmonterade blinkers	5	W2,1x9,5d
Främre dimljus/fjärrljus	55	PK 22s (H3)
Bakljus	5	BA 15s
Bromsljus	21	BA 15s
Högt monterat bromsljus	21	BA 15s
Kombinerat broms/bakljus	21/5	BAY 15d
Bakre dimljus/backljus	21	BA 15s
Nummerskyltsbelysning:		
Sedan	5	W2,1x9,5d
Kombi	4	BA 9s
Innerbelysning	10	SV 8.5
Läslampa	5	W 2,1x9,5d
Lampor i motorrum/lastutrymme	10	SV 8.5
Handskfackslampa	2	BA 9s
Sminkspegelslampa	3	SV 7
Dörrkantslampor	3	W 2,1x9,5d
Blinkers och varningslampor	1,2	Integrerad sockel
Instrumentbelysning	3	W 2,1x9,5d
Reglagebelysning	1,2	W 2x4,6d

1 Allmän information och föreskrifter

Allmän information

Elsystemet är av typen 12 volt negativ jord. Ström till belysning och elektriska tillbehör kommer från en blyackumulator som laddas av generatorn.

Detta kapitel tar upp reparationer och underhåll av de olika elsystem som inte har direkt att göra med motorn. Information om batteriet, tändningen, generatorn och start-motorn finns i kapitel 5.

Föreskrifter

 Varning: Innan något arbete med elsystemet utförs, läs de föreskrifter som ges i "Säkerheten främst!" i början av denna handbok och i kapitel 5. Innan arbete inleds på någon del i elsystemet ska batteriets jordledning kopplas loss. Detta för att förhindra kort-slutningar och/eller bränder. Om radion/kassettspelaren är försedd med stöldskyddskod, se den information som finns i referensdelen av denna handbok innan batteriet kopplas från.

2 Elektrisk felsökning - allmän information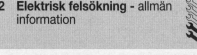

Notera: *Se föreskrifterna i "Säkerheten främst!" och i avsnitt 1 i detta kapitel innan arbetet påbörjas. Följande tester gäller för elektriska huvudkretsar och ska inte användas till att testa elektroniska kretsar och i synnerhet inte där en elektronisk styrenhet används.*

Allmänt

1 En typisk elektrisk krets består av en elektrisk komponent, tillhörande kontakter, reläer, motor, säkringar eller kretsbrytare, samt de ledningar och anslutningar som kopplar kretsen till både batteriet och karossen. Som hjälp att hitta fel i en elektrisk krets finns kopplingsscheman inkluderade i slutet av denna handbok.
2 Innan du försöker diagnostisera ett elfel, studera först passande kopplingsschema så att du är medveten om vilka delar som finns i just den kretsen. Möjliga felkällor kan elimineras genom att kontrollera om andra delar, relaterade till den kretsen, fungerar korrekt. Om flera komponenter eller kretsar uppvisar fel samtidigt består troligtvis problemet i en delad säkring eller jord-ledning.
3 Elektriska problem uppkommer vanligen av enkla orsaker som lösa eller korroderade kontakter, dålig jordning, brunna säkringar eller defekta relän. Titta på alla säkringar,

ledningar och kontakter i en defekt krets innan delarna testas. Med hjälp av kopp-lingsschemat går det att bestämma vilka anslutningar som måste testas i vilken ordning för att problemstället ska kunna identifieras.
4 Huvudverktygen för elektrisk felsökning inkluderar en kretstestare eller voltmätare (en 12 volts lampa och testsladdar kan i vissa fall användas), en ohmmätare (som mäter motstånd och letar efter kontinuitet), ett batteri och en sats testsladdar samt en strömkabel, helst med inbyggd kretsbrytare eller säkring, som kan användas till att förbigå misstänkta kablar eller delar. Innan du försöker spåra fel med testinstrument, studera kopplingsschemat så att du kan avgöra var instrumenten ska kopplas in.
5 Ett sätt att hitta en källa till oregelbundet uppträdande ledningsfel (vanligen beroende på glappa eller smutsiga kontakter eller skadad isolering) är att utföra ett "vicktest" på kabelhärvan i fråga. Detta görs genom att man fattar tag i härvan och vickar på den i olika riktningar för att se efter om felet uppstår när kablarna flyttas. Det bör vara möjligt att komma fram till den speciella del av kabelhärvan som innehåller felet. Denna testmetod kan användas tillsammans med de övriga som beskrivs i följande delavsnitt.
6 Förutom problem orsakade av dåliga förbindelser kan två grundtyper av fel uppstå i elektriska kretsar - bruten krets och kortslutning.
7 Fel av typen bruten krets orsakas av att strömflödet någonstans i kretsen bryts av. Denna typ av fel förhindrar arbete av berörd del.
8 Kortslutningar uppstår när, någonstans i kretsen, strömmen kan ta en genväg, vanligen till jord. Kortslutningar orsakas vanligen av brott på kabelisolering, vilket låter en strömförande ledning beröra antingen en annan ledning eller en jordad del som karossen. Normalt bränner en kortslutning säkringen i berörd krets.

Leta efter en bruten krets

9 Leta efter en bruten krets genom att ansluta ena sladden i en kretstestare eller minus-sladden på en voltmätare till batteriets jord-ledning eller annan känd bra jord.
10 Anslut den andra sladden till en kontakt i den krets som ska testas, helst närmast batteriet eller säkringen. Vid denna punkt ska det finnas batteriström (kom ihåg att vissa kretsar bara är strömförande när tändnings-nyckeln är i en viss position) såvida inte ledningen från batteriet eller säkringen är defekt.
11 Slå på kretsen och anslut testsladden till den kontaktpunkt som ligger närmast brytaren på delens sida.
12 Om spänning finns (anges av testlampans tändande eller voltmätarutslag) innebär det att den del av kretsen som leder mellan ansluten mätare och brytaren är problemfri.

13 Kontrollera kretsen stegvis med samma metod.
14 När en punkt uppnås där spänningen är frånvarande anger detta att problemet måste finnas mellan denna punkt och föregående testpunkt med spänning. De flesta problemen består av brutna, korroderade eller lösa kontakter.

Leta efter en kortslutning

15 Leta efter en kortslutning genom att först koppla ur strömförbrukaren från kretsen.
16 Ta bort kretsens säkring och koppla in kretsprovaren eller voltmätaren på säkringens kontakter.
17 Slå på kretsen, kom ihåg att vissa kretsar bara är strömförande när tändningsnyckeln är i en viss position.
18 Om spänning finns här (anges av test-lampans tändande eller voltmätarutslag), innebär detta att det finns en kortslutning i kretsen.
19 Om ingen spänning finns vid denna test, men säkringen bränns när strömförbrukare kopplas in i kretsen, anger detta internt fel i strömförbrukaren.

Leta efter jordfel

20 Batteriets minuspol är ansluten till jord - metallen i motor/växellåda och karosseri - och många system är dragna så att de bara för positiv försörjning och låter strömmen gå tillbaka via karossen. Detta medför att delens fäste och karossen utgör en del i kretsen. Lösa eller korroderade fästen kan därför orsaka ett antal elfel, från totalt kretsfel till förbryllande partiella fel. I synnerhet svagt lysande lampor (speciellt när en annan krets delar jordning), långsamt gående motorer (torkare och kylarfläkt) och att nyttjandet av en krets har skenbarligen orelaterade effekter på en annan krets. Lägg märke till att det på många bilar finns jordledningar mellan vissa delar, exempelvis motor/växellåda och kaross, vanligen där gummiupphängningar förhindrar metallkontakt.
21 Testa att en del är korrekt jordad genom att koppla från batteriet och ansluta en sladd från ohmmätaren till en erkänt god jord. Anslut den andra sladden till den ledning eller jord-förbindelse som ska testas. Motståndet ska vara 0 - om inte, kontrollera enligt följande:
22 Om en jordanslutning tros vara defekt, ta isär anslutningen och rengör både karossen och ledningsanslutningen (eller delens jord-kontaktyta) så att de får rena metallytor. Var noggrann med att ta bort alla spår av smuts och korrosion och skär bort färg så att en helt ren kontaktyta av metall uppstår. Vid ihopsätt-ningen ska förbandet dras åt ordentligt. Om en kabelsko används, använd tandade brickor mellan kabelskon och karossen. När anslut-ningen görs, förhindra framtida rostangrepp med övertäckande med vaselin eller silikon-fett, eller genom att spraya på (med jämna mellanrum) någon tändningsförseglande aerosol eller ett vattenavvisande smörjmedel.

3.1 Ta bort askkoppshållaren för att komma åt säkringarna

3.2 En etikett bakom askkoppen anger säkringsplaceringen i bilen

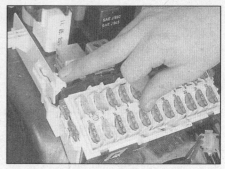

3.10a Lossa clipsen . . .

3 Säkringar och reläer - allmän information

Säkringar

1 Säkringarna finns placerade på den lutande sidan av elcentralen, bakom den främre askkoppen. Tillträde sker genom att askkoppen lyfts ut och askkoppshållaren lossas genom att delen märkt "electrical fuses - press" (se illustration) trycks upp.

2 Om en säkring går upphör de kretsar som skyddas av den att fungera. En lista över kretsarna finns i specifikationerna och en etikett bakom askkoppen innehåller detaljerna för just detta fordon (se illustration).

3 Kontrollera om en säkring är hel genom att ta bort den och titta på tråden, eller (med påslagen ström) ansluta en 12 volts testlampa mellan jord och vardera säkringshållaren. Om lampan tänds på bägge hållarna är säkringen OK, om den bara tänds på ena har säkringen brunnit.

4 Byt en brunnen säkring genom att dra ut den gamla med fingrarna eller med medföljande specialverktyg. Tryck in en ny säkring med rätt belastning (anges av färg och nummer på säkringen) Reservsäkringar finns på vardera sidan om elcentralen.

5 Montera aldrig en säkring med högre belastning än specificerad. Förbikoppla inte brunna säkringar med tråd eller metallfolie. Allvarlig skada eller bränder kan uppstå.

6 Upprepat brunna säkringar i en krets anger

att det finns problem. Där säkringen skyddar mer än en krets, slå på dem en i taget till dess att säkringen går. Detta visar i vilken av kretsarna problemet finns.

7 Förutom defekter i berörd komponent kan säkringar brännas genom kortslutning i ledningen till komponenten. Leta efter klämda eller skavda ledningar som kan låta en strömförande ledning komma i kontakt med bilplåten och efter lösa eller skadade kontakter.

Reläer - allmänt

8 Ett relä är en elektriskt manövrerad strömställare som används av följande orsaker:

a) Ett relä kan manövrera en stark ström på avstånd från den krets där strömmen används, vilket medger användning av tunnare ledningar och mindre brytarkontakter.

b) Ett relä kan ta emot mer än en styrsignal till skillnad från en mekanisk brytare.

c) Ett relä kan ha en timerfunktion - exempelvis pausvis fördröjning av vindrutetorkare.

9 Om en krets innehållande ett relä uppvisar en defekt, kom då ihåg att själva reläet kan vara defekt. Test utförs genom byte till ett fungerande relä. Förutsätt inte att reläer som ser likadana ut nödvändigtvis har identiska funktioner för provningsändamål.

10 De flesta reläer finns på elcentralen framför säkringarna. Tillträde sker genom att askkoppens hållare tas bort, clipsen lossas och att enheten dras ut (se illustrationer).

11 Fler reläer hörande till bränsle- och tändsystem finns i motorrummet och två

reläer till luftkonditioneringen finns bakom instrumentbrädan.

4 Brytare - demontering och montering

Rattstångens brytare

1 Koppla loss batteriets jordledning.

2 Ta bort ratten (kapitel 10).

3 Ta bort skruvarna och lyft bort rattstångskåporna.

4 Ta bort aktuell brytare - de hålls av vardera två skruvar. Ta bort skruvarna, dra ut brytaren och dra ur multikontakten (se illustrationer).

5 Monteringen sker i omvänd ordningsföljd.

Tändning/start

6 Koppla loss batteriets jordledning.

7 Ta bort panelen under rattstången.

8 Dra ur multikontakten från brytaren.

9 Ta bort de två skruvar som fäster brytaren vid rattlåset. Dra ut brytaren.

10 Monteringen sker med omvänd arbetsordning. Lägg märke till att centrumhålet i brytaren är format så att den bara kan greppa in i drivspindeln i ett läge.

Signalhornsbrytare

11 Dessa bänds ut ur ratten. De är svåra att ta bort utan skador som följd (se illustration).

Instrumentbrädans brytare

12 Lossa brytarpanelen (och listen, om

3.10b . . . och dra ut elcentralen. (Centrumkonsolen demonterad)

4.4a Skruv på rattstångsbrytaren tas bort

4.4b En multikontakt på rattstångsbrytaren tas bort

4.11 Signalhornsbrytare demonteras

4.13 En brytares multikontakt lossas

4.14 Ta bort en brytare från panelen

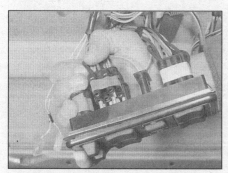

4.18 Koppla loss fönsterhissbrytaren

4.21 Demontering av dörrens brytare

4.25 Bromsljusbrytare sedd genom ett hål i bromspedalfästet

4.29 Handbromsvarningsbrytare -
fästskruv markerad med pil

monterad) och dra ut den ur instrument-brädan.
13 Dra ut brytarnas kontakter, märk upp dem vid behov (se illustration).
14 Ta bort aktuell brytare genom att trycka ned klackarna (se illustration). Där roterande brytare används, dra av knoppen och ta bort brytaren genom att skruva ut hållarmuttern.
15 Monteringen sker med omvänd arbets-ordning.

Bakre konsolens brytare

16 Se kapitel 11, avsnitt 34.

Brytare till fönsterhissar/speglar

17 Ta bort dörrens armstöd och ta bort

brytarpanelen. Se kapitel 11, avsnitt 11.
18 Dra ur multikontakten från aktuell brytare (se illustration).
19 Peta försiktigt lös klackarna och ta bort brytaren från brytarplattans undersida.
20 Monteringen sker med omvänd arbets-ordning.

Brytare till dörrar/baklucka

21 Öppna aktuell dörr/baklucka. Ta bort fästskruven och dra ut brytaren (se illustration).
22 Säkra ledningarna med en klädnypa innan urkopplingen, så att de inte försvinner in i stolpen.
23 Monteringen sker med omvänd arbets-ordning.

Bromsljusbrytare

24 Ta bort panelen runt rattstången/pedal-stället
25 Dra ur ledningen till brytaren. Lossa låsmuttern och skruva ut brytaren (se illustration).
26 Vid montering, skruva in brytaren så att den aktiveras efter 8 till 14 mm av rörelse i bromspedalen. Koppla tillbaka ledningen och dra åt låsmuttern.
27 Kontrollera funktionen och sätt tillbaka panelen.

Handbromsvarningens brytare

28 Ta bort den bakre konsolen, följ beskrivning i kapitel 11, avsnitt 34.
29 Ta bort brytarens fästskruv (se illustration). Lyft ut brytaren, dra ur sladden och ta bort brytaren.
30 Monteringen sker med omvänd arbets-ordning mot demonteringen. Kontrollera att brytaren fungerar korrekt innan bakre konsolen sätts tillbaka.

Övriga brytare

31 Vissa andra brytare beskrivs i de kapitel som tar upp respektive system, exempelvis temperaturvakterna i kapitel 3 och växellåds-brytarna i kapitel 7.

5 Instrumentpanel -
demontering och montering

Demontering

1 Koppla loss batteriets jordledning.
2 Placera rattstångens brytare i deras lägsta positioner, för att förbättra åtkomligheten.
3 Instrumentpanelens infattning måste tas bort först – den sitter fast med en stark fjäderklämma på var sida, som man kommer åt genom en öppning i infattningen.

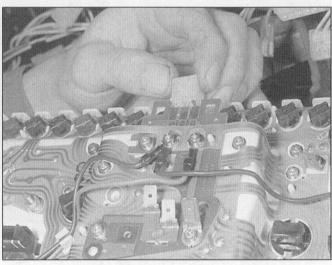

5.5 Demontering av en skruv till instrumentpanelen

5.6 En kontakt kopplas loss från instrumentpanelen

4 Stick in en tunn spårskruvmejsel i öppningen på ena sidan. Tryck hårt och dra samtidigt skruvmejseln mot dig för att lossa den ena sidan av infattningen. När den ena sidan är lös bör den andra kunna lossas utan ytterligare åtgärder och hela infattningen kan då tas bort.
5 Instrumentpanelen sitter fast med fyra Torxskruvar (en i varje hörn). Skruva loss skruvarna och ta bort panelen **(se illustration)**.
6 Koppla loss panelens kontakter **(se illustration)**. På turbomodeller, ta bort kläd-

selpanelen ovanför pedalerna och koppla loss laddtrycksmätarens slang. Ta bort instrument-panelen.

Montering

7 Montering sker i omvänd ordning. Smörj infattningens fjäderklämmor med fett för att underlätta framtida demontering, tryck sedan tillbaka infattningen på plats så att klämmorna hakar fast.

6 Instrumentpanel - isärtagning och ihopsättning

Isärtagning

1 Ta bort de skruvar som fäster instrument-panelen vid den genomskinliga panelen och omgivningen. Ta försiktigt bort instrument-panelen.
2 Individuella instrument kan nu tas bort efter det att deras bultar och muttrar tagits bort **(se illustration)**. Lägg märke till att skruvarna är olika. De som fäster ledare är pläterade.
3 Lamphållare tas bort genom att de vrids 90°

och dras ut. Vissa lampor kan lossas från hållarna för byte, andra måste bytas komplett med hållare **(se illustrationer)**.
4 Kretskortet kan bytas när alla instrument, glödlampor och anslutningar avlägsnats. Var försiktig vid hantering av kretskortet, det är ömtåligt.
5 Vissa fabrikat av instrumentpaneler har en säkring på kretskortet **(se illustration)**. Om det går ska en reparationsremsa eller del av kretskort skaffas och monteras i samma läge efter det att felet som löste ut säkringen åtgärdats.

Ihopsättning

6 Monteringen sker med omvänd arbets-ordning.

7 Hastighetsmätarens givare - demontering och montering

Demontering

1 Givaren finns i bakaxeln under diffens täcklucka. På bilar med ABS har givaren

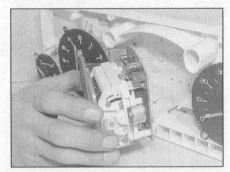

6.2 Demontering av hastighetsmätaren

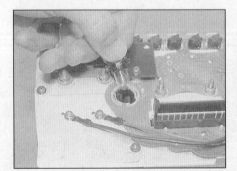

6.3a Demontering av glödlampa och hållare från kretskortet

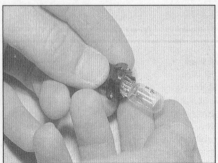

6.3b Glödlampa och hållare delas

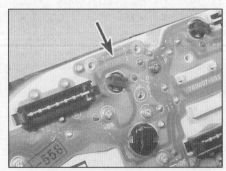

6.5 Smältsäkring (utmärkt med pil) på kretskortet

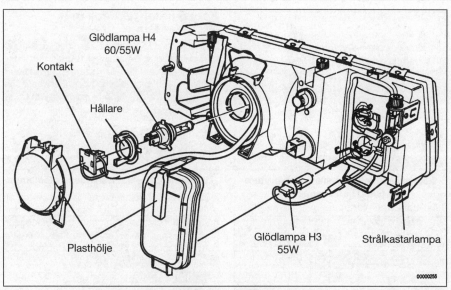

8.4 Strålkastarenhetens baksida

Labels on figure:
Glödlampa H4 60/55W
Kontakt
Hållare
Plasthölje
Glödlampa H3 55W
Strålkastarlampa

dubbel funktion, den skickar även signal om bakaxelns hastighet till styrenheten för ABS.
2 Lyft upp bakvagnen på pallbockar.
3 Dra ur givarens kontakt.
4 Ta bort bulten och dra ut givaren från täckluckan.

Montering

5 Monteringen sker med omvänd arbetsordning.

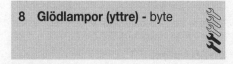

8 Glödlampor (yttre) - byte

Allmänt

1 För samtliga glödlampor gäller att de kan vara mycket heta om de nyligen använts. Slå av strömmen innan du byter lampa.
2 Med halogenlampor (stålkastare och liknande) ska lampglaset inte beröras med fingrarna. Även mycket små mängder fett från fingertopparna orsakar svärtning och förtida

funktionsupphörande. En av misstag berörd halogenglödlampa måste tvättas av med alkohol och ren trasa.
3 Såvida inte annat anges monteras nya glödlampor alltid med omvänd arbetsordning relativt demonteringen.

Byte av glödlampa

Strålkastare

4 Öppna huven. Lossa plasthöljet från strålkastarens baksida (se illustration).
5 Lossa kontakten från glödlampan. Lossa hållaren genom att trycka in och vrida den motsols. Ta bort hållare, fjäder och glödlampa.
6 Vid montering av den nya glödlampan, berör inte glaset (punkt 2). Se till att öronen på lampflänsen greppar in i urtagen på hållaren.

Fjärrljus

7 Öppna huven. Lossa plasthöljet från strålkastarens baksida.
8 Öppna fjäderclipset och ta bort glödlampan.
9 Vid montering av den nya glödlampan,

berör inte glaset (punkt 2). Fäst med clipset.
10 Sätt tillbaka strålkastarens hölje.

Främre blinkers/varselljus/parkeringsljus

11 Öppna huven. Vrid tillämplig lamphållare motsols, utan att koppla loss den, och dra ut den.
12 Ta ut glödlampan från hållaren.
13 Lägg märke till att ena lamphållarörat är större så den kan bara monteras på ett sätt.

Sidoblinkers

14 Stick in ett tunt bladmått (lindat i tejp så att inte lacken skrapas) under linsens framkant och tryck ned den inre låsklacken.
15 När klacken släpper, lossa linsen bakifrån och dra ut den. Lossa kablarna och dra ut glödlampshållaren.
16 Dra ut glödlampan från hållaren, stick in en ny och montera ihop blinkersen.

Baklampor (Sedan)

17 Öppna bagageluckan. Bered tillträde till glödlamporna i stänkskärmen genom att lossa på skruven på lamphöljet och vrida ner detta. Tillträde till lamporna i bagageluckan sker genom att man lyfter på spärren och drar ut kåpan (se illustration).
18 Ta bort glödlampshållaren och ta ut relevant bajonettfattad glödlampa från hållaren.

Baklampor (Kombi)

19 Öppna bakluckan och ta bort lampkåpan med en skruvmejsel (se illustration).
20 Dra ut relevant lamphållare genom att vrida den motsols och ta ut bajonettfattad glödlampa från hållaren.

Högt monterat bromsljus

21 Dra av bromsljushöljet.
22 Kläm på spärrhakarna på var sida om reflektorn/lamphållaren och dra ut den.
23 Byt glödlampa.
24 Montera reflektorn och tryck den på plats. Kontrollera funktionen och sätt tillbaka höljet.

Nummerskyltsbelysningen

25 Lossa lampan genom att dra den bakåt (Sedan) eller genom att ta bort skruvarna (Kombi).
26 Byt glödlampa och montera ihop belysningen.

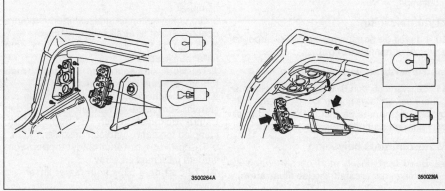

8.17 Glödlampa i baklyset på Sedanmodeller. Skärmmonterade (vänster), bagageluckemonterade (höger)

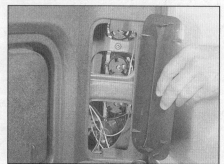

8.19 Baklyse och kåpa - Kombimodeller

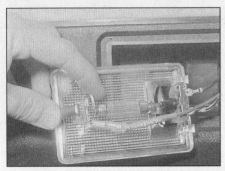

9.4 Lastutrymmesbelysning med glödlampa

9.5 Handskfacksbelysning och brytare (sedd i en spegel)

9.6 Sminkspegelsbelysningens glödlampa

9.7 Montering av dörrkantsbelysningens glödlampa

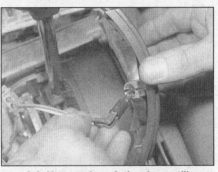

9.8 Uttagande av belysningen till automatväxellådans växelväljare

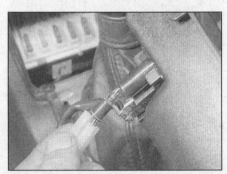

9.10 Demontering av brytarbelysning i den bakre konsolen

9 Glödlampor (inre) - byte

Allmänt

1 Se avsnitt 8, punkterna 1 och 3
2 Vissa kontaktljus och pilotlampor är integrerade i kontakterna och kan inte bytas separat.

Byte av glödlampa

Tak-/lastutrymmesbelysning

3 Dra eller bänd ut lampan från sitt fäste.
4 Byt lampor, dessa kan ha bajonett- eller clipsfattning (se illustration).

Handskfacksbelysning

5 Lossa den kombinerade lamphållaren/

9.12 Motorrumsbelysningen

brytaren från handskfackets översida så att glödlampan blir åtkomlig (se illustration).
6 I de fall sminkspegelsbelysning är monterad är glödlampan åtkomlig efter det att ljus-spridarremsan tagits loss (se illustration).

Dörrkantslampor

7 Bänd ut linsen så att glödlampan blir åtkomlig. Den är av huvlös typ och bara att trycka in (se illustration).

Belysning av automatväxellådans växelväljare

8 Ta bort väljarkvadranten som vid tillträde till startspärren (kapitel 7B, avsnitt 6). Hållare och glödlampa kan nu dras ut (se illustration).

Säkerhetsbältesspännets lampa

9 Lossa lamphållaren från spännet och byt glödlampa.

Brytarbelysning

10 I de fall de är separata kan glödlamporna dras rakt ut (se illustration).

Instrumentpanelens belysning

11 Se avsnitt 5 och 6. (En person med små händer och smidiga fingrar kan lyckas med att byta glödlamporna på plats efter att ha tagit bort panelen runt rattstång och pedalställ.)

Motorrummets belysning

12 Bänd bort linsen med en skruvmejsel. Glödlampan har clipsfattning (se illustration).

Cigarettändare/askkoppsbelysning

13 Se avsnitt 19.

10 Ytterbelysning - demontering och montering

Notera: Se till att samtliga lampor är släckta innan kontakter dras ut.

Strålkastare

1 Ta bort kylargrillen. Beroende på modell kan det även vara fördelaktigt av utrymmes-skäl att ta bort batteriet eller luftrenaren, beroende på sida.
2 Ta bort lamphållare med glödlampor från blinkers/parkeringsljus. Tryck och vrid på lamphållarna så att de lossnar.
3 Lossa blinkers/parkeringsljus och ta bort enheten.
4 Dra ut kontakterna till strålkastaren och fjärrljuset.
5 Dra ut kontakten till strålkastartorkarmotorn och lossa röret till strålkastarspolningen.
6 Ta bort de fyra skruvar, två per sida, som håller strålkastaren.
7 Ta bort strålkastaren, komplett med torkarens motor, arm och blad.
8 Ta isär enheten genom att ta bort de två skruvar som håller torkarmotorn. Lossa den främre dekorlisten och ta bort motorn, komplett med arm, blad och dekorlist.
9 Ta bort de fyra torkarbladsstoppen som vardera hålls med en skruv.
10 Ta bort de 8 clips som fäster linsen vid reflektorn.
11 Ta bort linsen och dra ut tätningslisten.
12 Ta ut lamphållarna från baksidan. Byt

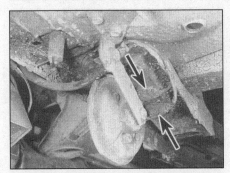

13.2 Signalhornskontakter (utmärkta med pilar)

glödlampor. Kom ihåg att inte beröra glaset.
13 Byt delar efter behov och sätt ihop strålkastaren med omvänd arbetsordning. Var uppmärksam på skick och passform för tätningslisten mellan lins och reflektor.
14 Sätt tillbaka strålkastaren med omvänd arbetsordning. Lägg märke till att fästskruvarna medger att strålkastaren kan justeras i sitt läge relativt karossen, stötfångaren och den andra strålkastaren. Dra inte åt skruvarna förrän läget är rätt. Om strålkastaren monteras för högt kommer huven att slå mot den vid stängning.
15 Justera hel- och halvljus efter arbetet. Justerskruvarna sitter högst upp på strålkastaren.

Fjärrljus

16 Följ ledningen bakåt från lampan och dra ut kontakten.
17 Ta bort den mutter som håller lampan på fästet eller lossa fästet komplett med lampa.
18 Montera med omvänd arbetsordning.

Blinkers/parkeringsljus

19 Öppna huven. Dra ur de två kontakterna från lamphållarna på baksidan.
20 Lossa blinkers/parkeringsljusenheten och ta bort den.

Baklyse (Sedan)

21 Ta bort lamphållaren från baksidan enligt beskrivningen i avsnitt 8.
22 Ta bort muttrarna som fäster baklyset vid skärmen eller bagageluckan.
23 Ta bort baklyset från bilen.
24 Montera med omvänd arbetsordning

Baklyset (Kombi)

25 Följ beskrivning för Sedan ovan, men ta hänsyn till de detaljskillnader som påträffas.

11 Strålkastarinställning - kontroll och justering

Inställningen av strålkastarna bör utföras av en Volvoverkstad eller annan specialist med nödvändig utrustning.
  I ett nödläge kan justering utföras provisoriskt med hjälp av de två justerskruvarna baktill eller ovanpå vardera strålkastaren.

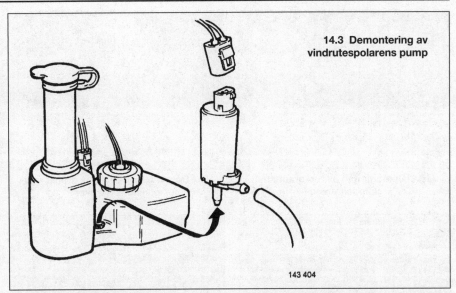

14.3 Demontering av vindrutespolarens pump

143 404

12 Varningssystem för trasiga glödlampor - allmän information

1 Sensorn för trasiga glödlampor är ett speciellt slags relä. Det finns på elcentralen.
2 Sensorn innehåller ett antal lindade bladkontakter. Ström till varje glödlampa i systemet leds genom en av de lindade spolarna. Spolarna är monterade parvis, varje par leder ström till ett par glödlampor.
3 När båda lamporna i ett par är tända tar de magnetfält som produceras i spolarna ut varandra. Om en glödlampa går sönder alstrar den kvarvarande spolen ett obemött magnetfält som då utlöser bladkontakten som tänder varningslampan.
4 I och med detta uppstår ingen varningssignal om bägge lamporna i ett par går sönder samtidigt. Falska larm kan uppstå om lampor med olika styrka eller tillverkare monteras.
5 Dragning för släpvagnsbelysning måste anslutas före sensorn. I annat fall kan den skadas av det ökade strömflödet. Rådfråga Volvoverkstad eller bilelektriker.

13 Signalhorn - demontering och montering

Demontering

1 Placera framvagnen på pallbockar.
2 Dra ut kontakterna under stötfångaren (**se illustration**).
3 Lossa signalhornet från sitt fäste och ta bort det.

Montering

4 Monteringen sker med omvänd arbetsordning.

14 Spolare, vindruta/ strålkastare/bakruta - allmän information

1 De olika spolarna har en gemensam behållare under motorhuven. Tillträde till pump(ar) och nivåvakt sker genom att batteri eller luftfilter tas bort (beroende på placeringen).
2 Nivåvakten är en flottörmanövrerad kontakt som kan tas bort om hållarringen skruvas ur.
3 Ta bort en spolarpump genom att dra ur elkontakten, lossa slangen och dra ut pumpen från sin plats (**se illustration**). Var beredd på spill.
4 Om en pump upphör att fungera måste den bytas.
5 Använd endast rent vatten och godkänt tvättmedel i vätskebehållaren. Använd frostskyddad spolvätska (ej motorfrostskydd) vid minusgrader.

15 Torkararmar - demontering och montering

Demontering

1 Ta bort torkarbladen enligt beskrivningen i "Veckokontroller".

15.2 Demontering av muttern till torkararmen

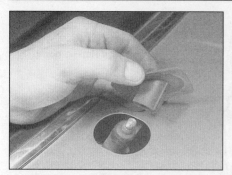

16.2 Demontering av torkararmens spindeltätning

16.4 Demontering av en av dränerings-panelens skruvar

16.5 Urkoppling av torkarmotorns multikontakt

16.6 Lossande av torkarmontaget

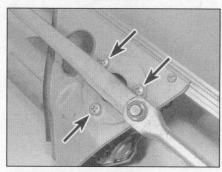

16.7 Torkarmotorns fästskruvar (utmärkta med pilar)

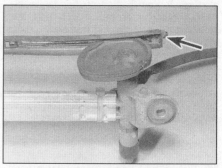

16.8 Del av torkarlänksystemet - vajer-spänningens mutter vid pilen

2 Ta bort muttern i foten på torkararmen och dra av den från sina splines (se illustration). Lossa spolarslangen på strålkastartorkarens armar.

Montering

3 Monteringen sker med omvänd arbets-ordning. När det gäller strålkastartorkarens blad, lägg märke till att den längre sidan ska peka mot kylargrillen.
4 Vinkla strålkastartorkarens armar genom att montera dem med bladen strax under stoppen (motorerna i viloläge) och lyft sedan bladen över stoppen.

16 Vindrutetorkarmotor och länkar - demontering och montering

Demontering

1 Koppla loss batteriets jordledning.
2 Ta bort torkararmarna och spindeltät-ningarna (se illustration).
3 Lyft upp motorhuven till det helt öppna läget.
4 Lossa vattenslangarna från clipsen på dräneringspanelen, lossa sedan dränerings-panelens tre skruvar. Ta bort dränerings-panelen genom att dra den något framåt och lyfta i bakkanten (se illustration). Stäng motorhuven.
5 Ta bort motorkåpan och dra ur torkar-motorns kontakt (se illustration).
6 Ta bort de två bultarna och lyft undan

torkarmotor och länkar (se illustration).
7 Motorn kan tas bort från länkarna genom att spindelmuttern och de tre skruvarna lossas (se illustration). Försök inte ta isär motorn annat än om du är mycket nyfiken. Det är osannolikt att reservdelar finns att köpa.
8 Andra delar i länkarna, inklusive vajern, kan bytas efter behov. Det finns en spän-ningsmutter i ena vajeränden (se illustration).

Montering

9 Monteringen sker med omvänd arbets-ordning. Innan torkararmarna monteras, slå på och stäng av vindrutetorkaren så att motorn går till parkeringsläget.

17 Strålkastartorkarmotor - demontering och montering

Torkarmotorn tas bort tillsammans med strålkastaren och lossas efter uttagandet av denna. Se avsnitt 10.

18 Bakrutans torkarmotor - demontering och montering

Demontering

1 Ta bort bakluckans klädsel (kapitel 11).
2 Bänd loss kulleden på torkararmen (se illustration).
3 Ta bort de tre bultar som fäster motorn. Dra

ut motorn (det kan bli nödvändigt att vrida på armen) och lossa kablaget från den (se illustration).

Montering

4 Monteringen sker med omvänd arbets-ordning. Kontrollera motorns funktion innan klädsel monteras.

19 Cigarettändare - demontering och montering

Demontering

Främre tändare

1 Kontrollera att tändningen är avslagen.
2 Ta bort tändaren och lossa panelen runt öppningen.

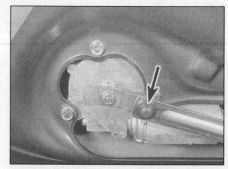

18.2 Bakre torkarmotor visande armens kulled (vid pilen) och fästande bultar

19.3 Skruv till cigarettändaren lossas

19.4 Demontering av tändarens belysning och hållare. Denna belyser även askkoppen

22.3 Demontering av antennrörets mutter och lucka

3 Ta bort de skruvar som blottas **(se illustration)**.
4 Ta bort tändare och fack, dra ur ledningen och lamphållaren bakifrån **(se illustration)**. Koppla även ur eventuell radioutrustning som kan vara monterad i facket.
5 Tändaren kan nu tas ut ur facket om så önskas.

Bakre tändare

6 Detta tas upp i arbetsbeskrivningen för demonteringen av den bakre konsolen i kapitel 11.

Montering

7 Monteringen sker med omvänd arbetsordning.

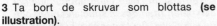

20 Uppvärmd bakruta - allmän information

1 Alla modeller är utrustade med en uppvärmningsbar bakruta. Uppvärmning sker genom att ström leds genom ett mönster av motståndstrådar limmade på insidan av bakrutan.
2 Låt inte hårda eller skarpa föremål gnuggas mot värmetrådarna. Tvätta insidan av bakrutan med mjuk trasa eller sämskskinn och arbeta längs med trådarna.
3 Den uppvärmda bakrutan är en stor strömförbrukare och ska inte lämnas påslagen längre än vad som behövs. På vissa modeller finns ett fördröjningsrelä inkluderat i kretsen som då stänger av uppvärmningen efter några minuter.
4 Där yttre backspeglar är elektriskt uppvärmda styrs deras element av kontakten till bakrutan.

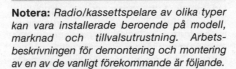

21 Radio/kassettspelare - demontering och montering

Notera: *Radio/kassettspelare av olika typer kan vara installerade beroende på modell, marknad och tillvalsutrustning. Arbetsbeskrivningen för demontering och montering av en av de vanligt förekommande är följande.*

Demontering

1 Koppla loss batteriets jordledning. Om radion har stöldskyddskod, se informationen i referensdelen av denna bok innan batteriet kopplas från.
2 För att kunna lossa de clips som håller fast radion måste två U-formade stavar stickas in i speciella hål på vardera sidan av radion. Om möjligt, skaffa dessa stavar specialtillverkade från en radiohandlare i och med att dessa har urtag som greppar clipsen så att radion kan dras ut. Lägg märke till att det på vissa modeller krävs att de två sidofacetterna först tas bort så att tillträde till hålen för U-staven erhålles.
3 Stick in demonteringsverktygen i varje par hål på enhetens kanter och tryck in dem helt så att de greppar i de clips som håller radion.
4 Flytta verktygen utåt och tryck ned clipsen, dra ut radion så mycket att ledningarna bakom radion blir åtkomliga.
5 Notera placeringen av högtalarledningarna genom att skriva upp kabelfärger och lägen innan de dras ut tillsammans med antenn-

ledningen och kontakter. Ta bort radion från bilen.
6 Ta ut demonteringsverktygen från clipsen och ta bort verktygen.

Montering

7 Monteringen sker med omvänd arbetsordning.

22 Antenn - demontering och montering

Notera: *Två typer av orginalantenner visas i illustrationerna. Andra kan förekomma. På senare modeller utgörs antennen av ett tunt element inkluderat i bakre sidofönstret.*

Demontering

Sedan (automatisk antenn i bagageutrymmet)

1 Koppla loss batteriets jordledning.
2 Öppna bagageluckan och ta bort panelen på vänster sida.
3 Ta bort den mutter och lucka som fäster antennröret vid bakskärmen **(se illustration)**.
4 Dra ur antennens signal- och strömkablar **(se illustrationer)**.
5 Ta bort de bultar och muttrar som fäster röret. Dra in antennen i bagageutrymmet.

Kombi (fast antenn på bakre stolpen)

6 Öppna bakdörren. Lossa den klädsel som täcker antennfästet och ledningarna.

 HAYNES TiPS *Smärre brott i värmetrådsmönstret kan repareras med speciell ledande färg, tillgänglig från tillbehörsbutiker. Använd färgen enligt tillverkarens anvisningar.*

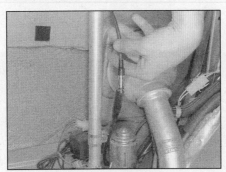

22.4a Lossa signalkabeln . . .

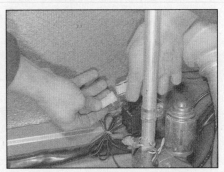

22.4b . . .och strömförsörjningen

22.7 Signalkabelns kontakt (Kombi) lindad i tejp

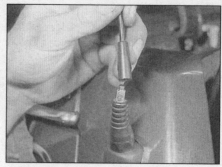

22.8 Lossandet av antennröret från foten

7 Dra ut antennens signalkabel **(se illustration)**.
8 På bilens utsida, skruva ut antennröret från fästet **(se illustration)**. Spara distansen.
9 Skruva ut rörets fästmutter. Spara undre distansen och tätningen och dra in antennen i bilen **(se illustrationer)**.

Montering

10 För alla typer gäller att monteringen sker med omvänd arbetsordning. Kontrollera dock funktionen innan klädseln sätts tillbaka.

23 Krockkuddar - allmän information och föreskrifter

Ett extra säkerhetssystem finns tillgängligt som standardutrustning eller tillval beroende på modell och marknad.

Systemet består av en luftkudde på förarsidan som är konstruerad för att minska skador på förarens bröstkorg och huvud vid en olycka. På vissa modeller finns det även en kudde passagerarsidan. En krocksensor som upptäcker kollisioner framtill finns placerad under förarstolen med en reservkraftenhet monterad bredvid. Krocksensorn inkluderar en inbromsningssensor, en kvicksilverbrytare och en mikroprocessor som övervakar hur allvarlig kollisionen är och utlöser luftkudden vid behov. Luftkudden blåses upp av en gasgenerator, vilket tvingar ut luftkudden ur rattcentrum eller facket på passagerarsidan av instrumentbrädan. En kontaktrulle bakom ratten, högst upp på rattstången, garanterar att den elektriska kontakten med luftkudden alltid är god oavsett rattens läge.

Förutom krockkuddar kan systemet även bestå av mekaniska spännare av säkerhetsbälten eller pyrotekniska spännare som via gaspatroner i rullen spänner åt säkerhetsbältena. Dessa spännare utlöses av krocksensorn samtidigt som kuddarna så att den extra åtdragningen av bälten förbättrar skyddet vid kollisionen.

⚠️ *Varning: Säker demontering och montering av delarna i detta extra krockskydd kräver att specialverktyg för Volvo används. Varje försök att ta bort eller ta isär luftkuddar, krocksensor, kontaktrulle, säkerhetsbälte eller tillhörande ledningar och delar, utan dessa specialverktyg och de specialistkunskaper som krävs för korrekt bruk av dem, kan resultera i allvarliga personskador och/eller felfunktioner i systemet. Av del skälet MÅSTE allt arbete som innebär att krockskyddssystemets delar störs överlämnas till en auktoriserad Volvoverkstad.*

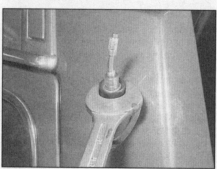

22.9a Ta bort antennrörets mutter . . .

22.9b . . . och dra in antennen i bilen

Nr	Beskrivning	Placering	Nr	Beskrivning	Placering
1	Batteri (12V)	D3	59	Fönsterhissbrytare passagerarsida bak	X4
2	Tändningslås	E3	60	Backspegelbrytare förarsida	X5
3	Instrumentanslutning 4-polig	T5	61	Backspegelbrytare passagerarsida	X5
4	Tändspole (12V)	E5, N5, P5	62	Brytare centrallåslänk	W6
5	Fördelare	E5, R5	63	Lägesväljare (automatlåda)	CC4
6	Tändstift	E5	64	Soltakets brytare	T6
8	Instrumentanslutning 8-polig	T5	65	Dimljusbrytare fram/bak	B3
9	Startmotor (800W/1,7 kW)	D3	66	Bromsljusbrytare	J6, R5, R6, CC4
10	Generator och regulator	D4	67	Växelväljarbrytare	AA4
11	Säkringsdosa	C1-K1	68	Handbromsbrytare	G5
12	Instrumentanslutning 12-polig	T5	70	Backljusbrytare	J6, AA3
13	Helljus (max 60W)	A1, A6	71	Startmotorspärr (automatväxellåda)	E3, AA4
14	Halvljus (max 55W)	A1, A6	72	Dörrbrytare förardörr	V3
15	Samlingsskena 15,		73	Dörrbrytare passagerardörr	X3
	elektrisk fördelningsenhet	T4	74	Dörrbrytare bakdörrar	V3, X3
16	Parkeringsljus (4CP/5W)		75	Växellåsrelä	R6
	(även bakljus i USA)	A1, A6,	76	Växellåssolenoid	R6
		L1, L6	77	Överväxelbrytare, M46	P6
18	Instrumentanslutning 18-polig	T6	78	Positiv anslutning (batteri)	D2
21	Baklysen (4CP/5W)	L1, L6	79	Belysning säkringsdosa	W4
22	Bromsljus (32CP/21W)	L1, L5, L6	80	Termotidbrytare	D4
23	Dimljus (55W)	A1, A6,	81	Luftkonditionering tryckbrytare	P2, U3, BB1
		L1, L6	82	Kylarfläktens låghastighets	
24	Nummerskyltbelysning (4CP/5W)	L4		tryckkontakt	P1, Q2, BB5
25	Innerbelysning	W4	83	Kylarfläktens säkerhets-	
26	Läslampa fram (5/W)	W5		och höghastighetskontakt	P2, BB6
27	Innerbelysning (10W)	W5	84	Kylvätskans temperatursensor	H4, P3, P5, Q2, Q6,R3,
28	Läslampa bak (5W)	V5, W5			V1,AA1, AA4
29	Blinkers (32CP/21W)	A1, A6, B1, B6, L2, L6	85	Hastighetsmätare	G4
30	Samlingsskena 30, elektrisk		86	Varvräknare	H4
	fördelningsenhet	T4	87	Klocka	F4
31	Samlingsskena 31,		88	Temperaturmätare	H4
	elektrisk fördelningsenhet	T4	89	Bränslemätare	F4
32	Handskfacksbelysning (2W)	W3	90	Indikatorlampa, dimbakljus	F5
33	Askkoppsbelysning fram (1,2W)	I3	91	Varningslampa "service"	F5
34	Askkoppsbelysning bak (1,2W)	I3	92	Indikatorlampa, diagnostik	F5
35	Soltakets brytarbelysning (1,2W)	H3	93	Hastighetsvarning	G4
36	Stolvärmens brytarbelysning,		94	Reostat instrument- och	
	passagerarsida (1,2W)	I3		reglagebelysning	H4
37	Växelväljarbelysning		95	Instrumentbelysning	G4
	(automatväxellåda) (1,2W)	I3	96	Temperaturvarningslampa	F5
38	Reglagepanelbelysning (1,2W)	H3	97	Indikatorlampa, oljetryck	G5
40	Bagagerumsbelysning	V5	98	Varningslampa turbotryck	H5
41	Varningslampa "dörr öppen"	V4, V5, X4, X5	99	Varningslampa handbroms	G5
42	Värmereglagebelysning	H3	100	Varningslampa bromshaveri	G5
43	Solskyddsbelysning	W4	101	Varningslampa spolarvätskebehållare	F5
44	Brytare handskfacksbelysning	W4	102	Indikatorlampa överväxel, AW70/71	H5
45	Bälteslåsbelysning förarsida (1,2W)	J4	103	Varningslampa glödlampsbortfall	F5
46	Bälteslåsbelysning		104	Indikatorlampa glödstift (diesel)	H5
	passagerarsida (1,2W)	J3	105	Tändningsljus	G5
47	Brytare vindrutetorkare/spolare	B4	106	Indikatorlampa släpvagn	F5
48	Ljusbrytare	C2	107	Varningslampa ABS	G5
49	Brytare blinkers, varningsblinkers och		108	Vänster blinkerslampa	G4
	hel/halvljus	C4	109	Varningslampa helljus	G5
50	Signalhorn	A4	110	Höger blinkerslampa	G4
51	Brytare bakrutevärme	J2	112	Indikatorlampa överväxel, M46	G5
52	Värmebrytare förarsäte	J4	113	Indikatorlampa främre säkerhetsbälten	H5
53	Värmebrytare passagerarsäte	J3	114	Indikatorlampa bakre säkerhetsbälten	I4
54	Överväxelbrytare, M46	N6, P6	115	Varningssensor glödlamps-bortfall, 14-polig	K5
56	Fönsterhissbrytare förarsida fram	X3	116	Bältespåminnare	I4
57	Fönsterhissbrytare passagerarsida fram	Y4	117	Fördröjningsrelä vindrutetorkare	B5
58	Fönsterhissbrytare förarsida bak	X4	118	Fördröjningsrelä bakrutetorkare	U6

Komponentförteckning till kopplingsschema

Nr	Beskrivning	Placering	Nr	Beskrivning	Placering
120	Varningssensor glödlampsbortfall, 9-polig	C2	199	Gasspjällägessensor	R1
121	Blinkenhet/kontakt varningsblinkers	C4	200	Luftkonditioneringskompressor (3,9A)	N1, U3, AA5
122	Avgastemperaturrelä (Japan)	R5	201	Överväxelsolenoid	P6, R6
123	Överväxelrelä, M46	N6	207	Signalhorn (5A+5A)	A4
124	Fönsterhiss + kylarfläkt	Y5	208	Glödstift	S5
125	Centrallåsrelä	X6	210	Tankpump	F3
127	Spotlight relä	C3	211	Huvudbränslepump (6,5A)	N4, Q4, CC1
129	Luftkonditionering blockeringsrelä	N2	212	Serviceuttag	E4, N3, AA2, AA4
130	Glödstift relä (diesel)	S5	214	Lägessensor	AA1
131	Kylarfläktrelä	P1, V2, BB5	215	Hastighetssensor	BB3
134	Relä, tändspole	AA3	216	Motronic styrenhet	BB1
135	LH-2.2 och LH-2.4 relä	N2, Q3, CC1	217	LH-2.2 styrenhet	R3
136	Överväxelrelä, AW 70/71	Q6	218	Knacksensor	N6, P6, R6, AA2
137	Huvudbelysningsrelä	C3	219	Testuttag Lambdasond	Q4
138	Värmeelement, förarsäte (30/130W)	K4	220	Testtuttag tomgång	R4
	Värmeelement, passagerarsäte (30/130W)	K3	221	Bakrutevärme (150W)	J2
139	Värmeelement, ryggstöd förarsäte	K4	222	Cigarettändarbelysning	I3
	Värmeelement, ryggstöd passagerarsäte	K3	223	Cigarettändare	I2
140	Högtalare, instrumentpanel vänster sida	U2	224	Termostat kylarfläkt	W2
141	Högtalare, instrumentpanel höger sida	U2	225	Farthållarbrytare	S4
142	Termostat sätesvärme, förarsäte	J4	226	Styrenhet, farthållare	T4
	Termostat sätesvärme, passagerarsäte	J3	227	Vakuumpump, farthållare	S5
143	Högtalare passagerardörr (4 ohm)	U1	228	Kopplingsbrytare	S5
144	Högtalare förardörr (4 ohm)	U2	229	Bromsbrytare	S4
145	Högtalare vänster bak (4 ohm)	U2	231	Relä, dimbakljus	C3
146	Högtalare höger bak (4 ohm)	U1	233	Tryckkontakt, turbodiesel	S6
147	Antenn	T2	235	PTC motstånd	N4
148	Elantenn (3A)	U3	238	Motor bakrutespolare (2,6A)	U6
149	Radio	T2	240	Brytare bakrutetorkare/spolare	U5
150	Fönsterhissmotor förardörr (5A)	Y4	241	Motor bakrutetorkare	U5
151	Fönsterhissmotor passagerardörr (5A)	Y5	242	Stoppknapp, elmanövrerat säte	V6
152	Fönsterhissmotor bak förarsida (5A)	X5	243	Relä, elmönövrerat säte	V6
153	Fönsterhissmotor bak passagerarsida (5A)	X5	244	Styrenhet, elmanövrerat säte	V5
154	Elektrisk backspegel förarsida	W5	245	Sätesmotor framåt-bakåt	W6
155	Elektrisk backspegel passagerarsida	Y5	246	Sätesmotor upp-ned framtill	W5
156	Motor, elektrisk kylarfläkt (13A)	P1, W2, CC6	247	Sätesmotor upp-ned baktill	W5
157	Motor, strålkastartorkare (1A)	A2, A5	248	Sätesmotor, ryggstöd	W6
158	Soltaksmotor	T6	251	Kickdown-spärr	R6, AA4
159	Centrallåsmotor passagerardörr	Y6	252	ABS styrenhet	T1
160	Centrallåsmotor bakdörr förarsida	W6	253	ABS modulator	S3
161	Centrallåsmotor bakdörr passagerarsida	Y6	254	ABS skyddskrets	S2
162	Centrallåsmotor bagagelucka	B4	256	ABS sensor vänster fram	S1
163	Vindrutetorkarmotor (3,5A)	B4	257	ABS sensor höger fram	S1
164	Vindrutespolarmotor (2,6A)	A2	260	Styrenhet EZ-K tändsystem	N5, Q5
166	Kondensator	D4	265	Tidrelä bakrutevärmare	K2
167	Avstörningsmotstånd	E5	266	Tidrelä bakrute- och backspegelvärmare	K3
170	Termoomkopplare, katalysator	R5	267	TCV solenoidventil	R1
171	Temperaturkontakt (diesel)	S5	268	EGTC sensor	R2
178	Nivåsensor spolvätskebehållare	F5	269	TCU styrenhet	Q1
182	Bränslenivåsensor	F3	270	Speedometer pick-up	S1
187	Lambdasond (syresensor)	N2, Q3, AA1	284	Luftmängdsmätare	Q3, R3, CC1
188	Kallstartinsprutare	E4, N4	290	Motronic kraftsteg 1	AA2
189	Låssolenoid (automatlåda)	AA4	291	Motronic kraftsteg 2	AA3
190	Linjär solenoid (automatlåda)	AA5	296	Dim-dip styrenhet	T3
191	Växlingssolenoid 1 (automatlåda)	AA5	300	Strålkastarjustering reglage	V3
192	Växlingssolenoid 2	AA5	301	Strålkastarinställning justering, höger manövrering	U3
194	EGR ventil	Q5	302	Strålkastarinställning justering, vänster manövrering	U4
195	Solenoidventil, förgasare eller bränsleinsprutning (diesel)	S6	346	Bagagerumsbelysning	W5
196	Tomgångsventil	N3, Q4, BB2	347	Brytare bakdörr	W5
197	Oljetryckkontakt	G6	361	Insprutare nr 1	Q4, R4, CC3
198	Gasspjällkontakt	P2, P5, R3, R5, AA1	362	Insprutare nr 2	Q4, R4, CC3

Komponentförteckning till kopplingsschema (forts)

Nr	Beskrivning	Placering	Nr	Beskrivning	Placering
363	Insprutare nr 3	Q4, R4, CC3	457	Samlingsskena i säkringsdosa	W3
364	Insprutare nr 4	Q4, R4, CC3	458	Samlingsskena 30 i säkringsdosa	W4
365	Insprutare nr 5	R4, CC2	464	Insprutarrelä	N4, Q4, BB3
366	Insprutare nr 6	R4, CC2	472	LH-2.4 styrenhet	P2
371	Tändspole, cylinder nr 1	AA2	482	Diagnosuttag	S3, U4
372	Tändspole, cylinder nr 2	AA3	490	Elantennbrytare	U2
373	Tändspole, cylinder nr 3	AA2	491	Dimmerbrytare	B3
374	Tändspole, cylinder nr 4	AA3	495	ECC reglage (1/30)	Y1
375	Tändspole, cylinder nr 5	AA2	496	ECC reglagesensor	W1
376	Tändspole, cylinder nr 6	AA2	497	ECC solenoidventil	W1
377	Förkopplingsmotstånd	P4	498	ECC servomotor	Y3
378	ABS jordanslutning	S1	499	ECC strömmatningsenhet	X2
384	Nivåbrytare bromsvätska	G5	501	ECC fläktmotor	X2
412	Motronic pulsgenerator	AA1	502	ECC yttertemperatursensor	V1
413	EZ-K pulsgenerator	P5	503	ECC solsensor	W1
414	Transmission control unit A	BB3	504	ECC innertemperatursensor	V1
415	Transmission control unit B	BB3	870	Klockjustering	H3
416	Timing pick-up	N6	886	Överföringsbox 1234705	P3, R4, AA1
417	EZ-K serviceanslutning	P5	900	Strömmatning till tillbehör	H3
419	EZ-K kraftsteg	N5, Q5	928	SRS	C5
424	Solenoidventil, laddtryckbegränsare	S6	929	SRS tändmodul	C5
456	Samlingsskena 30, elektrisk fördelningsenhet	J4	930	SRS indikatorlampa	H5
			931	SRS säkerhetskrets	H4

Färgkoder

P	Rosa	BL	Blå
OR	Orange	Y	Gul
VO	Lila	GN	Grön
SB	Svart	GR	Grå
W	Vit	BN	Brun
R	Röd		

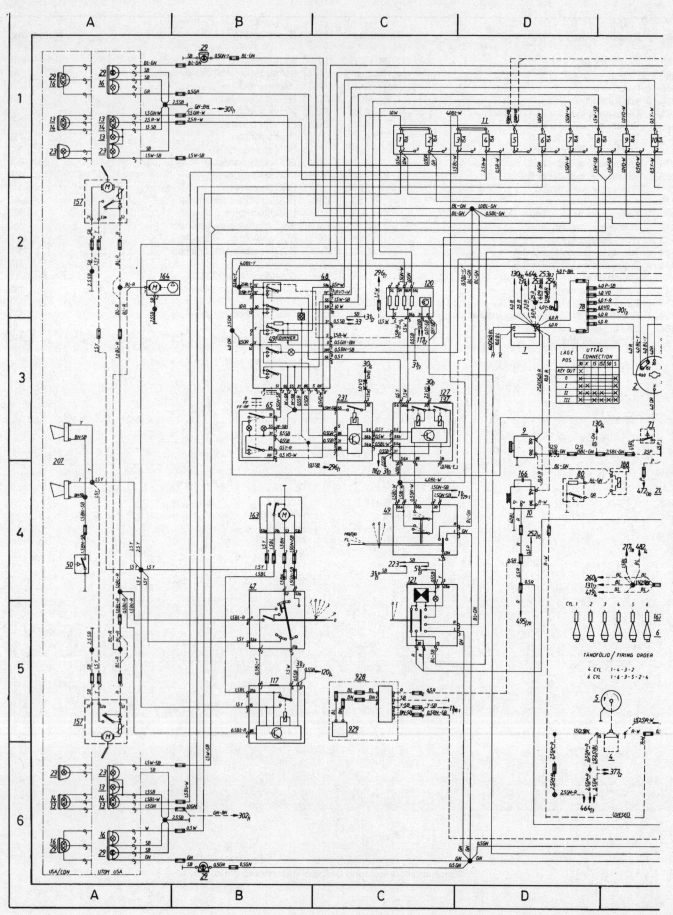

Kopplingsschema till Volvo 940 (typexempel)

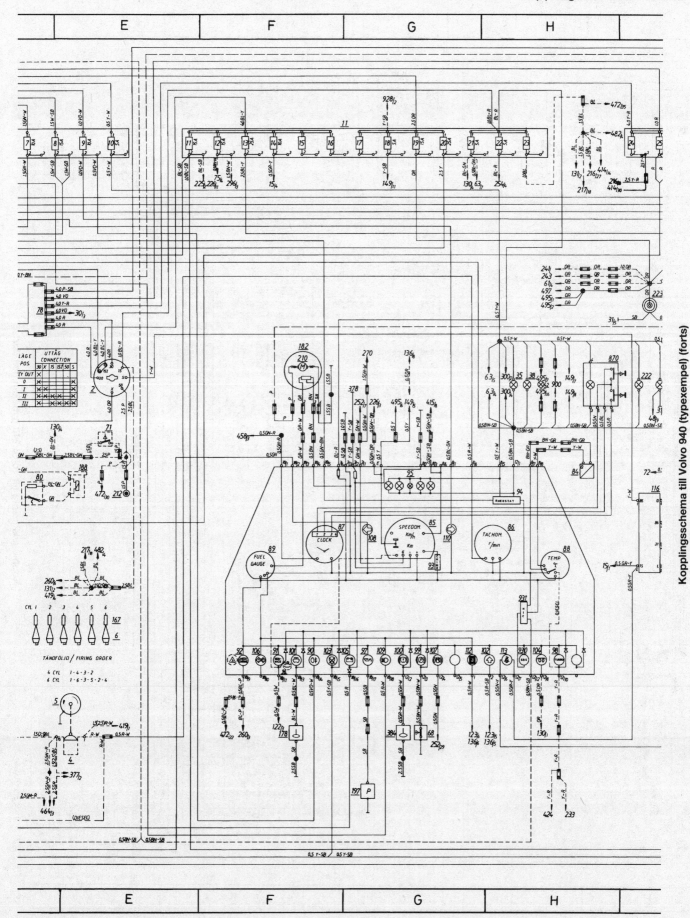

Kopplingsschema till Volvo 940 (typexempel) (forts)

Kopplingsschema till Volvo 940 (typexempel) (forts)

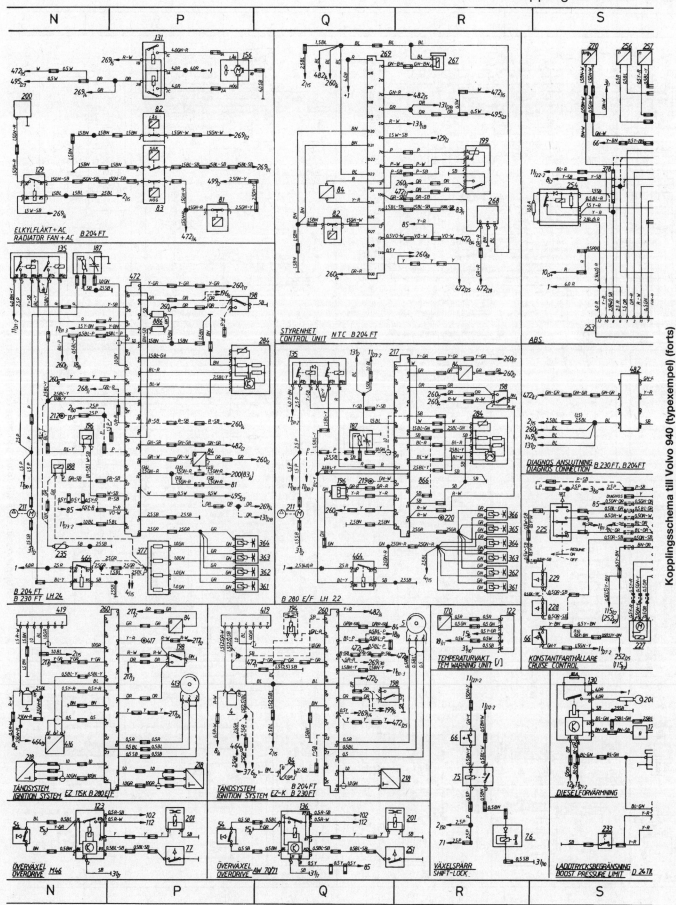

Kopplingsschema till Volvo 940 (typexempel) (forts)

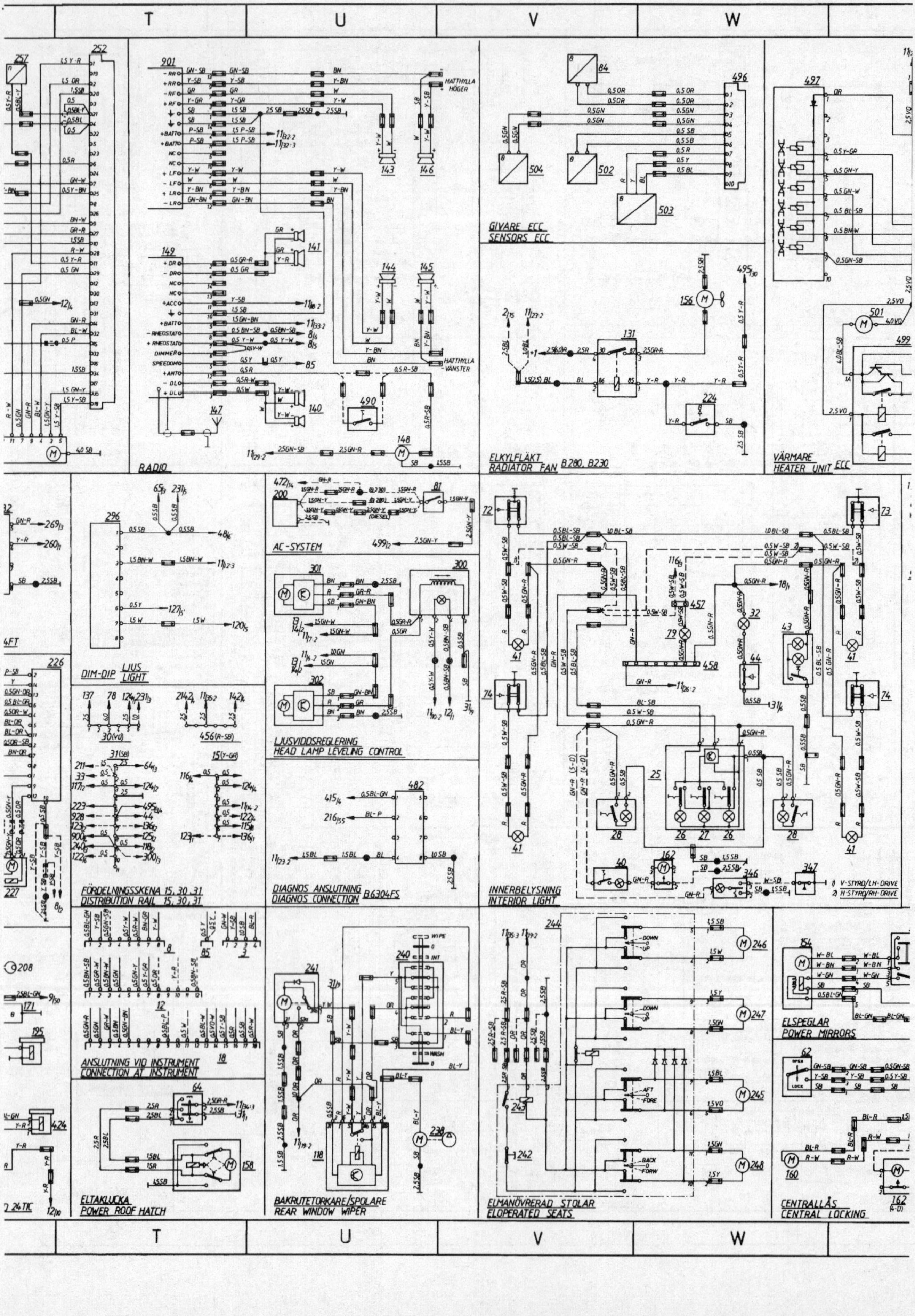

	T	U	V	W	

RADIO

GIVARE ECC
SENSORS ECC

ELKYLFLÄKT
RADIATOR FAN B 280, B 230

VÄRMARE
HEATER UNIT ECC

AC-SYSTEM

DIM-DIP LJUS
LIGHT

LJUSVIDDSREGLERING
HEAD LAMP LEVELING CONTROL

FÖRDELNINGSSKENA 15, 30, 31
DISTRIBUTION RAIL 15, 30, 31

DIAGNOS ANSLUTNING B 6304 FS
DIAGNOS CONNECTION

INNERBELYSNING
INTERIOR LIGHT

ANSLUTNING VID INSTRUMENT
CONNECTION AT INSTRUMENT

ELTAKLUCKA
POWER ROOF HATCH

BAKRUTETORKARE/SPOLARE
REAR WINDOW WIPER

ELMANÖVRERAD STOLAR
ELOPERATED SEATS

ELSPEGLAR
POWER MIRRORS

CENTRALLÅS
CENTRAL LOCKING

0 V-STYRD/LH-DRIVE
0 H-STYRD/RH-DRIVE

Kopplingsschema till Volvo 940 (typexempel) (forts)

	T	U	V	W	

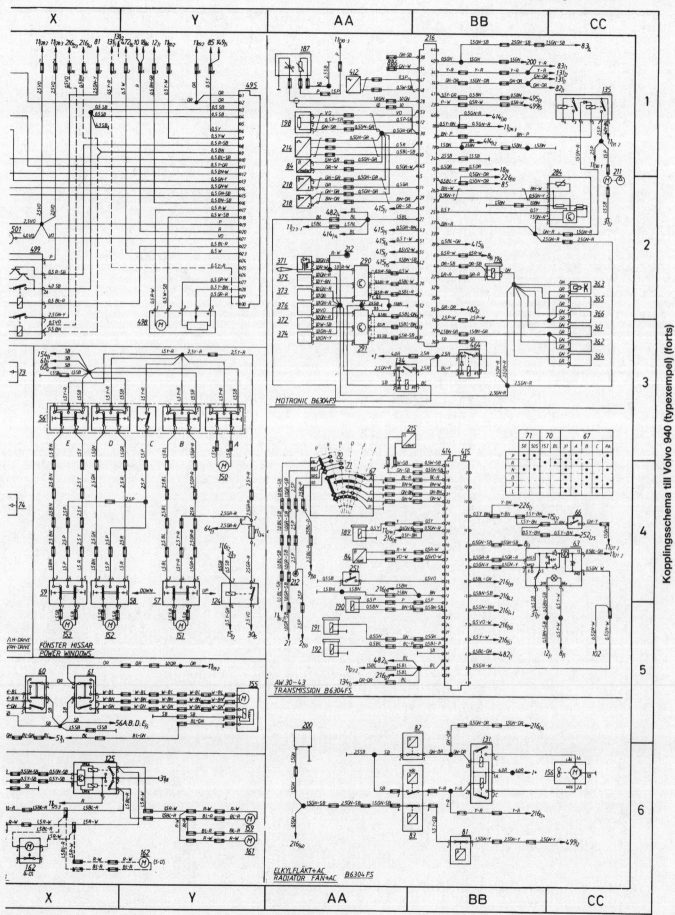

Anteckningar

Referens

Referens REF•1

Dimensioner och vikter

Dimensioner
Total längd:
  Sedan . . . . 4 871 mm
  Kombi . . . . 4 844 mm
Total bredd . . . . 1 750 mm
Total höjd . . . . 1 410 till 1 460 mm
Hjulbas . . . . 2 770 mm

Vikter
Tjänstevikt (beroende på utrustning) . . . . 1 327 till 1 496 kg
Max fordonsvikt . . . . (se märkplåten i motorrummet)

Reservdelar finns att få tag i från många håll, inklusive auktoriserade återförsäljare, tillbehörsbutiker och motorspecialister. För att vara säker på att få rätt del kan det ibland vara nödvändigt att ange fordonets identifikationsnummer.

Vårt råd angående inköpsställen för reservdelar är följande:

Auktoriserade återförsäljare

Det är den bästa källan till delar som är specifika för just din bil och som inte finns allmänt tillgängliga (exempelvis märken, klädsel/dekor, vissa plåtdelar och liknande). Det är dessutom det enda stället där reservdelar bör köpas om fordonet fortfarande har giltig garanti.

Tillbehörsbutiker

Dessa är mycket bra vad gäller underhålls- och förbrukningsmaterial (olja, filter, tändstift, glödlampor, drivremmar, bättringslack med mera). Delar av denna typ, sålda av välkända affärer, håller samma standard som de som används av tillverkaren.

Motorspecialister

Bra specialaffärer håller alla viktiga slitdelar i lager och kan ibland tillhandahålla de olika delar som behövs för renovering av större komponenter. De kan ibland även utföra jobb som omborrning av cylindrar, slipning av vevaxlar och balansering samt andra utrustningskrävande arbeten.

Specialister på däck och avgassystem

Dessa kan vara fristående eller medlemmar av en större kedja. De erbjuder ofta konkurrenskraftiga priser jämfört med märkesåterförsäljare och lokala verkstäder. Det kan dock löna sig att ta ett flertal prisuppgifter och fråga efter vilka extra kostnader som tillkommer - exempelvis kan nya ventiler och balansering tillkomma vid byte av däck.

Andra inköpsställen

Se upp med delar från loppmarknader och liknande. Delarna kanske inte alltid är av usel kvalitet, men chansen att få rättelse om de är otillfredsställande är mycket liten. Vad det gäller säkerhetsdetaljer som bromsklossar finns inte bara risken av ekonomisk förlust - risken för personskador och dödsfall måste tas i beaktande.

Identifikationsnummer

Modifieringar är en fortlöpande och opublicerad process vid fordonstillverkning, även vid sidan om större modellbyten. Reservdelskataloger och listor sammanställs på numerisk bas och fordonets individuella ID-nummer är nödvändigt för korrekt identifiering av berörda delar.

Vid beställning av reservdelar ska alltid så fullständig information som möjligt anges; modell, tillverkningsår, serienummer och motornummer efter behov och tillämplighet.

Fordonets identitetsnummer finns på en märkplåt placerad ovanför höger strålkastare. Förutom annan information finns här bilens ID-nummer, maximal totalvikt och koder för klädsel och lackering angivna. Fordonets typ, årsmodelll och chassinummer finns även instansade på högra mittre dörrstolpen **(se illustration)**.

Karossnummer och färgkodnummer finns på märkplåten med bilens ID-nummer.

Motornumret är instansat i vänster sida av motorblocket och anges även på en dekal framtill på kamremmens övre kåpa.

Växellådans nummer finns på undersidan på manuella lådor och till vänster på automatväxellådor.

Bakaxelns nummer inklusive slututväxlingen och reservdelsnumret finns på en plåt på vänster sida om axelkåpan.

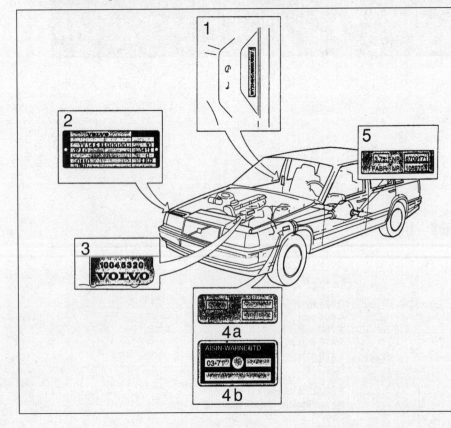

Placeringarna för bilens identifikationsnummer

1. *Fordonstyp, årsmodellsbeteckning och chassinummer*
2. *Fordonets identitetsnummer*
3. *Motornummer*
4a. *Serienummer på manuell växellåda*
4b. *Serienummer på automatlåda*
5. *Bakaxelns serienummer*

När service, reparationer och renoveringar utförs på en bil eller bildel bör följande beskrivningar och instruktioner följas. Detta för att reparationen ska utföras så effektivt och fackmannamässigt som möjligt.

Tätningsytor och packningar

Vid isärtagande av delar vid deras tätningsytor ska dessa aldrig bändas isär med skruvmejsel eller liknande. Detta kan orsaka allvarliga skador som resulterar i oljeläckage, kylvätskeläckage etc. efter montering. Delarna tas vanligen isär genom att man knackar längs fogen med en mjuk klubba. Lägg dock märke till att denna metod kanske inte är lämplig i de fall styrstift används för exakt placering av delar.

Där en packning används mellan två ytor måste den bytas vid ihopsättning. Såvida inte annat anges i den aktuella arbetsbeskrivningen ska den monteras torr. Se till att tätningsytorna är rena och torra och att alla spår av den gamla packningen är borttagna. Vid rengöring av en tätningsyta ska sådana verktyg användas som inte skadar den. Små grader och repor tas bort med bryne eller en finskuren fil.

Rensa gängade hål med piprensare och håll dem fria från tätningsmedel då sådant används, såvida inte annat direkt specificeras.

Se till att alla öppningar, hål och kanaler är rena och blås ur dem, helst med tryckluft.

Oljetätningar

Oljetätningar kan tas ut genom att de bänds ut med en bred spårskruvmejsel eller liknande. Alternativt kan ett antal självgängande skruvar dras in i tätningen och användas som dragpunkter för en tång, så att den kan dras rakt ut.

När en oljetätning tas bort från sin plats, ensam eller som en del av en enhet, ska den alltid kasseras och bytas ut mot en ny.

Tätningsläpparna är tunna och skadas lätt och de tätar inte annat än om kontaktytan är fullständigt ren och oskadad. Om den ursprungliga tätningsytan på delen inte kan återställas till perfekt skick och tillverkaren inte gett utrymme för en viss omplacering av tätningen på kontaktytan, måste delen i fråga bytas ut. Tätningarna bör alltid bytas ut när de har demonterats.

Skydda tätningsläpparna från ytor som kan skada dem under monteringen. Använd tejp eller konisk hylsa där så är möjligt. Smörj läpparna med olja innan monteringen. Om oljetätningen har dubbla läppar ska utrymmet mellan dessa fyllas med fett.

Såvida inte annat anges ska oljetätningar monteras med tätningsläpparna mot det smörjmedel som de ska täta för.

Använd en rörformad dorn eller en träbit i lämplig storlek till att knacka tätningarna på plats. Om sätet är försedd med skuldra, driv tätningen mot den. Om sätet saknar skuldra bör tätningen monteras så att den går jäms med sätets yta (såvida inte annat uttryckligen anges).

Skruvgängor och infästningar

Muttrar, bultar och skruvar som kärvar är ett vanligt förekommande problem när en komponent har börjat rosta. Bruk av rostupplösningsolja och andra krypsmörjmedel löser ofta detta om man dränker in delen som kärvar en stund innan man försöker lossa den. Slagskruvmejsel kan ibland lossa envist fastsittande infästningar när de används tillsammans med rätt mejselhuvud eller hylsa. Om inget av detta fungerar kan försiktig värmning eller i värsta fall bågfil eller mutterspräckare användas.

Pinnbultar tas vanligen ut genom att två muttrar låses vid varandra på den gängade delen och att en blocknyckel sedan vrider den undre muttern så att pinnbulten kan skruvas ut. Bultar som brutits av under fästytan kan ibland avlägsnas med en lämplig bultutdragare. Se alltid till att gängade bottenhål är helt fria från olja, fett, vatten eller andra vätskor innan bulten monteras. Underlåtenhet att göra detta kan spräcka den del som skruven dras in i, tack vare det hydrauliska tryck som uppstår när en bult dras in i ett vätskefyllt hål

Vid åtdragning av en kronmutter där en saxsprint ska monteras ska muttern dras till specificerat moment om sådant anges, och därefter dras till nästa sprinthål. Lossa inte muttern för att passa in saxsprinten, såvida inte detta förfarande särskilt anges i anvisningarna.

Vid kontroll eller omdragning av mutter eller bult till ett specificerat åtdragningsmoment, ska muttern eller bulten lossas ett kvarts varv och sedan dras åt till angivet moment. Detta ska dock inte göras när vinkelåtdragning använts.

För vissa gängade infästningar, speciellt topplocksbultar/muttrar anges inte åtdragningsmoment för de sista stegen. Istället anges en vinkel för åtdragning. Vanligtvis anges ett relativt lågt åtdragningsmoment för bultar/muttrar som dras i specificerad turordning. Detta följs sedan av ett eller flera steg åtdragning med specificerade vinklar.

Låsmuttrar, låsbleck och brickor

Varje infästning som kommer att rotera mot en komponent eller en kåpa under åtdragningen ska alltid ha en bricka mellan åtdragningsdelen och kontaktytan.

Fjäderbrickor ska alltid bytas ut när de använts till att låsa viktiga delar som exempelvis lageröverfall. Låsbleck som viks över för att låsa bult eller mutter ska alltid bytas ut vid ihopsättning.

Självlåsande muttrar kan återanvändas på mindre viktiga detaljer, under förutsättning att motstånd känns vid dragning över gängen. Kom dock ihåg att självlåsande muttrar förlorar låseffekt med tiden och därför alltid bör bytas ut som en rutinåtgärd.

Saxsprintar ska alltid bytas mot nya i rätt storlek för hålet.

När gänglåsmedel påträffas på gängor på en komponent som ska återanvändas bör man göra ren den med en stålborste och lösningsmedel. Applicera nytt gänglåsningsmedel vid montering.

Specialverktyg

Vissa arbeten i denna handbok förutsätter användning av specialverktyg som pressar, avdragare, fjäderkompressorer med mera. Där så är möjligt beskrivs lämpliga lättillgängliga alternativ till tillverkarens specialverktyg och hur dessa används. I vissa fall, där inga alternativ finns, har det varit nödvändigt att använda tillverkarens specialverktyg. Detta har gjorts av säkerhetsskäl, likväl som för att reparationerna ska utföras så effektivt och bra som möjligt. Såvida du inte är mycket kunnig och har stora kunskaper om det arbetsmoment som beskrivs, ska du aldrig försöka använda annat än specialverktyg när sådana anges i anvisningarna. Det föreligger inte bara stor risk för personskador, utan kostbara skador kan också uppstå på komponenterna.

Miljöhänsyn

Vid sluthantering av förbrukad motorolja, bromsvätska, frostskydd etc. ska all vederbörlig hänsyn tas för att skydda miljön. Ingen av ovan nämnda vätskor får hällas ut i avloppet eller direkt på marken. Kommunernas avfallshantering har kapacitet för hantering av miljöfarligt avfall liksom vissa verkstäder. Om inga av dessa finns tillgängliga i din närhet, fråga hälsoskyddskontoret i din kommun om råd.

I och med de allt strängare miljöskyddslagarna beträffande utsläpp av miljöfarliga ämnen från motorfordon har alltfler bilar numera justersäkringar monterade på de mest avgörande justeringspunkterna för bränslesystemet. Dessa är i första hand avsedda att förhindra okvalificerade personer från att justera bränsle/luftblandningen och därmed riskerar en ökning av giftiga utsläpp. Om sådana justersäkringar påträffas under service eller reparationsarbete ska de, närhelst möjligt, bytas eller sättas tillbaka i enlighet med tillverkarens rekommendationer eller aktuell lagstiftning.

Lyftning och stödpunkter

Den domkraft som följer med fordonet ska
ENDAST användas till hjulbyte, se *"Hjulbyte"* i
början av denna handbok. För allt annat
arbete ska fordonet lyftas upp med en
hydraulisk domkraft på hjul. Domkraften ska
alltid kompletteras med pallbockar placerade
under fordonets domkraftsfästen **(se
illustration)**.

När domkraft eller pallbock används ska
dessa alltid placeras under relevant dom-
kraftsfäste.

Lyft bilens framvagn genom att ta bort
motorns skyddsplåt och placera domkraften
under centrum av framaxelns tvärbalk. Lyft
inte upp bilen med domkraften under
oljesumpen eller någon del av styrningen eller
fjädringen.

Lyft upp bilens bakvagn genom att ställa
domkraften, med träkloss, under slutväxelns
kåpa.

Den domkraft som medföljer bilen placeras
i de speciella domkraftsfästena under trösk-
larna. Se till att domkraftshuvudet greppar
korrekt innan du försöker lyfta bilen.

Arbeta **aldrig** under eller nära en bil annat
än om den är korrekt stöttad under minst två
punkter.

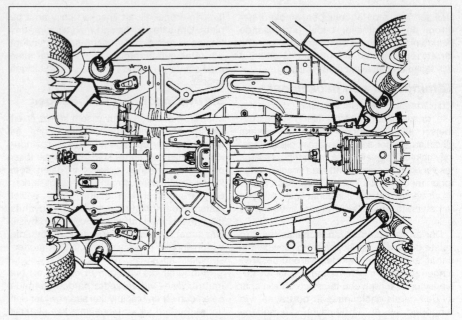

Stödpunkter (märkta med pilar) för en fyrpunktslyft eller pallbockar

Radio/kassettspelare, stöldskydd - föreskrifter

Den radio/kassettspelare som monterats som
standardutrustning av Volvo kan vara försedd
med en inbyggd säkerhetskod för att
avskräcka tjuvar. Om strömmen till enheten
bryts aktiveras stöldskyddet. Även om
strömmen omedelbart återställs till radion

kommer den inte att fungera förrän korrekt
säkerhetskod anges. Om du inte känner till
giltig säkerhetskod, **koppla inte** loss någon
av batteriterminalerna eller ta bort radion från
sin plats i bilen.

Du anger rätt säkerhetskod med hjälp av

instruktionerna i handboken till radion.

Om fel kod anges blockeras enhetens
vidare användning. Om detta inträffar eller om
du glömmer koden, rådfråga en Volvo-
verkstad.

Inledning

En uppsättning bra verktyg är ett grundläggande krav för var och en som överväger att underhålla och reparera ett motorfordon. För de ägare som saknar sådana kan inköpet av dessa bli en märkbar utgift, som dock uppvägs till en viss del av de besparingar som görs i och med det egna arbetet. Om de anskaffade verktygen uppfyller grundläggande säkerhets- och kvalitetskrav kommer de att hålla i många år och visa sig vara en värdefull investering.

För att hjälpa bilägaren att avgöra vilka verktyg som behövs för att utföra de arbeten som beskrivs i denna handbok har vi sammanställt tre listor med följande rubriker: *Underhåll och mindre reparationer, Reparation och renovering* samt *Specialverktyg*. Nybörjaren bör starta med det första sortimentet och begränsa sig till enklare arbeten på fordonet. Allt eftersom erfarenhet och självförtroende växer kan man sedan prova svårare uppgifter och köpa fler verktyg när och om det behövs. På detta sätt kan den grundläggande verktygssatsen med tiden utvidgas till en reparations- och renoveringssats utan några större enskilda kontantutlägg. Den erfarne hemmamekanikern har redan en verktygssats som räcker till de flesta reparationer och renoveringar och kommer att välja verktyg från specialkategorin när han känner att utgiften är berättigad för den användning verktyget kan ha.

Underhåll och mindre reparationer

Verktygen i den här listan ska betraktas som ett minimum av vad som behövs för rutinmässigt underhåll, service och mindre reparationsarbeten. Vi rekommenderar att man köper blocknycklar (ring i ena änden och öppen i den andra), även om de är dyrare än de med öppen ände, eftersom man får båda sorternas fördelar.

- [ ] *Blocknycklar - 8, 9, 10, 11, 12, 13, 14, 15, 17 och 19 mm*
- [ ] *Skiftnyckel - 35 mm gap (ca.)*
- [ ] *Tändstiftsnyckel (med gummifoder)*
- [ ] *Verktyg för justering av tändstiftens elektrodavstånd*
- [ ] *Sats med bladmått*
- [ ] *Nyckel för avluftning av bromsar*
- [ ] *Skruvmejslar:*
  Spårmejsel - 100 mm lång x 6 mm diameter
  Stjärnmejsel - 100 mm lång x 6 mm diameter
- [ ] *Kombinationstång*
- [ ] *Bågfil (liten)*
- [ ] *Däckpump*
- [ ] *Däcktrycksmätare*
- [ ] *Oljekanna*
- [ ] *Verktyg för demontering av oljefilter*
- [ ] *Fin slipduk*
- [ ] *Stålborste (liten)*
- [ ] *Tratt (medelstor)*

Reparation och renovering

Dessa verktyg är ovärderliga för alla som utför större reparationer på ett motorfordon och tillkommer till de som angivits för *Underhåll och mindre reparationer*. I denna lista ingår en grundläggande sats hylsor. Även om dessa är dyra, är de oumbärliga i och med sin mångsidighet - speciellt om satsen innehåller olika typer av drivenheter. Vi rekommenderar 1/2-tums fattning på hylsorna eftersom de flesta momentnycklar har denna fattning.

Verktygen i denna lista kan ibland behöva kompletteras med verktyg från listan för *Specialverktyg*.

- [ ] *Hylsor, dimensioner enligt föregående lista*
- [ ] *Spärrskaft med vändbar riktning (för användning med hylsor)* **(se bild)**
- [ ] *Förlängare, 250 mm (för användning med hylsor)*
- [ ] *Universalknut (för användning med hylsor)*
- [ ] *Momentnyckel (för användning med hylsor)*
- [ ] *Självlåsande tänger*
- [ ] *Kulhammare*
- [ ] *Mjuk klubba (plast/aluminium eller gummi)*
- [ ] *Skruvmejslar:*
  Spårmejsel - en lång och kraftig, en kort (knubbig) och en smal (elektrikertyp)
  Stjärnmejsel - en lång och kraftig och en kort (knubbig)
- [ ] *Tänger:*
  Spetsnostång/plattång
  Sidavbitare (elektrikertyp)
  Låsringstång (inre och yttre)
- [ ] *Huggmejsel - 25 mm*
- [ ] *Ritspets*
- [ ] *Skrapa*
- [ ] *Körnare*
- [ ] *Purr*
- [ ] *Bågfil*
- [ ] *Bromsslangklämma*
- [ ] *Avluftningssats för bromsar/koppling*
- [ ] *Urval av borrar*
- [ ] *Stållinjal*
- [ ] *Insexnycklar (inkl Torxtyp/med splines)* **(se bild)**

Sats med filar

- [ ] *Sats med filar*
- [ ] *Stor stålborste*
- [ ] *Pallbockar*
- [ ] *Domkraft (garagedomkraft eller stabil pelarmodell)*
- [ ] *Arbetslampa med förlängningssladd*

Specialverktyg

Verktygen i denna lista är de som inte används regelbundet, är dyra i inköp eller måste användas enligt tillverkarens anvisningar. Det är bara om du relativt ofta kommer att utföra tämligen svåra jobb som många av dessa verktyg är lönsamma att köpa. Du kan också överväga att gå samman med någon vän (eller gå med i en motorklubb) och göra ett gemensamt inköp, hyra eller låna verktyg om så är möjligt.

Följande lista upptar endast verktyg och instrument som är allmänt tillgängliga och inte sådana som framställs av biltillverkaren speciellt för auktoriserade verkstäder. Ibland nämns dock sådana verktyg i texten. I allmänhet anges en alternativ metod att utföra arbetet utan specialverktyg. Ibland finns emellertid inget alternativ till tillverkarens specialverktyg. När så är fallet och relevant verktyg inte kan köpas, hyras eller lånas har du inget annat val än att lämna bilen till en auktoriserad verkstad.

- [ ] *Ventilfjäderkompressor* **(se bild)**
- [ ] *Ventilslipningsverktyg*
- [ ] *Kolvringskompressor* **(se bild)**
- [ ] *Verktyg för demontering/montering av kolvringar* **(se bild)**
- [ ] *Honingsverktyg* **(se bild)**
- [ ] *Kulledsavdragare*
- [ ] *Spiralfjäderkompressor (där tillämplig)*
- [ ] *Nav/lageravdragare, två/tre ben* **(se bild)**
- [ ] *Slagskruvmejsel*
- [ ] *Mikrometer och/eller skjutmått* **(se bilder)**
- [ ] *Indikatorklocka* **(se bild)**
- [ ] *Stroboskoplampa*
- [ ] *Kamvinkelmätare/varvräknare*
- [ ] *Multimeter*

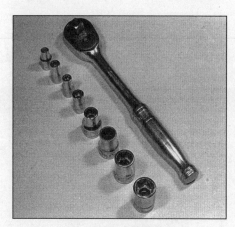

Hylsor och spärrskaft

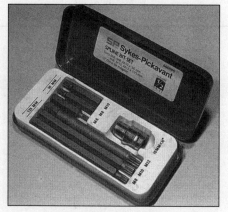

Bits med splines/torx

Nycklar med splines/torx

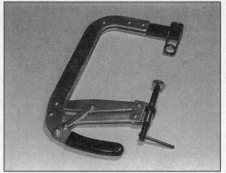

Ventilfjäderkompressor (ventilbåge)

Kolvringskompressor

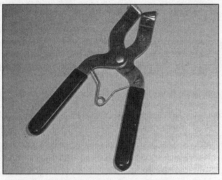

Verktyg för demontering och montering av kolvringar

Honingsverktyg

Trebent avdragare för nav och lager

Mikrometerset

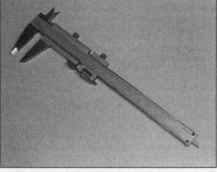

Skjutmått

Indikatorklocka med magnetstativ

Kompressionsmätare

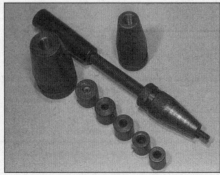

Centreringsverktyg för koppling

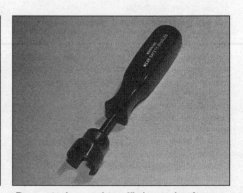

Demonteringsverktyg för bromsbackarnas fjäderskålar

☐ *Kompressionsmätare (se bild)*
☐ *Handmanövrerad vakuumpump och mätare*
☐ *Centreringsverktyg för koppling (se bild)*
☐ *Verktyg för demontering av bromsbackarnas fjäderskålar (se bild)*
☐ *Sats för montering/demontering av bussningar och lager (se bild)*
☐ *Bultutdragare (se bild)*
☐ *Gängverktygssats (se bild)*
☐ *Lyftblock*
☐ *Garagedomkraft*

Inköp av verktyg

När det gäller inköp av verktyg är det i regel bättre att vända sig till en specialist som har ett större sortiment än t ex tillbehörsbutiker och bensinmackar. Tillbehörsbutiker och andra försöljningsställen kan dock erbjuda utmärkta verktyg till låga priser, så det kan löna sig att söka.

Det finns gott om bra verktyg till låga priser, men se till att verktygen uppfyller grundläggande krav på funktion och säkerhet. Fråga gärna någon kunnig person om råd före inköpet.

Vård och underhåll av verktyg

Efter inköp av ett antal verktyg är det nödvändigt att hålla verktygen rena och i fullgott skick. Efter användning, rengör alltid verktygen innan de läggs undan. Låt dem inte ligga framme sedan de använts. En enkel upphängningsanordning på väggen för t ex skruvmejslar och tänger är en bra idé. Nycklar och hylsor bör förvaras i metallådor. Mätinstrument av skilda slag ska förvaras på platser där de inte kan komma till skada eller börja rosta.

Lägg ner lite omsorg på de verktyg som används. Hammarhuvuden får märken och skruvmejslar slits i spetsen med tiden. Lite polering med slippapper eller en fil återställer snabbt sådana verktyg till gott skick igen.

Arbetsutrymmen

När man diskuterar verktyg får man inte glömma själva arbetsplatsen. Om mer än rutinunderhåll ska utföras bör man skaffa en lämplig arbetsplats.

Vi är medvetna om att många ägare/mekaniker av omständigheterna tvingas att lyfta ur motor eller liknande utan tillgång till garage eller verkstad. Men när detta är gjort ska fortsättningen av arbetet göras inomhus.

Närhelst möjligt ska isärtagning ske på en ren, plan arbetsbänk eller ett bord med passande arbetshöjd.

En arbetsbänk behöver ett skruvstycke. En käftöppning om 100 mm räcker väl till för de flesta arbeten. Som tidigare sagts, ett rent och torrt förvaringsutrymme krävs för verktyg liksom för smörjmedel, rengöringsmedel, bättringslack (som också måste förvaras frostfritt) och liknande.

Ett annat verktyg som kan behövas och som har en mycket bred användning är en elektrisk borrmaskin med en chuckstorlek om minst 8 mm. Denna, tillsammans med en sats spiralborrar, är i praktiken oumbärlig för montering av tillbehör.

Sist, men inte minst, ha alltid ett förråd med gamla tidningar och rena luddfria trasor tillgängliga och håll arbetsplatsen så ren som möjligt.

Sats för demontering och montering av lager och bussningar

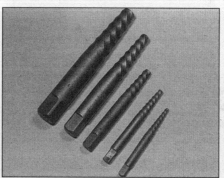

Bultutdragare

Gängverktygssats

Det här avsnittet är till för att hjälpa dig att klara bilbesiktningen. Det är naturligtvis inte möjligt att undersöka ditt fordon lika grundligt som en professionell besiktare, men genom att göra följande kontroller kan du identifiera problemområden och ha en möjlighet att korrigera eventuella fel innan du lämnar bilen till besiktning. Om bilen underhålls och servas regelbundet borde besiktningen inte innebära några större problem.

I besiktningsprogrammet ingår kontroll av nio huvudsystem – stommen, hjulsystemet, drivsystemet, bromssystemet, styrsystemet, karosseriet, kommunikationssystemet, instrumentering och slutligen övriga anordningar (släpvagnskoppling etc).

Kontrollerna som här beskrivs har baserats på Svensk Bilprovnings krav aktuella vid tiden för tryckning. Kraven ändras dock kontinuerligt och särskilt miljöbestämmelserna blir allt strängare.

Kontrollerna har delats in under följande fem rubriker:

1 *Kontroller som utförs från förarsätet*

2 *Kontroller som utförs med bilen på marken*

3 *Kontroller som utförs med bilen upphissad och med fria hjul*

4 *Kontroller på bilens avgassystem*

5 *Körtest*

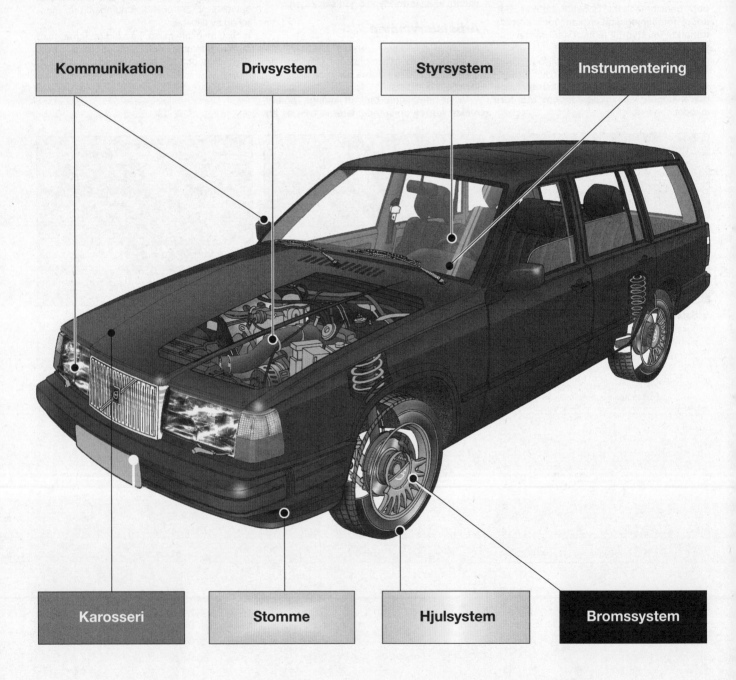

Kommunikation

Drivsystem

Styrsystem

Instrumentering

Karosseri

Stomme

Hjulsystem

Bromssystem

Besiktningsprogrammet

Vanliga personbilar kontrollbesiktigas första gången efter tre år, andra gången två år senare och därefter varje år. Åldern på bilen räknas från det att den tas i bruk, oberoende av årsmodell, och den måste genomgå besiktning inom fem månader.

Tiden på året då fordonet kallas till besiktning bestäms av sista siffran i registreringsnumret, enligt tabellen nedan.

Slutsiffra	Besiktningsperiod
1	november t.o.m. mars
2	december t.o.m. april
3	januari t.o.m. maj
4	februari t.o.m. juni
5	maj t.o.m. september
6	juni t.o.m. oktober
7	juli t.o.m. november
8	augusti t.o.m. december
9	september t.o.m. januari
0	oktober t.o.m. februari

Om fordonet har ändrats, byggts om eller om särskild utrustning har monterats eller demonterats, måste du som fordonsägare göra en registreringsbesiktning inom en månad. I vissa fall räcker det med en begränsad registreringsbesiktning, t.ex. för draganordning, taklucka, taxiutrustning etc.

Efter besiktningen

Nedan visas de system och komponenter som kontrolleras och bedöms av besiktaren på Svensk Bilprovning. Efter besiktningen erhåller du ett protokoll där eventuella anmärkningar noterats.

Har du fått en 2x i protokollet (man kan ha max 3 st 2x) behöver du inte ombesiktiga bilen, men är skyldig att själv åtgärda felet snarast möjligt. Om du inte åtgärdar felen utan återkommer till Svensk Bilprovning året därpå med samma fel, blir dessa automatiskt 2:or som då måste ombesiktigas. Har du en eller flera 2x som ej är åtgärdade och du blir intagen i en flygande besiktning av polisen, blir dessa automatiskt 2:or som måste ombesiktigas. I detta läge får du även böta.

Om du har fått en tvåa i protokollet är fordonet alltså inte godkänt. Felet ska åtgärdas och bilen ombesiktigas inom en månad.

En trea innebär att fordonet har så stora brister att det anses mycket trafikfarligt. Körförbud inträder omedelbart.

Kommunikation

- Vindrutetorkare
- Vindrutespolare
- Backspegel
- Strålkastarinställning
- Strålkastare
- Signalhorn
- Sidoblinkers
- Parkeringsljus fram
  bak
- Blinkers
- Bromsljus
- Reflex
- Nummerplåts-
  belysning
- Övrigt

Vanliga anmärkningar:
Felaktig ljusbild
Skadad strålkastare
Ej fungerande parkeringsljus
Ej fungerande bromsljus

Drivsystem

- Avgasrening, EGR-
  system (-88)
- Avgasrening
- Bränslesystem
- Avgassystem
- Avgaser (CO, HC)
- Kraftöverföring
- Drivknut
- Elförsörjning
- Batteri
- Övrigt

Vanliga anmärkningar:
Höga halter av CO
Höga halter av HC
Läckage i avgassystemet
Ej fungerande EGR-ventil
Skadade drivknutsdamasker
Löst batteri

Styrsystem

- Styrled
- Styrväxel
- Hjälpstyrarm
- Övrigt

Vanliga anmärkningar:
Glapp i styrleder
Skadade styrväxeldamasker

Instrumentering

- Hastighetsmätare
- Taxameter
- Varningslampor
- Övrigt

Hjulsystem

- Däck
- Stötdämpare
- Hjullager
- Spindelleder
- Länkarm fram
  bak
- Fjäder
- Fjädersäte
- Övrigt

Vanliga anmärkningar:
Glapp i spindelleder
Utslitna däck
Dåliga stötdämpare
Rostskadade fjädersäten
Brustna fjädrar
Rostskadade länkarms-
  infästningar

Bromssystem

- Fotbroms fram
  bak
  rörelseres.
- Bromsrör
- Bromsslang
- Handbroms
- Övrigt

Vanliga anmärkningar:
Otillräcklig bromsverkan på
  handbromsen
Ojämn bromsverkan på
  fotbromsen
Anliggande bromsar på
  fotbromsen
Rostskadade bromsrör
Skadade bromsslangar

Karosseri

- Dörr
- Skärm
- Vindruta
- Säkerhetsbälten
- Lastutrymme
- Övrigt

Vanliga anmärkningar:
Skadad vindruta
Vassa kanter
Glappa gångjärn

Stomme

- Sidobalk
- Tvärbalk
- Golv
- Hjulhus
- Övrigt

Vanliga anmärkningar:
Rostskador i sidobalkar, golv
och hjulhus

1 Kontroller som utförs från förarsätet

Handbroms

☐ Kontrollera att handbromsen fungerar ordentligt utan för stort spel i spaken. För stort spel tyder på att bromsen eller broms-vajern är felaktigt justerad.

☐ Kontrollera att handbromsen inte kan läggas ur genom att spaken förs åt sidan. Kontrollera även att handbromsspaken är ordentligt monterad.

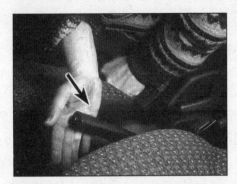

Fotbroms

☐ Tryck ner bromspedalen och håll den nedtryckt i ca 30 sek. Kontrollera att den inte sjunker ner mot golvet, vilket tyder på fel på huvudcylindern. Släpp pedalen, vänta ett par sekunder och tryck sedan ner den igen. Om pedalen tar långt ner måste broms-arna justeras eller repareras. Om pedalens rörelse känns "svampig" finns det luft i bromssystemet som då måste luftas.

☐ Kontrollera att bromspedalen sitter fast ordentligt och att den är i bra skick. Kontrollera även om det finns tecken på oljeläckage på bromspedalen, golvet eller mattan efter-som det kan betyda att packningen i huvud-cylindern är trasig.

☐ Om bilen har bromsservo kontrolleras denna genom att man upprepade gånger trycker ner bromspedalen och sedan startar motorn med pedalen nertryckt. När motorn startar skall pedalen sjunka något. Om inte kan vakuumslangen eller själva servoenheten vara trasig.

Ratt och rattstäng

☐ Känn efter att ratten sitter fast. Undersök om det finns några sprickor i ratten eller om några delar på den sitter löst.

☐ Rör på ratten uppåt, nedåt och i sidled. Fortsätt att röra på ratten samtidigt som du vrider lite på den från vänster till höger.

☐ Kontrollera att ratten sitter fast ordentligt på rattstången, vilket annars kan tyda på slitage eller att fästmuttern sitter löst. Om ratten går att röra onaturligt kan det tyda på att rattstångens bärlager eller kopplingar är slitna.

Rutor och backspeglar

☐ Vindrutan måste vara fri från sprickor och andra skador som kan vara irriterande eller hindra sikten i förarens synfält. Sikten får inte heller hindras av t.ex. ett färgat eller reflek-terande skikt. Samma regler gäller även för de främre sidorutorna.

☐ Backspeglarna måste sitta fast ordentligt och vara hela och ställbara.

Säkerhetsbälten och säten

Observera: *Kom ihåg att alla säkerhetsbälten måste kontrolleras - både fram och bak.*

☐ Kontrollera att säkerhetsbältena inte är slitna, fransiga eller trasiga i väven och att alla låsmekanismer och rullmekanismer fungerar obehindrat. Se även till att alla infästningar till säkerhetsbältena sitter säkert.

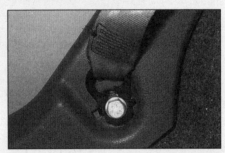

☐ Framsätena måste vara ordentligt fastsatta och om de är fällbara måste de vara låsbara i uppfällt läge.

Dörrar

☐ Framdörrarna måste gå att öppna och stänga från både ut- och insidan och de måste gå ordentligt i lås när de är stängda. Gångjärnen ska sitta säkert och inte glappa eller kärva onormalt.

2 Kontroller som utförs med bilen på marken

Registreringsskyltar

☐ Registreringsskyltarna måste vara väl syn-liga och lätta att läsa av, d v s om bilen är mycket smutsig kan det ge en anmärkning.

Elektrisk utrustning

☐ Slå på tändningen och kontrollera att signalhornet fungerar och att det avger en jämn ton.

☐ Kontrollera vindrutetorkarna och vindrute-spolningen. Svephastigheten får inte vara extremt låg, svepytan får inte vara för liten och torkarnas viloläge ska inte vara inom förarens synfält. Byt ut gamla och skadade torkarblad.

☐ Kontrollera att strålkastarna fungerar och att de är rätt inställda. Reflektorerna får inte vara skadade, lampglasen måste vara hela och lamporna måste vara ordentligt fastsatta. Kontrollera även att bromsljusen fungerar och att det inte krävs högt pedaltryck för att tända dem. (Om du inte har någon medhjälpare kan du kontrollera bromsljusen genom att backa upp bilen mot en garageport, vägg eller liknande reflekterande yta.)

☐ Kontrollera att blinkers och varnings-blinkers fungerar och att de blinkar i normal hastighet. Parkeringsljus och bromsljus får inte påverkas av blinkers. Om de påverkas beror detta oftast på jordfel. Se också till att alla övriga lampor på bilen är hela och fungerar som de ska och att t.ex. extraljus inte är placerade så att de skymmer föreskriven belysning.

☐ Se även till att batteri, elledningar, reläer och liknande sitter fast ordentligt och att det inte föreligger någon risk för kortslutning

Fotbroms

☐ Undersök huvudbromscylindern, broms-rören och servoenheten. Leta efter läckage, rost och andra skador.

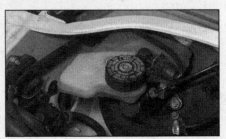

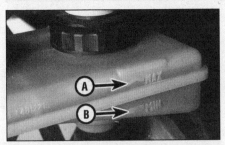

☐ Bromsvätskebehållaren måste sitta fast ordentligt och vätskenivån skall vara mellan max- (A) och min- (B) markeringarna.

☐ Undersök båda främre bromsslangarna efter sprickor och förslitningar. Vrid på ratten till fullt rattutslag och se till att bromsslangarna inte tar i någon del av styrningen eller upphängningen. Tryck sedan ner bromspedalen och se till att det inte finns några läckor eller blåsor på slangarna under tryck.

Styrning

☐ Be någon vrida på ratten så att hjulen vrids något. Kontrollera att det inte är för stort spel mellan rattutslaget och styrväxel vilket kan tyda på att rattstångslederna, kopplingen mellan rattstången och styrväxeln eller själva styrväxeln är sliten eller glappar.

☐ Vrid sedan ratten kraftfullt åt båda hållen så att hjulen vrids något. Undersök då alla damasker, styrleder, länksystem, rörkopplingar och anslutningar/fästen. Byt ut alla delar som verkar utslitna eller skadade. På bilar med servostyrning skall servopumpen, drivremmen och slangarna kontrolleras.

Stötdämpare

☐ Tryck ned hörnen på bilen i tur och ordning och släpp upp. Bilen skall gunga upp och sedan gå tillbaka till ursprungsläget. Om bilen

fortsätter att gunga är stötdämparna dåliga. Stötdämpare som kärvar påtagligt gör också att bilen inte klarar besiktningen. (Observera att stötdämpare kan saknas på vissa fjädersystem.)

☐ Kontrollera också att bilen står rakt och ungefär i rätt höjd.

Avgassystem

☐ Starta motorn medan någon håller en trasa över avgasröret och kontrollera sedan att avgassystemet inte läcker. Reparera eller byt ut de delar som läcker.

Kaross

☐ Skador eller korrosion/rost som utgörs av vassa eller i övrigt farliga kanter med risk för personskada medför vanligtvis att bilen måste repareras och ombesiktas. Det får inte heller finnas delar som sitter påtagligt löst.

☐ Det är inte tillåtet att ha utskjutande detaljer och anordningar med olämplig utformning eller placering (prydnadsföremål, antennfästen, viltfångare och liknande).

☐ Kontrollera att huvlås och säkerhetsspärr fungerar och att gångjärnen inte sitter löst eller på något vis är skadade.

☐ Se också till att stänkskydden täcker hela däckets bredd.

3 Kontroller som utförs med bilen upphissad och med fria hjul

Lyft upp både fram- och bakvagnen och ställ bilen på pallbockar. Placera pallbockarna så att de inte tar i fjäderupphängningen. Se till att hjulen inte tar i marken och att de går att vrida till fullt rattutslag. Om du har begränsad utrustning går det naturligtvis bra att lyfta upp en ände i taget.

Styrsystem

☐ Be någon vrida på ratten till fullt rattutslag. Kontrollera att alla delar i styrningen går mjukt och att ingen del av styrsystemet tar i någonstans.

☐ Undersök kuggstångsdamaskerna så att de inte är skadade eller att metallklämmorna glappar. Om bilen är utrustad med servostyrning ska slangar, rör och kopplingar kontrolleras så att de inte är skadade eller

läcker. Kontrollera också att styrningen inte är onormalt trög eller kärvar. Undersök länkarmar, krängningshämmare, styrstag och styrleder och leta efter glapp och rost.

☐ Se även till att ingen saxpinne eller liknande låsmekanism saknas och att det inte finns gravrost i närheten av någon av styrmekanismens fästpunkter.

Upphängning och hjullager

☐ Börja vid höger framhjul. Ta tag på sidorna av hjulet och skaka det kraftigt. Se till att det inte glappar vid hjullager, spindelleder eller vid upphängningens infästningar och leder.

☐ Ta nu tag upptill och nedtill på hjulet och upprepa ovanstående. Snurra på hjulet och undersök hjullagret angående missljud och glapp.

☐ Om du misstänker att det är för stort spel vid en komponents led kan man kontrollera detta genom att använda en stor skruvmejsel eller liknande och bända mellan infästningen och komponentens fäste. Detta visar om det är bussningen, fästskruven eller själva infästningen som är sliten (bulthålen kan ofta bli uttänjda).

☐ Kontrollera alla fyra hjulen.

Fjädrar och stötdämpare

☐ Undersök fjäderbenen (där så är tillämpligt) angående större läckor, korrosion eller skador i godset. Kontrollera också att fästena sitter säkert.

☐ Om bilen har spiralfjädrar, kontrollera att dessa sitter korrekt i fjädersätena och att de inte är utmattade, rostiga, spruckna eller av.

☐ Om bilen har bladfjädrar, kontrollera att alla bladen är hela, att axeln är ordentligt fastsatt mot fjädrarna och att fjäderöglorna, bussningarna och upphängningarna inte är slitna.

☐ Liknande kontroll utförs på bilar som har annan typ av upphängning såsom torsionfjädrar, hydraulisk fjädring etc. Se till att alla infästningar och anslutningar är säkra och inte utslitna, rostiga eller skadade och att den hydrauliska fjädringen inte läcker olja eller på annat sätt är skadad.

☐ Kontrollera att stötdämparna inte läcker och att de är hela och oskadade i övrigt samt se till att bussningar och fästen inte är utslitna.

Drivning

☐ Snurra på varje hjul i tur och ordning. Kontrollera att driv-/kardanknutar inte är lösa, glappa, spruckna eller skadade. Kontrollera också att skyddsbälgarna är intakta och att driv-/kardanaxlar är ordentligt fastsatta, raka och oskadade. Se även till att inga andra detaljer i kraftöverföringen är glappa, lösa, skadade eller slitna.

Bromssystem

☐ Om det är möjligt utan isärtagning, kontrollera hur bromsklossar och bromsskivor ser ut. Se till att friktionsmaterialet på bromsbeläggen (A) inte är slitet under 2 mm och att bromsskivorna (B) inte är spruckna, gropiga, repiga eller utslitna.

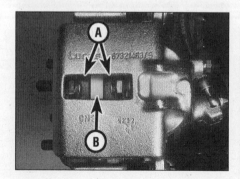

☐ Undersök alla bromsrör under bilen och bromsslangarna bak. Leta efter rost, skavning och övriga skador på ledningarna och efter tecken på blåsor under tryck, skavning, sprickor och förslitning på slangarna. (Det kan vara enklare att upptäcka eventuella sprickor på en slang om den böjs något.)

☐ Leta efter tecken på läckage vid bromsoken och på bromssköldarna. Reparera eller byt ut delar som läcker.

☐ Snurra sakta på varje hjul medan någon trycker ned och släpper upp bromspedalen. Se till att bromsen fungerar och inte ligger an när pedalen inte är nedtryckt.

☐ Undersök handbromsmekanismen och kontrollera att vajern inte har fransat sig, är av eller väldigt rostig eller att länksystemet är utslitet eller glappar. Se till att handbromsen fungerar på båda hjulen och inte ligger an när den läggs ur.

☐ Det är inte möjligt att prova bromsverkan utan specialutrustning, men man kan göra ett körtest och prova att bilen inte drar åt något håll vid en kraftig inbromsning.

Bränsle- och avgassystem

☐ Undersök bränsletanken (inklusive tanklock och påfyllningshals), fastsättning, bränsleledningar, slangar och anslutningar. Alla delar måste sitta fast ordentligt och får inte läcka.

☐ Granska avgassystemet i hela dess längd beträffande skadade, avbrutna eller saknade upphängningar. Kontrollera systemets skick beträffande rost och se till att rörklämmorna är säkert monterade. Svarta sotavlagringar på avgassystemet tyder på ett annalkande läckage.

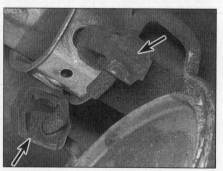

Hjul och däck

☐ Undersök i tur och ordning däcksidorna och slitbanorna på alla däcken. Kontrollera att det inte finns några skärskador, revor eller bulor och att korden inte syns p g a utslitning eller skador. Kontrollera att däcket är korrekt monterat på fälgen och att hjulet inte är deformerat eller skadat.

☐ Se till att det är rätt storlek på däcken för bilen, att det är samma storlek och däcktyp på samma axel och att det är rätt lufttryck i däcken. Se också till att inte ha dubbade och odubbade däck blandat. (Dubbade däck får användas under vinterhalvåret, från 1 oktober till första måndagen efter påsk.)

☐ Kontrollera mönsterdjupet på däcken – minsta tillåtna mönsterdjup är 1,6 mm. Onormalt däckslitage kan tyda på felaktig framhjulsinställning.

Korrosion

☐ Undersök alla bilens bärande delar efter rost. (Bärande delar innefattar underrede, tröskellådor, tvärbalkar, stolpar och all upphängning, styrsystemet, bromssystemet samt bältesinfästningarna.) Rost som avsevärt har reducerat tjockleken på en bärande yta medför troligtvis en tvåa i besiktningsprotokollet. Sådana skador kan ofta vara svåra att reparera själv.

☐ Var extra noga med att kontrollera att inte rost har gjort det möjligt för avgaser att tränga in i kupén. Om så är fallet kommer fordonet ovillkorligen inte att klara besiktningen och dessutom utgör det en stor trafik- och hälsofara för dig och dina passagerare.

4 Kontroller som utförs på bilens avgassystem

Bensindrivna modeller

☐ Starta motorn och låt den bli varm. Se till att tändningen är rätt inställd, att luftfiltret är rent och att motorn går bra i övrigt.

☐ Varva först upp motorn till ca 2500 varv/min och håll den där i ca 20 sekunder. Låt den sedan gå ner till tomgång och iaktta avgasutsläppen från avgasröret. Om tomgången är onaturligt hög eller om tät blå eller klart synlig svart rök kommer ut med avgaserna i mer än 5 sekunder så kommer bilen antagligen inte att klara besiktningen. I regel tyder blå rök på att motorn är sliten och förbränner olja medan svart rök tyder på att motorn inte förbränner bränslet ordentligt (smutsigt luftfilter eller annat förgasar- eller bränslesystemfel).

☐ Vad som då behövs är ett instrument som kan mäta koloxid (CO) och kolväten (HC). Om du inte har möjlighet att låna eller hyra ett dylikt instrument kan du få hjälp med det på en verkstad för en mindre kostnad.

CO- och HC-utsläpp

☐ För närvarande är högsta tillåtna gränsvärde för CO- och HC-utsläpp för bilar av årsmodell 1989 och senare (d v s bilar med katalysator enligt lag) 0,5% CO och 100 ppm HC.

På tidigare årsmodeller testas endast CO-halten och följande gränsvärden gäller:

årsmodell 1985-88	3,5% CO
årsmodell 1971-84	4,5% CO
årsmodell -1970	5,5% CO.

Bilar av årsmodell 1987-88 med frivilligt monterad katalysator bedöms enligt 1989 års komponentkrav men 1985 års utsläppskrav.

☐ Om CO-halten inte kan reduceras tillräckligt för att klara besiktningen (och bränsle- och tändningssystemet är i bra skick i övrigt) ligger problemet antagligen hos förgasaren/bränsleinsprutningsystemet eller katalysatorn (om monterad).

☐ Höga halter av HC kan orsakas av att motorn förbränner olja men troligare är att motorn inte förbränner bränslet ordentligt.

Dieseldrivna modeller

☐ Det enda testet för avgasutsläpp på dieseldrivna bilar är att man mäter röktätheten. Testet innebär att man varvar motorn kraftigt upprepade gånger.

Observera: *Det är oerhört viktigt att motorn är rätt inställd innan provet genomförs.*

☐ Mycket rök kan orsakas av ett smutsigt luftfilter. Om luftfiltret inte är smutsigt men bilen ändå avger mycket rök kan det vara nödvändigt att söka experthjälp för att hitta orsaken.

5 Körtest

☐ Slutligen, provkör bilen. Var extra uppmärksam på eventuella missljud, vibrationer och liknande.

☐ Om bilen har automatväxellåda, kontrollera att den endast går att starta i lägena P och N. Om bilen går att starta i andra växellägen måste växelväljarmekanismen justeras.

☐ Kontrollera också att hastighetsmätaren fungerar och inte är missvisande.

☐ Se till att ingen extrautrustning i kupén, t ex biltelefon och liknande, är placerad så att den vid en eventuell kollision innebär ökad risk för personskada.

☐ Bilen får inte dra åt något håll vid normal körning. Gör också en hastig inbromsning och kontrollera att bilen inte då drar åt något håll. Om kraftiga vibrationer känns vid inbromsning kan det tyda på att bromsskivorna är skeva och bör bytas eller fräsas om. (Inte att förväxlas med de låsningsfria bromsarnas karakteristiska vibrationer.)

☐ Om vibrationer känns vid acceleration, hastighetsminskning, vid vissa hastigheter eller hela tiden, kan det tyda på att drivknutar eller drivaxlar är slitna eller defekta, att hjulen eller däcken är felaktiga eller skadade, att hjulen är obalanserade eller att styrleder, upphängningens leder, bussningar eller andra komponenter är slitna.

Motor

- ☐ Motorn går inte runt vid startförsök
- ☐ Motorn går runt men startar inte
- ☐ Motorn svårstartad kall
- ☐ Motorn svårstartad varm
- ☐ Startmotorn har missljud eller är trög vid ingrepp
- ☐ Motorn startar men stannar sedan omedelbart
- ☐ Motorn har ojämn tomgång
- ☐ Motorn misständer vid tomgång
- ☐ Motorn misständer i alla växellägen
- ☐ Motorn tvekar vid acceleration
- ☐ Motorn stannar
- ☐ Motorn saknar kraft
- ☐ Motorn baktänder
- ☐ Oljetryckslampan tänds medan motorn är igång
- ☐ Motorn glödtänder
- ☐ Motorn har missljud

Kylsystem

- ☐ Överhettning
- ☐ Överkylning
- ☐ Utvändigt kylvätskeläckage
- ☐ Invändigt kylvätskeläckage
- ☐ Korrosion

Bränsle- och avgassystem

- ☐ För hög bränsleförbrukning
- ☐ Läckage och/eller lukt av bränsle
- ☐ Oljud eller mycket rök från avgassystemet

Koppling

- ☐ Pedalen går i golvet - inget tryck eller mycket litet motstånd
- ☐ Kopplingen frikopplar inte (växel kan ej läggas i)
- ☐ Slirning (motorns varvtal ökar men inte hastigheten)
- ☐ Vibrationer när kopplingen griper i
- ☐ Missljud när kopplingspedalen trycks ned eller släpps upp

Manuell växellåda

- ☐ Missljud i friläge med motorn igång
- ☐ Missljud med en viss växel ilagd
- ☐ Svårt att lägga i växlar
- ☐ Växlarna hoppar ur
- ☐ Vibrationer
- ☐ Läckage av smörjmedel

Automatväxellåda

- ☐ Oljeläckage
- ☐ Växellådsoljan är brun eller luktar bränt
- ☐ Allmänna problem att välja växlar
- ☐ Växellådan växlar inte ned vid fullt gaspådrag (ingen kickdown)
- ☐ Motorn startar inte i något läge, eller startar i annat läge än P eller N
- ☐ Växellådan slirar, växlar ryckigt, har missljud eller saknar drivning framåt eller bakåt

Kardanaxel

- ☐ Vibrationer vid acceleration eller inbromsning
- ☐ Missljud (gnissel eller höga pipljud) vid långsam rörelse
- ☐ Missljud (knackningar eller klick) vid acceleration eller inbromsning

Bakaxel

- ☐ Kärvhet eller muller från bilens bakre del (eventuellt minskande när handbromsen lätt dras åt)
- ☐ Missljud (vinande i högt tonläge) som ökar med hastigheten
- ☐ Missljud (knackningar eller klick) vid acceleration eller inbromsning
- ☐ Oljeläckage

Bromsar

- ☐ Bilen drar åt ena sidan vid inbromsning
- ☐ Missljud (gnissel eller pip) vid inbromsning
- ☐ För lång pedalväg
- ☐ Bromspedalen svampig vid nedtryckning
- ☐ För högt pedaltryck krävs för att stoppa bilen
- ☐ Vibrationer i bromspedal eller ratt vid inbromsning
- ☐ Bromsarna släpper inte
- ☐ Bakhjulen låser vid normal inbromsning

Fjädring och styrning

- ☐ Bilen drar åt endera sidan
- ☐ Hjulen vobblar och vibrerar
- ☐ För mycket krängning/gungning runt kurvor eller vid inbromsning
- ☐ Bilen vandrar eller än allmänt instabil
- ☐ För tung styrning
- ☐ För stort spel i styrningen
- ☐ Ingen servoeffekt
- ☐ För högt däcksslitage

Elsystem

- ☐ Batteriet håller laddning bara i ett par dagar
- ☐ Laddningslampan förblir tänd när motorn går
- ☐ Laddningslampan tänds ej
- ☐ Lysen fungerar inte
- ☐ Instrumentavläsningar felaktiga eller sporadiska
- ☐ Signalhornet fungerar otillfredsställande eller inte alls
- ☐ Vind-/bakrutetorkare fungerar otillfredsställande eller inte alls
- ☐ Vind-/bakrutespolare fungerar otillfredsställande eller inte alls
- ☐ Fönsterhissar fungerar otillfredsställande eller inte alls
- ☐ Centrallåset fungerar otillfredsställande eller inte alls

Introduktion

Den bilägare som underhåller bilen enligt rekommendationerna bör inte behöva använda det här avsnittet särskilt ofta. Modern komponentkvalitet är så god att förutsatt att detaljer utsatta för slitage eller åldring kontrolleras och byts vid angivna tidpunkter, uppstår plötsliga fel mycket sällan. Problem uppstår i regel inte utan förvarningar utan snarare gradvis. I synnerhet större mekaniska haverier föregås vanligen av typiska symtom under hundra- eller tusentals kilometers körning. De komponenter som oftast går sönder utan förvarning är som regel små och enkla att ha med sig i bilen.

Med all felsökning är första steget att avgöra var undersökningen ska påbörjas. Detta är ibland självklart men vid andra tillfällen kan lite detektivarbete behövas. Den ägare som gör ett halvdussin mer eller mindre slumpvisa justeringar och byten kanske lyckas med att rätta till felen (eller symtomen), men är inte klokare om felet uppträder på nytt och kommer i slutänden att ha spenderat mer tid och pengar än nödvändigt. En lugn och logisk metodik är mycket bättre i det långa loppet. Ta alltid med alla varningssignaler i beräkningen och allt onormalt som kan ha noterats innan felet uppstod - effektförlust, höga eller låga mätaravläsningar, ovanliga ljud och lukter etc - och kom ihåg att brända säkringar och defekta tändstift kanske bara pekar på ett underliggande fel.

Följande sidor ger en enkel guide till de vanligast förekommande problemen. Dessa problem och deras möjliga orsaker grupperas under rubriker som anger olika huvudkomponenter eller system, exempelvis Motor, Kylsystem etc. Det kapitel och/eller avsnitt som berör problemet anges inom parentes. Oavsett fel gäller vissa grundprinciper. Dessa är följande:

Definiera felet. Det är helt enkelt frågan om att vara säker på vilka symtomen är innan arbetet påbörjas. Detta är speciellt viktigt om du undersöker ett fel åt någon annan som kanske inte beskrivit det med tillräcklig precision.

Förbise inte det självklara. Om exempelvis bilen inte startar, finns det bensin i tanken? Ta inte någon annans ord för givet och lita inte heller på bensinmätaren! Om ett elfel misstänks, leta först av allt efter lösa eller skadade ledningar innan mätutrustningen tas fram.

Eliminera felet, inte bara symtomen. Ett byte av urladdat batteri mot ett fulladdat tar dig från vägkanten, men om det underliggande felet inte korrigeras kommer det nya batteriet snart att vara lika urladdat. Eller, att byta nedoljade tändstift mot nya låter dig fortsätta resan, men om felet var något annat än felaktigt värmetal för stiften, måste orsaken fastställas och åtgärdas.

Ta inte någonting för givet. Glöm absolut inte bort att "nya" delar kan vara defekta (speciellt om de skakat runt i bagageutrymmet i några månader), utelämna inte komponenter vid felsökning bara därför att de nyligen monterats. När du till slut hittar ett svårt fel kommer du troligen att inse att alla ledtrådar funnits där hela tiden.

Motor

Motorn går inte runt vid startförsök

☐ Batterianslutningar lösa eller korroderade ("Veckokontroller").
☐ Batteri urladdat eller defekt (kapitel 5A).
☐ Trasig, lös eller urkopplad ledning i startkretsen (kapitel 5A).
☐ Defekt startmotorsolenoid eller kontakt (kapitel 5A).
☐ Defekt startmotor (kapitel 5A).
☐ Lösa eller trasiga tänder på startmotorns pinjong eller kuggkrans (kapitel 2A, 2B, 2C och 5A).
☐ Motorns jordledning trasig eller urkopplad (kapitel 5A).
☐ Automatlådans växelväljare är inte i lägena P eller N, eller defekt positionssensor i växelväljaren (kapitel 7B).

Motorn går runt men startar inte

☐ Tom tank.
☐ Batteri urladdat (motorn går runt långsamt) (kapitel 5A).
☐ Batterianslutningar lösa eller korroderade ("Veckokontroller").
☐ Fukt eller skada i tändningen (kapitel 1 och 5B).
☐ Trasig, lös eller urkopplad ledning i tändningskretsen (kapitel 1och 5B).
☐ Tändstift slitna, defekta eller med felaktigt elektrodavstånd (kapitel 1).
☐ Låg cylinderkompression (kapitel 2A).
☐ Större mekaniskt fel (t ex kamaxelns drivrem brusten) (kapitel 2A eller 2B).

Motorn svårstartad kall

☐ Batteri urladdat (kapitel 5A).
☐ Batterianslutningar lösa eller korroderade ("Veckokontroller").
☐ Tändstift slitna, defekta eller med felaktigt elektrodavstånd (kapitel 1).
☐ Annat fel i tändningen (kapitel 1 och 5B).
☐ Systemfel i motorstyrningen (kapitel 1, 4B och 5B).
☐ Felaktigt ventilspel (kapitel 1).
☐ Låg cylinderkompression (kapitel 2A).

Motorn svårstartad varm

☐ Luftfilter smutsigt eller igensatt (kapitel 1).
☐ Systemfel i motorstyrningen (kapitel 1, 4B och 5B).
☐ Felaktigt ventilspel (kapitel 1).
☐ Låg cylinderkompression (kapitel 2A).

Startmotorn har missljud eller är trög vid ingrepp

☐ Lösa eller trasiga tänder på startmotorns pinjong eller kuggkrans (kapitel 2A, 2B, 2C eller 5A).
☐ Startmotorns fästbultar lösa eller borta (kapitel 5A).
☐ Startmotorns interna delar slitna eller skadade (kapitel 5A).

Motorn startar men stannar sedan omedelbart

☐ Lösa eller defekta anslutningar i tändningen (kapitel 1 och 5B).
☐ Systemfel i motorstyrningen (kapitel 1 och 4B).
☐ Vakuumläcka i insugsröret (kapitel 1 och 4A eller 4B).

Motorn har ojämn tomgång

☐ Systemfel i motorstyrningen (kapitel 1, 4B och 5B).
☐ Luftfilter smutsigt eller igensatt (kapitel 1).
☐ Vakuumläcka i insugsröret eller tillhörande slangar (kapitel 1 och 4A eller 4B).
☐ Tändstift slitna, defekta eller med felaktigt elektrodavstånd (kapitel 1).
☐ Felaktigt ventilspel (kapitel 1).
☐ Ojämn eller låg cylinderkompression (kapitel 2A).
☐ Slitna kamlober (kapitel 2A eller 2B).
☐ Kamdrivremmen felspänd (kapitel 2A).

Motorn misständer vid tomgång

☐ Tändstift slitna, defekta eller med felaktigt elektrodavstånd (kapitel 1).
☐ Defekta tändkablar (kapitel 1).
☐ Systemfel i motorstyrningen (kapitel 1, 4B och 5B).
☐ Vakuumläcka i insugsröret eller tillhörande slangar (kapitel 1 och 4A eller 4B).
☐ Felaktigt ventilspel (kapitel 1).
☐ Ojämn eller låg cylinderkompression (kapitel 2A).
☐ Urkopplade, läckande eller defekta slangar i vevhusventilationen (kapitel 1 och 4B).

Motorn misständer i alla växellägen

☐ Bränslefilter igensatt (kapitel 1).
☐ Defekt bränslepump (kapitel 4A).
☐ Bränsletankens ventilation blockerad eller bränsleledningar blockerade (kapitel 4A eller 4B).
☐ Vakuumläcka i insugsröret eller tillhörande slangar (kapitel 1 och 4A eller 4B).
☐ Tändstift slitna, defekta eller med felaktigt elektrodavstånd (kapitel 1).
☐ Defekta tändkablar (kapitel 1).
☐ Systemfel i motorstyrningen (kapitel 1, 4B och 5B).
☐ Felaktigt ventilspel (kapitel 1).
☐ Ojämn eller låg cylinderkompression (kapitel 2A).

Motorn tvekar vid acceleration

☐ Tändstift slitna, defekta eller med felaktigt elektrodavstånd (kapitel 1).
☐ Systemfel i motorstyrningen (kapitel 1, 4B och 5B).
☐ Vakuumläcka i insugsröret eller tillhörande slangar (kapitel 1 och 4A eller 4B).

Motorn stannar

☐ Systemfel i motorstyrningen (kapitel 1, 4B och 5B).
☐ Vakuumläcka i insugsröret eller tillhörande slangar (kapitel 1 och 4A eller 4B).
☐ Bränslefilter igensatt (kapitel 1).
☐ Defekt bränslepump (kapitel 4A eller 4B).
☐ Bränsletankens ventilation eller bränsleledning blockerad (kapitel 4A eller 4B).

Motor (forts)

Motorn saknar kraft

- [ ] Systemfel i motorstyrningen (kapitel 1, 4B och 5B).
- [ ] Kamdrivremmen felaktigt monterad eller spänd (kapitel 2A)
- [ ] Bränslefilter igensatt (kapitel 1).
- [ ] Defekt bränslepump (kapitel 4A eller 4B).
- [ ] Felaktigt ventilspel (kapitel 1).
- [ ] Ojämn eller låg cylinderkompression (kapitel 2A).
- [ ] Tändstift slitna, defekta eller med felaktigt elektrodavstånd (kapitel 1).
- [ ] Vakuumläcka i insugsröret eller tillhörande slangar (kapitel 1 och 4A eller 4B).
- [ ] Bromsarna släpper inte (kapitel 1 och 9).
- [ ] Kopplingen slirar (kapitel 6).
- [ ] Felaktig oljenivå i automatväxellådan (kapitel 1).

Motorn baktänder

- [ ] Systemfel i motorstyrningen (kapitel 1, 4B och 5B).
- [ ] Kamdrivremmen felaktigt monterad eller spänd (kapitel 2A)
- [ ] Vakuumläcka i insugsröret eller tillhörande slangar (kapitel 1 och 4A eller 4B).
- [ ] Systemfel i avgasreningen (kapitel 4B).

Oljetryckslampan tänds medan motorn är igång

- [ ] Låg oljenivå eller fel oljekvalitet (kapitel 1).
- [ ] Defekt oljetrycksvakt (kapitel 5A).
- [ ] Slitna motorlager och/eller oljepump (kapitel 2B).
- [ ] Hög arbetstemperatur i motorn (kapitel 3).
- [ ] Oljetryckets säkerhetsventil defekt (kapitel 2A eller 2B).
- [ ] Oljesilen igensatt (kapitel 2A eller 2B).

Motorn glödtänder

- [ ] Systemfel i motorstyrningen (kapitel 1, 4B och 5B).
- [ ] För mycket sotavlagringar i motorn (kapitel 2A eller 2B).

- [ ] Hög arbetstemperatur i motorn (kapitel 3).

Motorn har missljud

Förtändning (spikning) eller knackningar vid acceleration eller belastning

- [ ] Fel oktantal på bensinen (kapitel 4A).
- [ ] Vakuumläcka i insugsröret eller tillhörande slangar (kapitel 1 och 4A eller 4B).
- [ ] För mycket sotavlagringar i motorn (kapitel 2A eller 2B).

Visslingar eller väsningar

- [ ] Läcka i insugsrörets packning (kapitel 4A).
- [ ] Läcka i avgasgrenrörets packning eller i fogen mellan grenröret och det nedåtgående röret (kapitel 1 eller 4A).
- [ ] Läckande vakuumslang (kapitel 1, 4A, 5B och 9).
- [ ] Defekt topplockspackning (kapitel 2A eller 2B).

Tickanden eller rassel

- [ ] Felaktigt ventilspel (kapitel 1).
- [ ] Slitage på ventiler eller kamaxel (kapitel 2A eller 2B).
- [ ] Kamrem eller kamremsspänning sliten (kapitel 2A).
- [ ] Defekt hjälputrustning (vattenpump, generator, etc) (kapitel 3 och 5A).

Knackningar eller dämpade slag

- [ ] Slitna storändslager (regelbundna tunga knack, eventuellt mindre vid belastning) (kapitel 2B).
- [ ] Slitna ramlager (muller och knackningar, eventuellt värre vid belastning) (kapitel 2B).
- [ ] Kolvslammer (mest märkbart med kall motor) (kapitel 2B).
- [ ] Defekt hjälputrustning (vattenpump, generator, etc) (kapitel 3 och 5A).

Kylsystem

Överhettning

- [ ] För lite kylvätska i systemet (kapitel 1).
- [ ] Termostat defekt (kapitel 3).
- [ ] Kylaren igensatt eller grillen blockerad (kapitel 3).
- [ ] Kylarens fläkt(ar) eller temperatursensorn i kylvätskan defekt (kapitel 3).
- [ ] Systemfel i motorstyrningen (kapitel 1, 4B, eller 5B).
- [ ] Expansionskärlets lock defekt (kapitel 3).
- [ ] Drivrem(mar) till extrautrustning slitna eller slirar (kapitel 1).
- [ ] Fel avläsning från temperatursensorn i kylvätskan (kapitel 3).
- [ ] Luftbubbla blockerar kylsystemet (kapitel 1).

Överkylning

- [ ] Termostat defekt (kapitel 3).
- [ ] Fel avläsning från temperatursensorn i kylvätskan (kapitel 3).

Utvändigt kylvätskeläckage

- [ ] Slitna eller skadade slangar/slangklämmor (kapitel 1).
- [ ] Läckage i kylare eller värmeelement (kapitel 3).
- [ ] Expansionskärlets trycklock defekt (kapitel 3).
- [ ] Läcka i vattenpumpens tätning (kapitel 3).
- [ ] Kokning på grund av överhettning (kapitel 3).
- [ ] Kylarens avtappningsplugg läcker (kapitel 2B).

Invändigt kylvätskeläckage

- [ ] Läckande topplockspackning (kapitel 2A eller 2B).
- [ ] Spricka i topplock eller cylinderlopp (kapitel 2B).

Korrosion

- [ ] Otillräckligt med avtappning och spolning (kapitel 1).
- [ ] Fel typ eller blandning av frostskyddsmedel (kapitel 1 och 3).

Bränsle- och avgassystem

För hög bränsleförbrukning

- [ ] Slösaktig körstil eller svåra förhållanden.
- [ ] Luftfilter smutsigt eller igensatt (kapitel 1).
- [ ] Systemfel i motorstyrningen (kapitel 1, 4B och 5B).
- [ ] För lågt lufttryck i däcken (kapitel 1).

Läckage och/eller lukt av bränsle

- [ ] Skador eller korrosion på bränsletank, -rör eller -anslutningar (kapitel 1).

Oljud eller mycket rök från avgassystemet

- [ ] Läckage i avgassystem eller anslutning till grenröret (kapitel 1, 4A eller 4B).
- [ ] Läckage, korrosion eller skador på ljuddämpare eller rör (kapitel 1).
- [ ] Trasiga fästen som orsakar kontakt med kaross eller fjädring (kapitel 1, 4A och 4B).

Koppling

Pedalen går i golvet - inget tryck eller mycket litet motstånd

- [ ] Luft i kopplingshydrauliken (kapitel 6).
- [ ] Defekt slavcylinder i kopplingen (kapitel 6).
- [ ] Defekt huvudcylinder i kopplingen (kapitel 6).
- [ ] Brusten kopplingsvajer (kapitel 6).
- [ ] Felaktig justering (kapitel 6).
- [ ] Brusten tallriksfjäder i kopplingens tryckplatta (kapitel 6).

Kopplingen frikopplar inte (växel kan ej läggas i)

- [ ] Luft i kopplingshydrauliken (kapitel 6).
- [ ] Defekt slavcylinder i kopplingen (kapitel 6).
- [ ] Defekt huvudcylinder i kopplingen (kapitel 6).
- [ ] Brusten kopplingsvajer (kapitel 6).
- [ ] Felaktig justering (kapitel 6).
- [ ] Kopplingslamell fastnat på huvudaxelns splines (kapitel 6).
- [ ] Kopplingslamell fastnat på svänghjul eller tryckplatta (kapitel 6).
- [ ] Defekt tryckplatta (kapitel 6).
- [ ] Urtrampningsmekanism sliten eller felaktigt ihopsatt (kapitel 6).

Slirning (motorvarvet ökar men inte hastigheten)

- [ ] Lamellbelägg utslitet (kapitel 6).
- [ ] Lamellbelägg förorenat med fett eller olja (kapitel 6).
- [ ] Defekt tryckplatta eller svag tallriksfjäder (kapitel 6).

Vibrationer när kopplingen griper i

- [ ] Lamellbelägg förorenat med fett eller olja (kapitel 6).
- [ ] Lamellbelägg utslitet (kapitel 6).
- [ ] Defekt eller skev tryckplatta eller tallriksfjäder (kapitel 6).
- [ ] Slitna eller lösa fästen till motor/växellåda (kapitel 2A).
- [ ] Splines på nav eller huvudaxel utslitna (kapitel 6).

Missljud när kopplingspedalen trycks ned eller släpps upp

- [ ] Slitet urtrampningslager (kapitel 6).
- [ ] Sliten eller torr bussning till kopplingspedalen (kapitel 6).
- [ ] Defekt tryckplatta (kapitel 6).
- [ ] Brusten tallriksfjäder i kopplingens tryckplatta (kapitel 6).
- [ ] Brustna lamelldämpningsfjädrar (kapitel 6).

Manuell växellåda

Missljud i friläge med motorn igång

- [ ] Huvudaxelns lager slitna (missljud märkbart med uppsläppt kopplingspedal men inte med nedtryckt) (kapitel 7A).*
- [ ] Slitet urtrampningslager (missljud märkbart med nedtryckt kopplingspedal men eventuellt mindre med uppsläppt pedal) (kapitel 6).

Missljud med en viss växel ilagd

- [ ] Slitna eller skadade växeldrevständer (kapitel 7A).*
- [ ] Slitna lager (kapitel 7A).*

Svårt att lägga i växlar

- [ ] Defekt koppling (kapitel 6).
- [ ] Slitna eller skadade växellänkar (kapitel 7A).
- [ ] Slitna synkringar (kapitel 7A).*

Växlarna hoppar ur

- [ ] Slitna eller skadade växellänkar (kapitel 7A).

- [ ] Slitna synkringar (kapitel 7A).*
- [ ] Slitna väljargafflar (kapitel 7A).*

Vibrationer

- [ ] För lite olja (kapitel 1).
- [ ] Slitna lager (kapitel 7A).*

Läckage av smörjmedel

- [ ] Läckage i differentialsidans oljetätning (kapitel 7A).
- [ ] Läckage i oljetätning till växlingsaxel eller hastighetsmätarpinjong (kapitel 7A).
- [ ] Läckage i kåpfogarnas kontaktytor (kapitel 7A).*
- [ ] Läckage i huvudaxelns oljetätning (kapitel 7A).*

*Även om de åtgärder som behöver vidtas för att rätta till problemet är mer komplicerade än vad hemmamekaniker normalt klarar av, är ovanstående information till hjälp för att avgöra vad som orsakar problemet, så att ägaren kan förklara detta ordentligt för en yrkesmekaniker.

Automatväxellåda

Notera: I och med att automatväxellådor är så komplexa är det svårt för hemmamekanikern att ställa korrekt diagnos eller ge dem behövlig service. För andra problem än de följande bör växellådan tas till en Volvoverkstad eller specialist på automatlådor.

Oljeläckage

- [ ] Automatlådeolja är vanligen mörk till färgen. Läckage ska inte förväxlas med motorolja som enkelt kan blåsas på lådan av fartvinden.
- [ ] För att hitta läckaget ska först all smuts avlägsnas från växellådans utsida och de omgivande delarna, med avfettningsmedel eller ångtvätt. Kör bilen med låg hastighet så att luftströmmen inte blåser oljan långt från läckan. Lyft upp bilen på pallbockar och leta efter läckan. Följande platser är de mest vanliga för läckor:
  - a) Växellådans oljetråg (kapitel 1 och 7B).
  - b) Mätstickans rör (kapitel 1 och 7B).
  - c) Slangar och kopplingar till växellådsoljans kylning (kapitel 1 och 7B).
  - d) Packboxar till växellådan (kapitel 7B).

Växellådsoljan är brun eller luktar bränt

- [ ] Låg oljenivå eller behov av oljebyte (kapitel 1).

Allmänna problem att välja växlar

- [ ] Kapitel 7B tar upp kontroll och justering av väljarvajer på automatlådor. Följande är vanliga problem som kan orsakas av en dåligt justerad vajer:
  - a) Motorn startar i andra lägen än P eller N.
  - b) Indikatorn på växelväljaren anger en annan än den som i själva verket valts.
  - c) Bilen rör sig med P eller N på väljaren.
  - d) Ryckiga eller slumpvisa växlingar.
  Se kapitel 7B för anvisningar om kabeljusteringen.

Växellådan växlar inte ned vid fullt gaspådrag (ingen kickdown)

- [ ] Låg oljenivå (kapitel 1).
- [ ] Feljusterad kickdown-vajer (kapitel 7B).
- [ ] Feljusterad väljarvajer (kapitel 7B).

Automatväxellåda (forts)

Motorn startar inte i något läge eller startar i annat läge än P eller N

☐ Feljusterad väljarvajer (kapitel 7B).
☐ Feljusterad startspärr (kapitel 7B).

Växellådan slirar, växlar ryckigt, har missljud eller saknar drivning framåt eller bakåt

☐ Det finns många orsaker till ovanstående problem men hemmamekaniker ska bara titta på en sak - oljenivån. Innan fordonet tas till Volvoverkstad eller växellådsspecialist, kontrollera oljans skick och nivå enligt anvisningarna i kapitel 1. Rätta till oljenivån eller byt olja efter behov. Om problemet kvarstår krävs yrkeskunnig hjälp.

Kardanaxel

Vibrationer vid acceleration eller inbromsning

☐ Kardanaxeln ur balans eller felmonterad (kapitel 8).
☐ Kardanaxelns flänsbultar lösa (kapitel 8).
☐ För stort slitage i universalknutarna (kapitel 8).

Missljud (gnissel eller pipljud) vid långsam rörelse

☐ För stort slitage i universalknutarna (kapitel 8).

☐ För stort slitage i stödlagret (kapitel 8).

Missljud (knackningar eller klick) vid acceleration eller inbromsning

☐ Kardanaxelns flänsbultar lösa (kapitel 8).
☐ För stort slitage i universalknutarna (kapitel 8).

Bakaxel

Kärvhet eller muller från bilens bakre del (eventuellt minskande när handbromsen lätt dras åt)

☐ Bakre navlager slitna (kapitel 8).

Missljud (vinande i högt tonläge) som ökar med hastigheten

☐ Slitna kuggar i diffens kronhjul och pinjong (kapitel 8).
☐ Felaktigt ingrepp mellan kronhjul och pinjong (kapitel 8).
☐ Differentiallagren slitna (kapitel 8).

Missljud (knackningar eller klick) vid acceleration eller inbromsning

☐ Slitna drivaxelsplines (kapitel 8).
☐ Differentialens pinjongflänsbultar lösa (kapitel 8).
☐ Felaktigt ingrepp mellan kronhjul och pinjong (kapitel 8).
☐ Hjulmuttrarna lösa (kapitel 1 och 10).

Oljeläckage

☐ Läckande packbox (kapitel 8).
☐ Läckage i fog i diffkåpa eller täckplåt (kapitel 8).

Bromsar

Notera: *Innan du förutsätter ett bromsproblem, kontrollera att däcken är i gott skick och har rätt lufttryck, att framhjulsinställningen är korrekt och att bilen inte är lastad på ett obalanserat sätt. Förutom kontroll av skicket på rör, slangar och kopplingar ska alla fel som uppstår med låsningsfria bromsar (ABS) tas till Volvoverkstad för diagnos.*

Bilen drar åt ena sidan vid inbromsning

☐ Slitna, defekta eller förorenade bromsbelägg, fram eller bak, på ena sidan (kapitel 9).
☐ Helt eller delvis kärvande främre/bakre bromsokskolv (kapitel 9).
☐ Olika bromsbeläggningsmaterial på de båda sidorna (kapitel 9).
☐ Bromsokets fästbultar lösa (kapitel 9).
☐ Slitna eller skadade delar i fjädringen eller styrningen (kapitel 10).

Missljud (gnissel eller pip) vid inbromsning

☐ Bromsbeläggen nedslitna till metallen (kapitel 9).
☐ Överdriven korrosion på bromsskiva (kan uppträda när bilen stått stilla en tid) (kapitel 9).

För lång pedalväg

☐ Defekt huvudcylinder (kapitel 9).
☐ Luft i hydraulsystemet (kapitel 9).

Bromspedalen svampig vid nedtryckning

☐ Luft i hydraulsystemet (kapitel 9).
☐ Utslitna flexibla bromsledningar av gummi (kapitel 9).
☐ Huvudcylinderns fästbultar lösa (kapitel 9).

☐ Defekt huvudcylinder (kapitel 9).

För högt pedaltryck krävs för att stoppa bilen

☐ Defekt vakuumservoenhet (kapitel 9).
☐ Urkopplad, skadad eller dåligt fäst vakuumslang till bromsservon (kapitel 9).
☐ Haveri i den primära eller sekundära hydraulikkretsen (kapitel 9).
☐ Kärvande bromsokskolvar (kapitel 9).
☐ Bromsklossar felmonterade (kapitel 9).
☐ Fel typ av bromsklossar monterade (kapitel 9).
☐ Förorenade bromsbelägg (kapitel 9).

Vibrationer i bromspedal eller ratt vid inbromsning

☐ För stort kast eller skevhet i en eller flera bromsskivor (kapitel 9).
☐ Slitna bromsbelägg (kapitel 9).
☐ Bromsokets fästbultar lösa (kapitel 9).
☐ Slitage i fjädring, styrning eller fästen (kapitel 10).

Bromsarna släpper inte

☐ Kärvande bromsokskolvar (kapitel 9).
☐ Defekt handbromsmekanism (kapitel 9).
☐ Defekt huvudcylinder (kapitel 9).

Bakhjulen låser vid normal inbromsning

☐ Skräp i bakre bromsklossarna (kapitel 1).

Fjädring och styrning

Notera: *Innan diagnosen defekt styrning/fjädring ställs, kontrollera att inte problemet beror på fel lufttryck i däcken, en blandning av däcktyper eller att bromsarna fastnat.*

Bilen drar åt endera sidan

☐ Defekt däck ("Veckokontroller").
☐ Stort slitage i fjädring eller styrning (kapitel 10).
☐ Felaktig hjulinställning, fram eller bak (kapitel 10).
☐ Skada på styrning eller fjädring p.g.a. olycka (kapitel 10).

Hjulen vobblar och vibrerar

☐ Framhjulen obalanserade (vibrationerna känns huvudsakligen genom ratten).
☐ Bakhjulen obalanserade (vibrationerna känns i hela bilen) (kapitel 1).
☐ Hjul skadat eller skevt (kapitel 1).
☐ Defekt däck ("Veckokontroller").
☐ Slitage i styrleder, bussningar eller andra delar (kapitel 10).
☐ Lösa hjulmuttrar (kapitel 1).

För mycket krängning/gungning runt kurvor eller vid inbromsning

☐ Defekta stötdämpare (kapitel 10).
☐ Brusten eller svag spiralfjäder och/eller fjädringsdel (kapitel 10).
☐ Slitage eller skada på krängningshämmare eller fäste till denna (kapitel 10).

Bilen vandrar eller är allmänt instabil

☐ Felaktig hjulinställning (kapitel 10).
☐ Slitage i styrleder, bussningar eller andra delar (kapitel 10).
☐ Obalans i hjul (kapitel 1).
☐ Defekt däck ("Veckokontroller").
☐ Lösa hjulmuttrar (kapitel 1).
☐ Defekta stötdämpare (kapitel 10).

För tung styrning

☐ Defekt eller feljusterad drivrem till styrservopump (kapitel 1).
☐ Defekt styrservopump (kapitel 10).
☐ Kärvande kulled i styrstag eller stötdämpare (kapitel 10).

☐ Felaktig framhjulsinställning (kapitel 10).
☐ Kugg- eller rattstång böjd eller skadad (kapitel 10).

Fört stort spel i styrningen

☐ Slitna universalknutar på rattstången (kapitel 10).
☐ Slitna kulleder på styrstag (kapitel 10).
☐ Slitage i kuggstång och pinjong (kapitel 10).
☐ Slitage i styrleder, bussningar eller andra delar (kapitel 10).

Ingen servoeffekt

☐ Defekt eller feljusterad drivrem till styrservopump (kapitel 1).
☐ Fel oljenivå i servostyrningen (kapitel 1).
☐ Blockering i servostyrningens slangar (kapitel 10).
☐ Defekt servopump (kapitel 10).
☐ Defekt kuggstångsstyrning (kapitel 10).

För högt däcksslitage

Däck slitna på inner- eller ytterkant

☐ För lågt lufttryck ("Veckokontroller").
☐ Felaktiga camber- eller castervinklar (slitage endast på ena sidan) (kapitel 10).
☐ Slitage i styrleder, bussningar eller andra delar (kapitel 10).
☐ För hård kurvtagning.
☐ Skada vid olycka.

Däckmönster har fransiga kanter

☐ Felaktig toe-inställning (kapitel 10).

Däcket slitet mitt i banan

☐ För högt lufttryck ("Veckokontroller").

Däck slitna på inner- och ytterkant

☐ För lågt lufttryck ("Veckokontroller").

Däcken ojämnt slitna

☐ Obalanserade hjul ("Veckokontroller").
☐ För mycket kast i fälg eller däck (kapitel 1).
☐ Slitna stötdämpare (kapitel 10).
☐ Defekt däck ("Veckokontroller").

Elsystem

Notera: *För problem som hänger samman med start, se fel listade under "Motor" tidigare i detta avsnitt.*

Batteriet håller laddning bara i ett par dagar

☐ Batteriet defekt inuti (kapitel 5A).
☐ Batteriets elektrolytnivå låg (kapitel 5A).
☐ Batteripolernas anslutningar lösa eller korroderade (kapitel 1 och 5A).
☐ Drivrem till extrautrustning sliten eller feljusterad (kapitel 1).
☐ Generatorn laddar inte korrekt (kapitel 5A).
☐ Generator eller spänningsregulator defekt (kapitel 5A).
☐ Kortslutning orsakar konstant urladdning av batteriet (kapitel 5A och 12).

Laddningslampan förblir tänd när motorn går

☐ Drivrem till extrautrustning sliten eller feljusterad (kapitel 1).
☐ Generatorborstar slitna, smutsiga eller fastnat (kapitel 5A).
☐ Generatorborstarnas fjädrar svaga eller brustna (kapitel 5A).
☐ Generator eller spänningsregulator defekt (kapitel 5A).
☐ Trasig, urkopplad eller lös ledning i laddningskretsen (kapitel 5A).

Laddningslampan tänds ej

☐ Varningslampan defekt (kapitel 12).
☐ Trasig, urkopplad eller lös ledning i laddningskretsen (kapitel 5A).
☐ Generatorn defekt (kapitel 5A).

Lysen fungerar inte

☐ Trasig gödlampa (kapitel 12).
☐ Korrosion i lampa eller lamphållares kontakter (kapitel 12).
☐ Bränd säkring (kapitel 12).
☐ Defekt relä (kapitel 12).
☐ Trasig, urkopplad eller lös ledning (kapitel 12).
☐ Defekt kontakt (kapitel 12).

Instrumentavläsningar felaktiga eller sporadiska

Instrumentavläsningar ökar med motorvarvet

☐ Defekt spänningsstabilisator (kapitel 12).

Bränsle- eller temperaturmätare ger inget värde

☐ Defekt spänningsstabilisator (kapitel 12).
☐ Defekt givare (kapitel 3, 4A eller 5B).
☐ Defekt krets (kapitel 12).
☐ Defekt mätare (kapitel 12).

Bränsle- eller temperaturmätare ger alltid maxvärde

☐ Defekt spänningsstabilisator (kapitel 12).
☐ Defekt givare (kapitel 3, 4A eller 5B).
☐ Defekt krets (kapitel 12).
☐ Defekt mätare (kapitel 12).

Elsystem (forts)

Signalhornet fungerar otillfredsställande eller inte alls

Signalhornet fungerar inte alls

- [ ] Bränd säkring (kapitel 12).
- [ ] Ledningarna i ratten lösa, trasiga eller utdragna (kapitel 10).
- [ ] Defekt signalhorn (kapitel 12).

Signalhornet avger pulserande eller svagt ljud

- [ ] Ledningarna i ratten lösa, trasiga eller utdragna (kapitel 10).
- [ ] Signalhornets fästen lösa (kapitel 12).
- [ ] Defekt signalhorn (kapitel 12).

Signalhornet tjuter hela tiden

- [ ] Signalhornsknappen jordad eller fast (kapitel 10).
- [ ] Rattledningen jordad (kapitel 10).

Vind-/bakrutetorkare fungerar otillfredsställande eller inte alls

Torkarna går inte alls eller mycket långsamt

- [ ] Torkarblad fast på rutan eller kärvande länkar (kapitel 12).
- [ ] Bränd säkring (kapitel 12).
- [ ] Kabel eller kabelanslutning lös, trasig eller urkopplad (kapitel 12).
- [ ] Defekt relä (kapitel 12).
- [ ] Defekt torkarmotor (kapitel 12).

Torkarbladen sveper för liten eller för stor glasyta

- [ ] Torkararmar felmonterade på spindlar (kapitel 12).
- [ ] För stort slitage på länkarmar (kapitel 12).
- [ ] Torkarmotor eller länkarmar lösa eller dåligt monterade (kapitel 12).

Torkarbladen rengör inte effektivt

- [ ] Torkarbladsgummit slitet eller borta ("Veckokontroller").
- [ ] Torkararmens fjäder brusten eller armpivåerna skurna (kapitel 12).
- [ ] För lite tvättmedel i spolarvätskan för att ta bort smutshinnan ("Veckokontroller").

Vind-/bakrutespolare fungerar otillfredsställande eller inte alls

En eller flera strålar ur funktion

- [ ] Blockerat munstycke ("Veckokontroller").
- [ ] Urkopplad, klämd eller blockerad slang (kapitel 1).
- [ ] För lite vätska i behållaren ("Veckokontroller").

Spolarpumpen fungerar inte

- [ ] Trasig eller urkopplad ledning eller kontakt (kapitel 12).
- [ ] Bränd säkring (kapitel 12).
- [ ] Defekt pumpkontakt (kapitel 12).
- [ ] Defekt spolarpump (kapitel 12).

Spolarpumpen går ett tag innan väskan sprutas ut

- [ ] Defekt envägsventil i vätskeslangen (kapitel 12).

Fönsterhissar fungerar otillfredsställande eller inte alls

Ruta rör sig bara i en riktning

- [ ] Defekt brytare (kapitel 12).

Ruta rör sig långsamt

- [ ] Feljusterad styrning (kapitel 11).
- [ ] Regulator kärvar, skadad eller i behov av smörjning (kapitel 11).
- [ ] Delar i dörr eller klädselpanel stör regulatorn (kapitel 11).
- [ ] Defekt motor (kapitel 12).

Ruta rör sig inte alls

- [ ] Feljusterad styrning (kapitel 11).
- [ ] Bränd säkring (kapitel 12).
- [ ] Defekt relä (kapitel 12).
- [ ] Trasig eller urkopplad ledning eller kontakt (kapitel 12).
- [ ] Defekt motor (kapitel 12).

Centrallåset fungerar otillfredsställande eller inte alls

Totalt systemhaveri

- [ ] Bränd säkring (kapitel 12).
- [ ] Defekt relä (kapitel 12).
- [ ] Trasig eller urkopplad ledning eller kontakt (kapitel 12).

Spärr låser men låser inte upp, eller låser upp men låser inte

- [ ] Defekt huvudkontakt (kapitel 11).
- [ ] Trasiga eller frånkopplade låsstänger eller armar (kapitel 11).
- [ ] Defekt relä (kapitel 12).

En låsmotor öppnar inte

- [ ] Trasig eller urkopplad ledning eller kontakt (kapitel 12).
- [ ] Defekt låsmotor (kapitel 11).
- [ ] Trasiga, kärvande eller urkopplade låsstänger eller armar (kapitel 11).
- [ ] Defekt spärr (kapitel 11).

A

ABS (Anti-lock brake system) Låsningsfria bromsar. Ett system, vanligen elektroniskt styrt, som känner av påbörjande låsning av hjul vid inbromsning och lättar på hydraultrycket på hjul som ska till att låsa.

Air bag (krockkudde) En uppblåsbar kudde dold i ratten (på förarsidan) eller instrumentbrädan eller handskfacket (på passagerarsidan) Vid kollision blåses kuddarna upp vilket hindrar att förare och framsätespassagerare kastas in i ratt eller vindruta.

Ampere (A) En måttenhet för elektrisk ström. 1 A är den ström som produceras av 1 volt gående genom ett motstånd om 1 ohm.

Anaerobisk tätning En massa som används som gänglås. Anaerobisk innebär att den inte kräver syre för att fungera.

Antikärvningsmedel En pasta som minskar risk för kärvning i infästningar som utsätts för höga temperaturer, som t.ex. skruvar och muttrar till avgasrenrör. Kallas även gängskydd

Antikärvningsmedel

Asbest Ett naturligt fibröst material med stor värmetolerans som vanligen används i bromsbelägg. Asbest är en hälsorisk och damm som alstras i bromsar ska aldrig inandas eller sväljas.

Avgasgrenrör En del med flera passager genom vilka avgaserna lämnar förbränningskamrarna och går in i avgasröret.

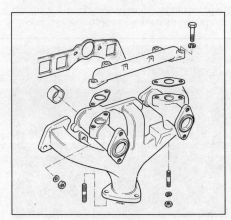

Avgasgrenrör

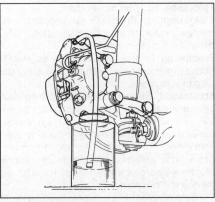

Avluftning av bromsarna

Avluftning av bromsar Avlägsnande av luft från hydrauliskt bromssystem.

Avluftningsnippel En ventil på ett bromsok, hydraulcylinder eller annan hydraulisk del som öppnas för att tappa ur luften i systemet.

Axel En stång som ett hjul roterar på, eller som roterar inuti ett hjul. Även en massiv balk som håller samman två hjul i bilens ena ände. En axel som även överför kraft till hjul kallas drivaxel.

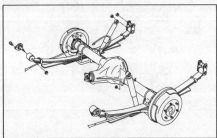

Axel

Axialspel Rörelse i längdled mellan två delar. För vevaxeln är det den distans den kan röra sig framåt och bakåt i motorblocket.

B

Belastningskänslig fördelningsventil En styrventil i bromshydrauliken som fördelar bromseffekten, med hänsyn till bakaxelbelastningen.

Bladmått Ett tunt blad av härdat stål, slipat till exakt tjocklek, som används till att mäta spel mellan delar.

Bladmått

Bromsback Halvmåneformad hållare med fastsatt bromsbelägg som tvingar ut beläggen i kontakt med den roterande bromstrumman under inbromsning.

Bromsbelägg Det friktionsmaterial som kommer i kontakt med bromsskiva eller bromstrumma för att minska bilens hastighet. Beläggen är limmade eller nitade på bromsklossar eller bromsbackar.

Bromsklossar Utbytbara friktionsklossar som nyper i bromsskivan när pedalen trycks ned. Bromsklossar består av bromsbelägg som limmats eller nitats på en styv bottenplatta.

Bromsok Den icke roterande delen av en skivbromsanordning. Det grenslar skivan och håller bromsklossarna. Oket innehåller även de hydrauliska delar som tvingar klossarna att nypa skivan när pedalen trycks ned.

Bromsskiva Den del i en skivbromsanordning som roterar med hjulet.

Bromstrumma Den del i en trumbromsanordning som roterar med hjulet.

C

Caster I samband med hjulinställning, lutningen framåt eller bakåt av styrningens axialled. Caster är positiv när styrningens axialled lutar bakåt i överkanten.

CV-knut En typ av universalknut som upphäver vibrationer orsakade av att drivkraft förmedlas genom en vinkel.

D

Diagnostikkod Kodsiffror som kan tas fram genom att gå till diagnosläget i motorstyrningens centralenhet. Koden kan användas till att bestämma i vilken del av systemet en felfunktion kan förekomma.

Draghammare Ett speciellt verktyg som skruvas in i eller på annat sätt fästes vid en del som ska dras ut, exempelvis en axel. Ett tungt glidande handtag dras utmed verktygsaxeln mot ett stopp i änden vilket rycker avsedd del fri.

Drivaxel En roterande axel på endera sidan differentialen som ger kraft från slutväxeln till drivhjulen. Även varje axel som används att överföra rörelse.

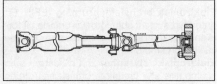

Drivaxel

Drivrem(mar) Rem(mar) som används till att driva tillbehörsutrustning som generator, vattenpump, servostyrning, luftkonditioneringskompressor mm, från vevaxelns remskiva.

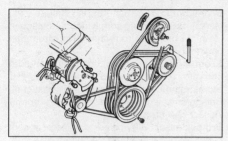

Drivremmar till extrautrustning

Dubbla överliggande kamaxlar (DOHC) En motor försedd med två överliggande kamaxlar, vanligen en för insugsventilerna och en för avgasventilerna.

E

EGR-ventil Avgasåtercirkulationsventil. En ventil som för in avgaser i insugsluften.

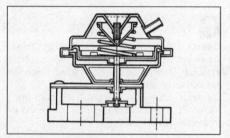

Ventil för avgasåtercirkulation (EGR)

Elektrodavstånd Den distans en gnista har att överbrygga från centrumelektroden till sidoelektroden i ett tändstift.

Justering av elektrodavståndet

Elektronisk bränsleinsprutning (EFI) Ett datorstyrt system som fördelar bränsle till förbränningskamrarna via insprutare i varje insugsport i motorn.
Elektronisk styrenhet En dator som exempelvis styr tändning, bränsleinsprutning eller låsningsfria bromsar.

F

Finjustering En process där noggranna justeringar och byten av delar optimerar en motors prestanda.

Fjäderben Se MacPherson-ben.
Fläktkoppling En viskös drivkoppling som medger variabel kylarfläkthastighet i förhållande till motorhastigheten.
Frostplugg En skiv- eller koppformad metallbricka som monterats i ett hål i en gjutning där kärnan avlägsnats.
Frostskydd Ett ämne, vanligen etylenglykol, som blandas med vatten och fylls i bilens kylsystem för att förhindra att kylvätskan fryser vintertid. Frostskyddet innehåller även kemikalier som förhindrar korrosion och rost och andra avlagringar som skulle kunna blockera kylare och kylkanaler och därmed minska effektiviteten.
Fördelningsventil En hydraulisk styrventil som begränsar trycket till bakbromsarna vid panikbromsning så att hjulen inte låser sig.
Förgasare En enhet som blandar bränsle med luft till korrekta proportioner för önskad effekt från en gnistantänd förbränningsmotor.

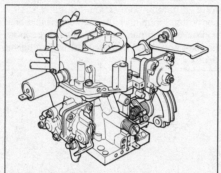

Förgasare

G

Generator En del i det elektriska systemet som förvandlar mekanisk energi från drivremmen till elektrisk energi som laddar batteriet, som i sin tur driver startsystem, tändning och elektrisk utrustning.

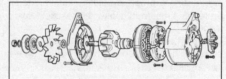

Generator (genomskärning)

Glidlager Den krökta ytan på en axel eller i ett lopp, eller den del monterad i endera, som medger rörelse mellan dem med ett minimum av slitage och friktion.
Gängskydd Ett täckmedel som minskar risken för gängskärning i bultförband som utsätts för stor hetta, exempelvis grenrörets bultar och muttrar. Kallas även antikärvningsmedel.

H

Handbroms Ett bromssystem som är oberoende av huvudbromsarnas hydraulikkrets. Kan användas till att stoppa bilen om huvudbromsarna slås ut, eller till att hålla bilen stilla utan att bromspedalen trycks ned. Den består vanligen av en spak som aktiverar främre eller bakre bromsar mekaniskt via vajrar och länkar. Kallas även parkeringsbroms.
Harmonibalanserare En enhet avsedd att minska fjädring eller vridande vibrationer i vevaxeln. Kan vara integrerad i vevaxelns remskiva. Även kallad vibrationsdämpare
Hjälpstart Start av motorn på en bil med urladdat eller svagt batteri genom koppling av startkablar mellan det svaga batteriet och ett laddat hjälpbatteri.
Honare Ett slipverktyg för korrigering av smärre ojämnheter eller diameterskillnader i ett cylinderlopp.
Hydraulisk ventiltryckare En mekanism som använder hydrauliskt tryck från motorns smörjsystem till att upprätthålla noll ventilspel (konstant kontakt med både kamlob och ventilskaft). Justeras automatiskt för variation i ventilskaftslängder. Minskar även ventilljudet.

I

Insexnyckel En sexkantig nyckel som passar i ett försänkt sexkantigt hål.
Insugsrör Rör eller kåpa med kanaler genom vilka bränsle/luftblandningen leds till insugsportarna.

K

Kamaxel En roterande axel på vilken en serie lober trycker ned ventilerna. En kamaxel kan drivas med drev, kedja eller tandrem med kugghjul.
Kamkedja En kedja som driver kamaxeln.
Kamrem En tandrem som driver kamaxeln. Allvarliga motorskador kan uppstå om kamremmen brister vid körning.
Kanister En behållare i avdunstningsbegränsningen, innehåller aktivt kol för att fånga upp bensinångor från bränslesystemet.

Kanister

Kardanaxel Ett långt rör med universalknutar i bägge ändar som överför kraft från växellådan till differentialen på bilar med motorn fram och drivande bakhjul.

Kast Hur mycket ett hjul eller drev slår i sidled vid rotering. Det spel en axel roterar med. Orundhet i en roterande del.

Katalysator En ljuddämparliknande enhet i avgassystemet som omvandlar vissa föroreningar till mindre hälsovådliga substanser.

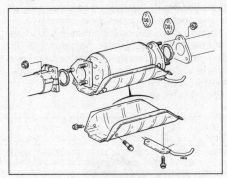

Katalysator

Kompression Minskning i volym och ökning av tryck och värme hos en gas, orsakas av att den kläms in i ett mindre utrymme.

Kompressionsförhållande Skillnaden i cylinderns volymer mellan kolvens ändlägen.

Kopplingsschema En ritning över komponenter och ledningar i ett fordons elsystem som använder standardiserade symboler.

Krockkudde (Airbag) En uppblåsbar kudde dold i ratten (på förarsidan) eller instrumentbrädan eller handskfacket (på passagerarsidan) Vid kollision blåses kuddarna upp vilket hindrar att förare och framsätespassagerare kastas in i ratt eller vindruta.

Krokodilklämma Ett långkäftat fjäderbelastat clips med ingreppande tänder som används till tillfälliga elektriska kopplingar.

Kronmutter En mutter som vagt liknar kreneleringen på en slottsmur. Används tillsammans med saxsprint för att låsa bultförband extra väl.

Kronmutter

Krysskruv Se Phillips-skruv

Kugghjul Ett hjul med tänder eller utskott på omkretsen, formade för att greppa in i en kedja eller rem.

Kuggstångsstyrning Ett styrsystem där en pinjong i rattstångens ände går i ingrepp med en kuggstång. När ratten vrids, vrids även pinjongen vilket flyttar kuggstången till höger eller vänster. Denna rörelse överförs via styrstagen till hjulets styrleder.

Kullager Ett friktionsmotverkande lager som består av härdade inner- och ytterbanor och har härdade stålkulor mellan banorna.

Kylare En värmeväxlare som använder flytande kylmedium, kylt av fartvinden/fläkten till att minska temperaturen på kylvätskan i en förbränningsmotors kylsystem.

Kylmedia Varje substans som används till värmeöverföring i en anläggning för luftkonditionering. R-12 har länge varit det huvudsakliga kylmediet men tillverkare har nyligen börjat använda R-134a, en CFC-fri substans som anses vara mindre skadlig för ozonet i den övre atmosfären.

L

Lager Den böjda ytan på en axel eller i ett lopp, eller den del som monterad i någon av dessa tillåter rörelse mellan dem med minimal slitage och friktion.

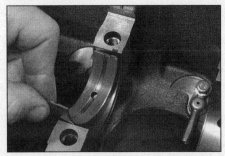

Lager

Lambdasond En enhet i motorns grenrör som känner av syrehalten i avgaserna och omvandlar denna information till elektricitet som bär information till styrelektroniken. Även kalla syresensor.

Luftfilter Filtret i luftrenaren, vanligen tillverkat av veckat papper. Kräver byte med regelbundna intervaller.

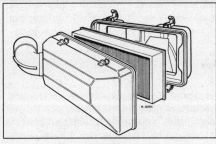

Luftfilter

Luftrenare En kåpa av plast eller metall, innehållande ett filter som tar undan damm och smuts från luft som sugs in i motorn.

Låsbricka En typ av bricka konstruerad för att förhindra att en ansluten mutter lossnar.

Låsmutter En mutter som låser en justermutter, eller annan gängad del, på plats. Exempelvis används låsmutter till att hålla justermuttern på vipparmen i läge.

Låsring Ett ringformat clips som förhindrar längsgående rörelser av cylindriska delar och axlar. En invändig låsring monteras i en skåra i ett hölje, en yttre låsring monteras i en utvändig skåra på en cylindrisk del som exempelvis en axel eller tapp.

M

MacPherson-ben Ett system för framhjulsfjädring uppfunnet av Earle MacPherson vid Ford i England. I sin ursprungliga version skapas den nedre bärarmen av en enkel lateral länk till krängningshämmaren. Ett fjäderben - en integrerad spiralfjäder och stötdämpare - finns monterad mellan karossen och styrknogen. Många moderna MacPherson-ben använder en vanlig nedre A-arm och inte krängningshämmaren som nedre fäste.

Markör En remsa med en andra färg i en ledningsisolering för att skilja ledningar åt.

Motor med överliggande kamaxel (OHC) En motor där kamaxeln finns i topplocket.

Motorstyrning Ett datorstyrt system som integrerat styr bränsle och tändning.

Multimätare Ett elektriskt testinstrument som mäter spänning, strömstyrka och motstånd.

Mätare En instrumentpanelvisare som används till att ange motortillstånd. En mätare med en rörlig pekare på en tavla eller skala är analog. En mätare som visar siffror är digital.

N

NOx Kväveoxider. En vanlig giftig förorening utsläppt av förbränningsmotorer vid högre temperaturer.

O

O-ring En typ av tätningsring gjord av ett speciellt gummiliknande material. O-ringen fungerar så att den trycks ihop i en skåra och därmed utgör tätningen.

O-ring

Ohm Enhet för elektriskt motstånd. 1 volt genom ett motstånd av 1 ohm ger en strömstyrka om 1 ampere.

Ohmmätare Ett instrument för uppmätning av elektriskt motstånd.

P

Packning Mjukt material - vanligen kork, papp, asbest eller mjuk metall - som monteras mellan två metallytor för att erhålla god tätning. Exempelvis tätar topplockspackningen fogen mellan motorblocket och topplocket.

Packning

Phillips-skruv En typ av skruv med ett korsspår, istället för ett rakt, för motsvarande skruvmejsel. Vanligen kallad kryssskruv.

Plastigage En tunn plasttråd, tillgänglig i olika storlekar, som används till att mäta toleranser. Exempelvis så läggs en remsa Plastigage tvärs över en lagertapp. Delarna sätts ihop och tas isär. Bredden på den klämda remsan anger spelrummet mellan lager och tapp.

Plastigage

R

Rotor I en fördelare, den roterande enhet inuti fördelardosan som kopplar samman centrumelektroden med de yttre kontakterna vartefter den roterar, så att högspänningen från tändspolens sekundärlindning leds till rätt tändstift. Även den del av generatorn som roterar inuti statorn. Även de roterande delarna av ett turboaggregat, inkluderande kompressorhjulet, axeln och turbinhjulet.

S

Sealed-beam strålkastare En äldre typ av strålkastare som integrerar reflektor, lins och glödtrådar till en hermetiskt försluten enhet.

När glödtråden går av eller linsen spricker byts hela enheten.

Shims Tunn distansbricka, vanligen använd till att justera inbördes lägen mellan två delar. Exempelvis sticks shims in i eller under ventiltryckarhylsor för att justera ventilspelet. Spelet justeras genom byte till shims av annan tjocklek.

Skivbroms En bromskonstruktion med en roterande skiva som kläms mellan bromsklossar. Den friktion som uppstår omvandlar bilens rörelseenergi till värme.

Skjutmått Ett precisionsmätinstrument som mäter inre och yttre dimensioner. Inte riktigt lika exakt som en mikrometer men lättare att använda.

Smältsäkring Ett kretsskydd som består av en ledare omgiven av värmetålig isolering. Ledaren är tunnare än den ledning den skyddar och är därmed den svagaste länken i kretsen. Till skillnad från en bränd säkring måste vanligen en smältsäkring skäras bort från ledningen vid byte.

Spel Den sträcka en del färdas innan något inträffar. "Luften" i ett länksystem eller ett montage mellan första ansatsen av kraft och verklig rörelse. Exempel, den sträcka bromspedalen färdas innan kolvarna i huvudcylindern rör på sig. Även utrymmet mellan två delar, exempelvis kolv och cylinderlopp.

Spiralfjäder En spiral av elastiskt stål som förekommer i olika storlekar på många platser i en bil, bland annat i fjädringen och ventilerna i topplocket.

Startspärr På bilar med automatväxellåda förhindrar denna kontakt att motorn startas annat än om växelväljaren är i N eller P.

Storändslager Lagret i den ände av vevstaken som är kopplad till vevaxeln.

Svetsning Olika processer som används för att sammanfoga metallföremål genom att hetta upp dem till smältning och sammanföra dem.

Svänghjul Ett tungt roterande hjul vars energi tas upp och sparas via moment. På bilar finns svänghjulet monterat på vevaxeln för att utjämna kraftpulserna från arbetstakterna.

Syresensor En enhet i motorns grenrör som känner av syrehalten i avgaserna och omvandlar denna information till elektricitet som bär information till styrelektroniken. Även kalla Lambdasond.

Säkring En elektrisk enhet som skyddar en krets mot överbelastning. En typisk säkring innehåller en mjuk metallbit kalibrerad att smälta vid en förbestämd strömstyrka, angiven i ampere, och därmed bryta kretsen.

T

Termostat En värmestyrd ventil som reglerar kylvätskans flöde mellan blocket och kylaren vilket håller motorn vid optimal arbetstemperatur. En termostat används även i vissa luftrenare där temperaturen är reglerad.

Toe-in Den distans som framhjulens framkanter är närmare varandra än bakkanterna. På bakhjulsdrivna bilar specificeras vanligen ett litet toe-in för att hålla framhjulen

parallella på vägen, genom att motverka de krafter som annars tenderar att vilja dra isär framhjulen.

Toe-ut Den distans som framhjulens bakkanter är närmare varandra än framkanterna. På bilar med framhjulsdrift specificeras vanligen ett litet toe-ut.

Toppventilsmotor (OHV) En motortyp där ventilerna finns i topplocket medan kamaxeln finns i motorblocket.

Torpedplåten Den isolerade avbalkningen mellan motorn och passagerarutrymmet.

Trumbroms En bromsanordning där en trumformad metallcylinder monteras inuti ett hjul. När bromspedalen trycks ned pressas böjda bromsbackar försedda med bromsbelägg mot trummans insida så att bilen saktar in eller stannar.

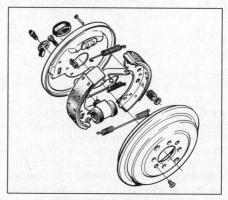

Trumbroms, montage

Turboaggregat En roterande enhet, driven av avgastrycket, som komprimerar insugsluften. Används vanligen till att öka motoreffekten från en given cylindervolym, men kan även primäranvändas till att minska avgasutsläpp.

Tändföljd Turordning i vilken cylindrarnas arbetstakter sker, börjar med nr 1.

Tändläge Det ögonblick då tändstiftet ger gnista. Anges vanligen som antalet vevaxelgrader för kolvens övre dödpunkt.

Tätningsmassa Vätska eller pasta som används att täta fogar. Används ibland tillsammans med en packning.

U

Universalknut En koppling med dubbla pivåer som överför kraft från en drivande till en driven axel genom en vinkel. En universalknut består av två Y-formade ok och en korsformig del kallad spindeln.

Urtrampningslager Det lager i kopplingen som flyttas inåt till frigöringsarmen när kopplingspedalen trycks ned för frikoppling.

V

Ventil En enhet som startar, stoppar eller styr ett flöde av vätska, gas, vakuum eller löst material via en rörlig del som öppnas, stängs eller delvis maskerar en eller flera portar eller kanaler. En ventil är även den rörliga delen av en sådan anordning.

Ventilspel Spelet mellan ventilskaftets övre ände och ventiltryckaren. Spelet mäts med stängd ventil.

Ventiltryckare En cylindrisk del som överför rörelsen från kammen till ventilskaftet, antingen direkt eller via stötstång och vipparm. Även kallad kamsläpa eller kamföljare.

Vevaxel Den roterande axel som går längs med vevhuset och är försedd med utstickande vevtappar på vilka vevstakarna är monterade.

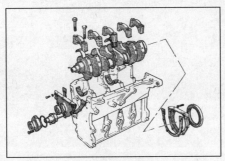

Vevaxel, montage

Vevhus Den nedre delen av ett motorblock där vevaxeln roterar.

Vibrationsdämpare Se Harmonibalanserare

Vipparm En arm som gungar på en axel eller tapp. I en toppventilsmotor överför vipparmen stötstångens uppåtgående rörelse till en nedåtgående rörelse som öppnar ventilen.

Viskositet Tjockleken av en vätska eller dess flödesmotstånd.

Volt Enhet för elektrisk spänning i en krets 1 volt genom ett motstånd av 1 ohm ger en strömstyrka om 1 ampere.

Notera: Referenser i registret ges i formen "kapitelnummer" • "sidnummer"